SPSS 및 AMOS를 활용한

연구조사방법

METHODOLOGY OF RESEARCH AND SURVEY *using* SPSS & AMOS

노형진 · 한빙 공저

MEDIA JIPHIL
(주)지필미디어

머/리/말

현재 세상에는 여러 가지 데이터가 넘쳐나고, 그 데이터를 어떻게 분석하는가를 묻고 있다. 데이터를 분석할 수 있는 인재는 어디에서나 소중한 존재로 대접을 받는데, 그 대접은 유감스럽게도 '좋은 결과를 내는 인재'일지도 모른다. 결국은 분석을 의뢰하는 측이나 분석을 실시하는 측이나 데이터에 대해서 비판적인 눈을 계속해서 갖는 것이 필요할 것이다.

이 책에서는 실제로 분석을 실시하는 중에 빠지기 쉬운 문제점에 대해서 예제 데이터를 분석하면서 해결책을 배울 수 있도록 배려했다. 최근 수년 동안 고도의 분석수법이 알려져 있고, 어느 분석이 좋고 어느 분석이 나쁘냐 하는 것에 대해서도 인터넷상에서 검색하면 여러 가지 정보와 만날 수 있다. 그러나 여기에 "절대로 이렇게 하지 않으면 안 된다"라고 하는 것은 없다. 실제로 분석을 실시할 때는, 주어진 데이터에 대해서 몇 가지의 관점에서 분석하는 안목을 기르고 때로는 세세한 부분을, 때로는 대국적으로 데이터를 바라볼 수 있도록 하는 것이 필요하다. 물론 데이터를 수집하기 전에 분석의 계획이 똑바로 세워져 있는 것이 중요하다. 그러나 거기에 이르기까지에는 실제로 분석을 경험하고 시행착오하면서 배우는 것도 중요하다. 이 책은 이와 같은 목적을 충분히 달성하는 내용으로 되어 있지 않을지도 모르지만, 그것을 위한 일조가 된다면 저자로서 큰 행운이다.

이 책을 집필하는 과정에 각각의 분석사례에 대해서 충분한 해설을 도모했다. 예를 들면, 어떤 분석과는 다른 분석을 어떻게 해서 발상할 수 있었느냐, 어째서 어떤 분석보다도 다른 분석 쪽이 더 좋다고 생각하느냐, 하는 이와 관련된 설명을 충분히 할애했다.

이 책은 전체 10개 장으로 구성되어 있다. 제목만 열거하면 다음과 같다.

제0장 조사 · 분석의 기초

제1장 이상치와 대책

제2장 곡선 관계

제3장 제3의 변수의 영향

제4장 조절변수의 이해

제5장 상호작용의 이해

제6장 점수의 변화

제7장 요인분석과 항목분석

제8장 인과관계의 표현

제9장 직접효과 간접효과

실제로 데이터 분석을 통하여 연구논문을 작성한다거나 할 때, 부딪치는 여러 가지 문제점, 난관을 극복하기 위한 해결책을 제시하고자 노력했다.

이 책에서는 SPSS와 Amos를 이용하고 있는데, 이 소프트웨어는 같이 연동해서 가동하고 있고, 정식 명칭은 IBM SPSS Statistics로 버전은 23을 사용하고 있다.

마지막으로 이 책의 출판에 많은 도움을 주신 지필미디어 사장님 이하 관계자 여러분의 노고에 깊은 감사의 말씀을 드린다.

2016년 5월

저자 씀

목/차

CHAPTER

0

조사 · 분석의 기초

CHAPTER 0

조사 · 분석의 기초

0.1 | 분석의 배경

연구 테마와 분석의 배경

자신이 '지적(知的)이다'라고 생각하는 것과 친구들이 그렇게 생각하는 것의 사이에는 어느 정도의 관련이 있을까. 경영학과 3학년생 김철수는 이와 같은 테마로 연구를 진행해 가기로 했다.

그래서 대학생 20명에 대해서 자기자신의 지성을 1점(전혀 지적이지 않다)에서 9점(대단히 지적이다)까지의 선택지로 물었다.

다음에 그들의 가장 친한 동성의 친구에 대해서, "이 사람이 어느 정도 지적이라고 생각하느냐"를 마찬가지로 1점에서 9점까지의 점수범위로 회답해 받았다.

조사의 결과, 얻어진 데이터는 다음 <표 0-1>과 같다.

[예제 0-1]

표 0-1 데이터표

번호	자기평가	친구평가	번호	자기평가	친구평가
1	3	3	11	1	3
2	2	5	12	3	2
3	4	5	13	2	4
4	3	3	14	4	3
5	3	5	15	4	4
6	4	5	16	5	6
7	4	2	17	4	5
8	3	6	18	9	9
9	6	4	19	4	3
10	5	3	20	8	4

철수는 이 데이터를 SPSS로 분석하기로 했다.

자기평가와 친구평가의 상관계수를 산출하면, 두 가지의 관련이 밝혀질 것이라고 생각했던 것이다.

0.2 | 분석순서

기술통계량과 상관계수

[SPSS의 처리 절차]

[순서 1] 데이터의 입력

먼저 [변수 보기]에서 다음과 같이 변수를 입력하고 정의한다.

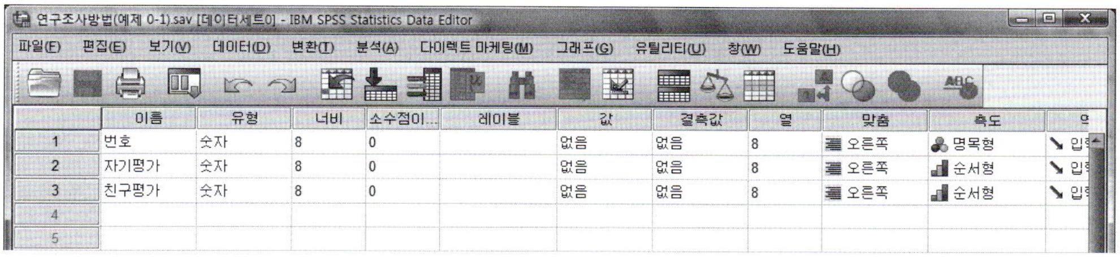

[데이터 보기]에서 다음과 같이 <표 0-1>의 데이터를 입력한다.

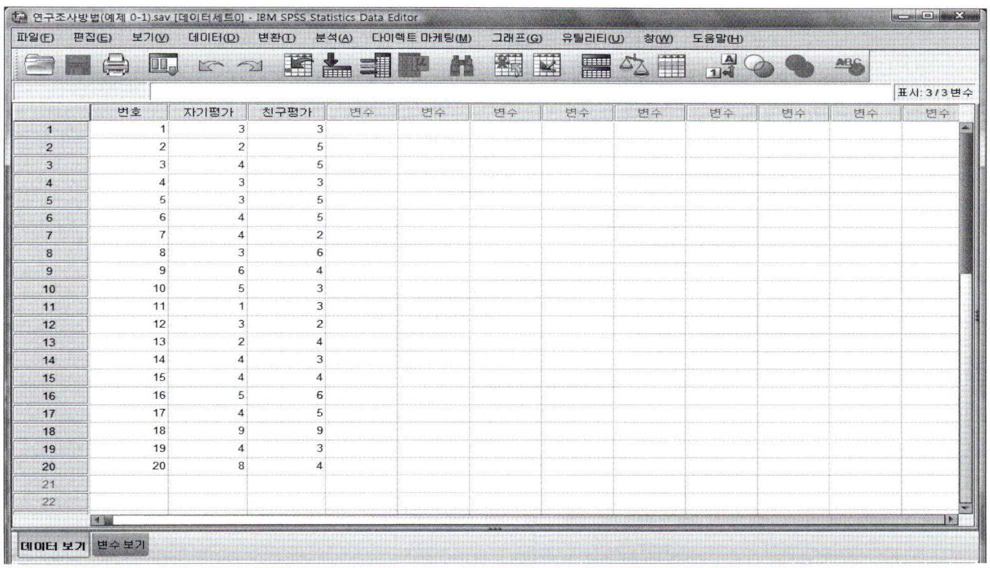

[순서 2] 분석 수법의 선택

메뉴에서 [분석]-[상관분석]-[이변량 상관]을 선택한다.

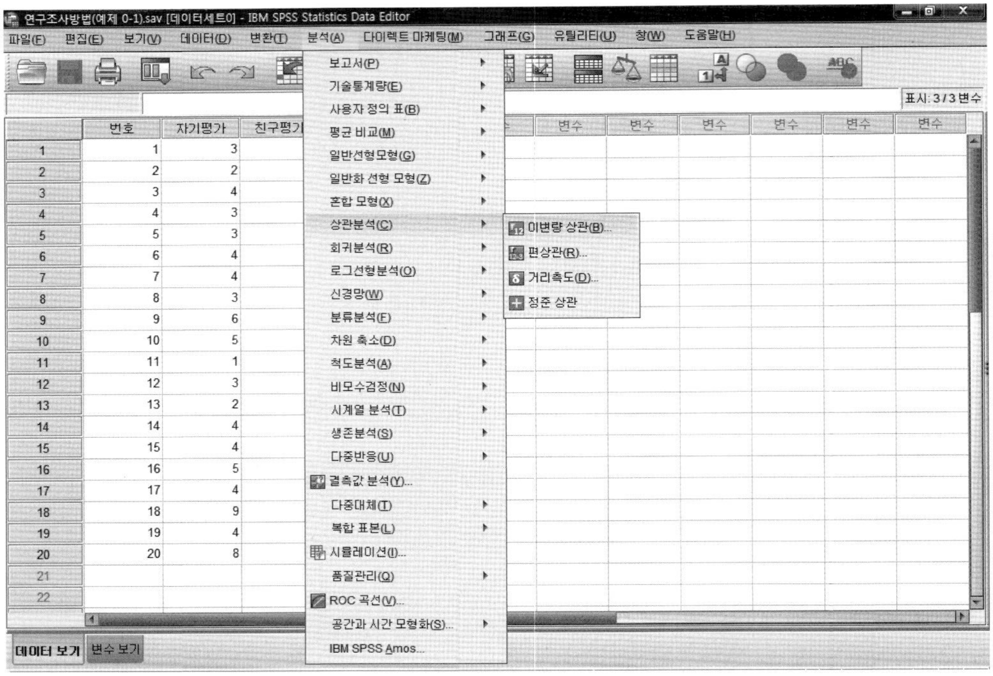

[순서 3] 변수의 선택

[변수]에 '자기평가', '친구평가'를 투입한다. [옵션]을 클릭한다.

[순서 4] 옵션의 선택

대화상자에서 [통계량]의 [평균과 표준편차]에 체크하고 [계속]을 클릭한다. 이어서 [확인]을 클릭한다.

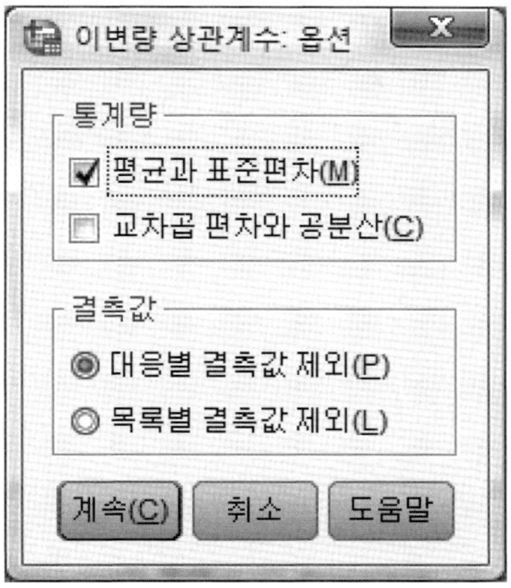

[분석결과]

기술통계량

	평균	표준편차	N
자기평가	4.05	1.905	20
친구평가	4.20	1.642	20

상관관계

		자기평가	친구평가
자기평가	Pearson 상관	1	.468*
	유의확률 (양측)		.037
	N	20	20
친구평가	Pearson 상관	.468*	1
	유의확률 (양측)	.037	
	N	20	20

*. 상관관계가 0.05 수준에서 유의합니다(양측).

- 기술통계량

  자기평가의 평균은 4.05, 표준편차는 1.905

  친구평가의 평균은 4.20, 표준편차는 1.642

- 상관관계

  자기평가와 친구평가 사이의 상관계수는 $r = 0.468$, $p < 0.05$.

▶ 결과에 대한 기술

지성의 자기평가에 대한 평균은 4.05(표준편차 1.905), 친구평가의 평균은 4.20(표준편차 1.642)이었다. 그리고 자기평가와 친구평가 사이의 상관계수는 $r = 0.468$로 5% 수준에서 유의했다. 따라서 자기자신이 지적이라고 인식하는 것과 친구의 인식 사이에는 어느 정도의 관련이 있다고 생각한다.

0.3 | 연구대상

연구실에서

리포트를 제출하려고 며칠 후 철수는 경영자료분석 담당교수인 박유식 교수 연구실을 방문했다. 교수의 연구실은 교수연구동 5층에 자리 잡고 있는데, 항상 학생들이 문 앞에서 기다리고 있다.

본인 차례가 되어 방문을 열고 들어갔다.

"교수님, 안녕하세요"

"어이, 어서 오게. 거기에 앉게"

약간 긴장한 채로 철수는 의자에 앉는다.

"지난번에 과제 내주신 리포트 제출하려고 찾아 뵈었습니다"

철수가 탁자 위에 올려놓은 리포트 용지를 손으로 집으면서 교수는 말했다.

"무언가 문제라도 있나?"

"아닙니다. 문제라기보다는 여쭈어 보고 싶은 것이 있어서요"

"그래, 뭔데" 교수는 리포트 용지를 보면서 말했다.

"지성에 대한 자기평가와 친구평가의 평균이 비슷하고, 상관계수도 5% 수준에서 유의했습니다. 그런데 평소에 자신의 평가와 타인의 평가 사이에는 차이가 있을 것으로 생각해 왔거든요"

"음, 두 평가점수에 대해서 산점도는 그려 보았나? 표본의 수가 20이라 …"

"산점도는 그려 보지 않았습니다. 꼭 그려야 하나요?"

"데이터 분석의 기본이 그래프 작성 아닌가. 그리고 데이터 수가 적으니 순위상관계수를 구해 보는 것도 한 가지 방법인데 …"

"네?"

"한 번 다시 해 보세. 데이터는 가져 왔지?" 교수는 PC 앞으로 돌아앉는다.

■ 산점도의 작성

[SPSS의 처리 절차]

[순서 1] 데이터의 입력

<표 0-1>의 데이터를 입력한다.

[순서 2] 분석 수법의 선택

메뉴에서 [그래프]-[레거시 대화상자]-[산점도/점도표]를 선택한다.

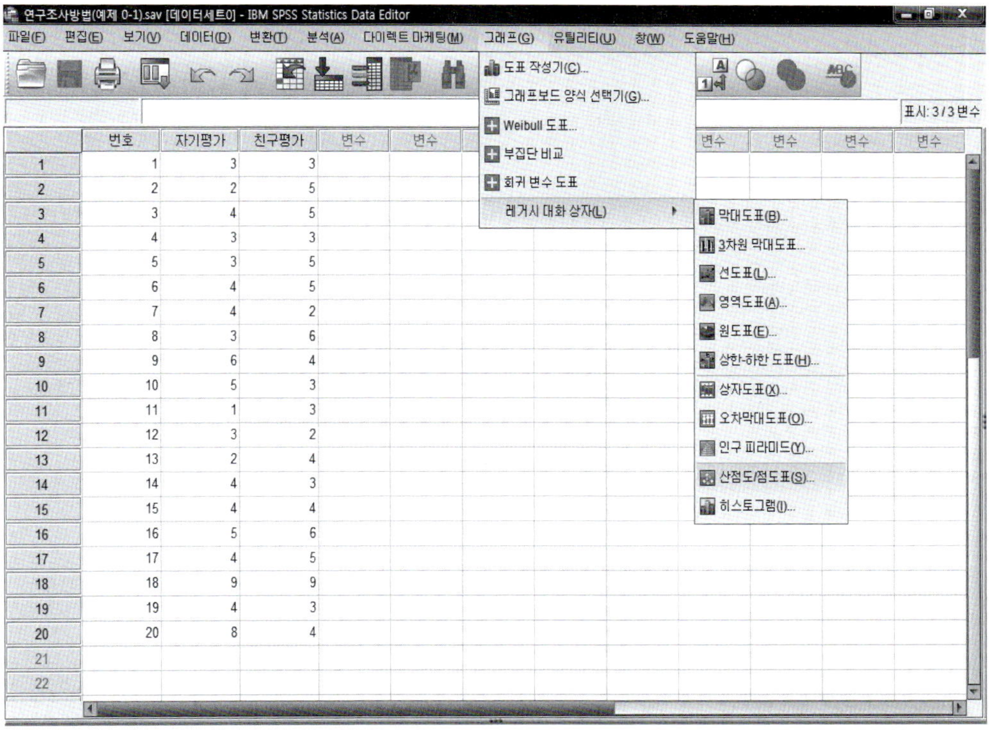

[순서 3] 유형의 선택

다음 대화상자에서 [단순 산점도]를 선택하고 [정의]를 클릭한다.

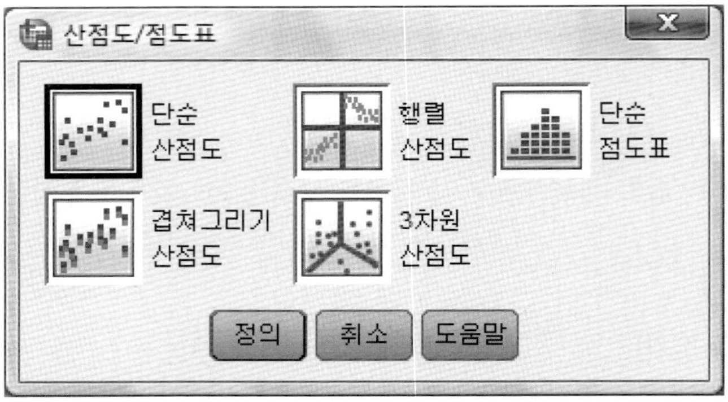

[순서 4] 변수의 선택

[Y축]에 '친구평가', [X축]에 '자기평가'를 지정한다. [케이스 레이블 기준] 난에 '번호'를 지정하고 [옵션]을 클릭한다.

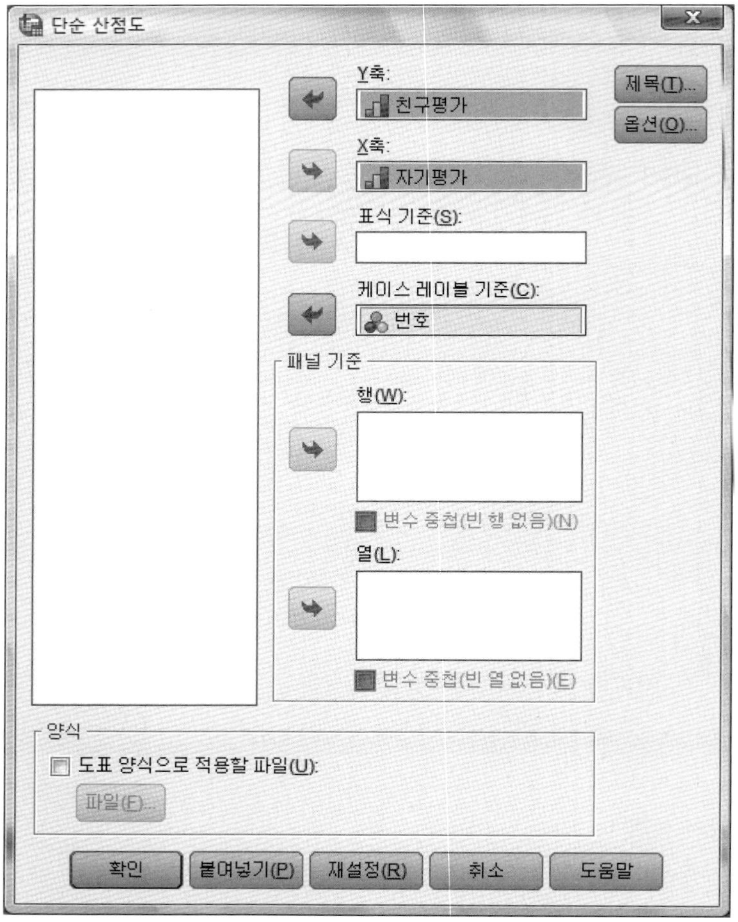

[순서 5] 옵션의 선택

[케이스 레이블과 함께 도표 표시]에 체크한다.

[계속]을 클릭하고, 이어서 [확인]을 클릭한다.

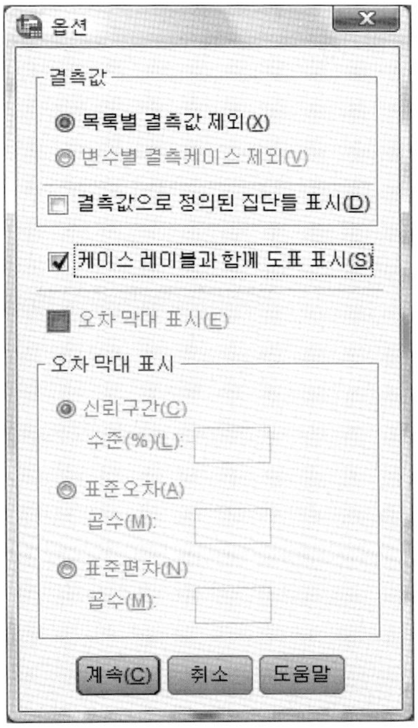

[분석결과]

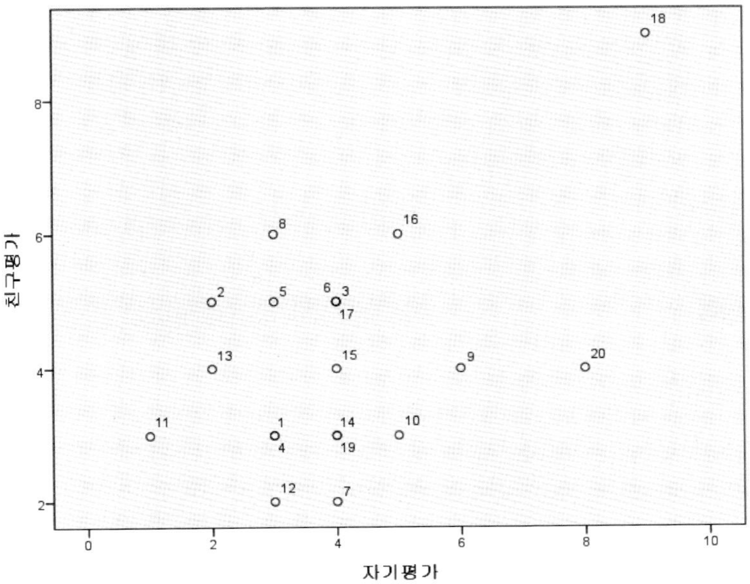

산점도를 보면, 하나만 오른쪽 위에 떨어진 데이터가 있는 것을 알 수 있을 것이다.

18번째의 데이터만이 자기평가와 친구평가 모두 9점 만점이다. 그러면 이 18번째의 데이터를 생략하면, 상관계수는 얼마가 될까.

■ 18번을 제거한 경우의 상관계수

[SPSS의 처리 절차]

[순서 1] 케이스의 제거

메뉴에서 [데이터]-[케이스 선택]을 선택한다.

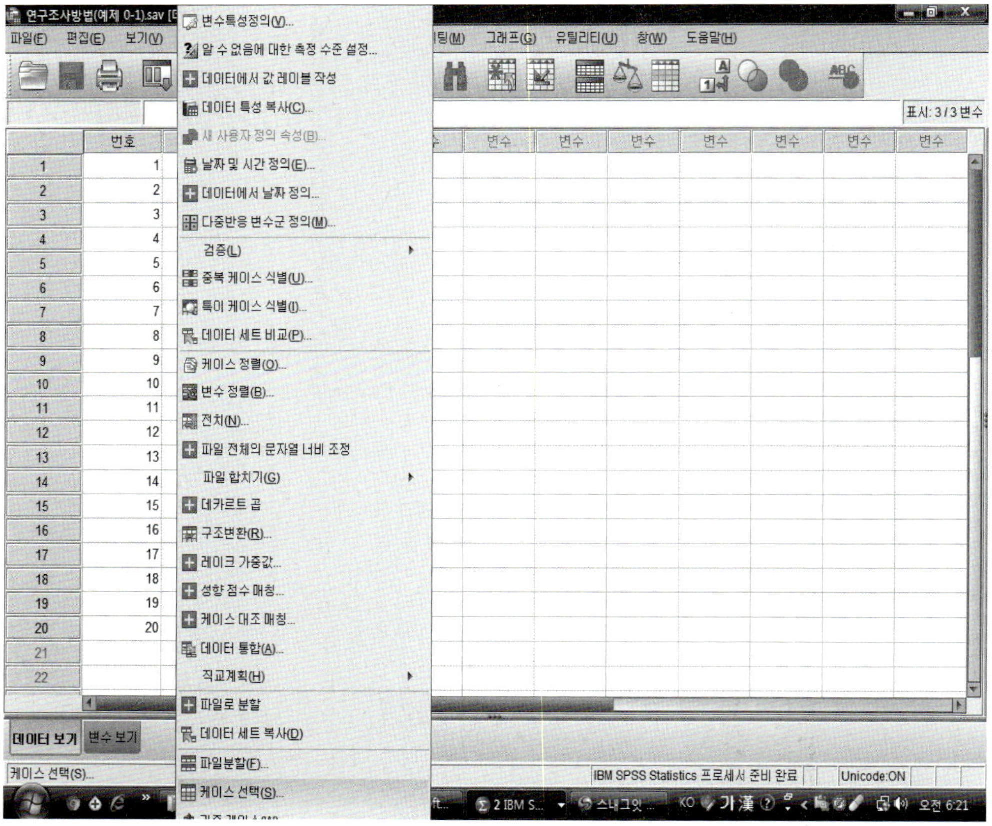

[순서 2] 케이스의 선택

다음 대화상자에서 [선택]의 [조건을 만족하는 케이스]를 선택한다.

[출력결과]는 [선택하지 않은 케이스 필터]를 선택해 놓는다.

[조건]을 클릭한다.

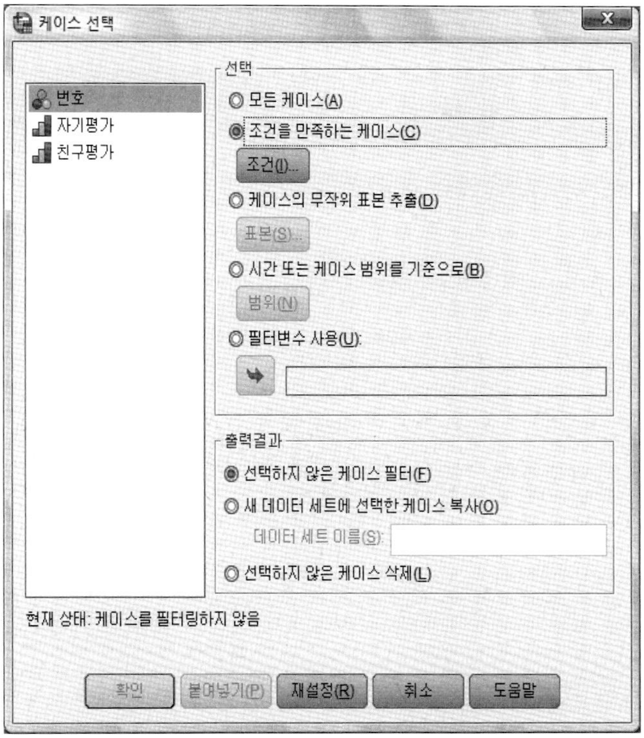

[순서 3] 조건의 선택

계산식 '번호< >18'을 입력하고 [계속]을 클릭한다. 이어서 [확인]을 클릭한다.

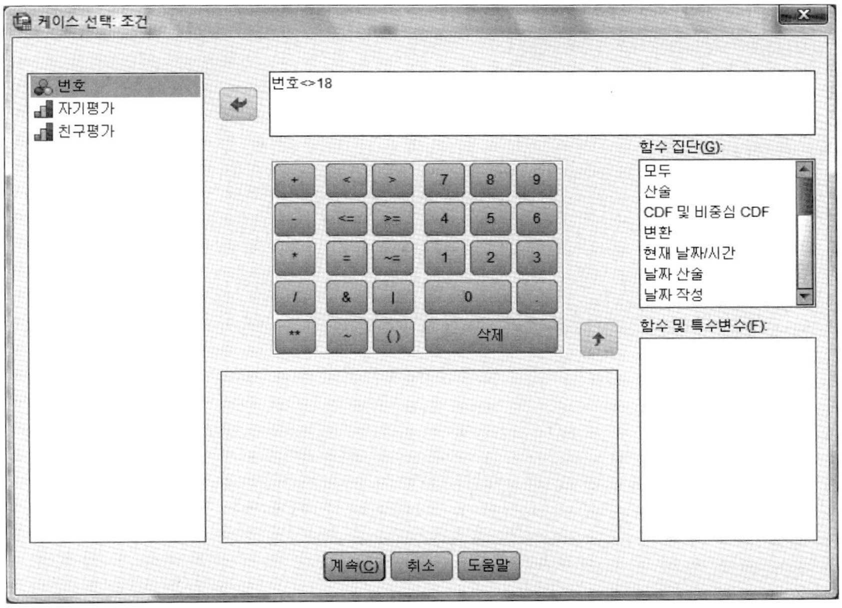

[분석결과]

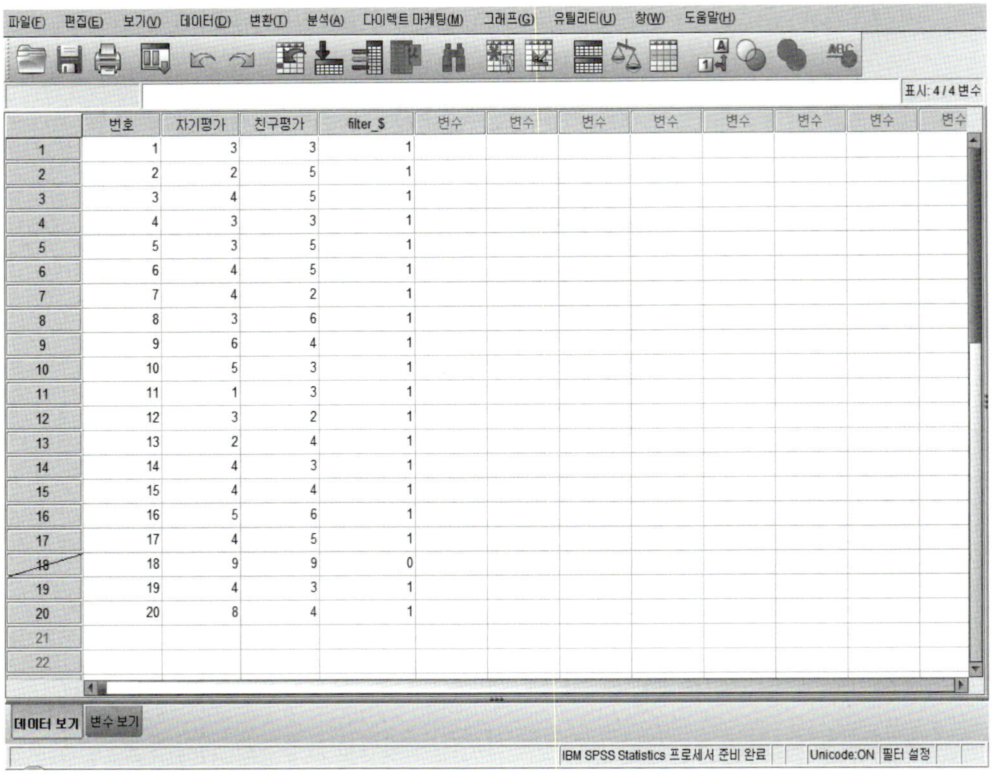

	번호	자기평가	친구평가	filter_$
1	1	3	3	1
2	2	2	5	1
3	3	4	5	1
4	4	3	3	1
5	5	3	5	1
6	6	4	5	1
7	7	4	2	1
8	8	3	6	1
9	9	6	4	1
10	10	5	3	1
11	11	1	3	1
12	12	3	2	1
13	13	2	4	1
14	14	4	3	1
15	15	4	4	1
16	16	5	6	1
17	17	4	5	1
18	18	9	9	0
19	19	4	3	1
20	20	8	4	1

'filter_$'라고 하는 변수가 새로 추가되고, 18번째 데이터만 0이 입력된다. 또한 18번째의 데이터 번호에 사선이 그어져 있다.

■ 상관의 재확인

[SPSS의 처리 절차]

[순서 1] 분석 수법의 선택

메뉴에서 [분석]-[상관분석]-[이변량 상관]을 선택한다.

[순서 2] 변수의 선택

[변수]에 '자기평가', '친구평가'를 지정한다.
[확인]을 클릭한다.

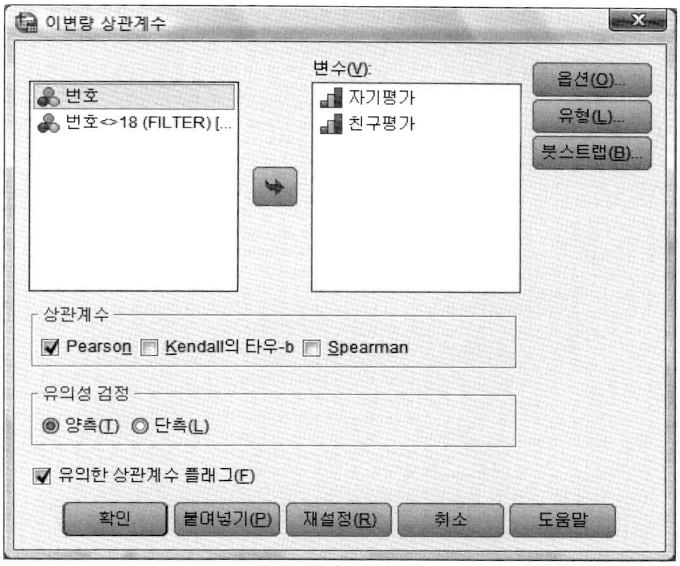

[분석결과]

상관관계

		자기평가	친구평가
자기평가	Pearson 상관	1	.082
	유의확률 (양측)		.739
	N	19	19
친구평가	Pearson 상관	.082	1
	유의확률 (양측)	.739	
	N	19	19

상관계수는 $r = 0.082, p = 0.739 > 0.05$. 유의하지 않다.

자기평가나 친구평가나 모두 9점(만점)인 18번의 데이터를 생략하면, 상관계수는 거의 '0'가 되고 만다.

▶ 재분석에서 고려할 사항

가까스로 이 데이터는 '이상치'라고 하는 생각이 든다. 이상치(outlier)란 분포의 전체적인 위치로부터 떨어진 값을 말한다.

이상치나 점수의 정규분포로부터의 일탈이 보일 때에는 피어슨의 적률상관계수는 그것들에 크게 영향을 받고 만다. 그러한 경우에는 순위상관계수를 산출하는 것도 하나의 방법이다.

순위상관계수의 산출

[SPSS의 처리 절차]

[순서 1] 분석 수법의 선택

먼저 케이스 제거를 원래의 상태로 복구해 놓는다.

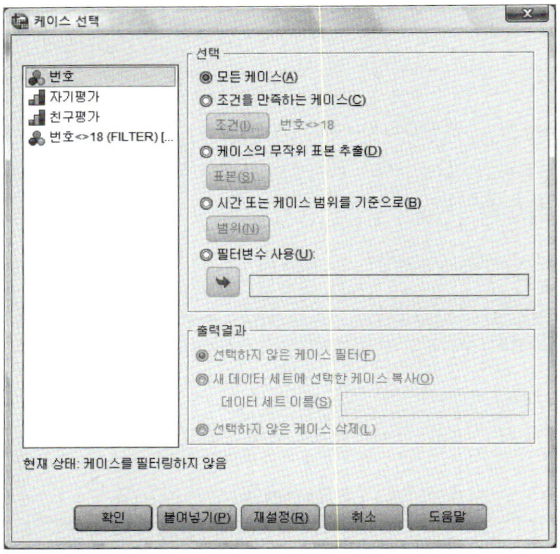

메뉴에서 [분석]-[상관분석]-[이변량 상관]을 선택한다.

[순서 2] 변수의 선택

[변수]에 '자기평가', '친구평가'를 지정한다. [상관계수]의 [Kendall의 타우-b]와 [Spearman]에 체크한다. [확인]을 클릭한다.

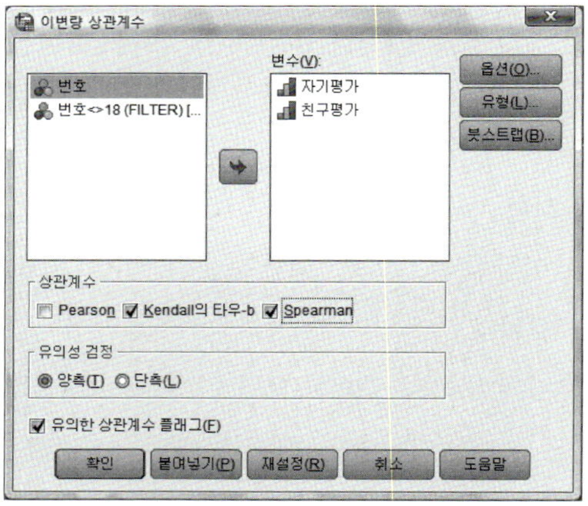

[분석결과]

상관관계

			자기평가	친구평가
Kendall의 타우-b	자기평가	상관계수	1.000	.185
		유의확률 (양측)	.	.316
		N	20	20
	친구평가	상관계수	.185	1.000
		유의확률 (양측)	.316	.
		N	20	20
Spearman의 rho	자기평가	상관계수	1.000	.224
		유의확률 (양측)	.	.343
		N	20	20
	친구평가	상관계수	.224	1.000
		유의확률 (양측)	.343	.
		N	20	20

Kendall의 순위상관계수 : $\tau = 0.185,\ p = 0.316 > 0.05$, 따라서 유의하지 않다.

Spearman의 순위상관계수 : $\rho = 0.224,\ p = 0.343 > 0.05$, 따라서 유의하지 않다.

▶ 결과를 보면서

다른 가능성도 생각해 보자. 이번의 조사는 1점에서 9점까지의 범위로 측정되고 있는 것이다. 다시 말하면, 자기평가・친구평가 모두 9점이라도 측정 가능한 범위 내에 있는 것이다.

어쩌면 이번의 데이터는 18번을 제외하고 마침 자기평가나 친구평가 모두 낮은 사람만 조사대상으로 해 버렸을지도 모른다. 20명이 아니라 좀더 많은 사람을 조사대상으로 하면, 18번이 정말로 이상치인지 어떤지의 판단이 쉬워질 것이다.

또한 자기평가와 친구평가를 한 항목이 아니라 복수의 질문항목으로 물어봄으로써 개인 내에서도 우연히 생기는 오차를 낮출 수 있다. 질문항목에 우연한 이유로 본래 답해야 하는 회답을 하지 않은 경우도 있다. 이와 같은 때에 같은 의미를 나타내는 복수의 항목을 준비해 두면, 어느 정도는 그 오차를 보충할 수 있다.

게다가 직설적으로 "지적인지 어떤지"를 물어도 자기자신을 "지적이다"라고 회답하는 데는 저항이 있을지도 모른다. 이와 같은 조사를 실시할 때에는, 질문의 내용을 여러모로 검토하는 것도 생각할 필요가 있다.

이러한 것들을 유의하면 자기자신이나 친구의 지적 능력의 높이를 측정하기 위한, 더욱 타당한 결과를 얻을 수 있을 것이다.

CHAPTER

1

이상치와 대책

CHAPTER 1 이상치와 대책

1.1 분석의 배경

컴퓨터실에서

“어이 철수, 왠 일이야!” 컴퓨터실에 들어온 정보람은 PC 화면을 응시한 채 “음!” 하고 신음하고 있는 김철수에게 말을 걸었다. 정보람과 김철수는 같은 경영학과 3학년생이다.

“보람이니? 지난번 경영자료분석 시간에 조사한 데이터인데 말이야”

정보람은 PC 화면의 Excel 시트를 들여다보았다.

거기에는 지난 번 조사한 대학생의 친구 수와 생활만족도의 데이터가 표시되어 있다.

“이 데이터를 분석하는 것이 이번 주 과제물이거든. 어떻게든 분석하면 좋겠는데!” 철수는 보람에게 물었다.

“이럴 때는 기술통계량 아냐?”

“기술통계량?”

“그래. 평균이라든가, 표준편차, 뭐 그런 값 말이야”

“아, 그렇겠네. 그런 기본적인 것부터 확인하지 않으면 안 되겠지!”

“점수분포도 필요하지 않을까”

“점수분포?”

“아무것도 알고 있는 게 없잖아. 각각의 값을 얻은 사람이 몇 명 있는지를 숫자로 표시한다거나 그래프로 나타낸다는 거 말이야”

“그래, 뭔가 생각날 듯 한데 영 모르겠거든”

“좀 더 확실하게 복습해 놓는 것이 좋겠어. 그 다음에 조사할 것은 상관계수이지 아마!”

“상관계수라 …”

“맞아, 친구 수와 만족도의 관계를 조사하는 것이 이 조사의 목적이잖아?”

"그런가, 맞다. 그럼 SPSS의 조작 좀 알려 줘"

"하는 수 없구만!" 하고 얼굴을 실룩거리며 보람은 철수 옆에 앉았다.

[예제 1-1]

표 1-1 데이터표

번호	친구 수	만족도	번호	친구 수	만족도
1	7	15	14	4	8
2	7	13	15	10	20
3	6	11	16	0	25
4	4	12	17	5	15
5	3	14	18	6	12
6	7	11	19	3	7
7	4	6	20	7	8
8	8	11	21	6	8
9	9	18	22	3	6
10	3	10	23	7	20
11	8	17	24	2	5
12	5	17	25	4	6
13	2	7			

1.2 ı 분석순서

■ 기술통계량

[SPSS의 처리 절차]

[순서 1] 데이터의 입력

먼저 [변수 보기]에서 다음과 같이 변수를 입력하고 정의한다.

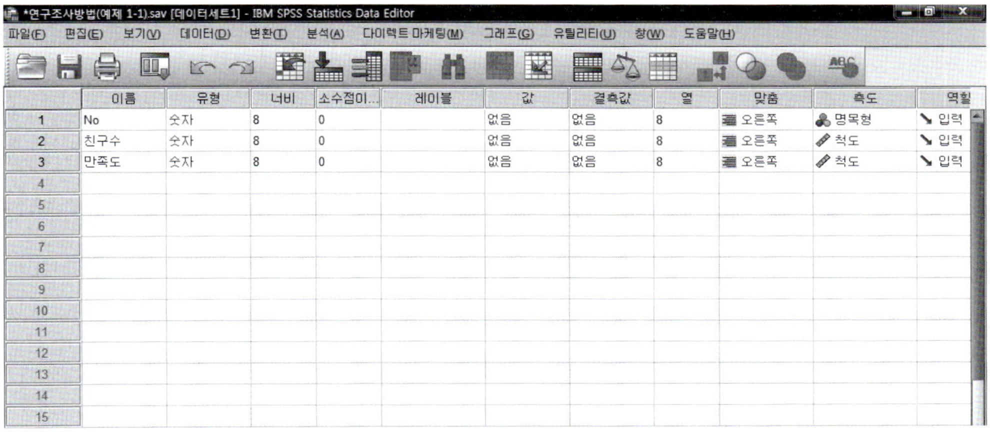

[데이터 보기]에서 다음과 같이 <표 1-1>의 데이터를 입력한다.

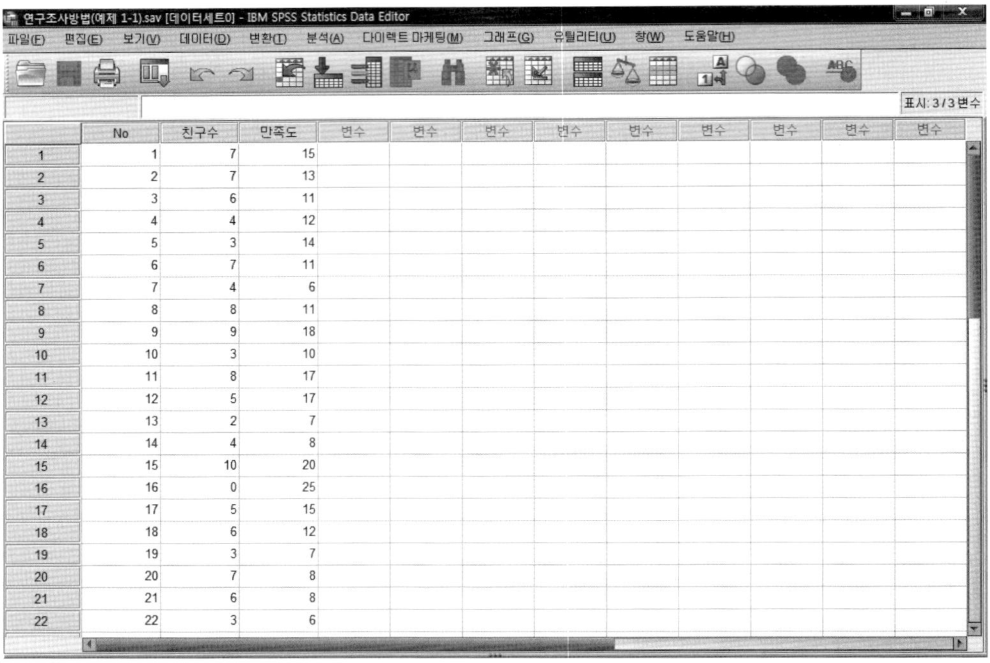

[순서 2] 분석 수법의 선택

메뉴에서 [분석]-[기술통계량]-[기술통계]를 선택한다.

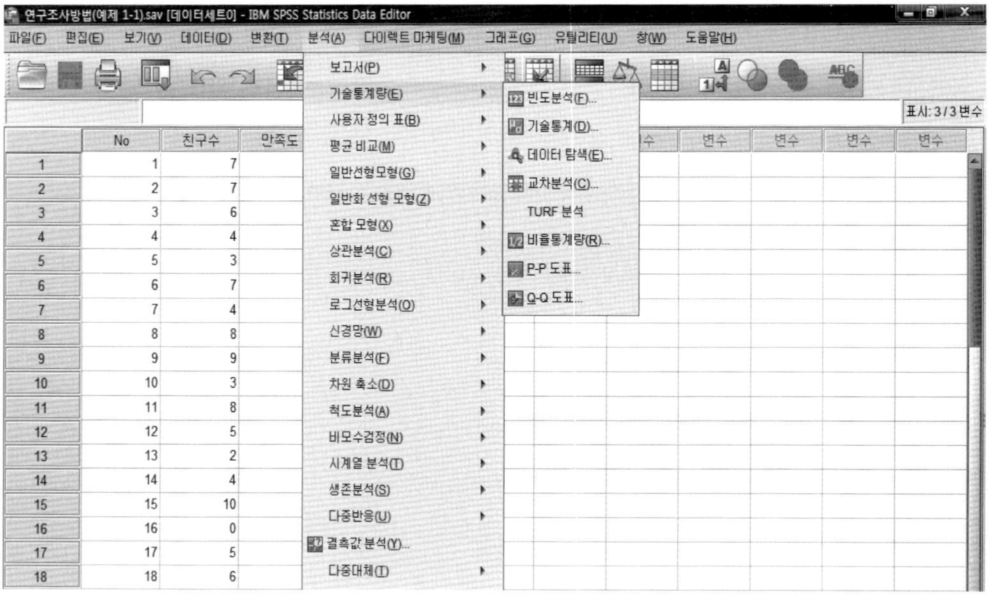

[순서 3] 변수의 선택

[변수]에 '친구수', '만족도'를 투입한다. [옵션]을 클릭한다.

[순서 4] 옵션의 선택

대화상자에서 [평균], [표준화 편차(표준편차)], [최소값], [최대값], [첨도], [왜도]에 체크하고 [계속]을 클릭한다. [확인]을 클릭한다.

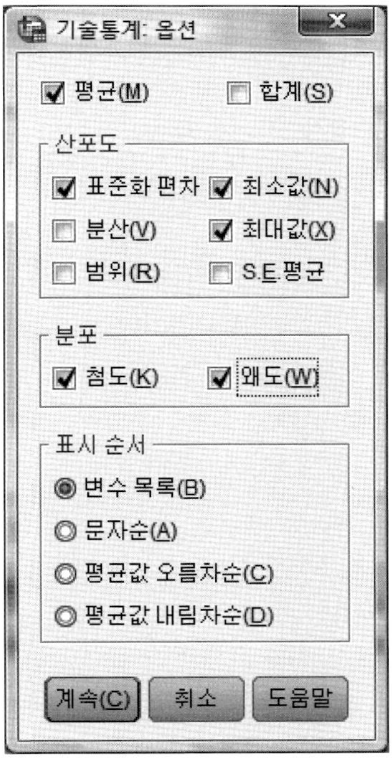

[분석결과]

기술통계량

	N	최소값	최대값	평균	표준편차	왜도		첨도	
	통계량	통계량	통계량	통계량	통계량	통계량	표준오차	통계량	표준오차
친구수	25	0	10	5.20	2.449	-.048	.464	-.503	.902
만족도	25	5	25	12.08	5.275	.662	.464	-.160	.902
유효 N(목록별)	25								

친구 수와 만족도에 대한 각각의 통계량이 산출되었다.

왜도(skewness)는 평균에 대한 분포의 비대칭 정도를 나타내는 지표이다.

왜도 = 0 : 좌우 대칭

왜도 > 0 : 오른쪽 꼬리 비대칭

왜도 < 0 : 왼쪽 꼬리 비대칭

첨도(kurtosis)란 왜도와 함께 분포가 정규분포로부터 얼마만큼 일탈해 있는가를 나타내는 지표이다. 분포의 뾰족한 정도를 정규분포와 비교하여 나타낸다.

첨도 = 0 : 정규분포형

첨도 > 0 : 상대적으로 더 뾰족

첨도 < 0 : 상대적으로 덜 뾰족

본 예제의 경우에 '친구 수'는 왜도는 마이너스, 첨도도 마이너스인 것을 알 수 있다.

'만족도'의 경우는 왜도는 플러스, 첨도는 마이너스인 것을 알 수 있다.

■ 점수분포

[SPSS의 처리 절차]

[순서 1] 데이터의 입력

<표 1-1>의 데이터를 입력한다.

[순서 2] 분석 수법의 선택

메뉴에서 [분석]-[기술통계량]-[빈도분석]을 선택한다.

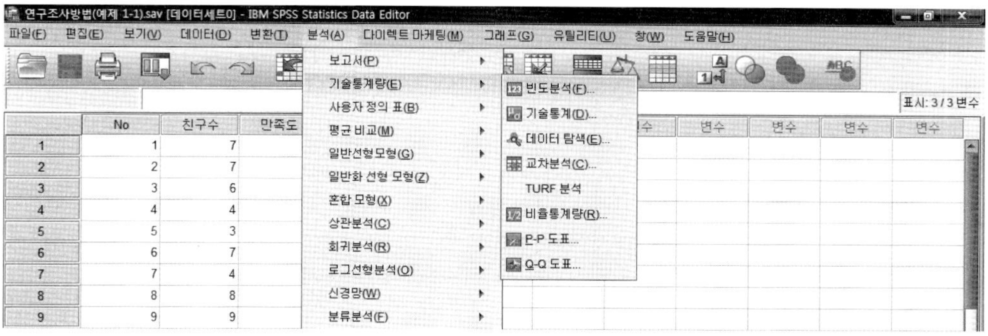

[순서 3] 변수의 선택

[변수]에 '친구수', '만족도'를 투입한다. [도표]를 클릭한다.

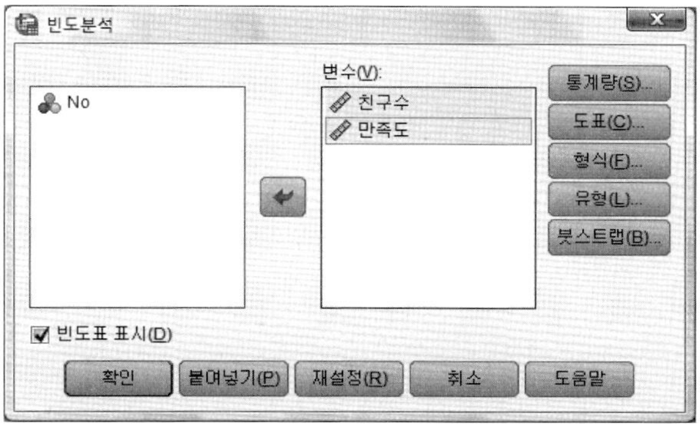

[순서 4] 도표의 선택

[히스토그램]을 선택하고 [히스토그램에 정규곡선 표시]에 체크한다. [계속]을 클릭하고 이어서 [확인]을 클릭한다.

[분석결과]

도수분포표의 출력결과는 각각 다음과 같다.

친구수

		빈도	퍼센트	유효 퍼센트	누적 퍼센트
유효	0	1	4.0	4.0	4.0
	2	2	8.0	8.0	12.0
	3	4	16.0	16.0	28.0
	4	4	16.0	16.0	44.0
	5	2	8.0	8.0	52.0
	6	3	12.0	12.0	64.0
	7	5	20.0	20.0	84.0
	8	2	8.0	8.0	92.0
	9	1	4.0	4.0	96.0
	10	1	4.0	4.0	100.0
	전체	25	100.0	100.0	

만족도

		빈도	퍼센트	유효 퍼센트	누적 퍼센트
유효	5	1	4.0	4.0	4.0
	6	3	12.0	12.0	16.0
	7	2	8.0	8.0	24.0
	8	3	12.0	12.0	36.0
	10	1	4.0	4.0	40.0
	11	3	12.0	12.0	52.0
	12	2	8.0	8.0	60.0
	13	1	4.0	4.0	64.0
	14	1	4.0	4.0	68.0
	15	2	8.0	8.0	76.0
	17	2	8.0	8.0	84.0
	18	1	4.0	4.0	88.0
	20	2	8.0	8.0	96.0
	25	1	4.0	4.0	100.0
	전체	25	100.0	100.0	

히스토그램의 출력결과는 각각 다음과 같다.

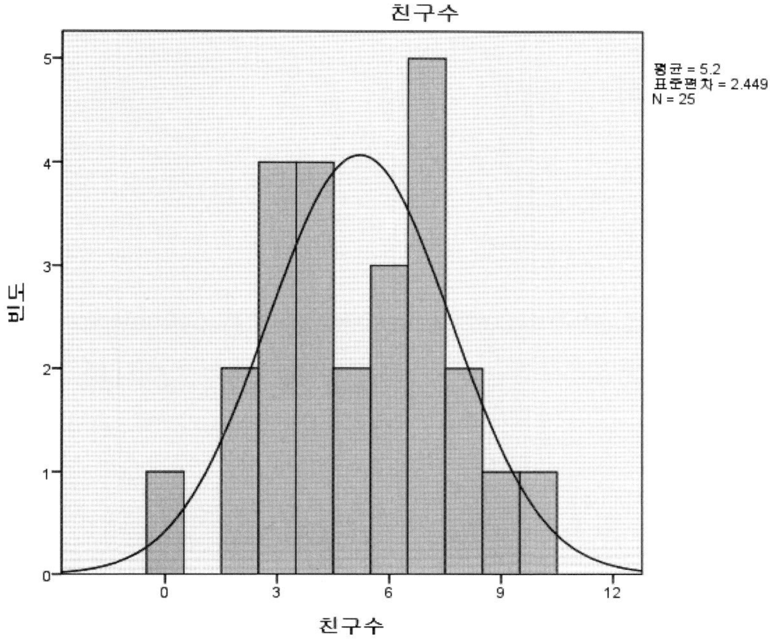

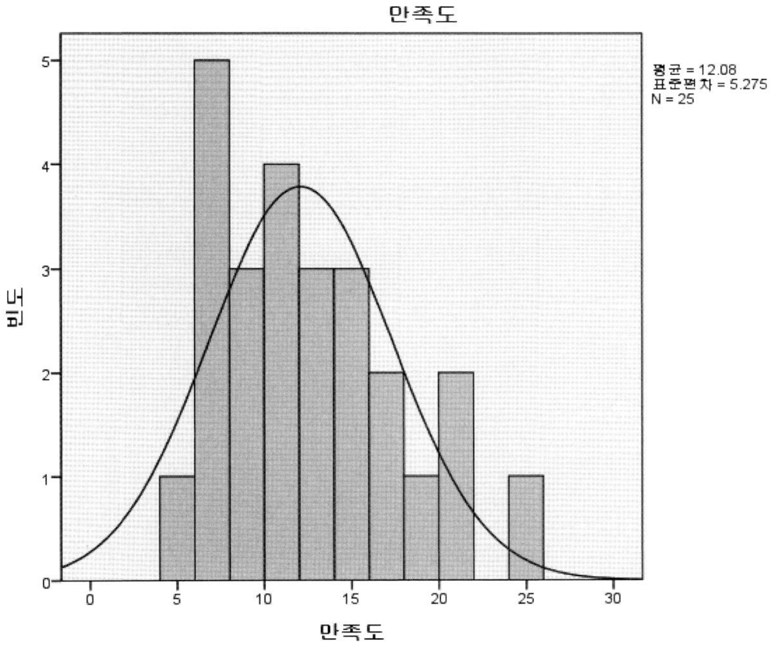

■ 상관계수

[SPSS의 처리 절차]

[순서 1] 데이터의 입력

<표 1-1>의 데이터를 입력한다.

[순서 2] 분석 수법의 선택

메뉴에서 [분석]-[상관분석]-[이변량 상관]을 선택한다.

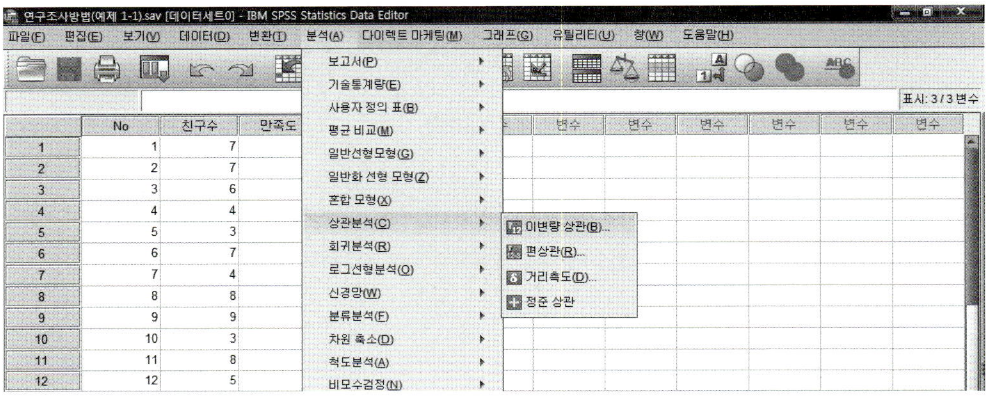

[순서 3] 변수의 선택

[변수]에 '친구수', '만족도'를 투입한다. [확인]을 클릭한다.

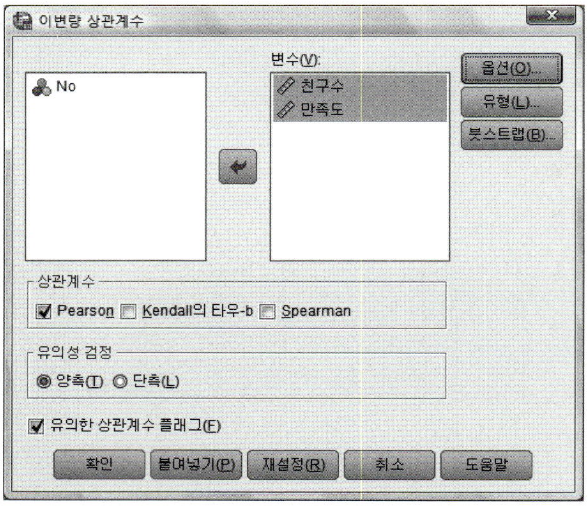

[분석결과]

상관관계

		친구수	만족도
친구수	Pearson 상관	1	.302
	유의확률 (양측)		.143
	N	25	25
만족도	Pearson 상관	.302	1
	유의확률 (양측)	.143	
	N	25	25

친구 수와 만족도 사이의 상관계수는 $r=0.302$로 통계적으로 유의하지는 않다.

▶ 결과에 대한 논의

"결과가 어떻게 나왔어?" 정보람은 김철수에게 물었다.

"아, 상관은 유의하지 않았어. 유감스럽지만"

"그랬구나. 점수에 이상한 점은 없었어?"

"점수분포였지. 히스토그램을 보아도 한 사람만 유독 벗어난 데이터는 눈에 띄지 않았지만 말이지" 철수는 자못 불만스러운 얼굴이다.

"평균과 표준편차도 산출했고, 상관계수도 산출했으니 이것으로 결과 보고서를 써보면 어떨까?"

"음, 글쎄. 유의한 상관이 되지 않은 것은 하는 수 없지 뭐. 이것으로 보고서를 쓰자"

철수는 이들 결과로부터 다음과 같은 내용을 리포트에 썼다.

▶ 결과에 대한 기술

대학생 25명이 회답한 친구 수의 평균은 5.20명, 표준편차는 2.45였다. 또한 생활만족도 점수의 평균은 12.08(표준편차 5.28)이었다. 친구 수와 생활만족도 사이의 상관계수는 $r=0.302$로 유의하지 않았다. 이상의 결과로부터 대학생에게 친구 수와 생활만족도 사이에는 별로 관련이 보이지 않는다고 생각한다.

1.3 | 연구대상

■ 연구실에서

"안녕하세요"

"실례합니다"

리포트를 제출하고 나서 며칠 후 김철수와 정보람은 경영자료분석 담당교수인 박유식 교수 연구실을 방문했다.

교수의 연구실은 교수연구동 5층 아늑한 곳에 자리 잡고 있는데, 도서관에서도 본 적이 없는 책으로 넘쳐나고 있다.

"어이, 어서들 오게. 거기에 앉게"

긴장한 채로 두 사람은 의자에 걸터앉는다.

"지난번에 제출한 리포트에 대해서 몇 마디 코멘트하고 싶은데 말이야"

철수가 제출한 리포트 용지를 손으로 집으면서 교수는 말했다.

"무언가 문제가 있었나?"

"아, 아닙니다. 문제라고 할 것까지는 없지만, 확인하고 싶은 것이 있어서 …"

"확인, 인거야" 보람은 의아스러워 했다.

"그래. 상관계수가 유의하지 않아 께끄름했거든"

"예상 밖이었습니다. 유의한 상관이 될 것으로 생각했거든요"

"그렇지!"

교수는 천천히 고개를 끄덕이면서 말했다.

"그런데 친구 수와 생활만족도 사이의 산점도는 그려 봤는가?"

보람은 "아!" 하는 표정을 지었다.

"아니오, 그려 보지 않았습니다" 철수도 무언가 알아차린 얼굴을 하고 있다.

"자 그럼, 그려 볼까"

■ 산점도의 작성

[SPSS의 처리 절차]

[순서 1] 데이터의 입력

<표 1-1>의 데이터를 입력한다.

[순서 2] 분석 수법의 선택

메뉴에서 [그래프]-[레거시 대화상자]-[산점도/점도표]를 선택한다.

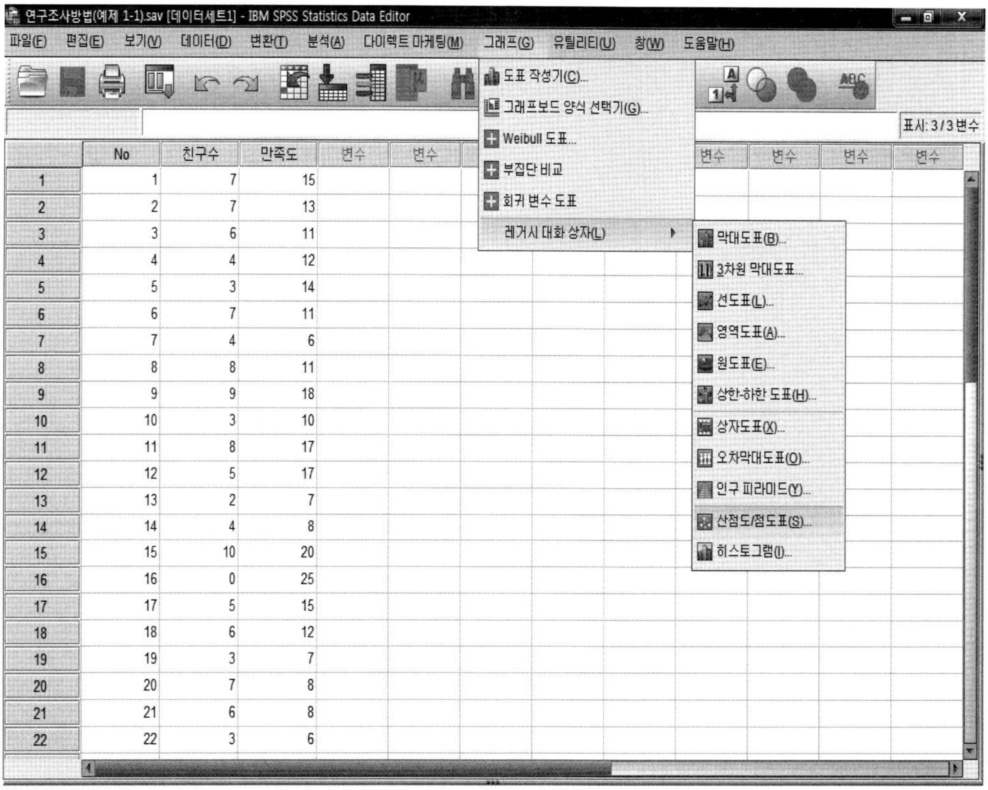

[순서 3] 유형의 선택

다음 대화상자에서 [단순 산점도]를 선택하고 [정의]를 클릭한다.

[순서 4] 변수의 선택

[Y축]에 '만족도', [X축]에 '친구 수'를 지정하고 [확인]을 클릭한다.

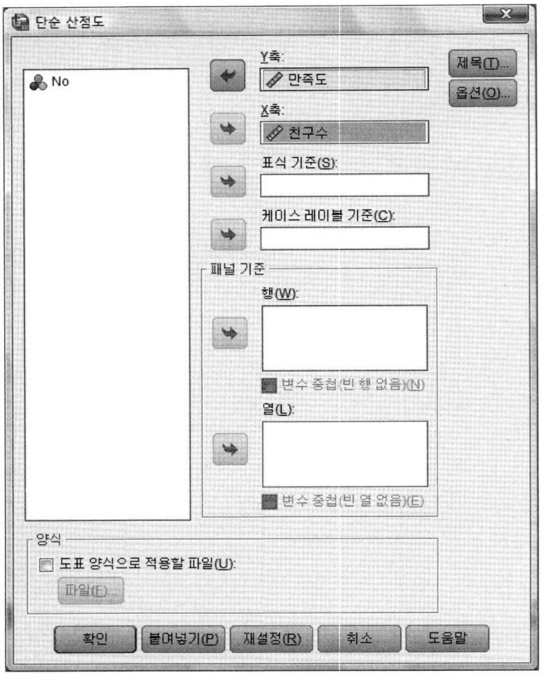

[분석결과]

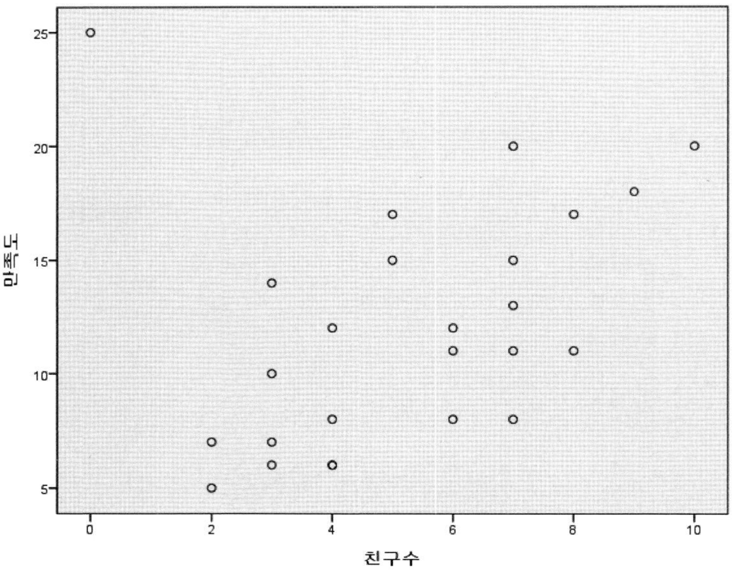

▶ 결과를 보고

"이 산점도를 보고 무언가 느낌이 오지 않는가?" 교수는 말했다.

철수와 보람은 SPSS의 화면을 들여다보았다.

"앗!" 철수가 소리를 질렀다.

"왼쪽 위에 점 하나가 다른 것과는 멀리 떨어져 있습니다"

보람도 알아차리고 손가락을 가리켰다.

"이거지요"

"그렇다네. 분명히 하나만 다른 집단과는 다른 곳에 있는 게 보이지" 교수는 만족스러운 듯이 고개를 끄덕이었다.

"어느 데이터일까?"

"이번 경우는 데이터가 적기 때문에 곧 찾아낼 수 있으니, 간단하지"

교수는 SPSS를 조작했다.

■ 케이스 레이블을 산점도에 표시

[순서 1] 다음 화면에서 [케이스 레이블 기준]에 'No'를 투입한다.

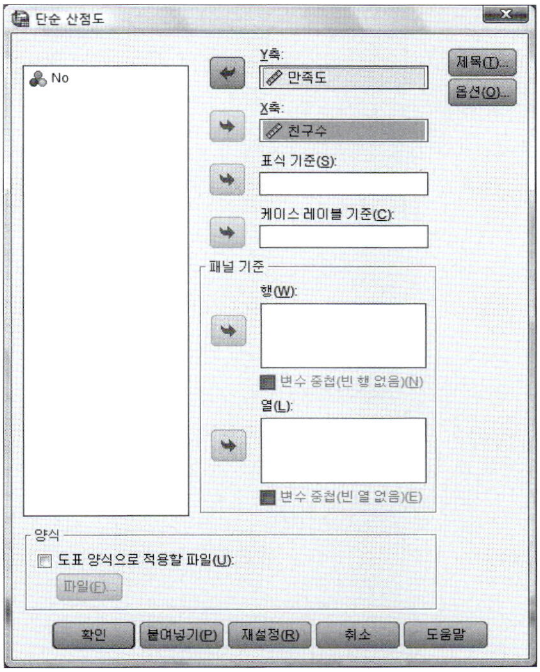

[순서 2] 다음 화면에서 [옵션]을 클릭한다.

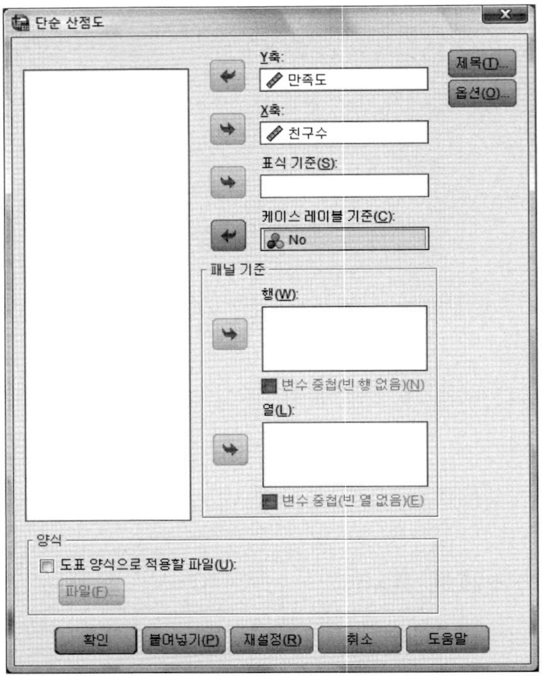

[순서 3] 옵션의 선택

[케이스 레이블과 함께 도표 표시]에 체크하고 [계속]을 클릭한다. [확인]을 클릭한다.

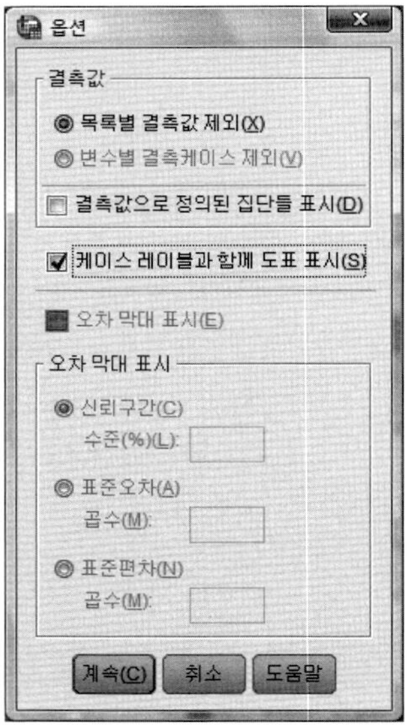

[분석결과]

왼쪽 위에 위치하는 데이터는 No. 16번이라는 것을 알 수 있다.

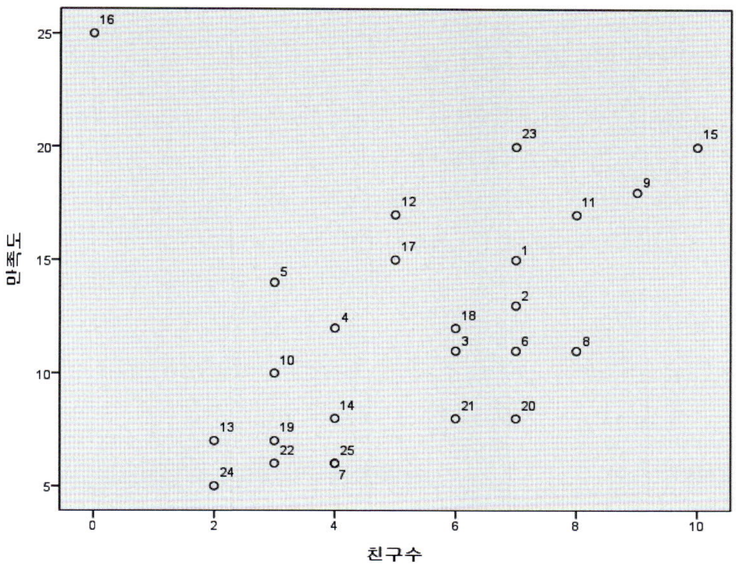

▶ 결과를 보고

"교수님, 케이스 번호 16번의 데이터가 다른 것과는 떨어진 곳에 있네요" 화면을 보면서 보람이 말했다. 철수도 고개를 끄덕이었다.

"음, 그렇지. 자, 이 데이터를 생략하고 상관계수를 산출해 볼까"

두 사람은 얼굴을 마주 보았다.

"어떻게 하는지 모르겠나?" 교수는 걱정스러운 듯이 두 사람을 보았다.

"먼저 케이스를 제외한다. 그리고 그 다음에 상관계수를 산출하는 거야"

케이스 16번을 분석에서 제외

[SPSS의 처리 절차]

[순서 1] 데이터의 입력

<표 1-1>의 데이터를 입력한다.

[순서 2] 분석 수법의 선택

메뉴에서 [데이터]-[케이스 선택]을 선택한다.

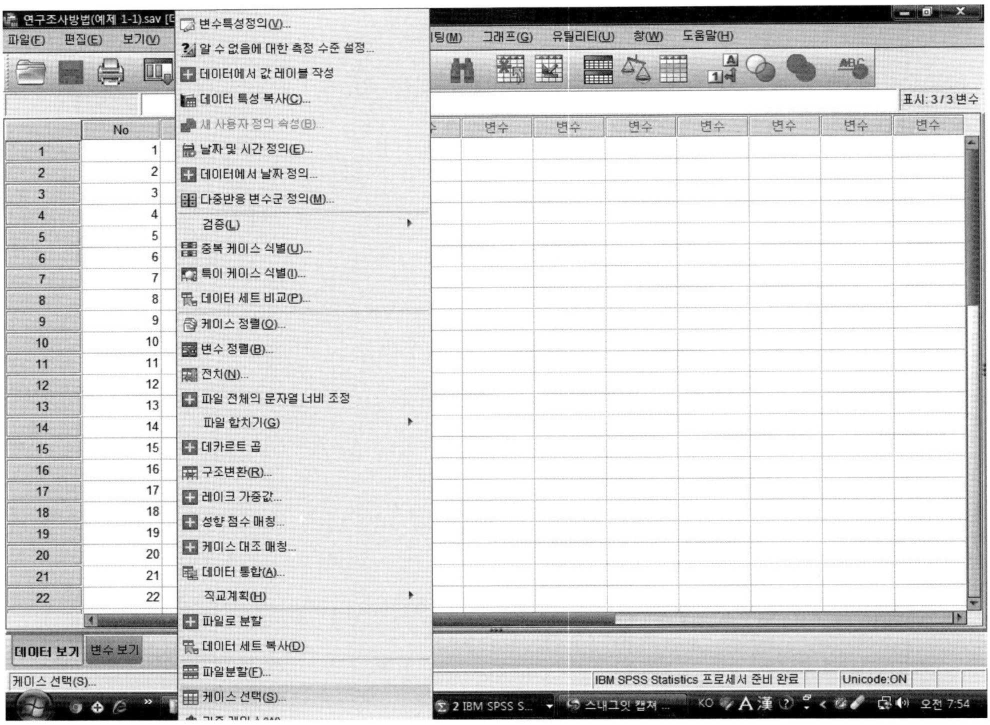

[순서 3] 케이스 선택

다음 대화상자에서 [조건을 만족하는 케이스]를 선택한다. [조건]을 클릭한다.

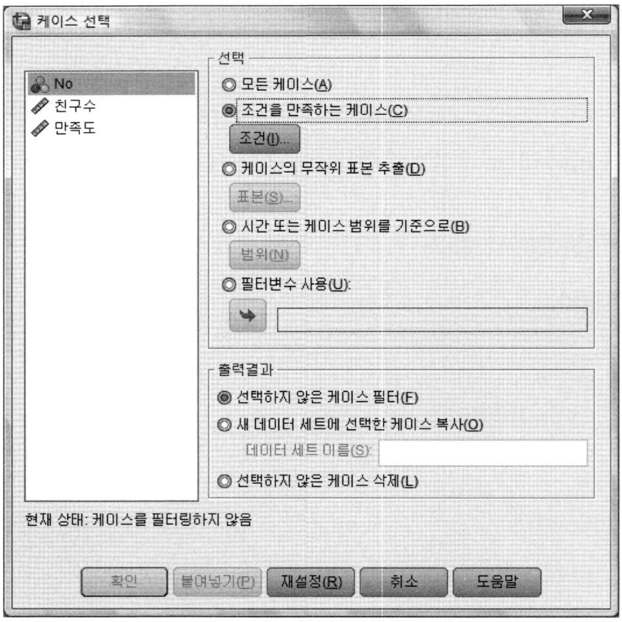

[순서 4] 조건 입력

다음 대화상자에서 'No< >16'이라고 입력하고 [계속]을 클릭한다.

(부등호 < >는 "같지 않다"는 것을 의미한다)

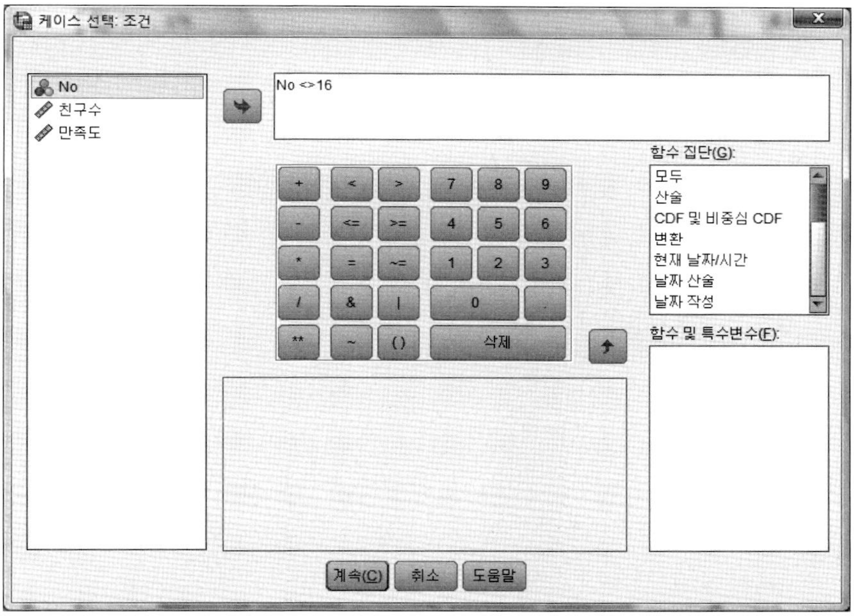

[순서 5] [출력결과]의 [선택되지 않은 케이스 필터]를 선택하고 [확인]을 클릭한다.

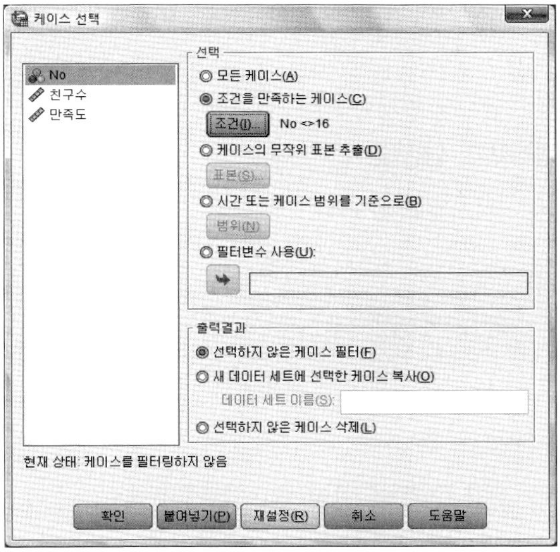

[분석결과]

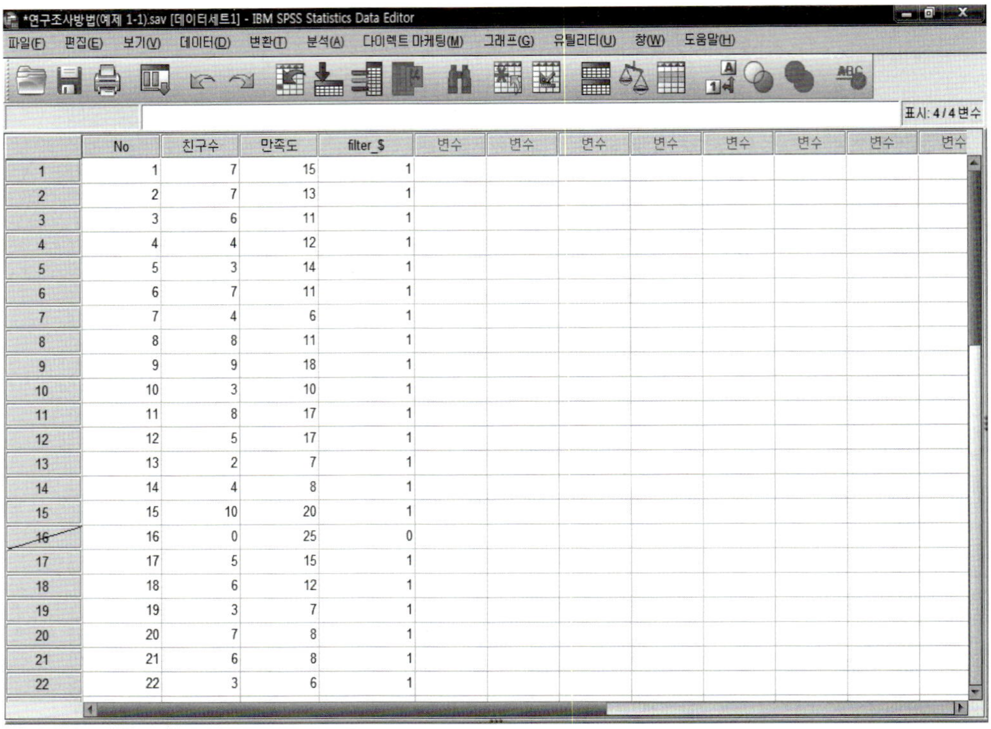

	No	친구수	만족도	filter_$
1	1	7	15	1
2	2	7	13	1
3	3	6	11	1
4	4	4	12	1
5	5	3	14	1
6	6	7	11	1
7	7	4	6	1
8	8	8	11	1
9	9	9	18	1
10	10	3	10	1
11	11	8	17	1
12	12	5	17	1
13	13	2	7	1
14	14	4	8	1
15	15	10	20	1
16	16	0	25	0
17	17	5	15	1
18	18	6	12	1
19	19	3	7	1
20	20	7	8	1
21	21	6	8	1
22	22	3	6	1

변수 리스트에 'filter_$'라고 하는 변수가 추가되어 있다.

No. 16번 케이스의 'filter_$'만 '0'으로 되어 있고, 16번의 데이터 번호에 사선이 그어져 있다.

■ 케이스 16번을 제외하고 상관분석

[SPSS의 처리 절차]

[순서 1] 데이터의 입력

No. 16번 케이스가 제외된 데이터에서

[순서 2] 분석 수법의 선택

메뉴에서 [분석]-[상관분석]-[이변량 상관]을 선택한다.

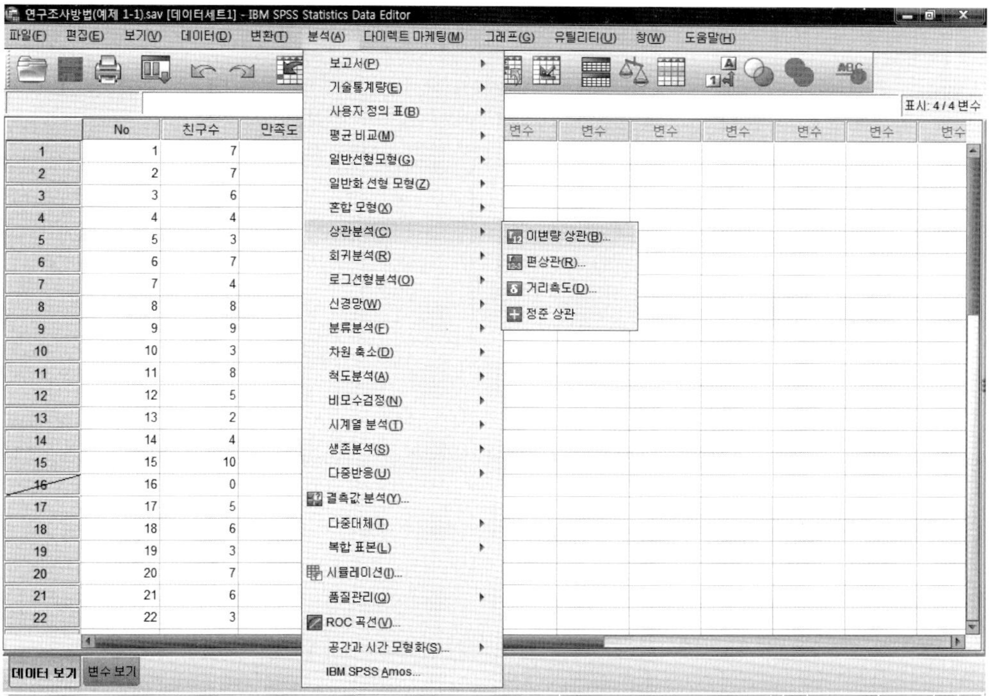

[순서 3] 변수의 선택

[변수]에 '친구 수', '만족도'를 투입하고 [확인]을 클릭한다.

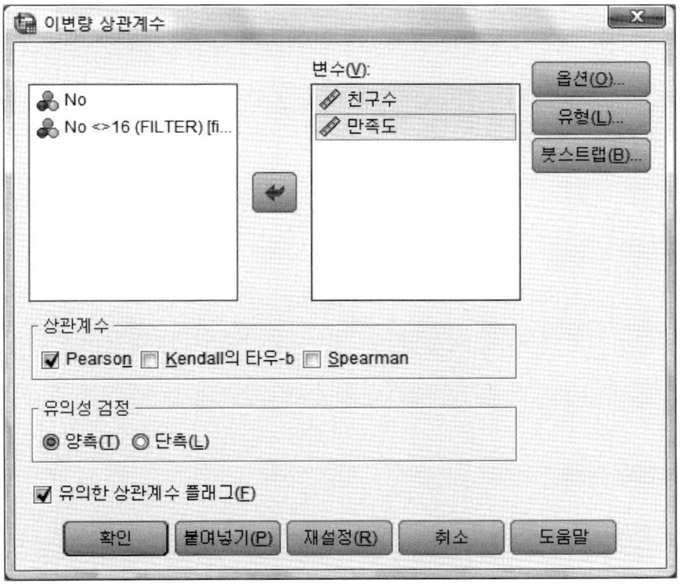

[분석결과]

상관관계

		친구수	만족도
친구수	Pearson 상관	1	.684**
	유의확률 (양측)		.000
	N	24	24
만족도	Pearson 상관	.684**	1
	유의확률 (양측)	.000	
	N	24	24

**. 상관관계가 0.01 수준에서 유의합니다(양측).

상관계수는 $r = 0.684$, $p < 0.01$로 플러스의 유의한 상관계수가 얻어졌다. 즉, 1%에서 유의하다.

▶ 결과를 보고

"결과는 어떤가?" 두 사람을 보면서 교수는 물었다

"상관계수가 유의해졌습니다"

화면을 보면서 불가사의한 듯한 얼굴을 한 철수가 말한다.

"교수님, 이것은 이상치라고 하는 것인가요?" 보람이 물었다.

"이상치라, 어떠한 것인지 알고 있나?"

"책에서 읽었습니다. 이상치란 분포의 전체적인 위치에서 극단적으로 벗어난 값을 말합니다"

"음, 이번 케이스와 같이 다른 데이터의 집단에서 크게 벗어난 데이터가 있으면, 피어슨의 적률상관계수는 영향을 크게 받아 버리는 거야" 교수는 말했다.

"역시 이러한 경우에는 벗어난 데이터를 제거하는 것이 제일 좋은 것인가요?"

"아니야, 순위상관계수를 산출하는 것도 하나의 방법이네"

"순위의 상관계수 말씀이십니까?"

"척도수준이 순서척도일 때에 사용할 수 있는 상관계수 맞지요!" 보람이 응수했다.

"그렇지. 16번 데이터도 삭제하지 않고 순위상관계수를 산출해 볼까"

순위상관분석의 산출

[순서 1] 16번 데이터를 분석에 포함

(1) 메뉴에서 [데이터]-[케이스 선택]을 선택한다.

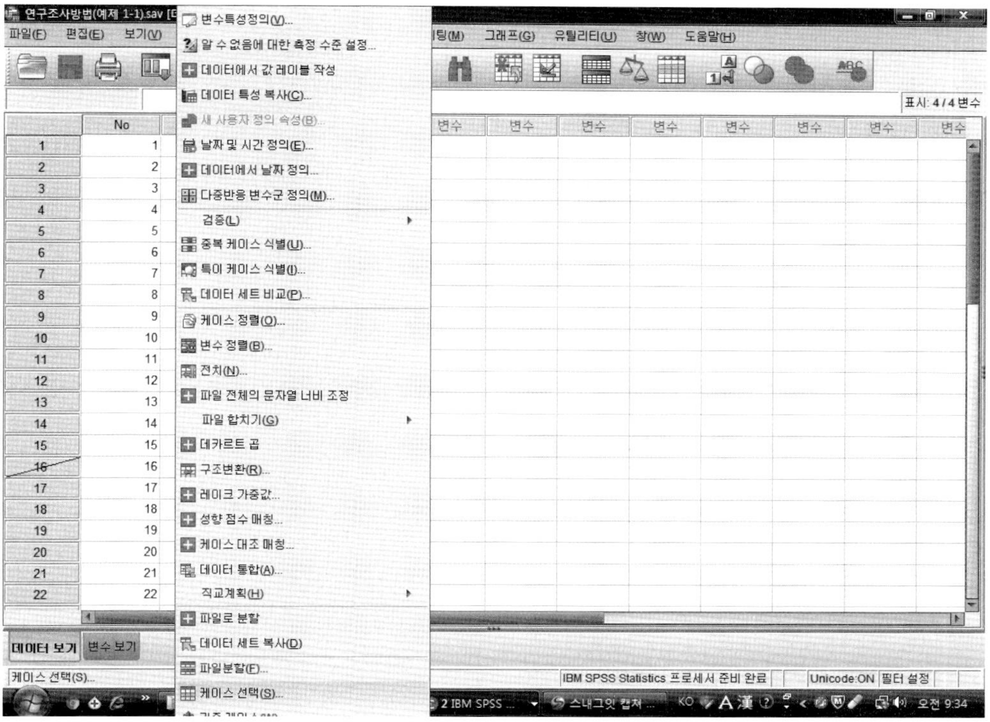

(2) [모든 케이스]를 선택한다. [확인]을 클릭한다.

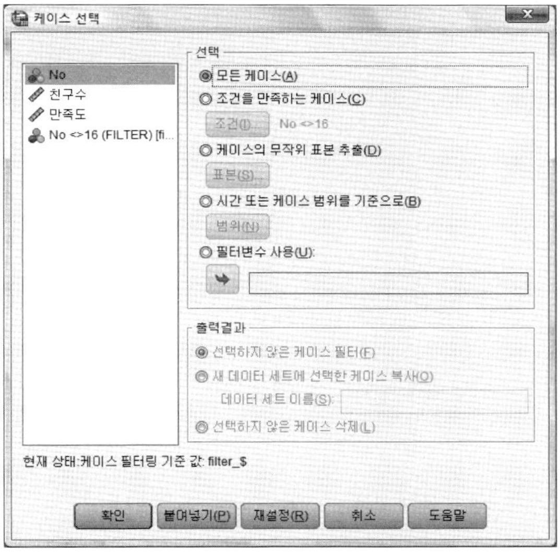

(3) 다음과 같이 원상태로 복고되어 있음을 확인할 수 있다.

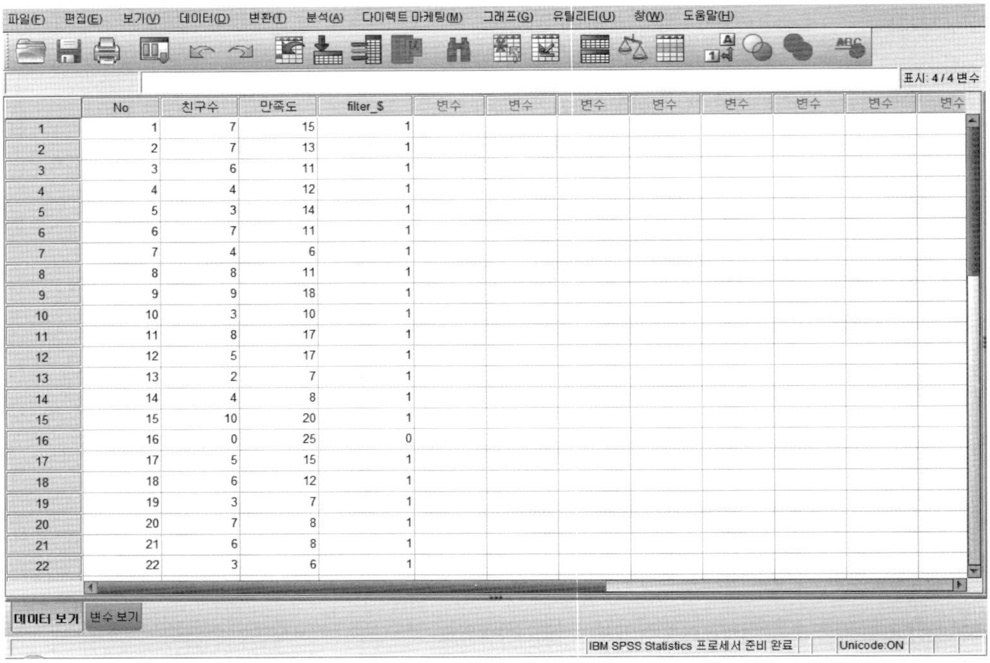

[순서 2] 분석수법의 선택 메뉴에서 [분석]-[상관분석]-[이변량 상관]을 선택한다.

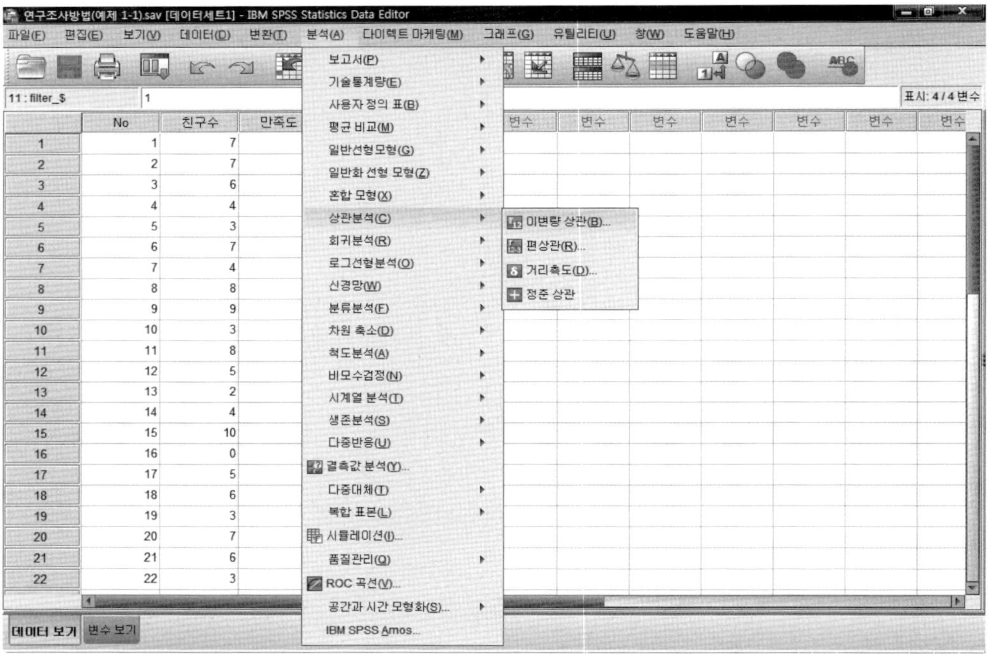

[순서 3] 변수의 선택

[변수]에 '친구 수', '만족도'를 투입하고, [상관계수]에서 [Kendall의 타우]와 [Spearman]에 체크한다. [확인]을 클릭한다.

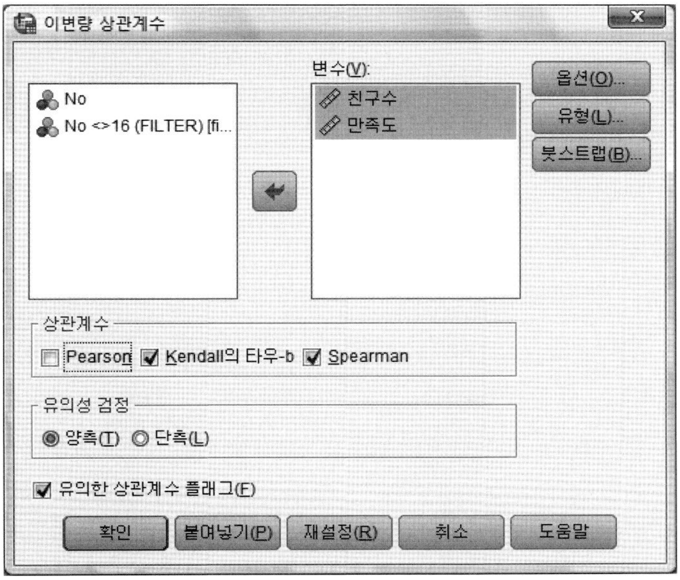

[분석결과]

비모수 상관

상관관계

			친구수	만족도
Kendall의 타우-b	친구수	상관계수	1.000	.398**
		유의확률 (양측)	.	.008
		N	25	25
	만족도	상관계수	.398**	1.000
		유의확률 (양측)	.008	.
		N	25	25
Spearman의 rho	친구수	상관계수	1.000	.480*
		유의확률 (양측)	.	.015
		N	25	25
	만족도	상관계수	.480*	1.000
		유의확률 (양측)	.015	.
		N	25	25

**. 상관관계가 0.01 수준에서 유의합니다(양측).

*. 상관관계가 0.05 수준에서 유의합니다(양측).

비모수 상관이라고 하는 표시 다음에 켄달과 스피어만의 순위상관계수가 출력된다.

친구 수와 만족도 사이의 순위상관계수는 켄달의 $\tau = 0.398$, 스피어만의 $\rho = 0.480$으로 각각 1%, 5%에서 플러스의 유의한 상관계수가 얻어졌다.

▶ 결과를 보면서

"켄달과 스피어만의 순위상관계수는 모두 플러스의 값으로 유의했네요" 철수가 말했다.

"데이터를 생략하고 상관계수를 산출했을 때보다는 상관계수가 낮은 값인데요. 그렇지만 상관계수는 유의했습니다" 보람도 말한다.

"No. 16번도 상관계수를 산출하는 대상에 포함되고 있기 때문이지. 그래도 전체로서는 플러스의 상관이 있는 것 같다고 하는 결론이 되잖아"

교수는 말을 이었다.

"그런데 이 16번 데이터는 이상치라고 할 수 있을까?"

"분명히 다른 데이터와는 떨어져 있으므로, 이상치가 아닐까요?" 보람은 말했다.

"만족도는 5단계의 질문항목을 다섯 개 준비해서, 그 합계 점수를 산출한 것이겠지"

"네, 5점 만점 5항목이니까, 최저점이 5점이고 최고점이 25점이지요"

"16번 학생은 친구 수가 0이고 만족도가 25점이었네. 친구가 없는데도 생활만족도는 최고의 학생이라고 하는 셈이군"

"그렇습니다"

"만일 이 학생이 앙케트에 적당히 답한 것뿐이었다면 문제일거야. 그 경우에는 16번의 데이터를 생략해야 할지도 몰라. 그렇지만 만일 정직하게 답하고 있다고 한다면 어떻게 될까?"

"실제로 친구가 없이 만족도가 높다고 하는 것인가요?" 철수가 묻는다.

"그런 학생, 있을까요?" 보람은 불만스런 표정이다.

"공부나 취미가 대단히 충실한 학생일지도 모르고, 일하면서 대학에 다니고 있어 일이 매우 잘 되고 있는 학생일지도 모르지. 그래서 친구가 없어도 만족도는 높을지도 말이야. 그렇지만 그것은 이번의 결과만을 보고는 알 수 없으니 뭐라고 말할 수 없겠지" 교수는 말했다.

"만일 좀 더 데이터를 모아 가면, 16번은 벗어나서 어딘지 모르게 없어져 지금은 비어 있는 공백 부분이 메워지는 데이터가 모아질지도 모르지. 그렇다면 정말로 상관계수는 0에 가까워 가겠지"

두 사람은 생각에 빠져 버렸다.

"중요한 것은 데이터를 보고 바로 '그렇지'라고 판단해 버리지 말고, 여러 가지 가능성이 있다는 것을 생각해 두는 것이야. 그리고 회답자가 앙케트에 회답하기 쉽도록 궁리하는 것도 중요하다고 생각하네" 교수는 말을 마쳤다.

힌트

이상치(이상점, outlier)란 관측된 데이터의 범위에서 많이 벗어난 아주 작은 값이나 아주 큰 값을 말한다. 어떤 의사결정을 하는 데 필요한 데이터를 분석할 경우 이렇게 이상한 값들에 의해서 의사결정에 영향을 미칠 수 있으므로 제거하는 것이 좋다.

CHAPTER

2

곡선 관계

CHAPTER 2 곡선 관계

2.1 | 분석의 배경

■ 컴퓨터실에서

"웬 일? 난색을 보이고 있네"

컴퓨터실을 찾은 철수가 턱을 고이고 컴퓨터 앞에 앉아 있는 보람을 발견했다.

"아, 철수야. 너야말로 웬일이야, 리포트?"

"그래, 리포트 과제가 많아서 말이야. 그보다, 무얼 그리 골똘히 생각하고 있는데?"

"내 언니가 초등학교 선생님인데, 이 데이터를 분석해 달라는 거야"

"에. 어떤 데이터인데?"

철수는 흥미진진한 표정을 지으며 컴퓨터 화면을 들여다보았다.

"심리학 수업에서, '동기부여'라나 뭐래나 배웠나 봐"

"음, 대단해. 외발적 동기부여라든가, 내발적 동기부여라든가 …"

"그래 그래, 그거야. 그런데 말이야, 언니가 근무하는 초등학교에서 공부에 대한 내발적 동기부여 조사를 해 봤다나 봐"

"내발적 동기부여라고 하는 것은, 누구인가를 위해서라든지 무언가를 위해서 공부하는 게 아니라, 자신이 하고 싶으니까 공부하는 것이라고 하는 경향을 측정했다고 하는 거?"

"그래 보여, 질문항목을 보니. 그것과 전과목 테스트의 평균치 데이터"

"그것은 다시 말해 내발적 동기부여가 높은 학생일수록 어느 교과목의 시험성적도 전체적으로 좋게 된다고 하는 결과가 되는지 어떤지를 조사하고 싶다고 하는 것이네"

"아마도. 자신이 스스로 공부하는 학생 쪽이 그렇지 않은 학생보다도 성적이 좋게 된다고 생각하고 있는 것 같아"

"자, 상관계수의 검토잖아"

"그래. 그 전에 점수분포도 보아 둘까. 언제든지 기본적인 확인은 필요하거든"

[예제 2-1]

표 2-1 데이터표

번호	내발적 동기	시험	번호	내발적 동기	시험
1	31	68	21	38	40
2	5	32	22	33	76
3	23	76	23	33	48
4	36	52	24	38	56
5	17	92	25	20	80
6	21	88	26	36	64
7	12	32	27	25	84
8	32	80	28	24	84
9	41	28	29	40	32
10	12	56	30	18	84
11	13	40	31	8	64
12	36	28	32	26	64
13	28	100	33	37	32
14	27	84	34	16	64
15	26	84	35	19	84
16	9	56	36	10	36
17	30	72	37	30	95
18	15	64	38	26	96
19	33	44	39	23	56
20	29	68	40	16	88

2.2 | 분석순서

기술통계량

[SPSS의 처리 절차]

[순서 1] 데이터의 입력

먼저 [변수 보기]에서 다음과 같이 변수를 입력하고 정의한다.

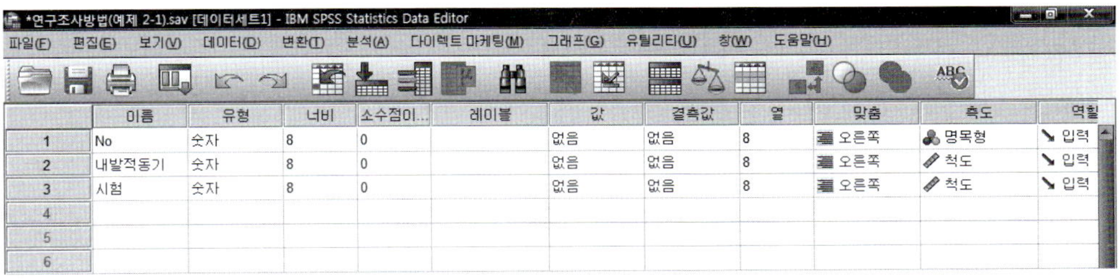

[데이터 보기]에서 다음과 같이 <표 2-1>의 데이터를 입력한다.

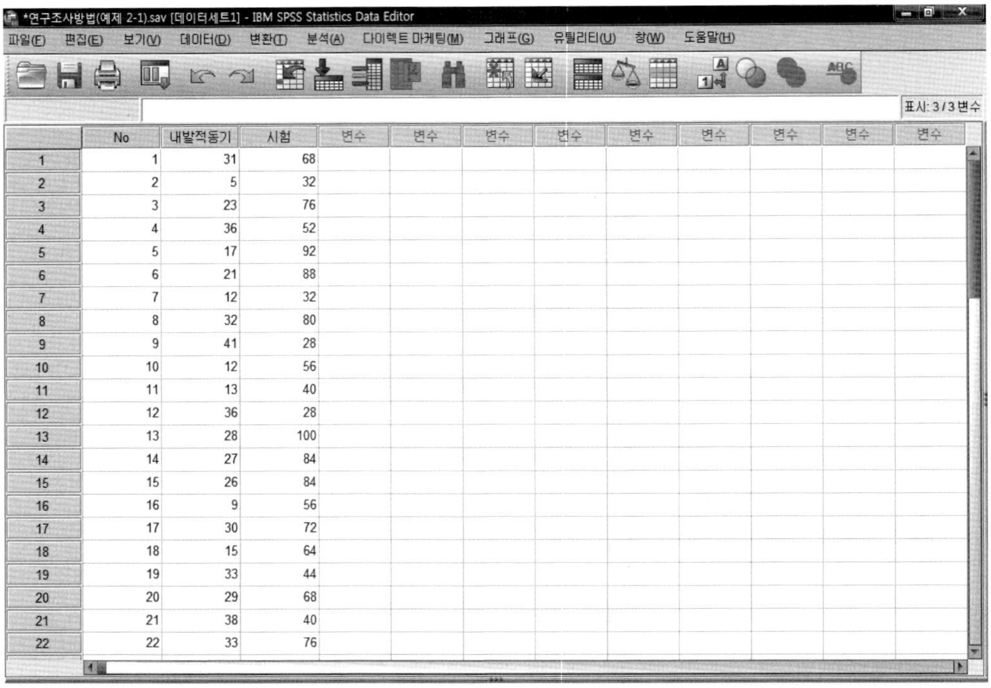

[순서 2] 분석 수법의 선택

메뉴에서 [분석]-[기술통계량]-[데이터 탐색]을 선택한다.

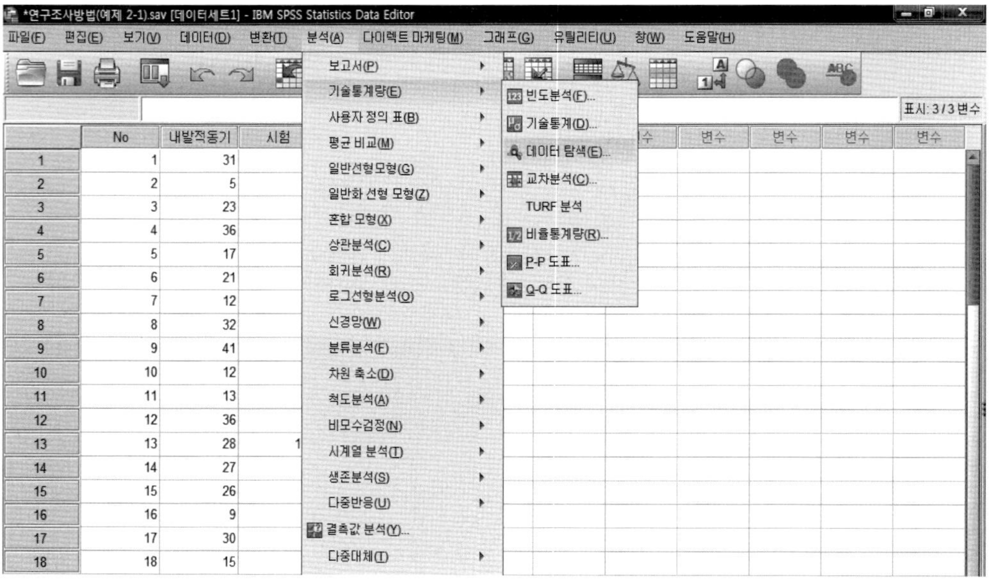

[순서 3] 변수의 선택

[종속변수]에 '내발적 동기', '시험'을 투입한다. [통계량]을 클릭한다.

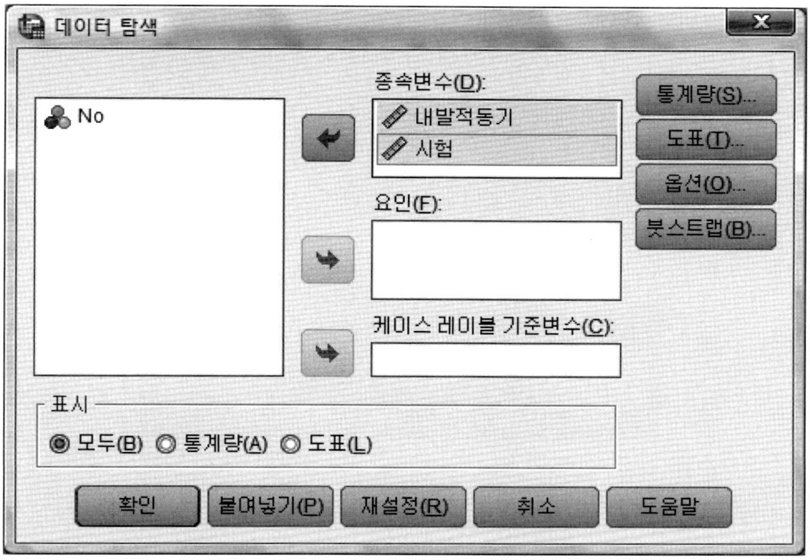

[순서 4] 통계량의 선택

[기술통계]에 체크한 것을 확인하고 [계속]을 클릭한다.

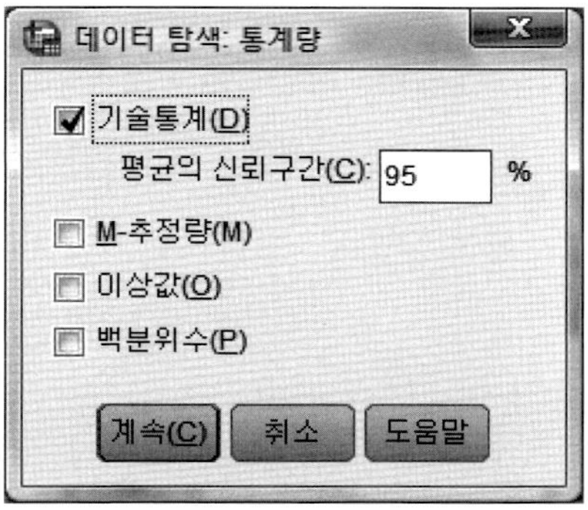

[순서 5] 도표의 선택

앞의 화면에서 [도표]를 클릭한다. 다음 화면에서 [상자도표]에서 [종속변수들과 함께]를 선택하고, [기술통계]에서 [줄기와 잎 그림], [히스토그램]에 체크한다. [검정과 함께 정규성도표]에 체크한다. [계속]을 클릭한다.

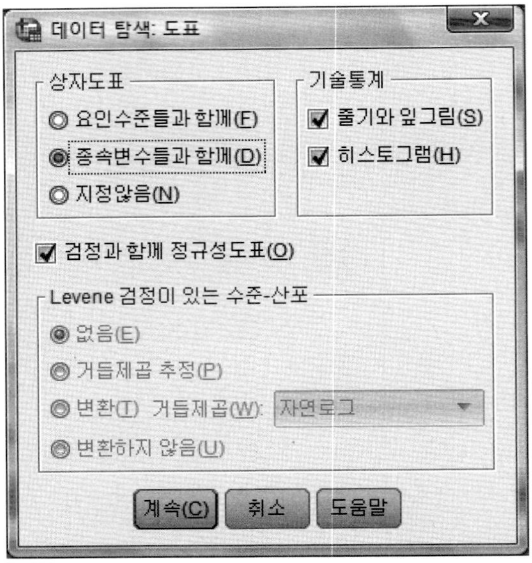

[순서 6] 표시의 선택

[표시]의 [모두]를 선택하고 [확인]을 클릭한다.

[분석결과]

케이스 처리 요약

	케이스					
	유효		결측		전체	
	N	퍼센트	N	퍼센트	N	퍼센트
내발적동기	40	100.0%	0	0.0%	40	100.0%
시험	40	100.0%	0	0.0%	40	100.0%

변수명과 데이터의 빈도, 결측 등의 정보가 출력된다.

기술통계

			통계량	표준오차
내발적동기	평균		24.80	1.560
	평균의 95% 신뢰구간	하한	21.64	
		상한	27.96	
	5% 절사평균		24.94	
	중위수		26.00	
	분산		97.344	
	표준편차		9.866	
	최소값		5	
	최대값		41	
	범위		36	
	사분위수 범위		17	
	왜도		-.223	.374
	첨도		-.980	.733
시험	평균		64.28	3.415
	평균의 95% 신뢰구간	하한	57.37	
		상한	71.18	
	5% 절사평균		64.42	
	중위수		64.00	
	분산		466.410	
	표준편차		21.597	
	최소값		28	
	최대값		100	
	범위		72	
	사분위수 범위		39	
	왜도		-.230	.374
	첨도		-1.149	.733

각종 기술통계량이 출력된다. 5% 절사평균이란 높은 쪽, 낮은 쪽에서 5%의 데이터를 삭제했을 때의 나머지 데이터의 평균을 가리킨다.

정규성 검정

	Kolmogorov-Smirnov[a]			Shapiro-Wilk		
	통계량	자유도	유의확률	통계량	자유도	유의확률
내발적동기	.076	40	.200*	.965	40	.257
시험	.119	40	.155	.939	40	.033

*. 이것은 참 유의성의 하한입니다.

a. Lilliefors 유의확률 수정

Kolmogorov-Smirnov의 검정과 Shapiro-Wilk의 검정결과가 출력된다. 모두 귀무가설이 "정규분포에 따른다", 대립가설이 "정규분포에 따르지 않는다"고 하는 가설에 따라 검정을 실시한다. 따라서 유의확률이 큰($p > 0.05$) 경우에 정규분포로부터 일탈해 있다고는 할 수 없다고 하는 결론이 된다.

이번 결과에서는, 내발적 동기는 정규분포에 따르고, 시험결과는 약간 일탈하는 경향이 있는 것 같다(통계적으로 유의하지 않다).

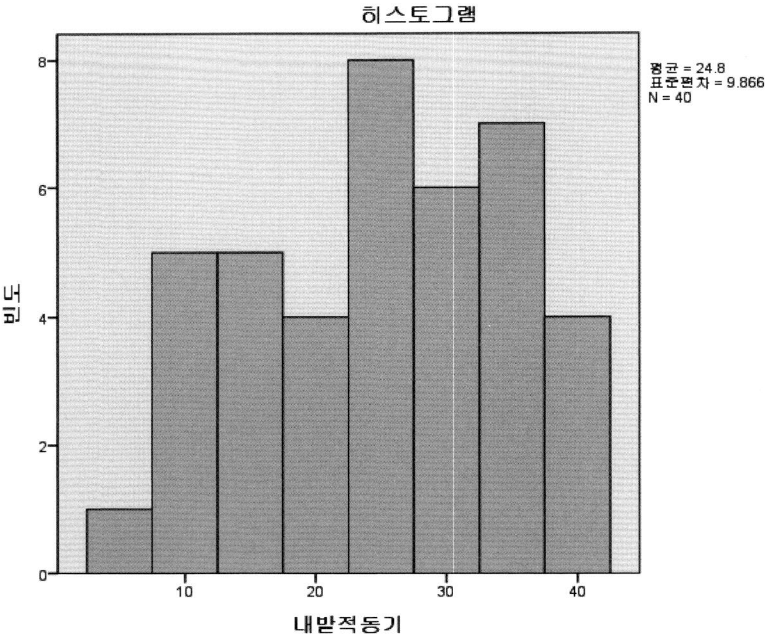

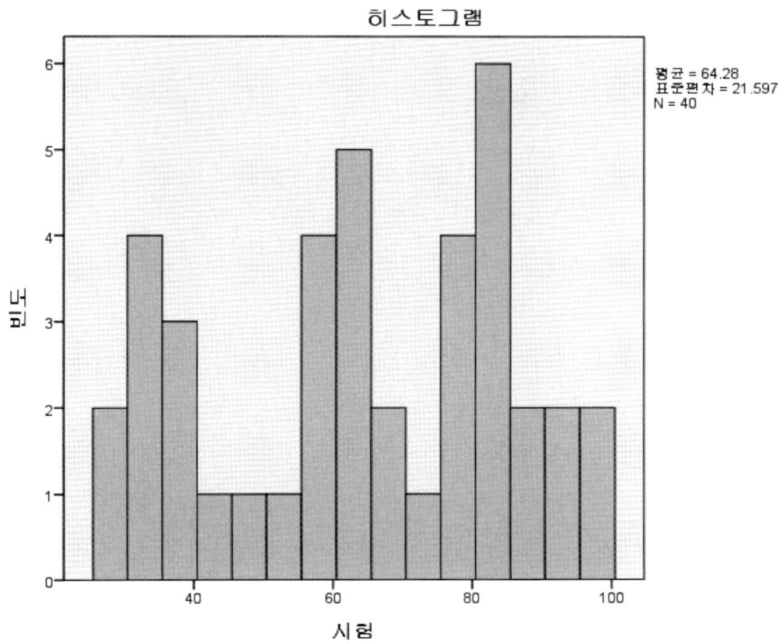

히스토그램으로 가로축에 점수, 세로축에 빈도가 표시된다.

내발적동기 줄기와 잎그림 도표

```
구매빈도 Stem &  잎

     .00        0 .
    3.00        0 .  589
    4.00        1 .  0223
    6.00        1 .  566789
    5.00        2 .  01334
    7.00        2 .  5666789
    7.00        3 .  0012333
    6.00        3 .  666788
    2.00        4 .  01

줄기 너비:        10
각 잎:         1 케이스
```

시험 줄기와 잎그림 도표

```
구매빈도 Stem &  잎

    2.00        2 .  88
    5.00        3 .  22226
    4.00        4 .  0048
    5.00        5 .  26666
    7.00        6 .  4444488
    3.00        7 .  266
   10.00        8 .  0044444488
    3.00        9 .  256
    1.00       10 .  0

줄기 너비:        10
각 잎:         1 케이스
```

줄기와 잎 그림 도표로 빈도 및 줄기와 잎의 숫자가 늘어서 있다.

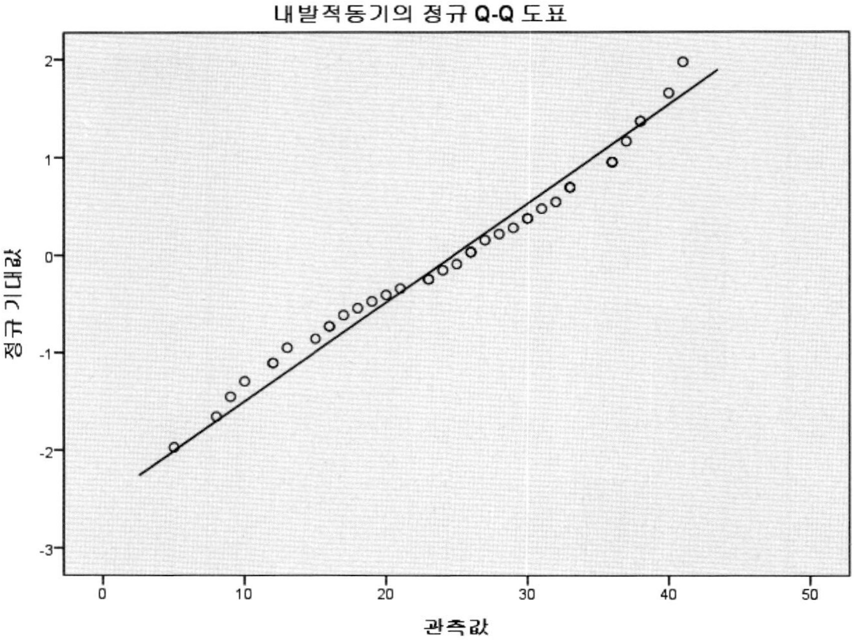

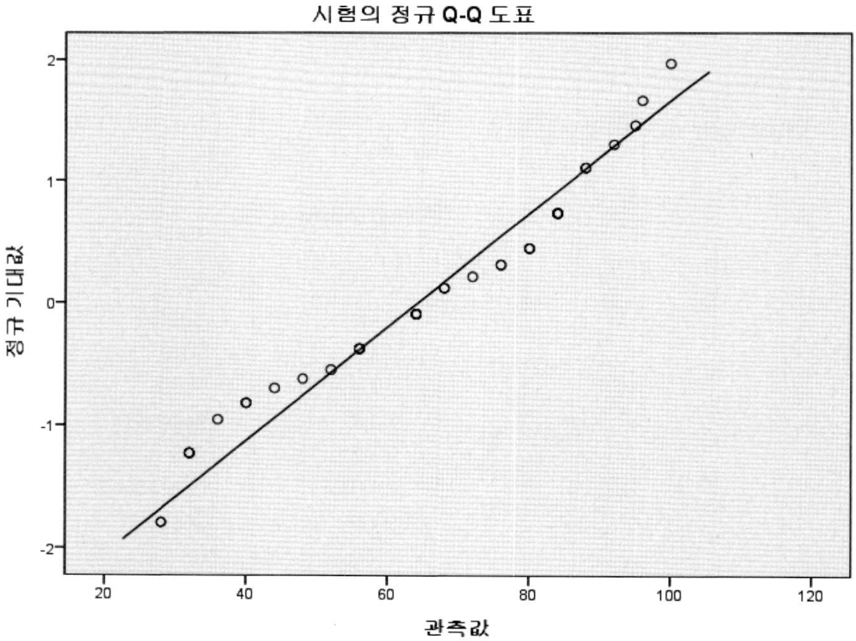

정규 Q-Q 도표로 데이터가 정규분포에 따르고 있는지를 시각적으로 표현하는 그림이다. 정규분포에 따를 때에는 점이 대각선상에 늘어선다.

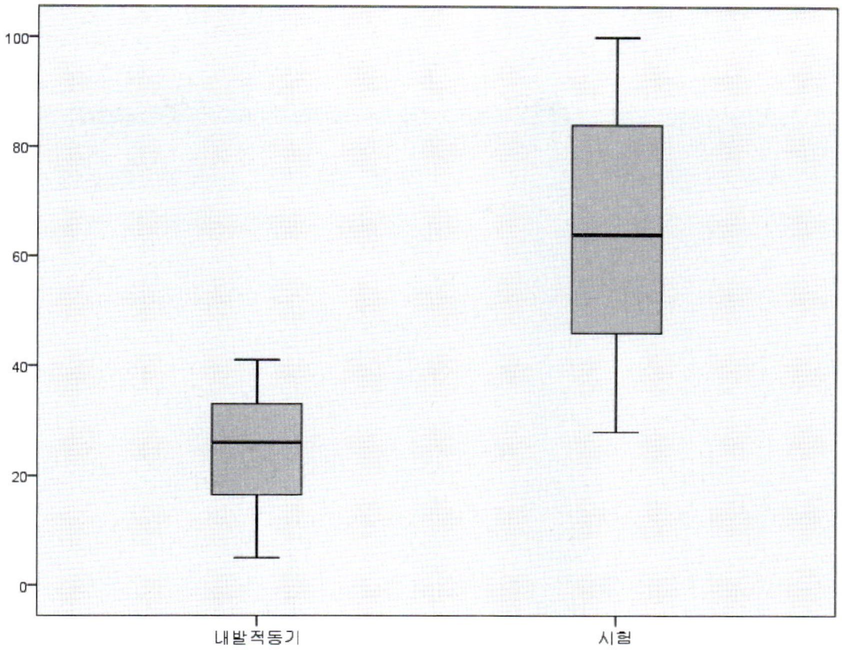

상자도표로 사분위수가 그림으로 표현된다.

■ 상관계수

[SPSS의 처리 절차]

[순서 1] 데이터의 입력

다음과 같이 데이터를 입력한다.

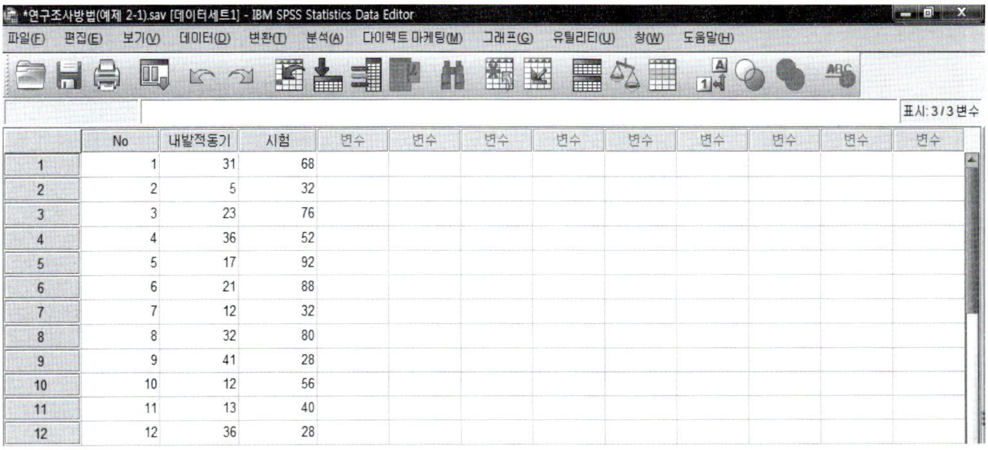

	No	내발적동기	시험	변수	변수	변수	변수	변수	변수	변수	변수	변수
1	1	31	68									
2	2	5	32									
3	3	23	76									
4	4	36	52									
5	5	17	92									
6	6	21	88									
7	7	12	32									
8	8	32	80									
9	9	41	28									
10	10	12	56									
11	11	13	40									
12	12	36	28									

[순서 2] 분석 수법의 선택

메뉴에서 [분석]-[상관분석]-[이변량 상관]을 선택한다.

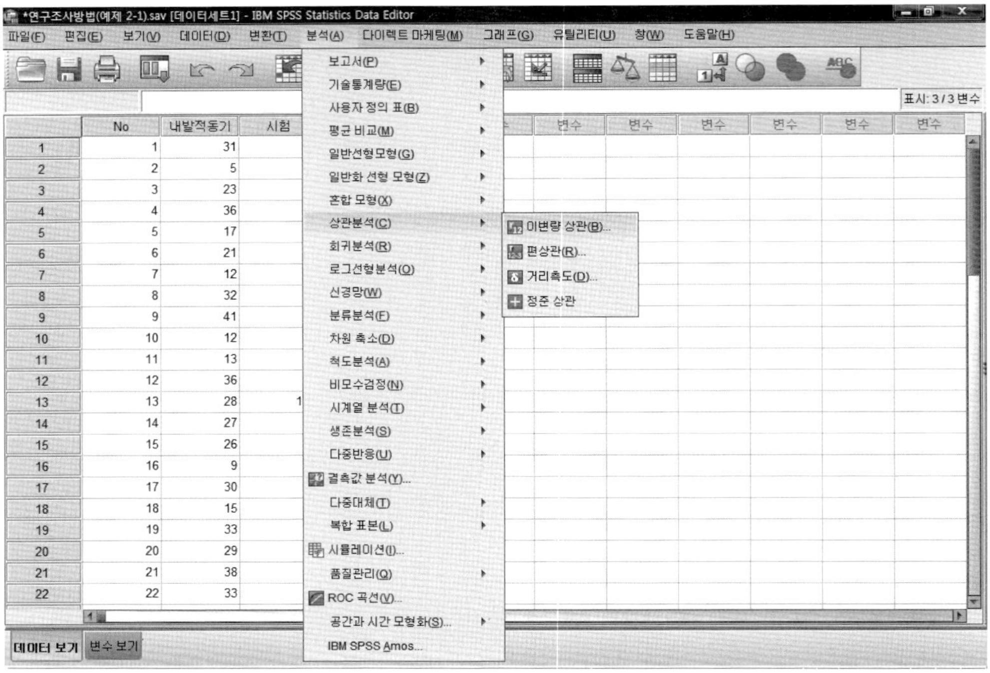

[순서 3] 변수의 선택

[변수]에 '내발적 동기', '시험'을 지정한다. [확인]을 클릭한다.

[분석결과]

상관관계

		내발적동기	시험
내발적동기	Pearson 상관	1	-.112
	유의확률 (양측)		.490
	N	40	40
시험	Pearson 상관	-.112	1
	유의확률 (양측)	.490	
	N	40	40

내발적 동기와 시험 사이의 상관계수는 $r=-0.112$로 유의한 상관은 아니다.

▶ 결과에 대한 논의

"이런 방식으로 하니까 많은 정보가 나오네"

"맞아. [기술통계량]과 [그래프]의 메뉴에서 각각 출력하는 것보다 결과를 한 번에 확인할 수 있어서 편리해. 잘 기억해 두어야겠는데"

"시험 점수는 조금 정규분포로부터 벗어나 있는 것 같지만, Q-Q 도표를 보면 그다지 형편없어 보이지는 않은 것 같아"

"내발적 동기만의 점수도 정규분포에 가까워 보이고 말이야 …"

"그렇지만 유의한 상관은 없는 것 같잖아?"

"음, 상관계수가 −0.112를 가지고 관계가 있다고는 할 수 없겠지"

"어찌한다? 이 결과를 언니한테 보고해야 하나?"

"하는 수 없잖아. 이 결과로 보고해 두자고"

▶ 결과에 대한 기술

내발적 동기부여의 항목 점수를 합계함으로써 내발적 동기부여 점수를 산출했다. 기술통계 분석결과 내발적 동기부여 점수의 평균은 24.80, 표준편차는 9.87이었다. 또한 시험 점수의 평균은 64.28, 표준편차는 21.60이었다. 두 변수 간의 관련을 검토하기 위해서 상관계수를 산출했더니, 유의한 상관은 보이지 않았다($r=-0.112$). 따라서 내발적 동기부여의 높이는 전체적인 학업성적에 관련되지 않는다는 것이 밝혀졌다.

2.3 | 연구대상

■ 연구실에서

철수와 보람은 경영자료분석 과제에 대해서 질문을 하려고 박유식 교수 연구실을 방문했다.

"자, 과제에 대해서는 이것으로 됐네"

"네, 알겠습니다"

두 사람은 안심한 표정을 보였다.

"그런데, 최근에 자주 컴퓨터실에 있는 것 같던데 무언가 조사할 게 있나?"

교수는 커피 잔을 손에 쥐고 말했다.

"실은, 언니한테 부탁 받은 게 있어서 …"

보람은 데이터의 내용과 그 분석결과를 설명했다.

"아, 그런 일을 부탁 받았군. 부탁할 만하잖아"

"경영학을 전공하고 있다고 해서 그랬나 봐요" 보람은 조금 부끄러워했다.

"그런데 말이야" 교수는 두 사람의 얼굴을 보면서 말했다. "산점도는 그려봤나?"

철수와 보람은 얼굴을 마주 봤다.

"그려보지 않은 것 같군. 자, 그럼 그려볼까. 지금 데이터는 가지고 있지?"

교수는 보람에게서 USB를 받아 들고 PC에 꽂았다.

■ 산점도의 작성

전술한 바와 같이 산점도를 그려보기로 한다.

[SPSS의 처리 절차]

[순서 1] 데이터의 입력

<표 2-1>의 데이터를 입력한다.

[순서 2] 분석 수법의 선택

메뉴에서 [그래프]-[레거시 대화상자]-[산점도/점도표]를 선택한다.

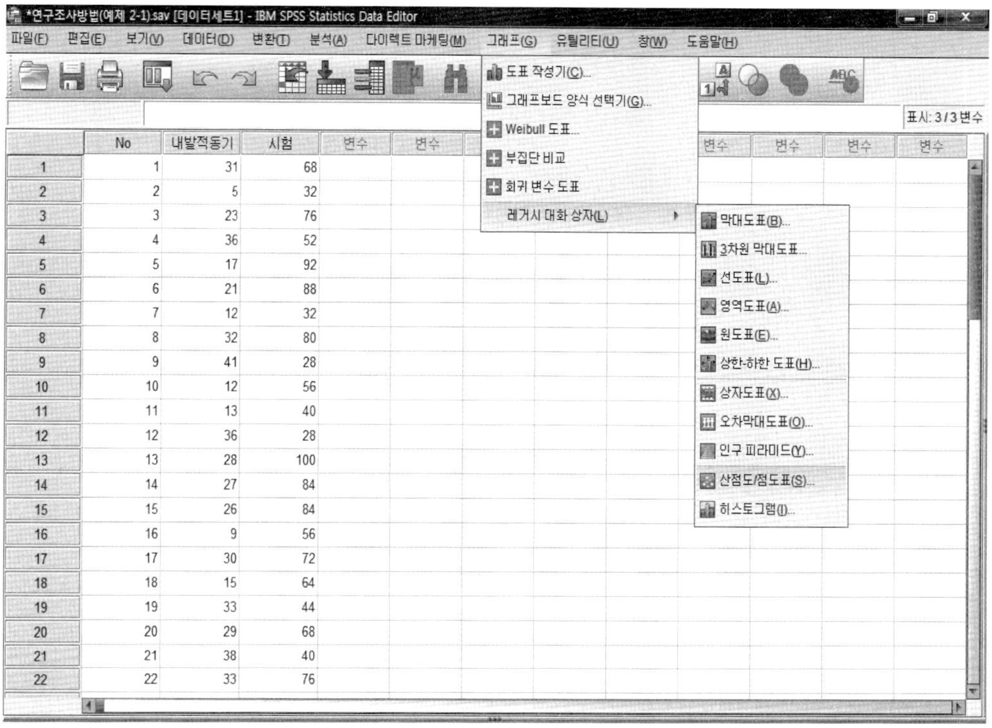

[순서 3] 유형의 선택

다음 대화상자에서 [단순 산점도]를 선택하고 [정의]를 클릭한다.

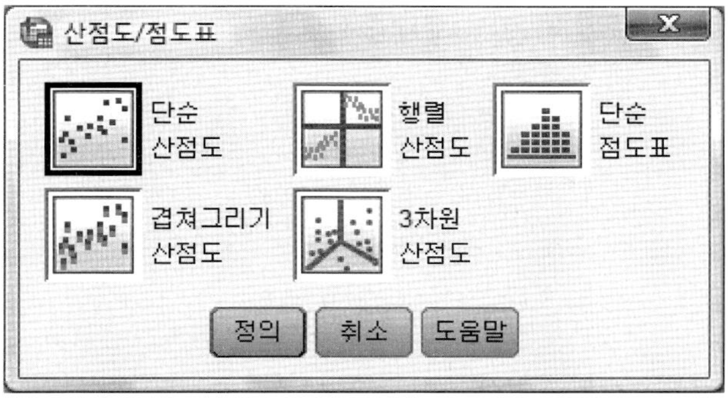

[순서 4] 변수의 선택

[Y축]에 '시험', [X축]에 '내발적 동기'를 지정하고 [확인]을 클릭한다.

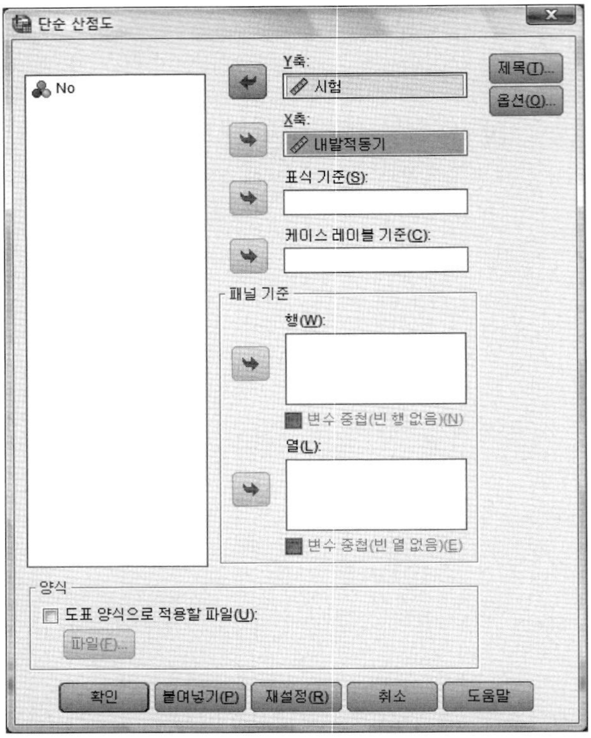

[분석결과]

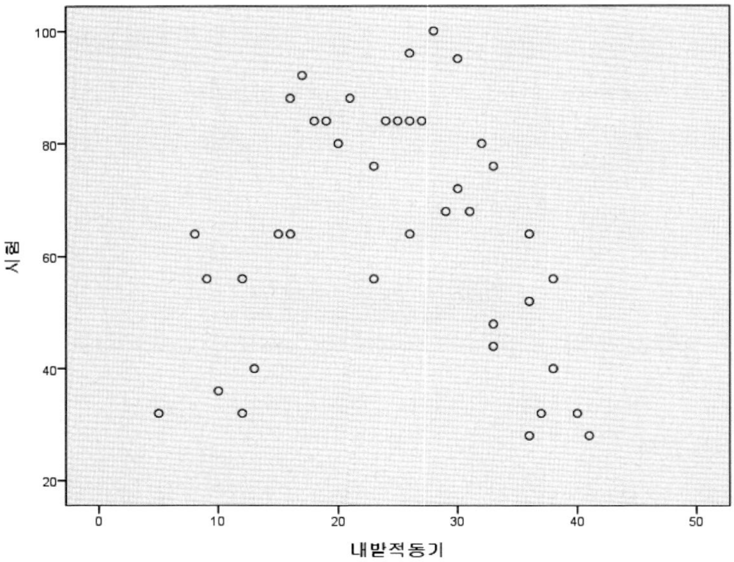

역 U자형의 모양으로 되어 있는 것처럼 보인다.

▶ 결과를 보고

"이런 산점도가 되는데, 어떻게 생각하나?" 교수는 뒤돌아 보면서 말했다.

"올라갔다가 … 내려간다?" 철수가 그래프를 보고 중얼거렸다.

"그러네. 내발적 동기부여가 도중까지는 시험 점수와 플러스의 관련이 있고, 도중부터는 마이너스의 관련이 되는 것처럼 보입니다" 보람도 그래프를 보면서 한숨을 쉬듯이 말했다.

"이러한 변수의 관계를 곡선관계라고 하는 거야"

"곡선입니까?"

"상관계수라고 하는 것은 기본적으로 직선적인 관계를 표현하는 값이지. 그러므로 이 데이터와 같이 상호관계가 곡선이 되는 관계성은 잘 표현할 수 없는 거지"

"그런 겁니까 …"

"역시, 가능한 한 수고를 아끼지 말고 산점도를 그려서 변수끼리의 관계를 확인하는 것이 좋겠지" 교수는 그렇게 말했다.

"자, 이럴 때는 어떻게 하면, 이 곡선관계를 잘 수치로 나타낼 수 있을까요" 철수는 이상한 모양이다.

"자 그럼 먼저 내발적 동기부여로 아이들을 세 개의 그룹으로 나누어 보자"

"세 개라구요? 어떠한 그룹 말씀입니까?" 보람이 물었다.

"내발적 동기부여가 낮은 아이들, 평균에 가까운 아이들, 높은 아이들, 이렇게 세 개의 그룹이네. '평균±1/2표준편차'라고 하는 값이 쓰이는 경우도 있네"

"평균에서 표준편차의 반을 뺀 값과 표준편차의 반을 더한 값이군요"

"내발적 동기부여의 평균과 표준편차는?"

"평균이 24.80, 표준편차가 9.87입니다"

"자, 표준편차를 대개 10으로 생각하고, 24.8에서 5를 뺀 값과 24.8에 5를 더한 값을 기준으로 데이터를 분할해 볼까" 교수는 그렇게 말했다.

"19.8과 29.8입니다"

"그렇지. 데이터를 세 그룹으로 나누면, 시험 점수의 평균을 비교하는 거야"

"세 그룹의 평균 비교이니까 … 분산분석이군요" 보람의 얼굴이 밝아졌다.

"바로 그거야. 1요인 3수준의 분산분석이지"

교수는 그렇게 말하고, PC를 향해 걸어갔다.

■ 내발적 동기부여의 점수에 의한 데이터의 분할

내발적 동기부여의 점수 19.8과 29.8로 데이터를 3분할한다.

데이터를 분할하는 변수를 작성한다.

[SPSS의 처리 절차]

[순서 1] 데이터의 입력

<표 2-1>의 데이터를 입력한다.

[순서 2] 분석 수법의 선택

메뉴에서 [변환]-[다른 변수로 코딩 변경]을 선택한다.

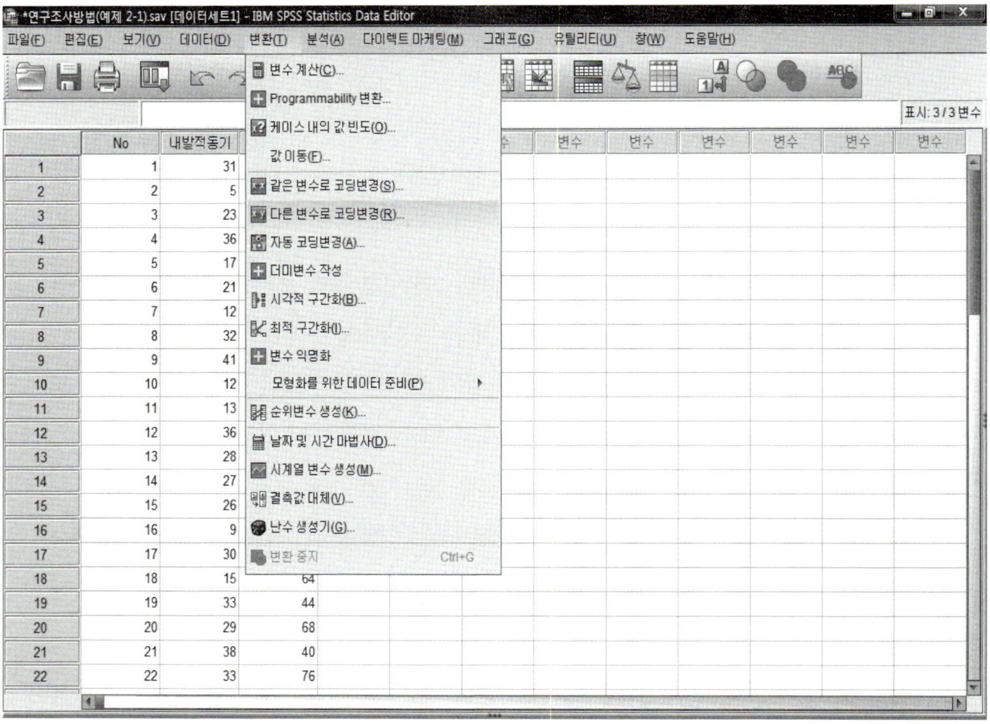

[순서 2] 변수의 선택

(1) [숫자변수 → 출력변수]에 '내발적 동기'를 지정한다. [출력변수]의 [이름]에 '내발3군' 이라고 입력하고 [변경]을 클릭한다.

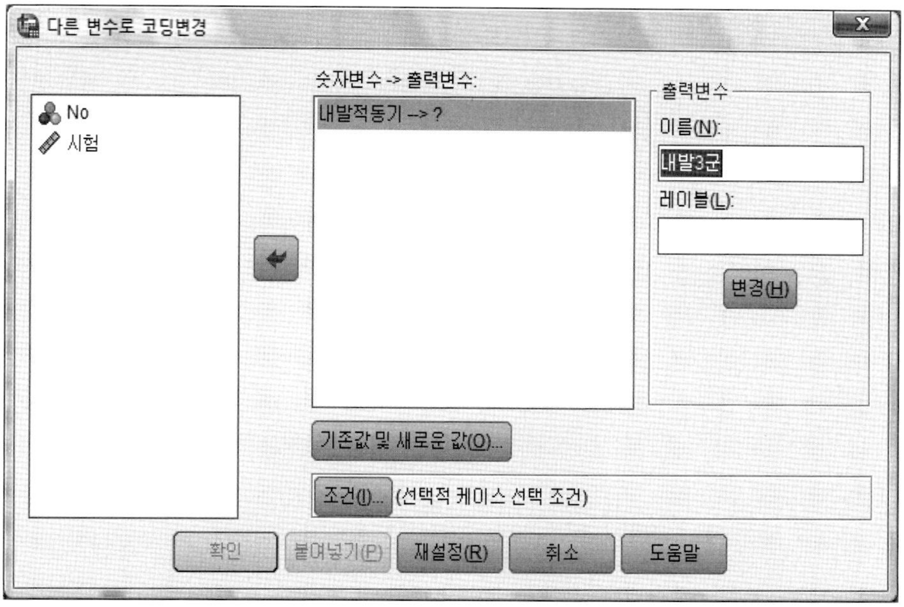

(2) 출력변수 부분에 '내발3군'이라고 표시된다.

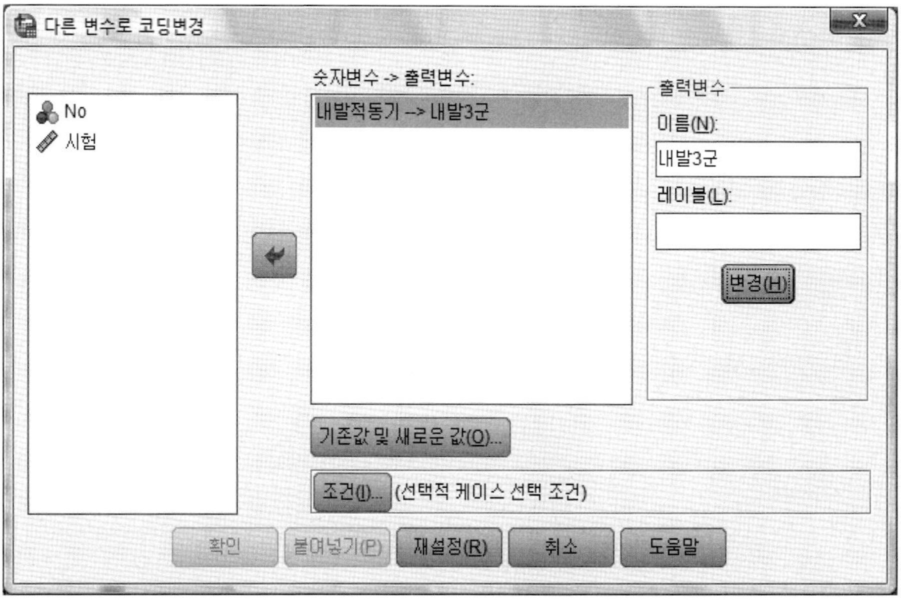

(3) [기존값 및 새로운 값]을 클릭한다.

[최저값에서 다음 값까지 범위]에 '19.8'이라고 입력한다.

[새로운 값]의 [기준값]에 '1'이라고 입력하고 [추가]를 클릭한다.

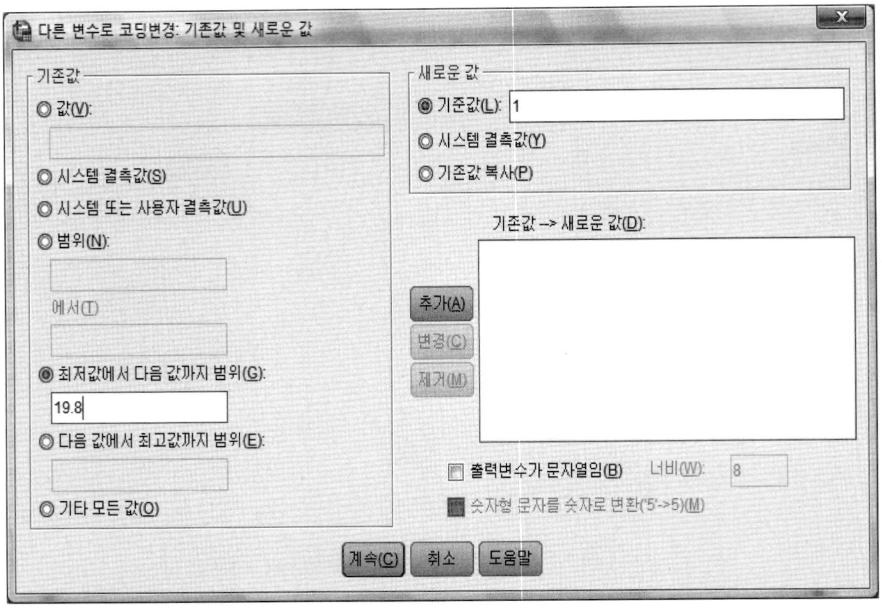

(4) 최저값에서 19.8까지의 값을 취할 데이터에 '1'을 할당한다.

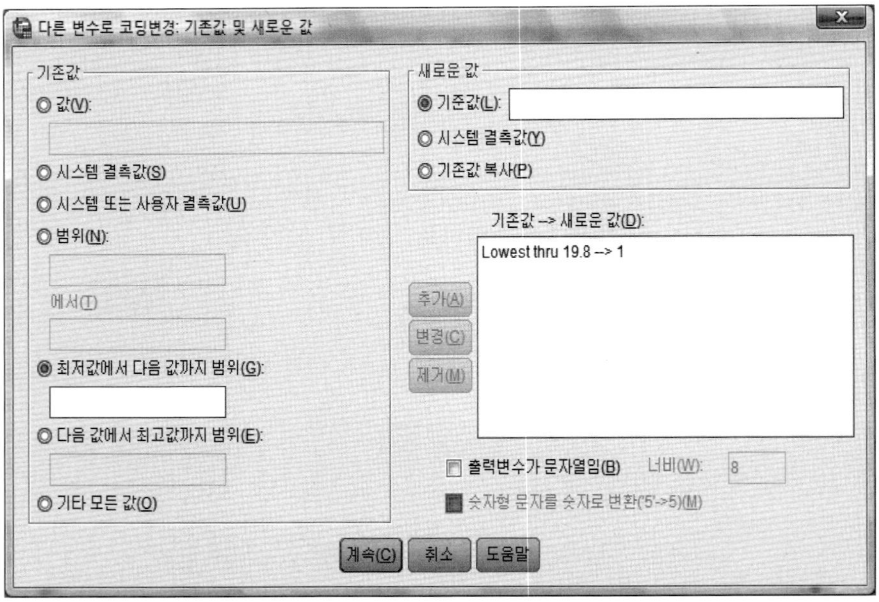

(5) [범위]에 '19.8'에서 '29.8'이라고 입력한다.
[새로운 값]의 [기준값]에 '2'라고 입력하고, [추가]를 클릭한다.

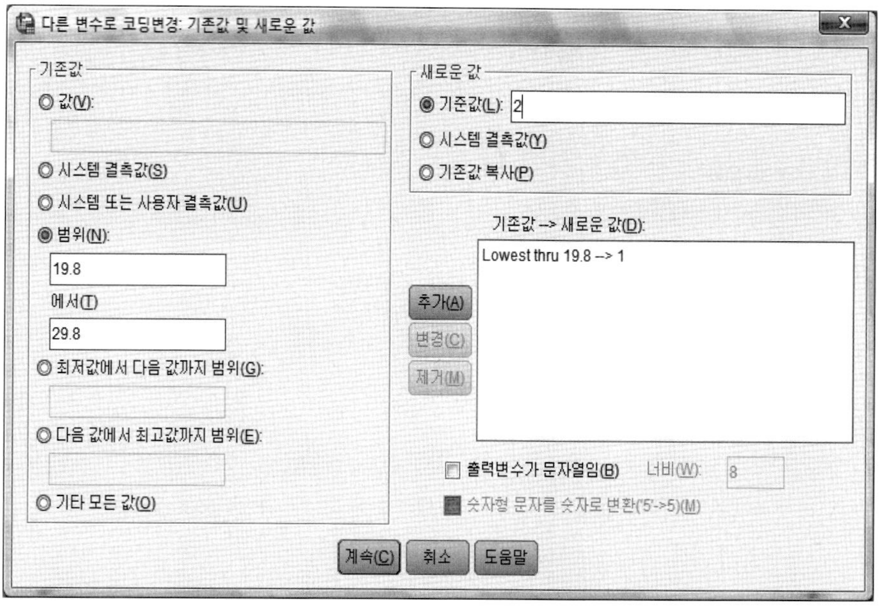

(6) 19.8에서 29.8까지의 값에 '2를 할당한다.

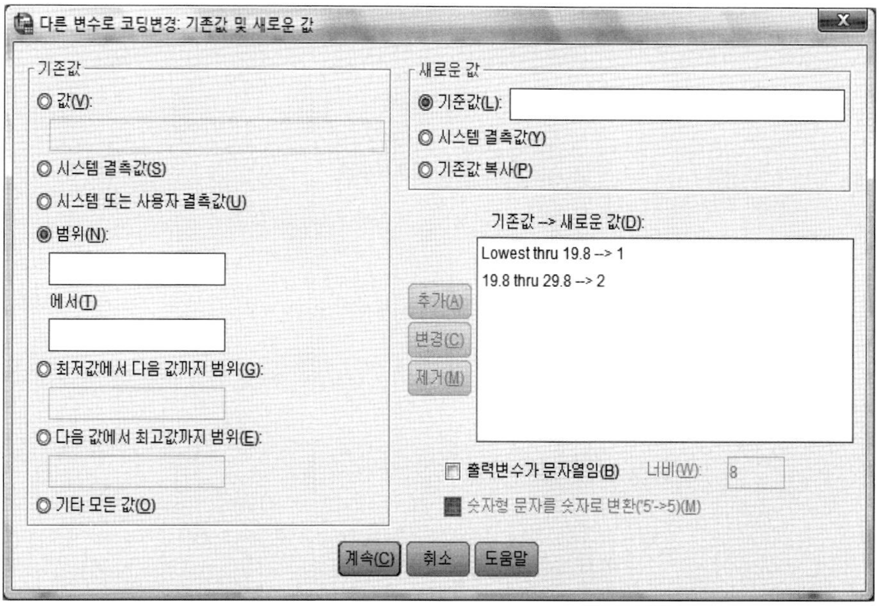

(7) [다음 값에서 최고값까지 범위]에 '29.8'이라고 입력한다.
[새로운 값]의 [기준값]에 '3'이라고 입력하고 [추가]를 클릭한다.

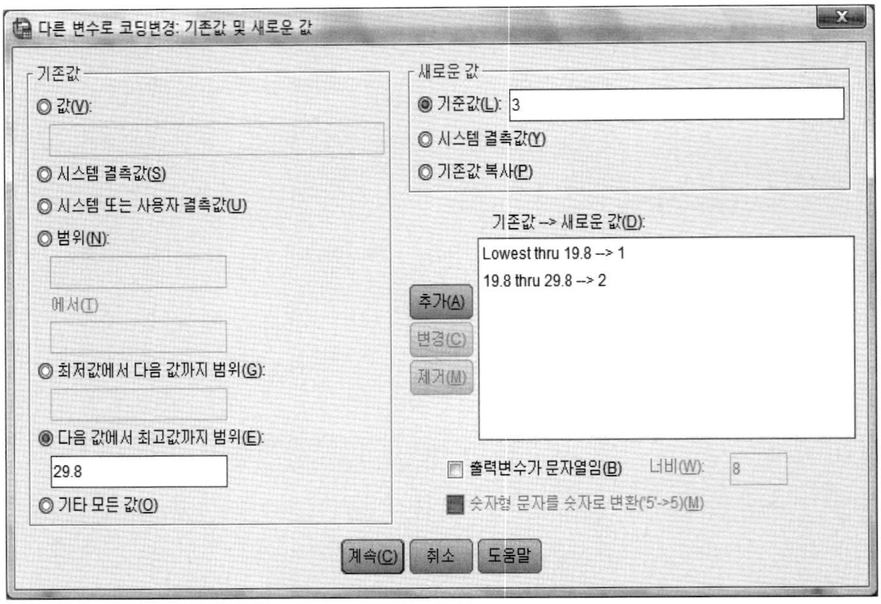

(8) 29.8 이상의 값에 '3'을 할당한다.

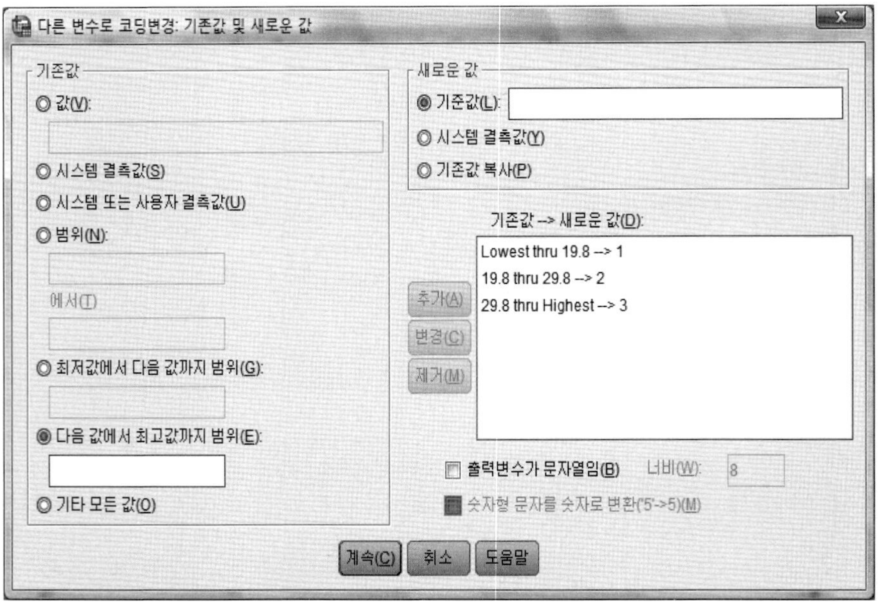

[기존값 → 새로운 값]의 틀 안이 위와 같이 표시되면 OK.
이어서 [계속]을 클릭한다.

[순서 3] 실행

다음 화면에서 [확인]을 클릭한다.

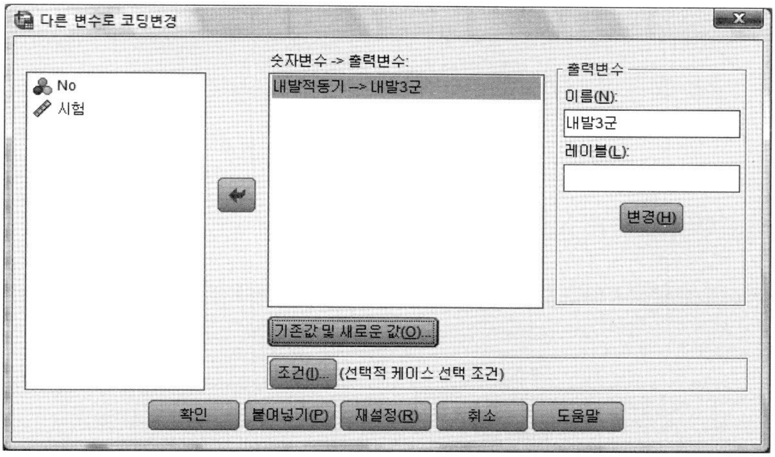

[분석결과]

[데이터 보기]에 '내발3군'이라고 하는 변수명과 새로운 데이터가 추가되어 있는 것을 확인한다.

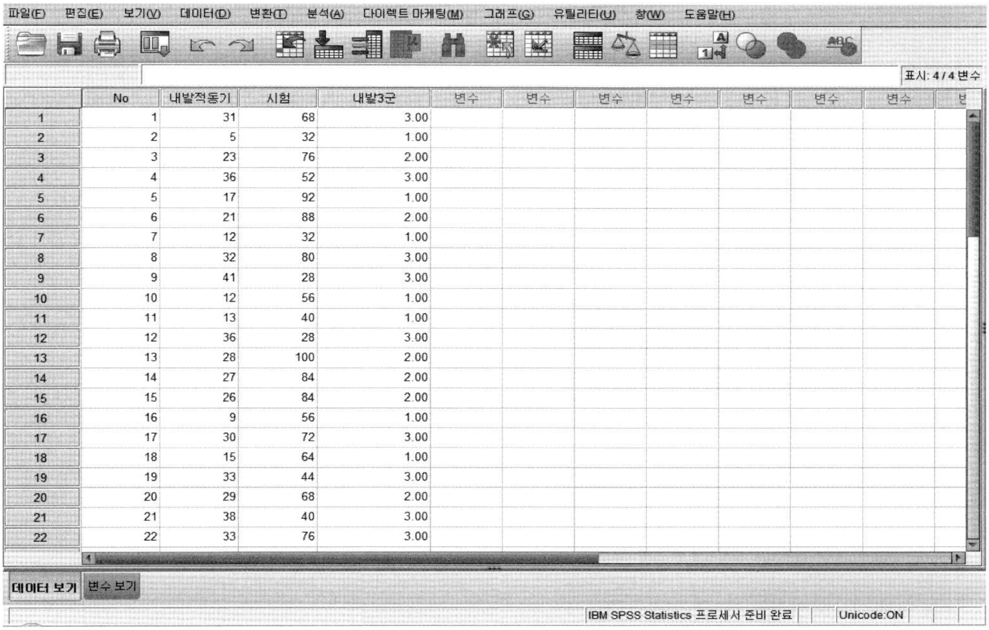

	No	내발적동기	시험	내발3군
1	1	31	68	3.00
2	2	5	32	1.00
3	3	23	76	2.00
4	4	36	52	3.00
5	5	17	92	1.00
6	6	21	88	2.00
7	7	12	32	1.00
8	8	32	80	3.00
9	9	41	28	3.00
10	10	12	56	1.00
11	11	13	40	1.00
12	12	36	28	3.00
13	13	28	100	2.00
14	14	27	84	2.00
15	15	26	84	2.00
16	16	9	56	1.00
17	17	30	72	3.00
18	18	15	64	1.00
19	19	33	44	3.00
20	20	29	68	2.00
21	21	38	40	3.00
22	22	33	76	3.00

■ 내발3군을 독립변수, 시험 점수를 종속변수로 하는 1요인 3수준의 분산분석

[SPSS의 처리 절차]

[순서 1] 데이터의 입력

<표 2-1>의 데이터를 입력한다.

[순서 2] 분석 수법의 선택

메뉴에서 [분석]-[평균 비교]-[일원배치 분산분석]을 선택한다.

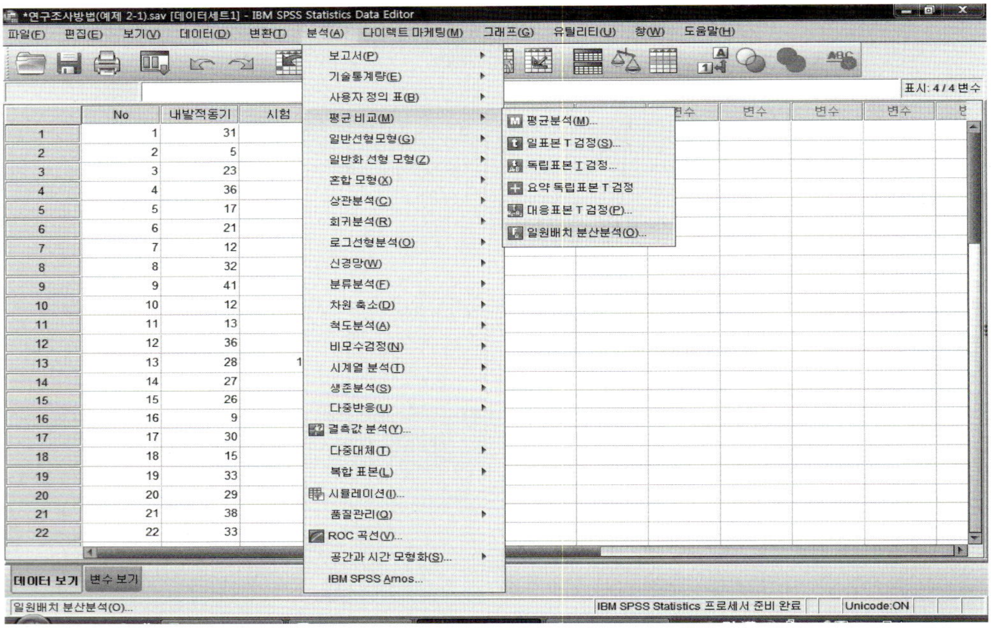

[순서 3] 변수의 선택

[종속변수]에 '시험', [요인]에 '내발3군'을 지정한다. [사후분석]을 클릭한다.

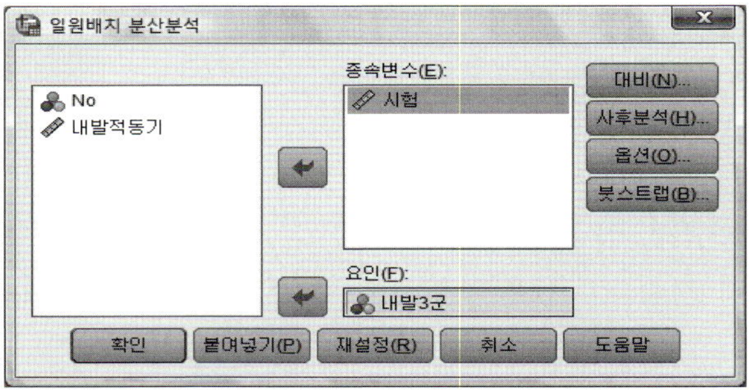

[순서 4] 다중비교의 선택

[Tukey 방법]을 선택하고 [계속]을 클릭한다.

[주] 각각의 다중비교 수법에는 특징이 있기 때문에 "이것을 선택하면 좋다"고 하는 것이 있는 것은 아니다. 어느 수법을 선택하든 그 수법 이름을 기재하는 것을 잊어서는 안된다.

[순서 5] 옵션의 선택

[옵션] 대화상자에서 [기술통계], [평균 도표]를 선택하고 [계속]을 클릭한다.

이어서 [확인]을 클릭한다.

[분석결과]

- 기술통계

기술통계

시험

	N	평균	표준편차	표준오차	평균에 대한 95% 신뢰구간		최소값	최대값
					하한	상한		
1.00	13	60.92	21.550	5.977	47.90	73.95	32	92
2.00	12	80.33	12.702	3.667	72.26	88.40	56	100
3.00	15	54.33	20.907	5.398	42.76	65.91	28	95
전체	40	64.28	21.597	3.415	57.37	71.18	28	100

세 개의 내발적 동기부여 그룹 (1, 2, 3)의 빈도, 평균, 표준편차 등이 표시된다. 평균과 표준편차를 보면,

1군(내발적 동기부여 낮은 군) : 평균 60.92, 표준편차 21.55

2군(내발적 동기부여 중간 군) : 평균 80.33, 표준편차 12.70

3군(내발적 동기부여 높은 군) : 평균 54.33, 표준편차 20.91

로 되어 있고, 낮은 군과 높은 군보다 중간 군의 시험 평균이 높다는 것을 알 수 있다.

- 분산분석

ANOVA

시험

	제곱합	자유도	평균제곱	F	유의확률
집단-간	4723.052	2	2361.526	6.488	.004
집단-내	13466.923	37	363.971		
전체	18189.975	39			

이 분석의 주된 목적인 분산분석의 결과가 출력된다.

분산분석의 결과 : $F(2,\ 37) = 6.49,\ p < 0.01$

1% 수준에서 분산분석은 유의하다고 하는 결과다.

- 다중비교

다중비교

종속변수: 시험

Tukey HSD

(I) 내발3군	(J) 내발3군	평균차이(I-J)	표준오차	유의확률	95% 신뢰구간 하한	95% 신뢰구간 상한
1.00	2.00	-19.410*	7.637	.040	-38.06	-.76
	3.00	6.590	7.229	.637	-11.06	24.24
2.00	1.00	19.410*	7.637	.040	.76	38.06
	3.00	26.000*	7.389	.003	7.96	44.04
3.00	1.00	-6.590	7.229	.637	-24.24	11.06
	2.00	-26.000*	7.389	.003	-44.04	-7.96

*. 평균차이는 0.05 수준에서 유의합니다.

Tukey의 HSD법에 의한 다중비교 결과가 출력된다(다른 다중비교도 각자 시도해 보고, 결과를 비교해 보기 바란다).

유의한 차가 보이는 조합에는 평균차(I－J)의 수치에 별표가 붙어 있어, 유의확률이 5%를 밑돈다(5% 수준에서 판단하는 경우).

내발적 동기부여의 1군과 2군, 2군과 3군 사이에 유의한 점수 차가 보인다.

1군과 3군의 차는 유의하지 않은 것을 알 수 있다.

- 평균 도표

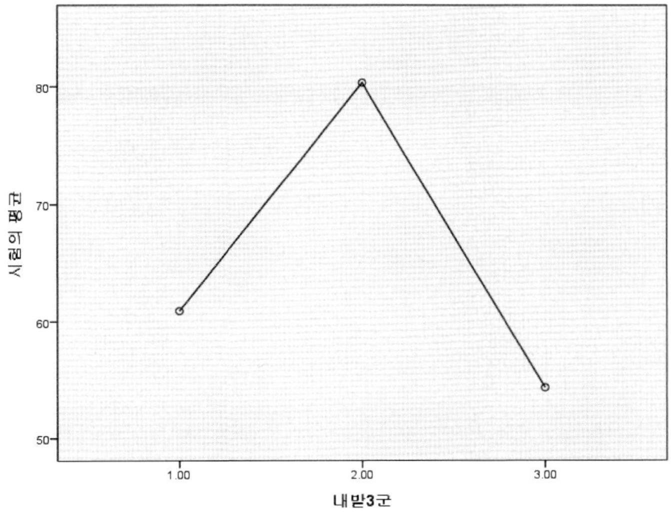

내발적 동기부여 3군별 시험의 평균이 그림으로 표시된다.

▶ 결과를 보고

"산 모양의 꺾은선 그래프가 되어 있네요" 보람이 말했다.

"산점도와 분산분석의 평균 도표를 비교하면, 곡선의 산점도가 단순화되어 산 모양의 그래프로 되어 있다는 것을 잘 알 수 있잖아" 교수가 화면을 스크롤 시키면서 설명한다.

"분산분석은 유의하고, 다중비교의 결과로부터 1군과 2군, 2군과 3군의 평균 차가 유의하다는 것이군요" 철수가 말한다.

"그렇지. 1군과 3군의 시험 점수가 낮아서 같은 정도이고, 2군만 높다고 하는 결과지. 이것도 곡선의 산점도를 반영한 검정결과라고 하는 것을 알 수 있는 것이야"

"교수님, 그 밖에도 분석방법이 있나요?"

"자 그럼 다음에, 내발적 동기부여의 평균으로 데이터를 분할해 볼까. 분할하면 내발적 동기부여가 높은 그룹과 낮은 그룹에서 각각 상관계수를 산출해 보는 거야"

내발적 동기부여의 평균 24.8로 데이터 분할

[SPSS의 처리 절차]

[순서 1] 데이터의 입력

<표 2-1>의 데이터를 입력한다.

[순서 2] 분석 수법의 선택

메뉴에서 [변환]-[다른 변수로 코딩 변경]을 선택한다.

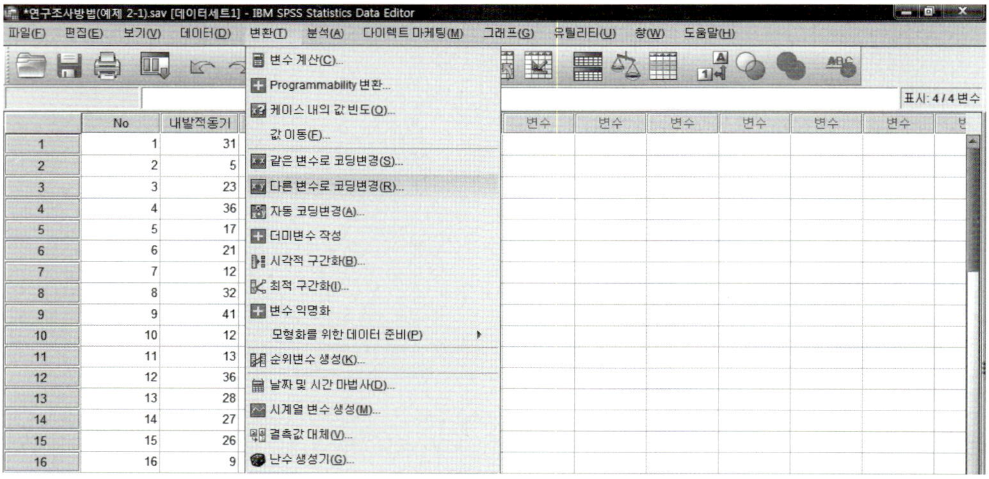

[순서 3] 변수의 선택

(1) [숫자변수 → 출력변수]에 '내발적 동기'를 지정한다.
[출력변수]의 [이름]에 '내발고저'를 입력하고 [변경]을 클릭한다.

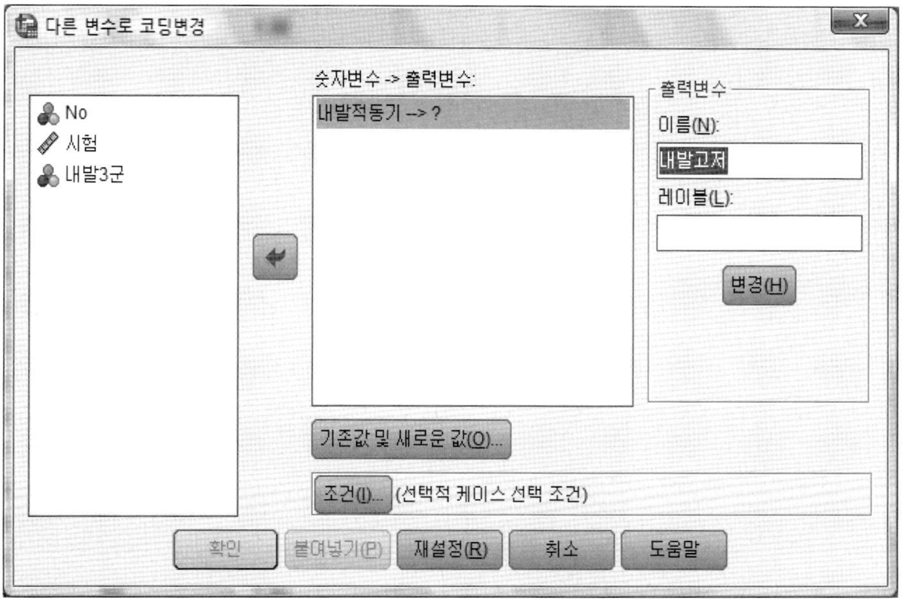

(2) 출력변수 부분에 '내발고저'라고 표시된다.

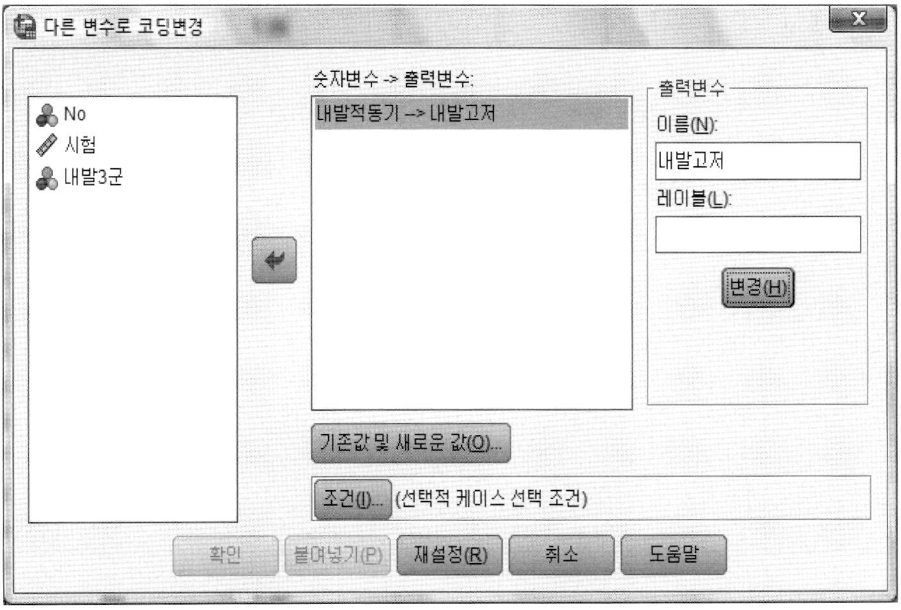

(3) [기존값 및 새로운 값]을 클릭한다.

[최저값에서 다음 값까지 범위]를 선택하고 틀 안에 '24.80'이라고 입력한다.

[새로운 값]에 '0'을 입력하고, [추가]를 클릭한다.

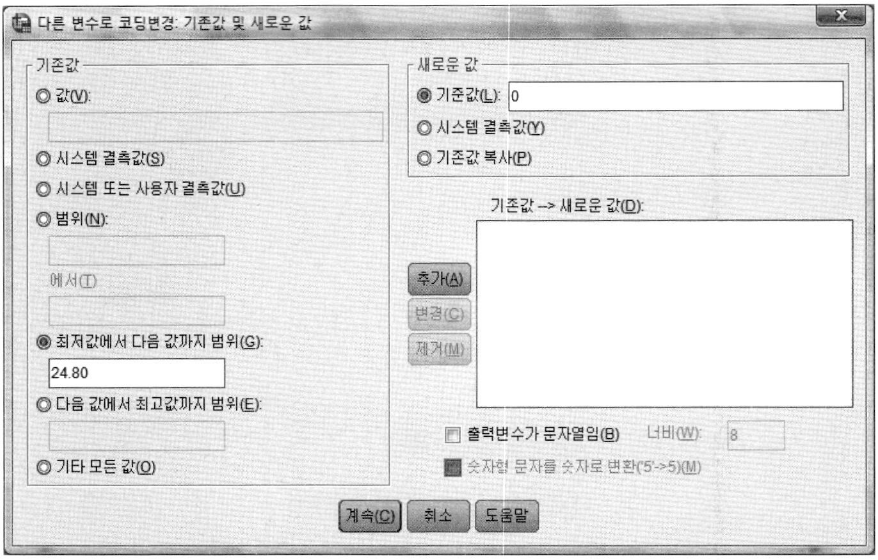

(4) [기타 모든 값]을 틀릭한다.

[새로운 값]의 [기준값]에 '1'을 입력하고 [추가]를 클릭한다.

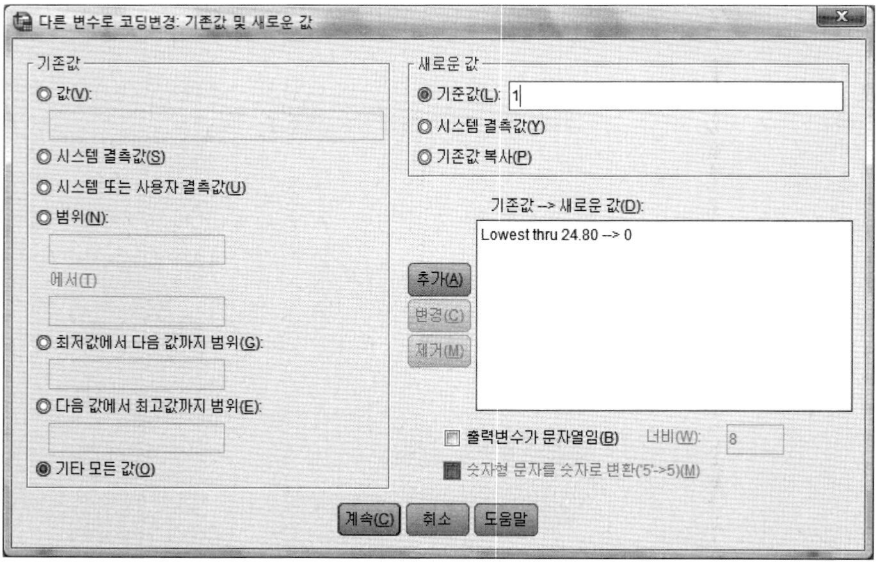

(5) [기존값 → 새로운 값]의 틀 안이 아래와 같이 표시되어 있는 것을 확인하고, [계속]을 클릭한다. 이것은 최저값에서 24.80까지 0을 할당하고, 그 이외의 값에는 1을 할당한다고 하는 의미이다.

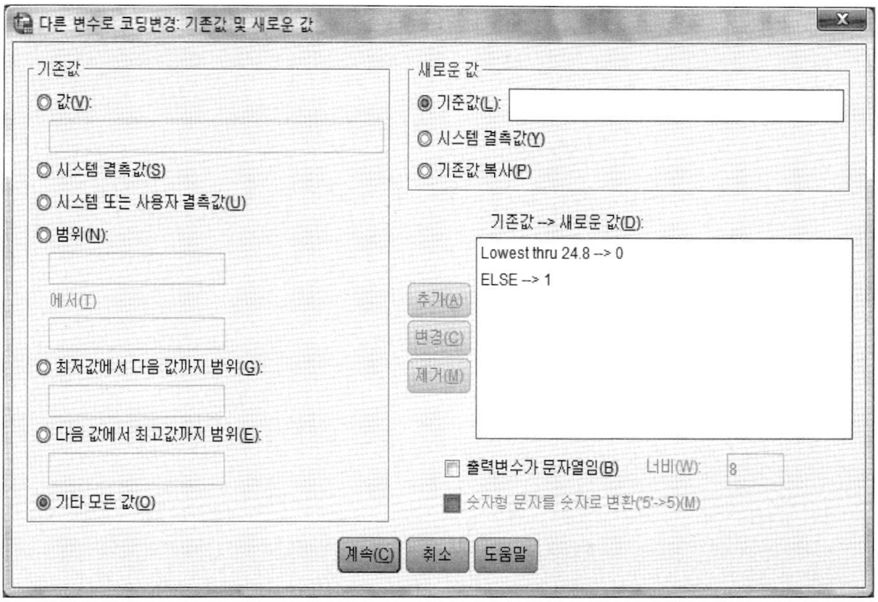

[순서 4] 실행

다음 화면에서 [확인]을 클릭한다.

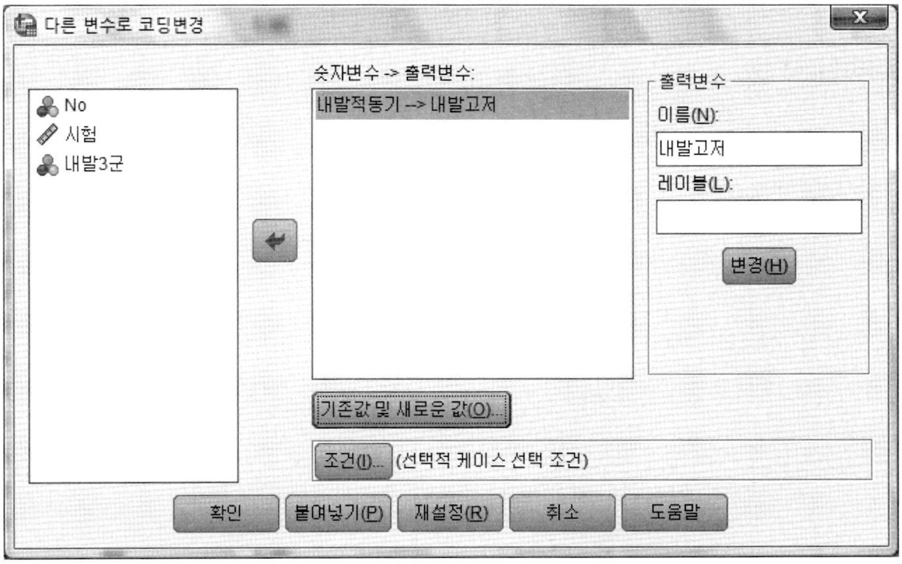

[분석결과]

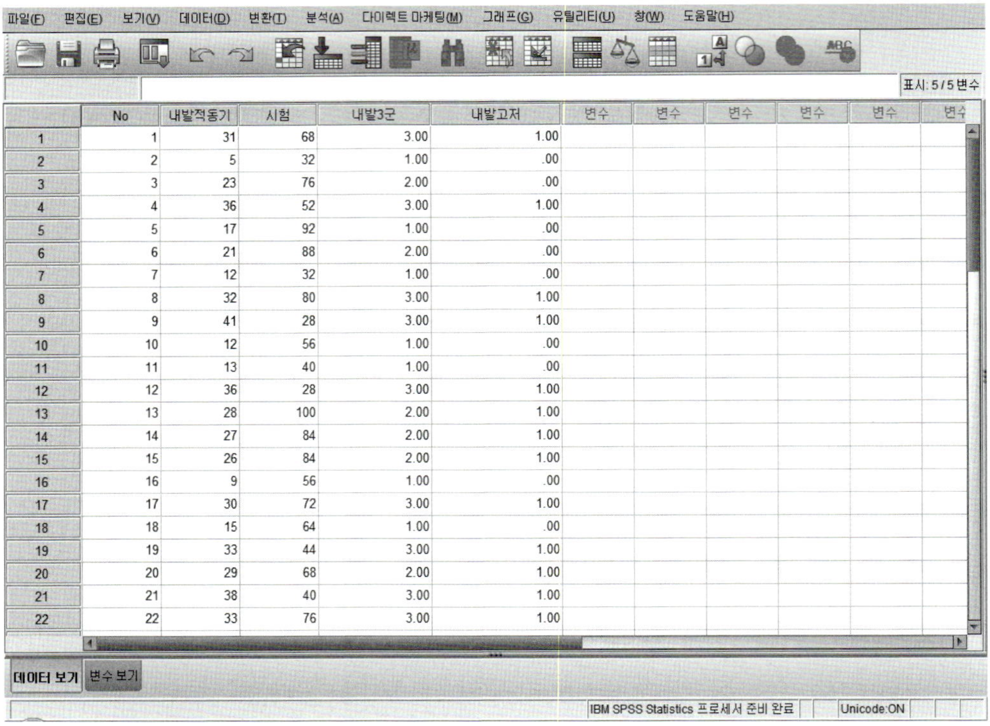

	No	내발적동기	시험	내발3군	내발고저
1	1	31	68	3.00	1.00
2	2	5	32	1.00	.00
3	3	23	76	2.00	.00
4	4	36	52	3.00	1.00
5	5	17	92	1.00	.00
6	6	21	88	2.00	.00
7	7	12	32	1.00	.00
8	8	32	80	3.00	1.00
9	9	41	28	3.00	1.00
10	10	12	56	1.00	.00
11	11	13	40	1.00	.00
12	12	36	28	3.00	1.00
13	13	28	100	2.00	1.00
14	14	27	84	2.00	1.00
15	15	26	84	2.00	1.00
16	16	9	56	1.00	.00
17	17	30	72	3.00	1.00
18	18	15	64	1.00	.00
19	19	33	44	3.00	1.00
20	20	29	68	2.00	1.00
21	21	38	40	3.00	1.00
22	22	33	76	3.00	1.00

[데이터 보기]를 확인하면, '내발고저'라고 하는 변수명과 내발적 동기의 점수에 할당된 수치 (0, 1)이 데이터에 추가되어 있다.

데이터의 분할

[SPSS의 처리 절차]

[순서 1] 데이터의 입력

앞의 분석결과에 대한 데이터에서 분석을 시작한다.

[순서 2] 분석 수법의 선택

메뉴에서 [데이터]-[파일 분할]을 선택한다.

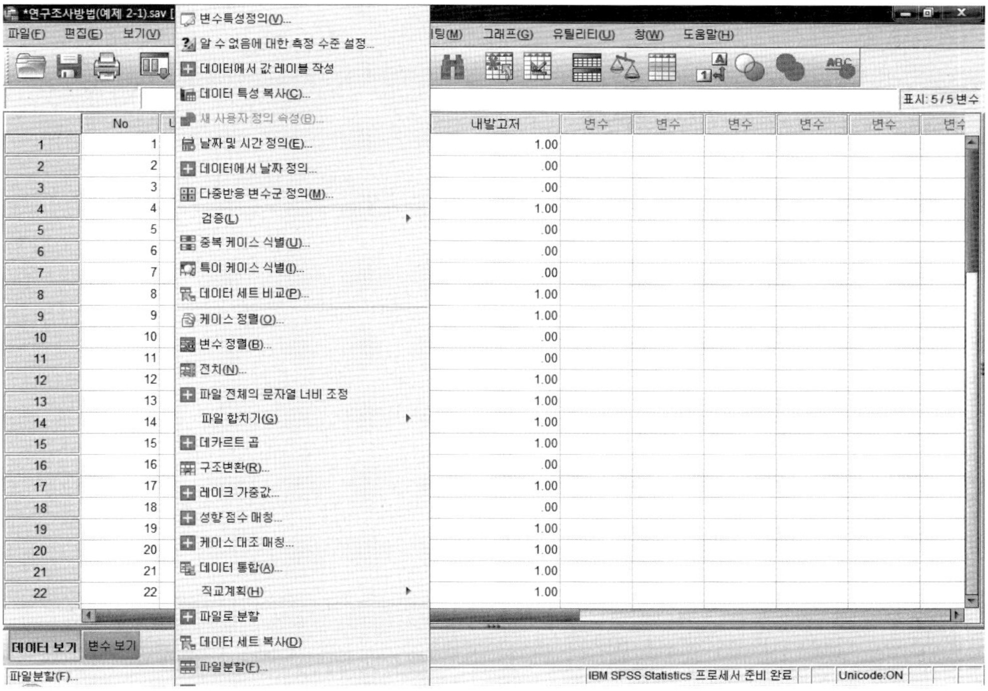

[순서 3] 변수의 선택

[각 집단별로 출력결과를 나타냄]을 선택한다. [분할 집단변수]에 '내발고저'를 지정한다.

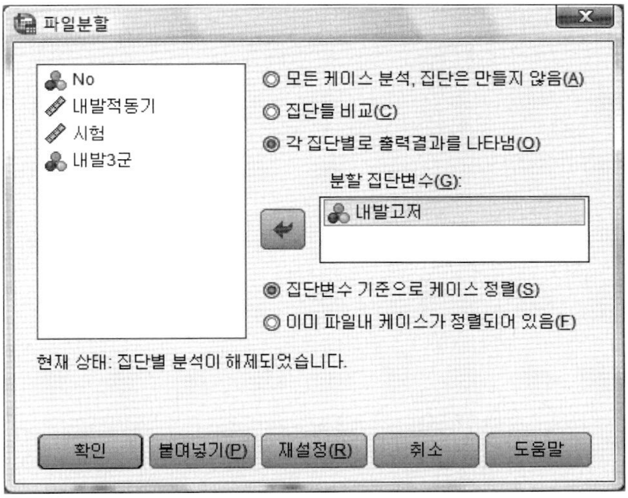

[집단변수 기준으로 케이스 정렬]을 선택하고 [확인]을 클릭한다.

[분석결과]

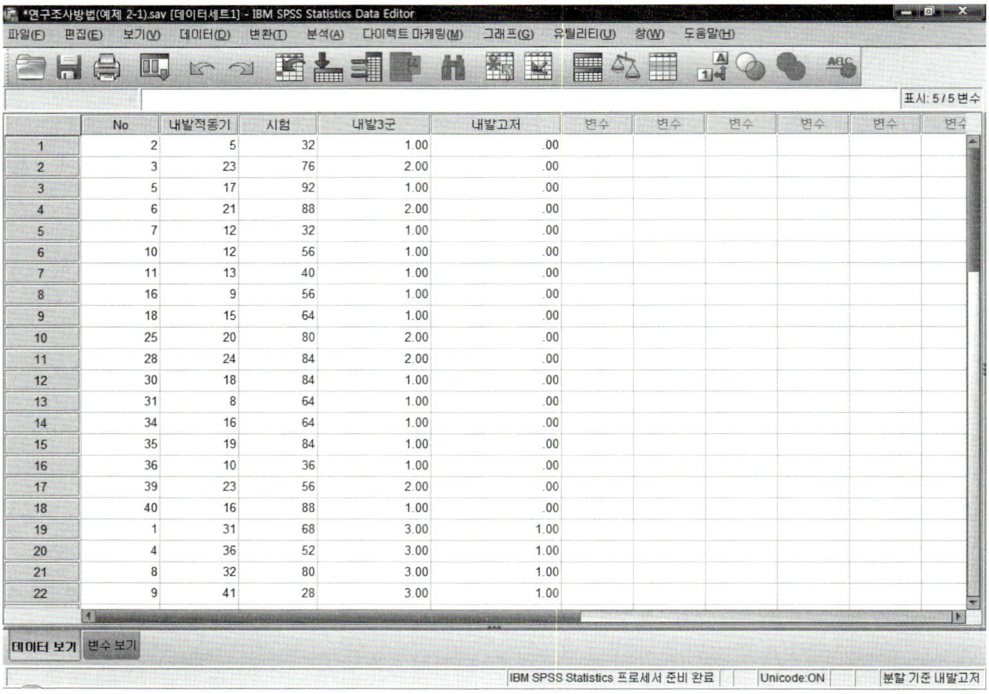

	No	내발적동기	시험	내발3군	내발고저
1	2	5	32	1.00	.00
2	3	23	76	2.00	.00
3	5	17	92	1.00	.00
4	6	21	88	2.00	.00
5	7	12	32	1.00	.00
6	10	12	56	1.00	.00
7	11	13	40	1.00	.00
8	16	9	56	1.00	.00
9	18	15	64	1.00	.00
10	25	20	80	2.00	.00
11	28	24	84	2.00	.00
12	30	18	84	1.00	.00
13	31	8	64	1.00	.00
14	34	16	64	1.00	.00
15	35	19	84	1.00	.00
16	36	10	36	1.00	.00
17	39	23	56	2.00	.00
18	40	16	88	1.00	.00
19	1	31	68	3.00	1.00
20	4	36	52	3.00	1.00
21	8	32	80	3.00	1.00
22	9	41	28	3.00	1.00

[데이터 보기] 윈도우의 오른쪽 아래에 '분할 기준 내발고저'라고 표시되어 있는 것, 데이터가 정렬되어 있는 것을 확인한다.

■ 상관계수의 산출

[SPSS의 처리 절차]

[순서 1] 데이터의 입력

앞의 분석결과에 대한 데이터에서 분석을 시작한다.

[순서 2] 분석 수법의 선택

메뉴에서 [분석]-[상관분석]-[이변량 상관]을 선택한다.

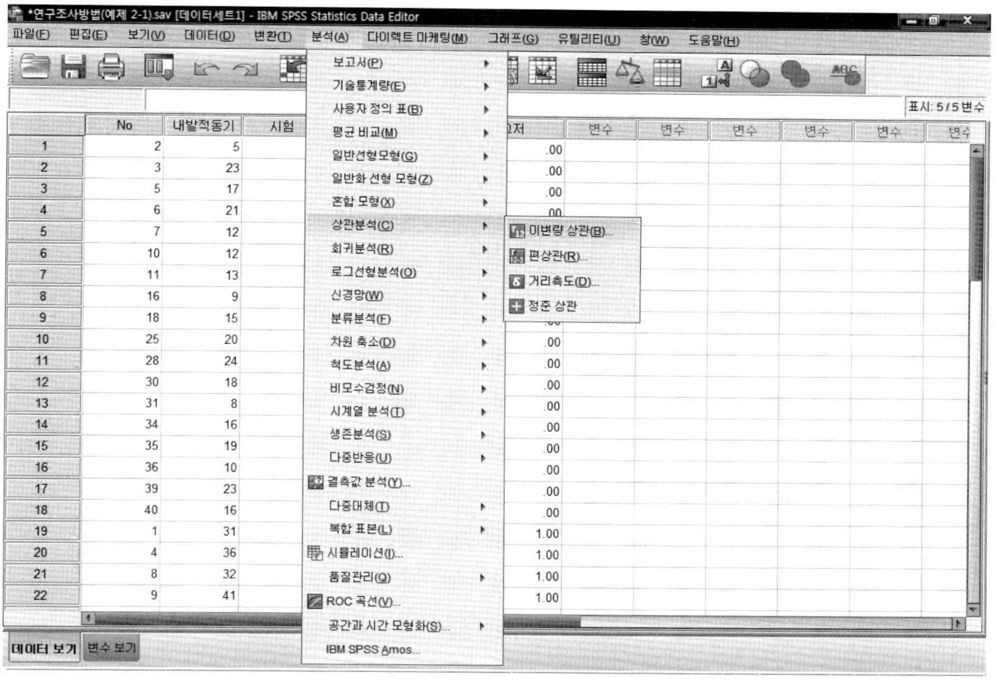

[순서 3] 변수의 선택

[변수]에 '내발적 동기', '시험'을 선택한다. [옵션]을 선택한다.

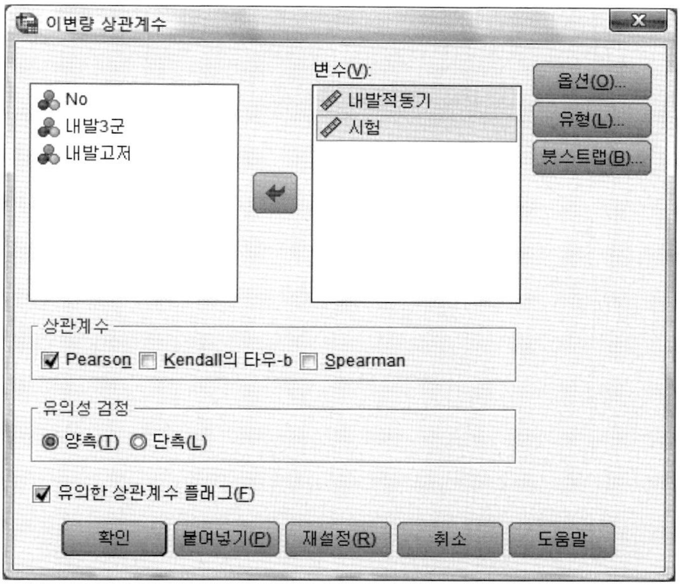

[순서 4] 옵션의 선택

[통계량]의 [평균과 표준편차]에 체크하고 [계속]을 클릭한다. 이어서 [확인]을 클릭한다.

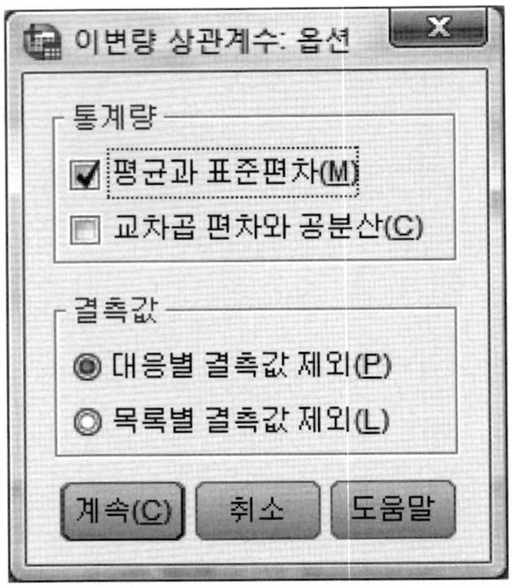

[분석결과]

내발고저 = .00

기술통계량[a]

	평균	표준편차	N
내발적동기	15.61	5.564	18
시험	65.33	20.442	18

a. 내발고저 = .00

상관관계[a]

		내발적동기	시험
내발적동기	Pearson 상관	1	.681**
	유의확률 (양측)		.002
	N	18	18
시험	Pearson 상관	.681**	1
	유의확률 (양측)	.002	
	N	18	18

**. 상관관계가 0.01 수준에서 유의합니다(양측).

a. 내발고저 = .00

내발고저 = 1.00

기술통계량[a]

	평균	표준편차	N
내발적동기	32.32	4.912	22
시험	63.41	22.938	22

a. 내발고저 = 1.00

상관관계[a]

		내발적동기	시험
내발적동기	Pearson 상관	1	-.817**
	유의확률 (양측)		.000
	N	22	22
시험	Pearson 상관	-.817**	1
	유의확률 (양측)	.000	
	N	22	22

**. 상관관계가 0.01 수준에서 유의합니다(양측).

a. 내발고저 = 1.00

내발적 동기부여가 낮은 그룹 : $r = 0.681,\ p < 0.01$

내발적 동기부여가 높은 그룹 : $r = -0.817,\ p < 0.001$

확실히 내발적 동기부여가 낮은 그룹에서는 플러스의 상관, 높은 그룹에서는 마이너스의 상관이 보인다.

▶ 결과를 보고

"과연 …. 이렇게 해도 내발적 동기부여에 따라서 시험 점수가 오르고 내리는 모양이 수치로 표현할 수 있군요" 보람이 결과의 화면을 보면서 말했다.

"내발적 동기부여가 낮은 그룹에서는 플러스 상관의 산점도, 내발적 동기부여가 높은 그룹에서는 마이너스 상관의 산점도가 된다는 말이지" 철수도 중얼거린다.

"이러한 표시방법을 택하는 것도 하나의 방법인 것이야"

"교수님, '택하는 것도'라는 말씀은 다른 방법도 있다는 것인가요?"

"자, 또 다른 별개의 방법을 소개해 볼까. 곡선관계를 그대로 표현하는 방법이지"

■ 파일 분할의 해제

[SPSS의 처리 절차]

[순서 1] 분석 수법의 선택

메뉴에서 [데이터]-[파일 분할]을 선택한다.

[순서 2] 다음 화면에서 [모든 케이스 분석, 집단은 만들지 않음]을 선택한다.

[확인]을 클릭한다.

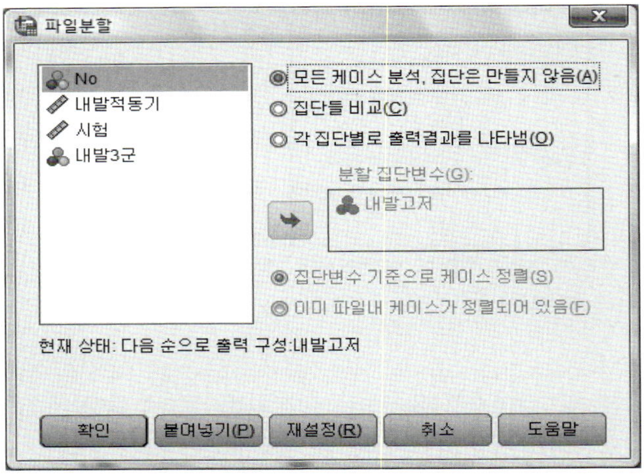

■ 곡선 회귀분석의 확인

[SPSS의 처리 절차]

[순서 1] 분석 수법의 선택

메뉴에서 [분석]-[회귀분석]-[곡선추정]을 선택한다.

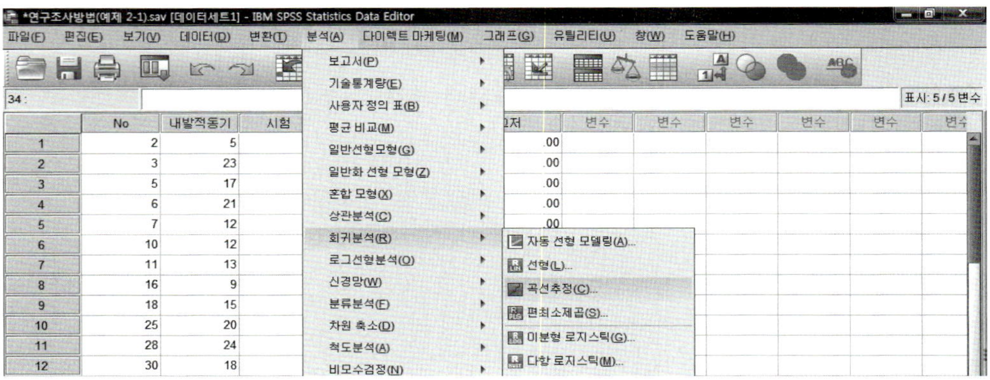

[순서 2] 변수의 선택

[종속변수]에 '시험'을 지정한다.

[독립]의 [변수]를 선택하고, 틀 안에 '내발적 동기'를 지정한다.

[방정식에 상수항 포함], [모형적합 도표화]에 체크되어 있는 것을 확인한다.

[모형]의 [선형], [이차], [삼차]를 체크한다.

[분산분석표 표시]에도 체크한다.

[확인]을 클릭한다.

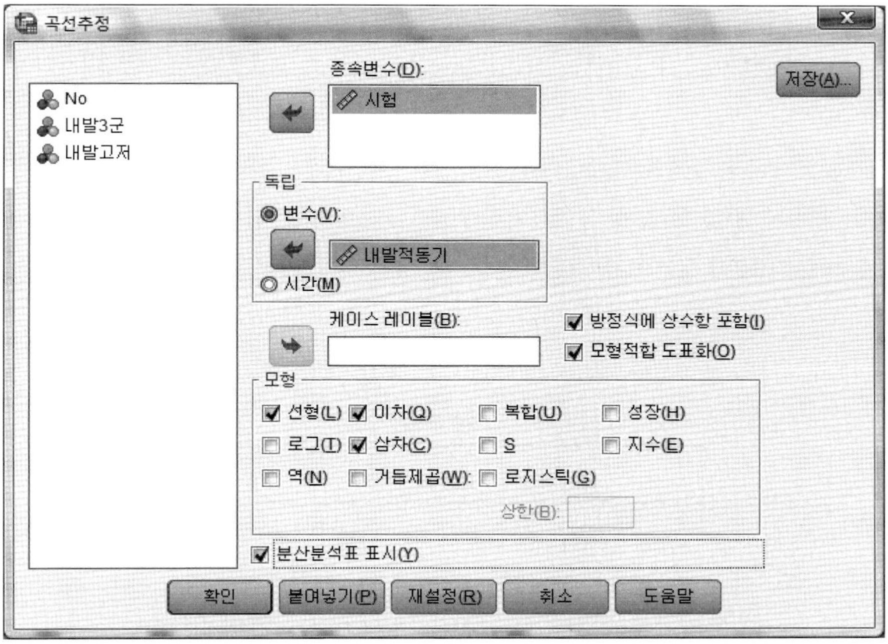

[분석결과]

- 선형의 결과 : 직선관계의 모형을 검토하는 부분

모형 요약

R	R 제곱	수정된 R 제곱	추정값의 표준 오차
.112	.013	-.013	21.740

독립변수는 내발적동기입니다.

ANOVA

	제곱합	자유도	평균제곱	F	유의확률
회귀	230.179	1	230.179	.487	.490
잔차	17959.796	38	472.626		
전체	18189.975	39			

독립변수는 내발적동기입니다.

계수

	비표준화 계수		표준화 계수	t	유의확률
	B	표준오차	베타		
내발적동기	-.246	.353	-.112	-.698	.490
(상수)	70.382	9.401		7.486	.000

모형 요약에서 결정계수(R^2)가 0.013으로 매우 낮은 값이다.

분산분석의 결과, F값은 유의하지 않아($p=0.490$) 모형 전체가 유의하지 않다.

계수에서 내발적 동기의 영향($B=-0.246$, $\beta=-0.112$)도 유의하지 않다($p=0.490$).

- 이차의 결과 : 2차 곡선(x^2을 포함하는 모형)을 포함하는 모형을 검토하는 부분

모형 요약

R	R 제곱	수정된 R 제곱	추정값의 표준오차
.768	.590	.568	14.194

독립변수는 내발적동기입니다.

ANOVA

	제곱합	자유도	평균제곱	F	유의확률
회귀	10735.493	2	5367.746	26.643	.000
잔차	7454.482	37	201.472		
전체	18189.975	39			

독립변수는 내발적동기입니다.

계수

	비표준화 계수		표준화 계수	t	유의확률
	B	표준오차	베타		
내발적동기	8.096	1.178	3.699	6.873	.000
내발적동기 ** 2	-.176	.024	-3.886	-7.221	.000
(상수)	-11.848	12.936		-.916	.366

모형 요약에서 결정계수(R^2)가 0.590으로 1차의 결과보다도 큰 값이 되어 있다.

분산분석의 결과, F값은 유의하여($p < 0.001$) 모형 전체가 유의하다.

계수에서

$$\text{내발적 동기(1차)} : B = 8.096,\ \beta = 3.699,\ p < 0.001$$

$$\text{내발적 동기(2차)} : B = -0.176,\ \beta = -3.886,\ p < 0.001$$

B와 상수로부터 내발적 동기부여로 시험 점수를 예측하는 식을 만들 수 있다. 어떤 점수로 다른 점수를 예측할 때에는 비표준화 계수(B)를 사용한다.

→ 시험$= -11.848 + 8.096x - 0.176x^2$ (x를 내발적 동기부여로 한다)

- 삼차의 결과 : 3차 곡선(x^3을 포함하는 모형)을 포함하는 모형을 검토하는 부분

모형 요약

R	R 제곱	수정된 R 제곱	추정값의 표준오차
.773	.597	.564	14.263

독립변수는 내발적동기입니다.

ANOVA

	제곱합	자유도	평균제곱	F	유의확률
회귀	10866.136	3	3622.045	17.804	.000
잔차	7323.839	36	203.440		
전체	18189.975	39			

독립변수는 내발적동기입니다.

계수

	비표준화 계수		표준화 계수	t	유의확률
	B	표준오차	베타		
내발적동기	5.099	3.923	2.329	1.300	.202
내발적동기 ** 2	-.032	.181	-.709	-.177	.860
내발적동기 ** 3	-.002	.003	-1.855	-.801	.428
(상수)	5.572	25.328		.220	.827

모형 요약에서 결정계수(R^2)가 0.597로 2차의 모형과 거의 다르지 않다.

분산분석의 결과, F값은 유의하여($p < 0.001$) 모형 전체가 유의하다.

계수에서 유의확률 난을 보면 1차, 2차, 3차 모두 유의하지 않다.

이상의 결과로부터 2차(내발적 동기부여의 제곱)를 포함한 모형이 가장 잘 시험 점수를 예측할 수 있다는 것을 알 수 있다.

● 1차, 2차, 3차 각각의 직선·곡선을 산점도에 겹친 그림이 출력된다. 2차와 3차의 곡선이 산점도에 잘 겹쳐 있는 것처럼 보인다.

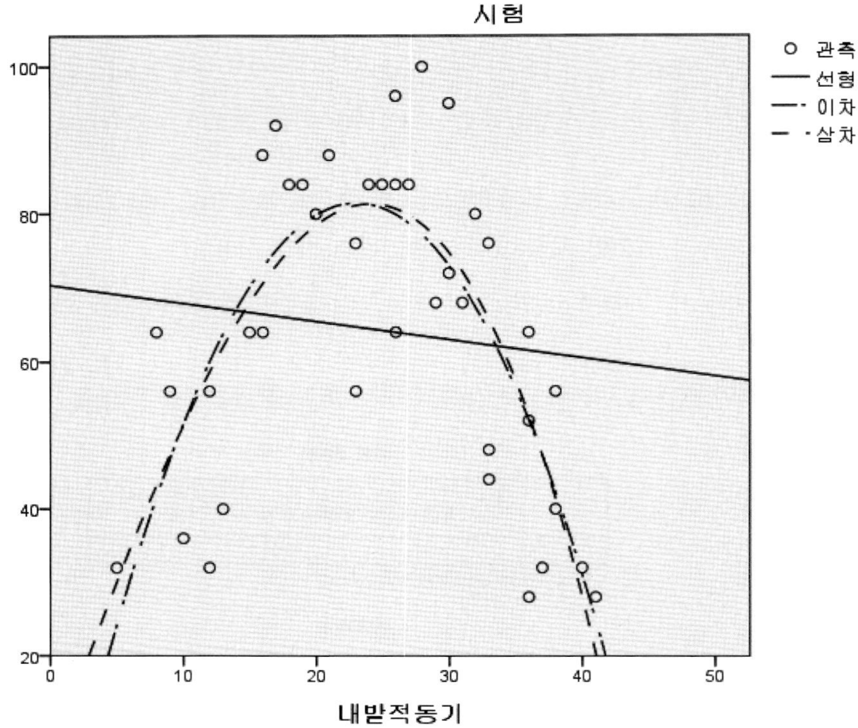

▶ 결과를 보고

"이야, 이렇게 해서 곡선을 적용시키는 것도 가능하구나" 감동한 듯이 철수가 말했다.

"이 분석의 요점은 어느 모형이 가장 잘 내발적 동기부여로 시험 점수를 예측할 수 있는가를 비교하는 데 있는 것이지. 이번의 결과에서 2차와 3차의 항을 포함하는 모형은 모두 결정계수가 유의하지만, 3차의 모형은 각각의 변수에 대한 계수는 유의하지 않았어. 2차의 항이 있으면 충분히 잘 예측할 수 있다고 하는 것이지"

"하나의 데이터에 대해서도 여러 가지 분석방법이 있다는 것이네요"

"그렇다네. 어떤 데이터에 대한 분석방법은 하나만 있는 게 아니야. 접근방법은 몇 가지라도 있다는 것이지. 이러한 사실을 기억해 두기 바라네" 교수는 두 사람을 보면서 이렇게 말했다.

"교수님, 원래 보람이네 언니는 내발적 동기부여가 높을수록 성적이 좋아진다고 예상하고 있었던 것이지요"

“내발적 동기부여라고 하는 것은 자신의 흥미나 관심이 있기 때문에 공부한다고 하는 동기부여잖아”

“네, 그 반대가 외발적 동기부여로, 그 사람의 밖에 원인이 있는 것이지요. 심리학 책에서 읽었습니다” 철수가 말한다.

“최근에는 외발적-내발적뿐만 아니라 자기결정이나 자율성이 없는 외적 동기부여에서 자기결정이나 자율성에 의거해서 행동하는 내발적 동기부여까지, 외적, 도입적, 동일화적, 내발적 하는 식으로 연속적으로 파악하는 이론도 알려져 있지만 말이야”

“아이고 …”

“정말 자신이 흥미가 있는 것만 공부한다면, 어떻게 된다고 생각하나?”

“그렇지만 역시 흥미가 있는 것을 공부하는 것이 제일 아닌가요?” 보람은 말한다.

“대학생쯤 됐다면 그렇겠지. 초등학교 학생이라면 아무래도 흥미를 가질 수 없는 것도 배우지 않으면 안 될 상황도 있지 않겠어”

“공부라고 재미있는 것만 있는 게 아니기 때문이지요” 철수가 고개를 끄덕이었다.

“이번에 분석하고 있는 시험 점수 말인데, 전과목이라고 말했잖아”

“네, 그렇습니다”

“전과목 중에는 내발적 동기부여가 높은 학생이 흥미를 가질 수 없는 것도 들어 있을지도 모르지”

“아, 그래서 내발적 동기부여가 높은 학생은 시험 점수가 나빠지는 겁니까?”

“아마, 실제로는 좀 더 견실하게 조사해 보지 않으면 알 수 없지만, 혹시 그 사실이 곡선의 산점도에 반영되어 있는지도 모르지”

“교수님, 잘 알겠습니다. 이러한 사실을 언니에게 전하겠습니다”

“자, 그럼 이제부터 컴퓨터실에 가서 결과를 정리하자고”

“어이, USB 메모리” 교수는 보람에게 USB 메모리를 건넸다. “결과의 출력도 저장해 두었으니까”

“감사합니다!”

두 사람의 서두르는 발소리가 멀어져 가고 있었다.

CHAPTER

3

제3의 변수의 영향

CHAPTER 3

제3의 변수의 영향

3.1 | 분석의 배경

■ 컴퓨터실에서

"아니, 오늘도 무언가 분석하고 있는 거야?" 컴퓨터실에 들어온 철수가 보람의 모습을 보고 말했다.

"언니한테 또 데이터를 받았거든 …"

보람이네 언니는 초등학교 교사로 근무하고 있다. 지난번도 부탁 받은 데이터를 분석해서 보고했던 적이 있었다. 박유식 교수의 조언이 없었더라면, 큰일 날 뻔했었는데 ….

"지난번 데이터, 분석해 주었더니 언니가 엄청 고마워했어. 그런데 또 분석해 달라고 데이터를 보내 온 거야"

"이번은 어떤 데이터인데?" 철수는 화면을 들여다보았다.

"언니가 근무하고 있는 초등학교 학생의 연령과 계산 시험의 점수, 그리고 50m 달리기의 시간이야. 교장 선생님이 체력이 있는 발이 빠른 아이일수록 계산도 빨리 된다고 주장하고 있나 봐"

"빨리 달리는 아이는 계산도 빠르다? 말이 돼?"

"그래 내 말이. 이상하잖아. 언니도 이상하다고 생각해서 수집한 데이터를 은밀히 분석해 주었으면 해"

"책임이 막중하네. 그러면 말이야, 시험의 결과와 달리기 시간의 관련을 확인하면 좋을 것 같네"

"이제부터 시작하려던 참이야. 철수도 함께 하지 않을래?"

"좋아, 어떤 분석부터 한다?"

"먼저 점수분포를 확인하고 상관계수를 계산해 볼까"

"산점도도 그리는 편이 좋지 않아? 오, 그래 지난번처럼 말이야"

"그렇지, 산점도도 그리고 …"

"그 다음에 영향력을 보는 분석이 있었잖아. 분명히 회귀분석이었지"

"연속적인 변수로부터 다른 연속적인 변수의 영향을 검토할 때에 사용하는 분석이었지, 회귀분석. 자, 그럼 빨리 …"

[예제 3-1]

표 3-1 데이터표

번호	연령	계산	시간	번호	연령	계산	시간
1	9	5	11	13	11	11	10
2	9	8	12	14	9	7	12
3	10	9	9	15	10	10	11
4	10	11	11	16	11	9	9
5	12	14	8	17	10	10	11
6	11	10	10	18	11	13	8
7	12	14	9	19	9	9	11
8	10	8	10	20	11	13	11
9	9	6	12	21	9	7	13
10	12	13	9	22	12	11	8
11	12	15	9	23	11	11	10
12	12	12	10	24	10	8	12

3.2 ㅣ 분석순서

■ 계산과 시간의 점수분포

[SPSS의 처리 절차]

[순서 1] 데이터의 입력

먼저 [변수 보기]에서 다음과 같이 변수를 입력하고 정의한다.

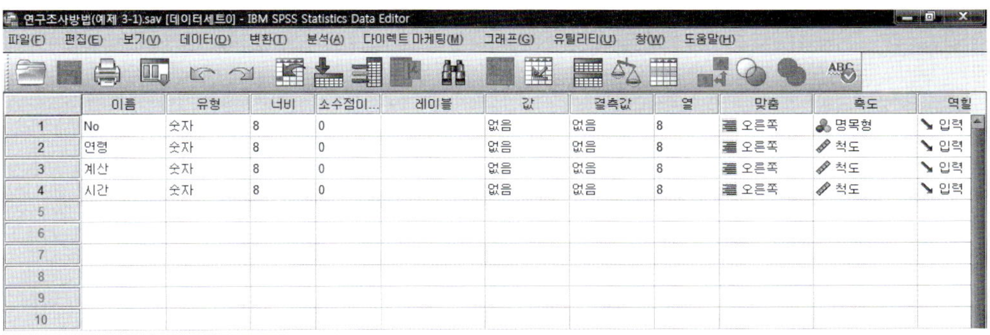

[데이터 보기]에서 다음과 같이 <표 3-1>의 데이터를 입력한다.

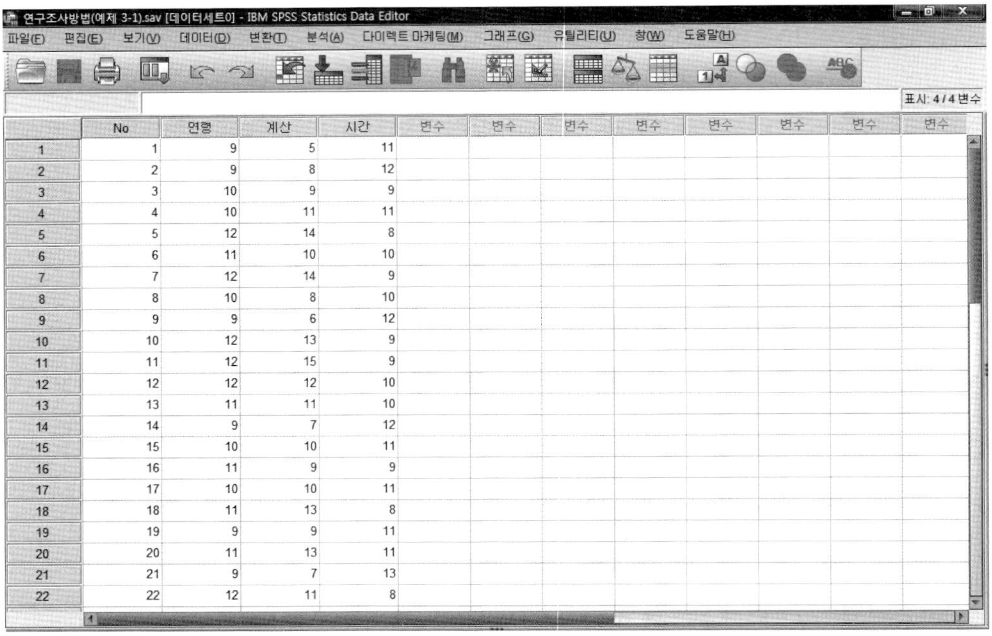

[순서 2] 분석 수법의 선택

메뉴에서 [분석]-[기술통계량]-[빈도분석]을 선택한다.

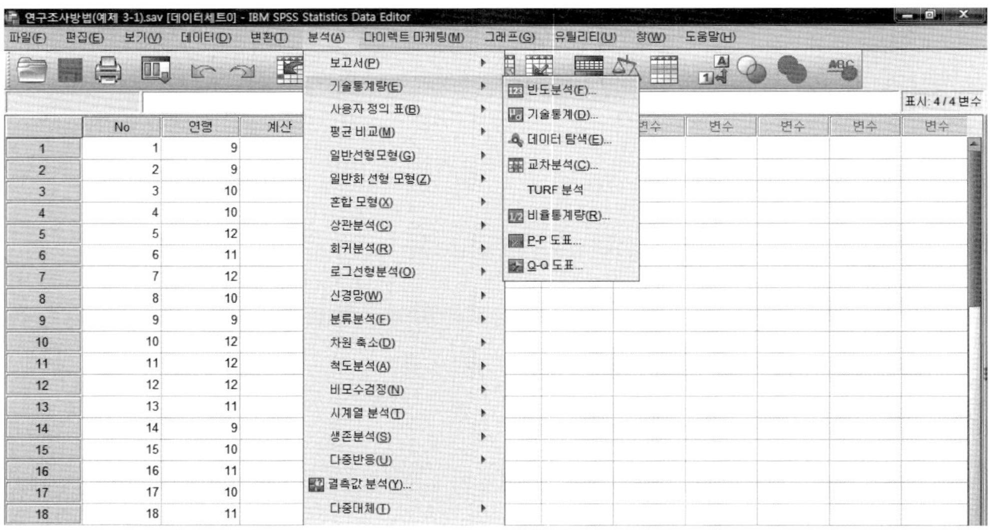

[순서 3] 변수의 선택

[변수]에 '계산', '시간'을 투입한다. [도표]를 클릭한다.

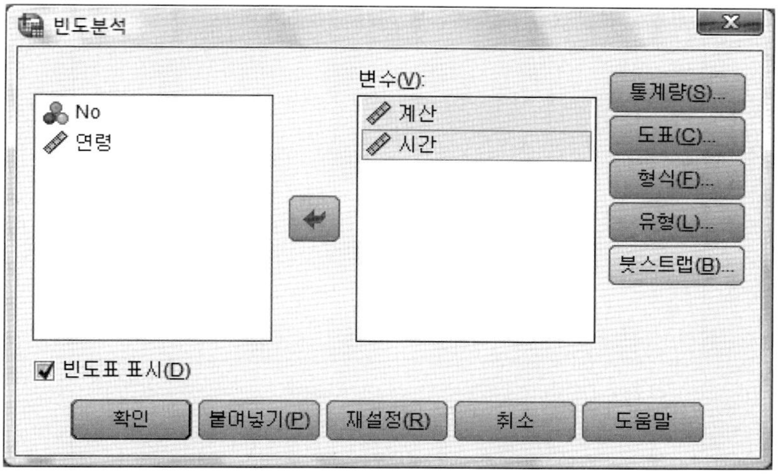

[순서 4] 도표의 선택

[히스토그램]을 선택하고, [히스토그램에 정규곡선 표시]에 체크한다. [계속]을 클릭한다.

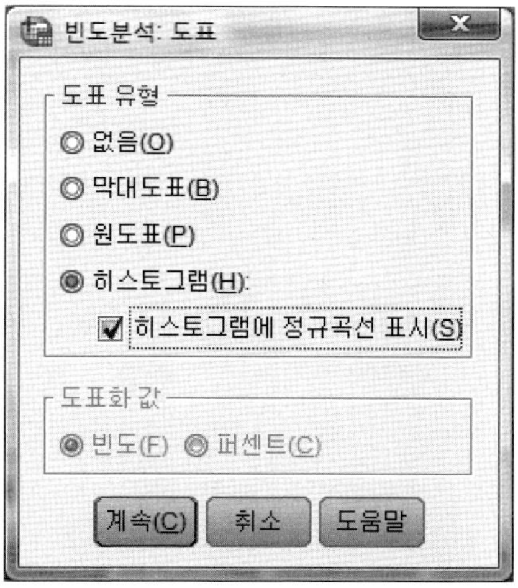

이어서 [확인]을 클릭한다.

[분석결과]

계산과 시간의 도수분포표와 히스토그램이 출력된다.

계산

		빈도	퍼센트	유효 퍼센트	누적 퍼센트
유효	5	1	4.2	4.2	4.2
	6	1	4.2	4.2	8.3
	7	2	8.3	8.3	16.7
	8	3	12.5	12.5	29.2
	9	3	12.5	12.5	41.7
	10	3	12.5	12.5	54.2
	11	4	16.7	16.7	70.8
	12	1	4.2	4.2	75.0
	13	3	12.5	12.5	87.5
	14	2	8.3	8.3	95.8
	15	1	4.2	4.2	100.0
	전체	24	100.0	100.0	

시간

		빈도	퍼센트	유효 퍼센트	누적 퍼센트
유효	8	3	12.5	12.5	12.5
	9	5	20.8	20.8	33.3
	10	5	20.8	20.8	54.2
	11	6	25.0	25.0	79.2
	12	4	16.7	16.7	95.8
	13	1	4.2	4.2	100.0
	전체	24	100.0	100.0	

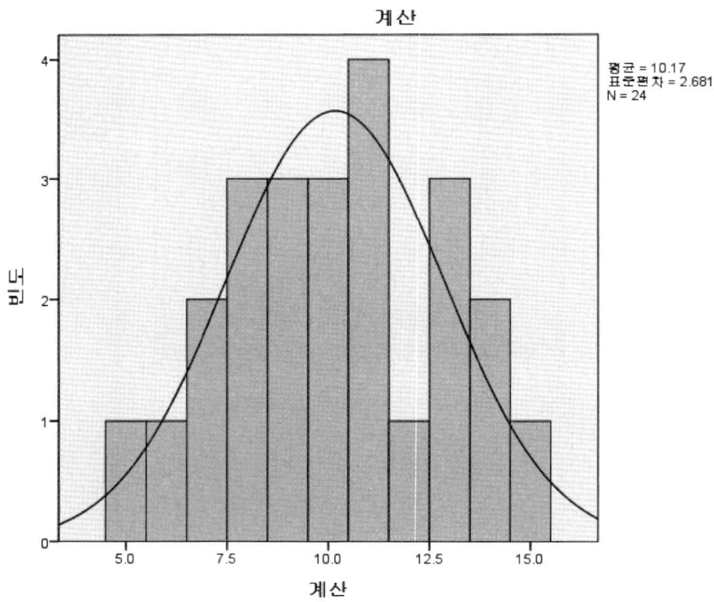

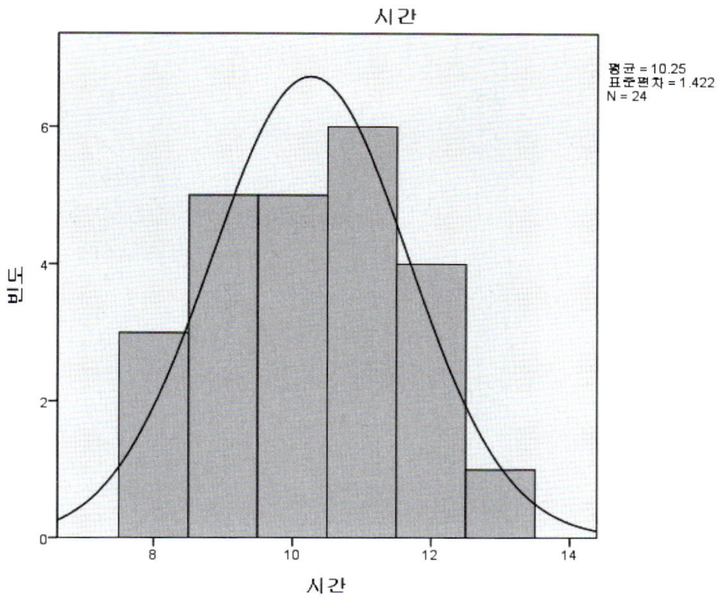

■ 기술통계량과 상관계수

[SPSS의 처리 절차]

[순서 1] 분석 수법의 선택

메뉴에서 [분석]-[상관분석]-[이변량 상관]을 선택한다.

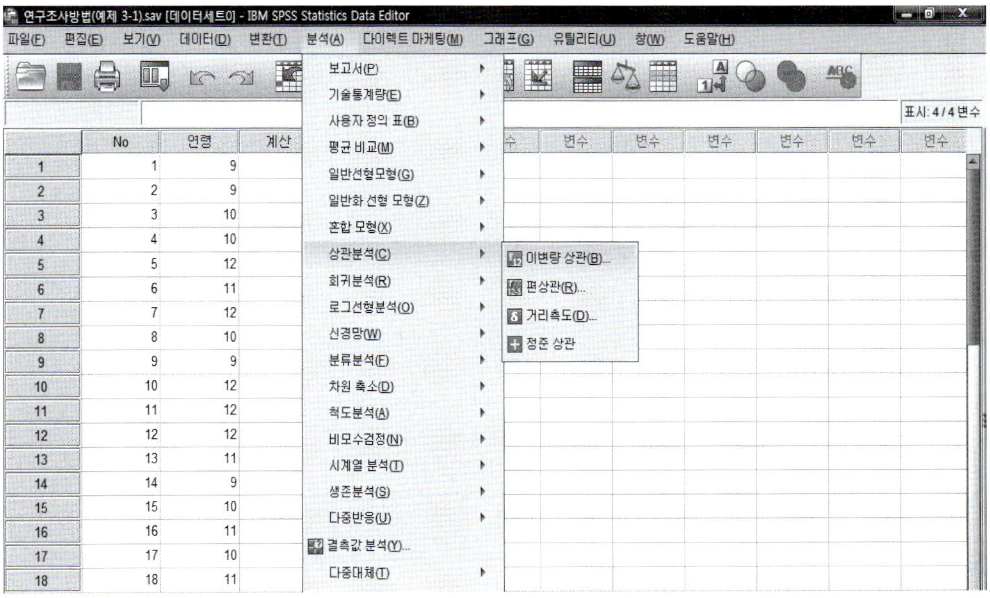

[순서 2] 변수의 선택

[변수]에 '계산', '시간'을 지정한다. [옵션]을 클릭한다.

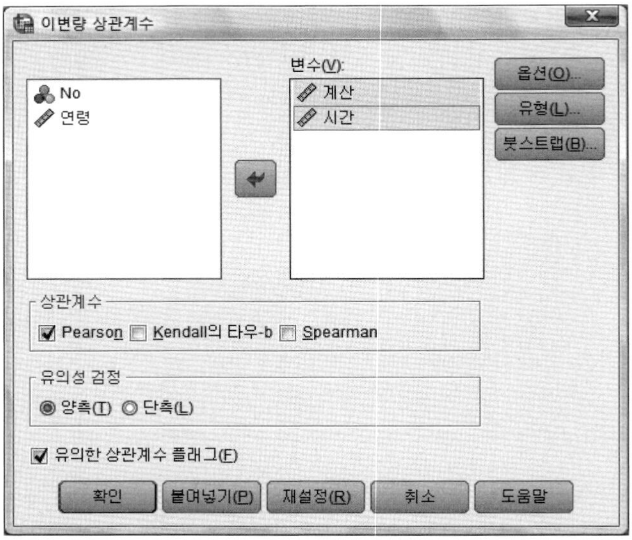

[순서 3] 옵션의 선택

[평균과 표준편차]에 체크하고 [계속]을 클릭한다. 이어서 [확인]을 클릭한다.

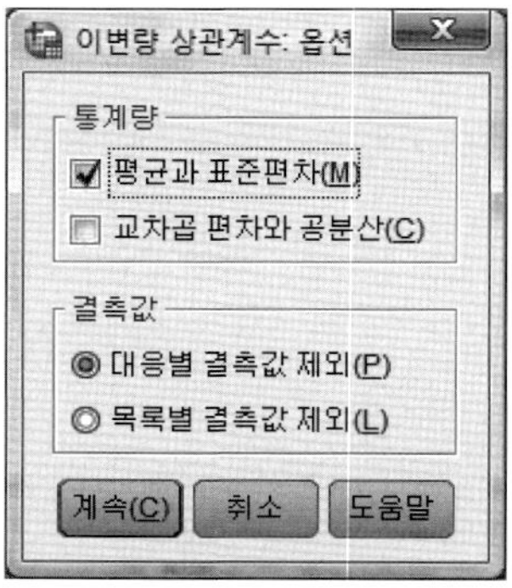

[분석결과]

기술통계량

	평균	표준편차	N
계산	10.17	2.681	24
시간	10.25	1.422	24

상관관계

		계산	시간
계산	Pearson 상관	1	-.684**
	유의확률 (양측)		.000
	N	24	24
시간	Pearson 상관	-.684**	1
	유의확률 (양측)	.000	
	N	24	24

**. 상관관계가 0.01 수준에서 유의합니다(양측).

계산과 시간에 대한 기술통계량과 상관계수가 출력된다.

계산 시험 점수의 평균은 10.17, 표준편차는 2.681

50m 달리기 시간의 평균은 10.25, 표준편차는 1.422

계산과 시간의 상관계수는 $r = -0.684$, $p < 0.001$로 유의한 마이너스의 상관계수다.

■ 시간으로 계산을 예측하는 회귀분석

[SPSS의 처리 절차]

[순서 1] 분석수법의 선택

메뉴에서 [분석]-[회귀분석]-[선형]을 선택한다.

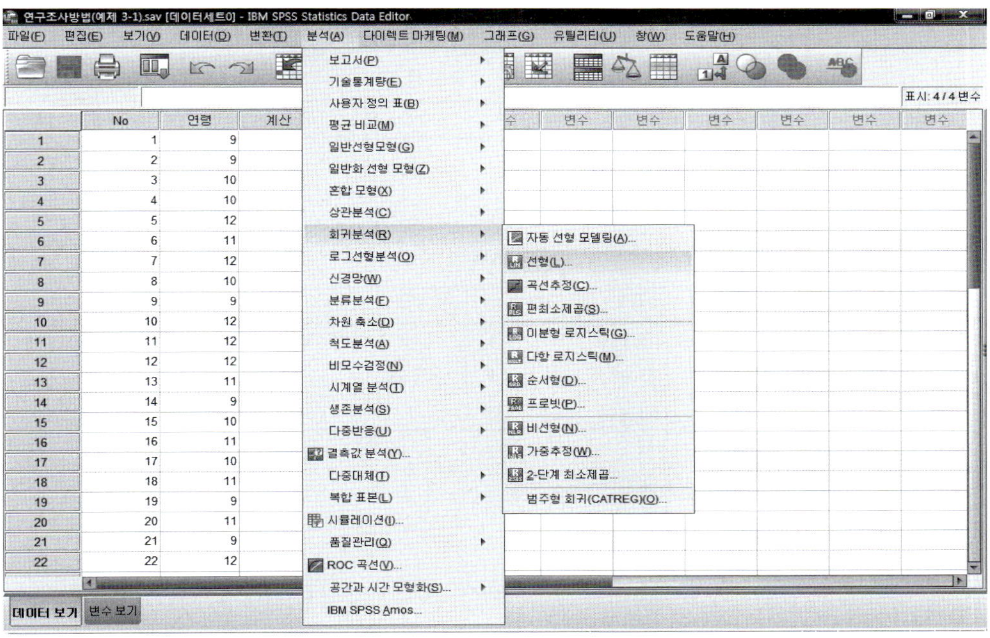

[순서 2] 변수의 선택

[종속변수]에 '계산', [독립변수]에 '시간'을 지정한다. [확인]을 클릭한다.

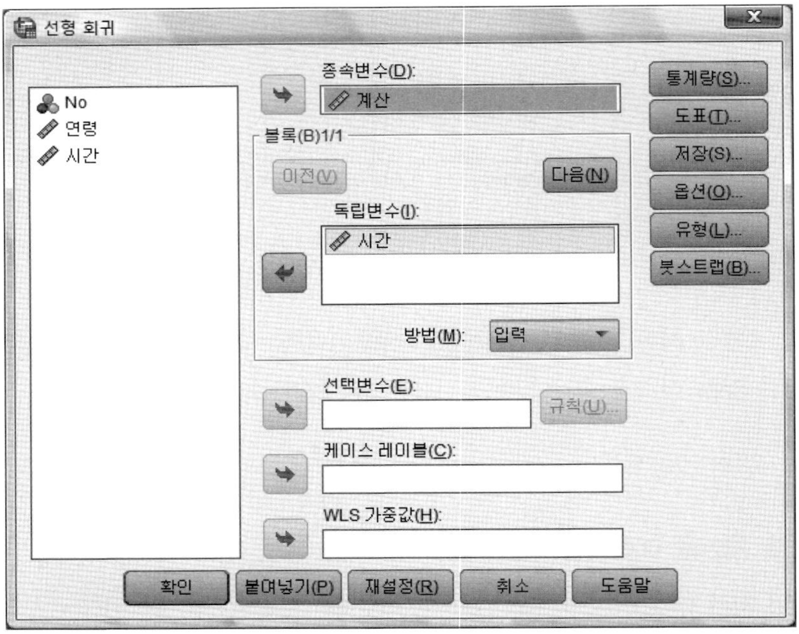

[분석결과]

모형 요약

모형	R	R 제곱	수정된 R 제곱	추정값의 표준 오차
1	.684[a]	.468	.444	1.999

a. 예측자: (상수), 시간

ANOVA[a]

모형		제곱합	자유도	평균제곱	F	유의확률
1	회귀	77.419	1	77.419	19.374	.000[b]
	잔차	87.914	22	3.996		
	전체	165.333	23			

a. 종속변수: 계산

b. 예측자: (상수), 시간

계수[a]

모형		비표준화 계수 B	비표준화 계수 표준오차	표준화 계수 베타	t	유의확률
1	(상수)	23.392	3.032		7.714	.000
	시간	-1.290	.293	-.684	-4.402	.000

a. 종속변수: 계산

- 모형 요약

결정계수(R^2)는 0.468이다. 이 사실은 독립변수로 종속변수의 약 47%를 설명할 수 있다는 것을 의미한다.

- 분산분석

회귀식 전체의 유의성을 검정한 결과, R^2은 0.1%($p < 0.001$) 수준에서 유의하다.

- 계수

표준화되어 있지 않은 회귀계수(B)와 표준 편회귀계수(β), 유의확률이 출력된다. β는 −0.684로 0.1% 수준에서 유의하다.

이 계수의 표로부터 50m 달리기의 시간으로 계산 시험 점수를 예측하는 식을 세울 수 있다.

$$계산\ 시험\ 점수 = 23.392 - 1.290 \times 시간$$

산점도

[SPSS의 처리 절차]

[순서 1] 분석 수법의 선택

메뉴에서 [그래프]-[레거시 대화상자]-[산점도/점도표]를 선택한다.

[순서 2] 유형의 선택

[단순 산점도]를 선택하고 [정의]를 클릭한다.

[순서 3] 변수의 선택

[Y축]에 '계산', [X축]에 '시간'을 지정하고 [확인]을 클릭한다.

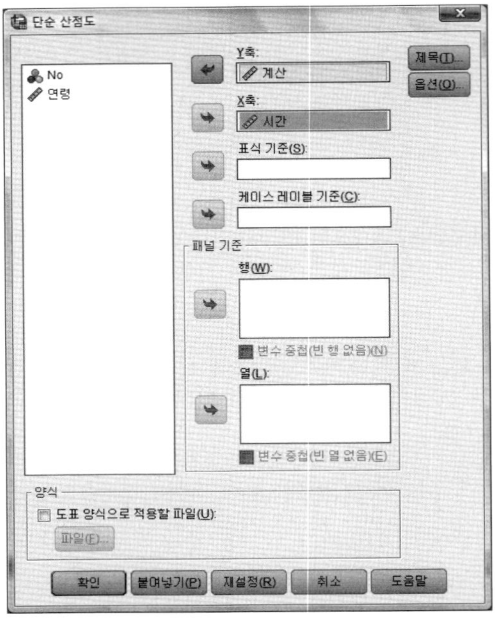

[분석결과]

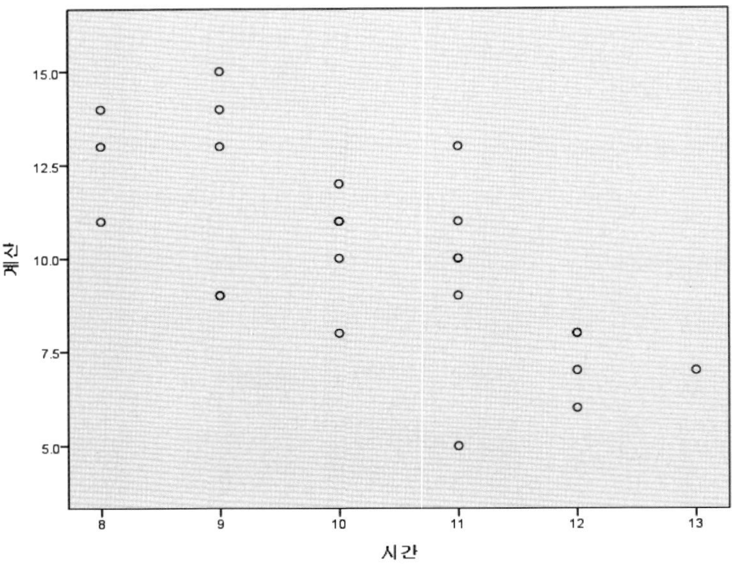

▶ 결과에 대한 논의

"마이너스의 상관, 유의하다 이거지. 게다가 회귀분석의 결과도 마찬가지" 화면을 보면서 철수는 한숨을 쉬었다.

"보람이 언니, 사실은 이러한 결과가 돼 버리길 바라지 않았겠지"

"그래. 하지만 이 결과로부터는 교장 선생님이 말한 대로 50m 달리기가 빠른 아이일수록 계산 시험 점수도 좋았다고 하는 결과가 나오잖아. 아, 언니에게 뭐라고 말하지 …"

"계산과 시간 각각의 점수분포도 확인했지만, 특히 벗어난 값이나 이상한 값이 있는 것도 아닌 것 같았는데. 이상치가 상관계수에 영향을 미치고 있다고 하는 것도 말할 수 없잖아"

"음. 산점도를 확인해 봐도 분명히 마이너스 상관 맞잖아 …"

두 사람은 화면을 보면서 잠시 침묵에 빠져 버렸다.

"하는 수 없어. 언니에게 이 결과를 보고하기로 하지 뭐. 리포트로 정리할까 봐"

보람은 혼글 워드 작업을 하려고 화면을 바꿨다.

▶ 결과에 대한 기술

초등학생 24명의 50m 달리기 시간의 평균은 10.25, 표준편차는 1.42, 계산 시험 점수의 평균은 10.17, 표준편차는 2.68이었다. 50m 달리기의 시간과 계산 시험 점수의 상관계수를 산출했더니 $r = -0.68\ (p < 0.001)$로 유의한 마이너스의 상관이 보였다. 더욱이 50m 달리기의 시간으로 계산 시험의 점수를 예측했더니, $\beta = -0.68\ (p < 0.001)$로 유의한 마이너스의 영향이 인정되었다. 이상의 결과로부터 50m 달리기가 빠른 아이일수록 계산 시험의 점수가 좋아질 가능성이 있다고 생각한다.

3.3 | 연구대상

연구실에서

"…… 이렇게 해서, 어제 언니에게는 그러한 보고를 했어요"

보람과 철수는 우연히 식당에서 만난 박유식 교수를 만나 연구실에 따라 갔다. 그래서 커피를 마시고 있을 때, 이야기 끝에 언니의 데이터 이야기가 나왔다.

교수는 엄숙한 눈빛으로 보람을 보고 있다.

"교수님, 무언가 이상합니까?"

"산점도는 제대로 그렸겠지" 교수는 그 엄숙한 눈빛을 한 채 말했다.

"네, 그렸지요. 저도 마이너스 상관을 확인했습니다"

"내가 말하고 싶은 것은, 산점도에는 연령도 표시했느냐 하는 것이라고"

"그것은 … 하지 않았어요"

"지금 데이터를 가지고 있나?"

보람은 가방 안에서 USB 메모리를 끄집어내어 교수에게 건넸다.

"아, 이 파일이구만" 교수는 화면을 보면서 그렇게 말했다.

"자, 연령을 케이스 레이블로 한 산점도를 그려 볼까"

연령을 레이블로 표시한 산점도의 작성

[SPSS의 처리 절차]

앞에서 언급한 산점도 작성 순서에 따른다.

[순서 1] 변수의 입력

[케이스 레이블 기준]에 '연령'을 지정하고, [옵션]을 클릭한다.

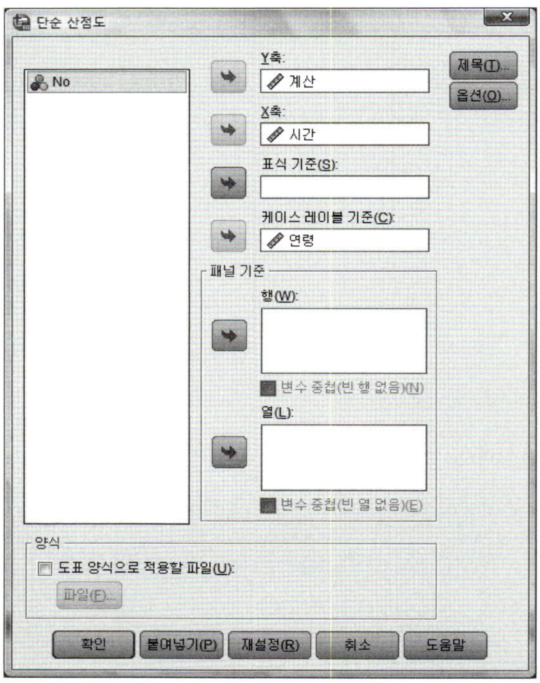

[순서 2] 옵션의 입력

[케이스 레이블과 함께 도표 표시]에 체크하고 [계속]을 클릭한다. [확인]을 클릭한다.

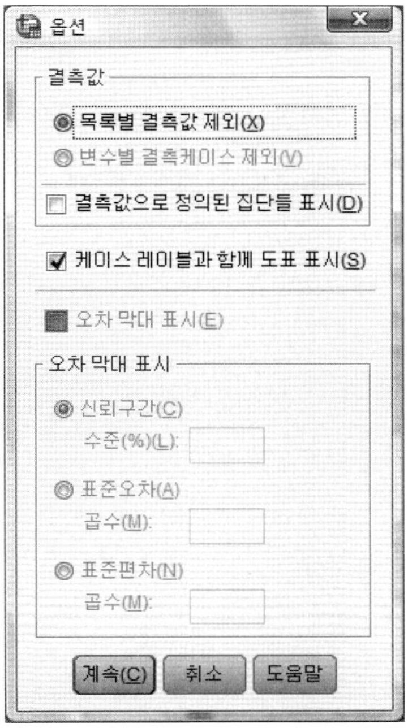

[분석결과]

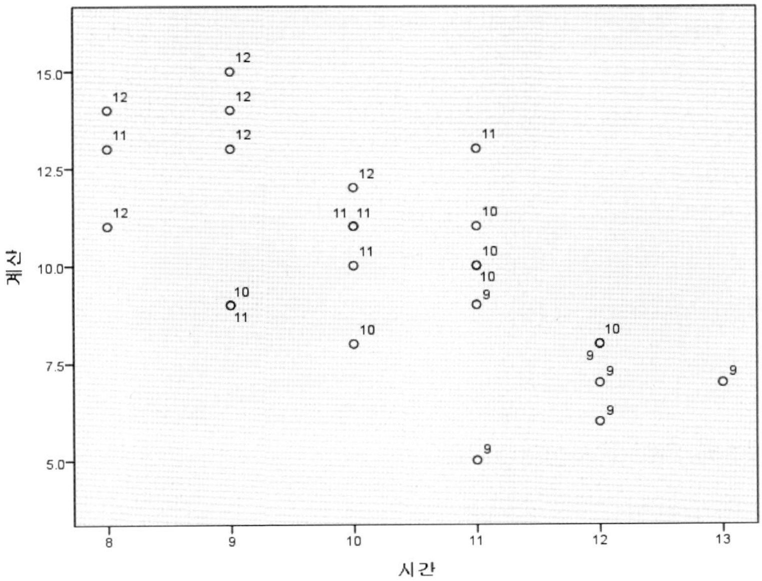

▶ 산점도를 보고

"이것이 연령을 레이블로 해서 표시한 산점도야"

교수는 결과가 표시된 PC 화면을 두 사람에게 보였다.

"어떻게 생각하나?"

"산점도의 숫자가 각 학생의 연령인 것이지요?" 철수가 물었다.

"뭐야, 왼쪽 위에 11세나 12세, 오른쪽 밑에 9세나 10세가 뭉쳐 있는 것처럼 보이네요" 보람도 화면을 보면서 말한다.

"계산 시험이라고 했나, 9세 아이나 12세 아이나 같은 문제를 풀게 했겠지"

"네, 그렇습니다"

"9세는 초등학교 3년생, 12세는 초등학교 6년생. 같은 문제를 풀게 하면 당연히 3년생보다도 6년생 쪽이 점수가 높게 되지 않겠어?"

"아!"

보람은 무언가 알아챈 모양이다.

"자, 교수님, 50m달리기도요"

교수는 고개를 끄덕였다.

"그렇지. 3년생보다도 6년생 쪽이 당연히 빨리 달리는 아이가 많아지겠지"

"그 말씀은, 문제는 … 연령인 거야"

"연령이 많으면 50m 달리기의 시간은 짧아지고, 계산문제도 많이 풀 수 있기 때문에 …"

"이러한 경우에 50m 달리기의 시간과 계산 시험의 결과에 대한 상관을 '유사상관'이라고 하는 거야"

"유사상관 …" 보람은 천천히 중얼거렸다.

"가짜 상관이라는 겁니까?"

"제3의 변수의 영향을 받음으로써 생기는 유사한 상관이라고 하는 것이지"

"교수님, 이러한 경우에 어떠한 분석을 하면 좋을까요?"

"방법은 두 가지가 있네. 하나는 편상관계수를 산출하는 것이고, 또 하나는 중회귀분석을 해 보는 것이지"

■ 편상관계수에 의한 유사상관 표시

[SPSS의 처리 절차]

[순서 1] 데이터의 입력

<표 3-1>의 데이터를 입력한다.

[순서 2] 분석 수법의 선택

메뉴에서 [분석]-[상관분석]-[편상관]을 선택한다.

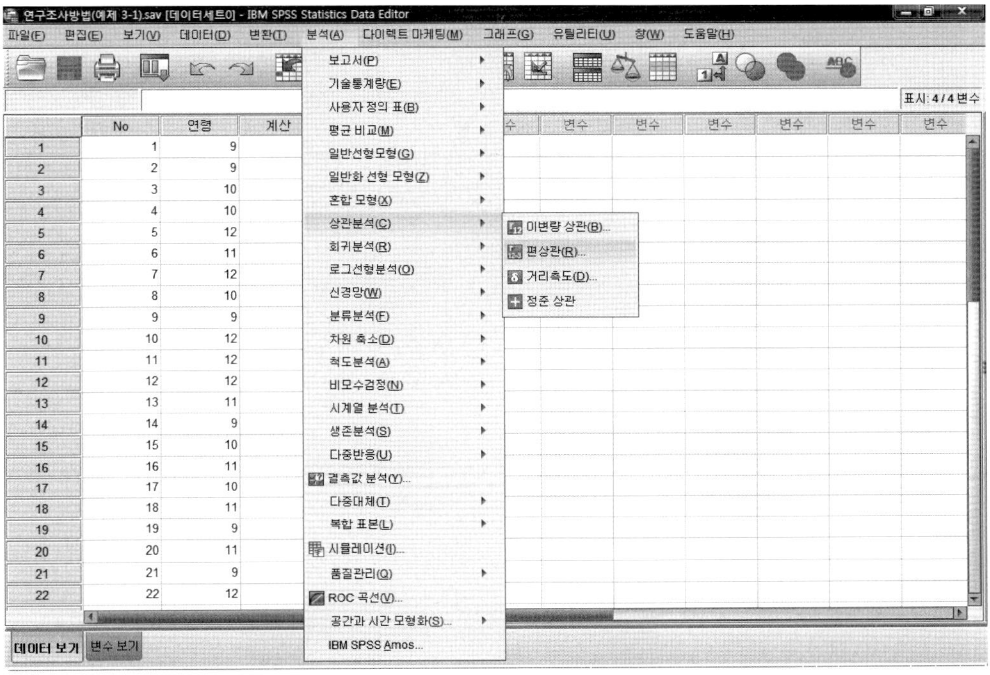

[순서 3] 변수의 선택

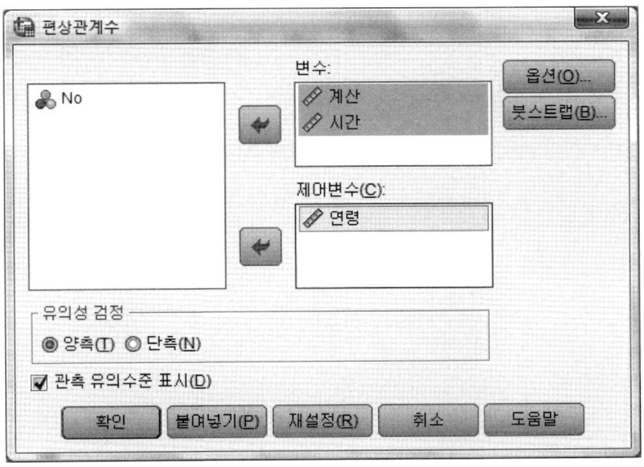

[변수]에 '계산', '시간'을 지정한다. [제어변수]에 '연령'을 지정하고 [확인]을 클릭한다. 제어변수에는 유사상관을 만들어내는 제3의 변수를 지정한다.

[분석결과]

편상관계수

상관관계

대조변수			계산	시간
연령	계산	상관관계	1.000	.038
		유의확률(양측)	.	.862
		자유도	0	21
	시간	상관관계	.038	1.000
		유의확률(양측)	.862	.
		자유도	21	0

연령의 영향을 제거한, 계산과 시간의 편상관계수와 유의확률이 표시된다. 편상관계수는 0.038이고, 유의하지 않다.

■ 중회귀분석에 의한 유사상관 표시

[SPSS의 처리 절차]

[순서 1] 데이터의 입력

<표 3-1>의 데이터를 입력한다.

[순서 2] 분석 수법의 선택

메뉴에서 [분석]-[회귀분석]-[선형]을 선택한다.

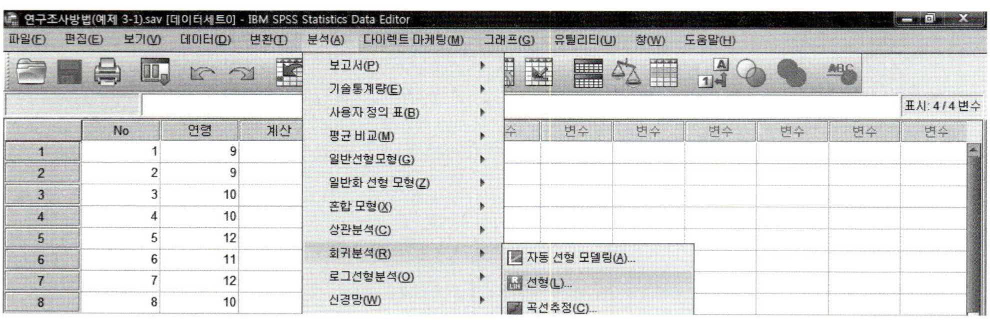

[순서 3] 변수의 선택

[종속변수]에 '계산', [독립변수]에 '연령', '시간'을 지정한다. 이 분석을 실시함으로써 '연령'과 '시간' 중 어느 쪽이 '계산'에 더 영향을 미치고 있는지를 평가할 수 있다. [확인]을 클릭한다.

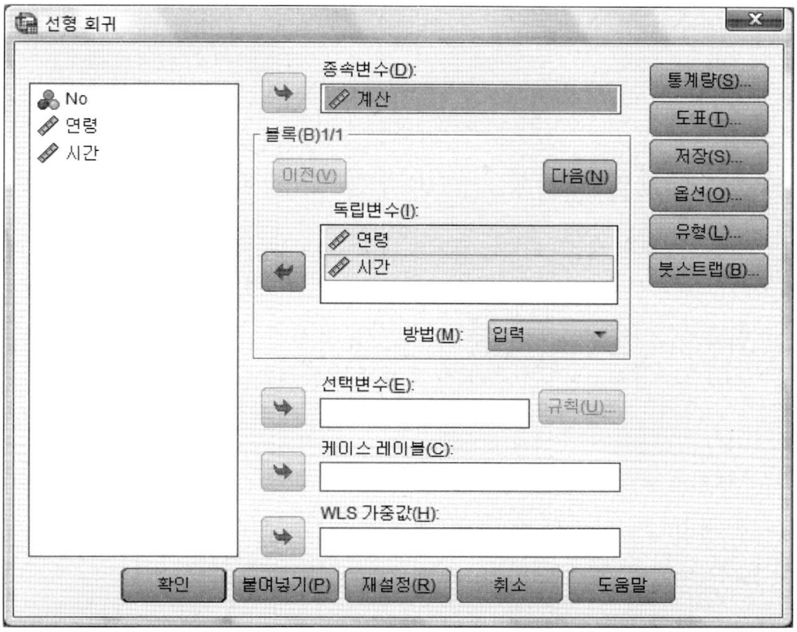

[분석결과]

모형 요약

모형	R	R 제곱	수정된 R 제곱	추정값의 표준오차
1	.866[a]	.751	.727	1.401

a. 예측자: (상수), 시간, 연령

ANOVA[a]

모형		제곱합	자유도	평균제곱	F	유의확률
1	회귀	124.094	2	62.047	31.596	.000[b]
	잔차	41.239	21	1.964		
	전체	165.333	23			

a. 종속변수: 계산

b. 예측자: (상수), 시간, 연령

계수[a]

모형		비표준화 계수 B	비표준화 계수 표준오차	표준화 계수 베타	t	유의확률
1	(상수)	-12.441	7.651		-1.626	.119
	연령	2.094	.430	.892	4.875	.000
	시간	.061	.345	.032	.176	.862

a. 종속변수: 계산

- 모형 요약

결정계수(R^2)는 0.751이다. 이 사실은 독립변수로 종속변수의 약 75%를 설명할 수 있다는 것을 의미한다.

- 분산분석

회귀식 전체의 유의성을 검정한 결과, R^2은 0.1%($p < 0.001$) 수준에서 유의하다.

- 계수

표준 편회귀계수(β), 유의확률을 확인한다.

연령의 β는 0.892로 0.1% 수준에서 유의하다.

시간의 β는 0.032로 유의하지 않다.

▶ 결과를 보고

"편상관계수를 보면, 계산과 시간에 관련은 없어져 버립니다" 보람이 말한다.

"이 편상관계수를 산출할 때, '연령을 통제한다'고 말하네. 연령의 영향을 제거했을 때의 계산과 시간의 관련인 셈이지. 웬일인지 완전히 없어져 버리는 것 같네"

"허, 이상하네. 요술이라도 보고 있는 것 같은데요" 철수는 머리를 갸우뚱거린다.

"그리고 중회귀분석의 결과도, 계산에 대해서 시간이 아니라 연령이 영향을 미치고 있다는 사실이 보여졌거든요" 보람이 말했다.

"이것도 이상해 …"

"자, 이러한 분석을 해 보자. 연령마다 시간과 계산의 상관계수를 산출해 보는거야"

연령마다 상관계수 산출

[SPSS의 처리 절차]

[순서 1] 데이터의 입력

<표 3-1>의 데이터를 입력한다.

[순서 2] 파일 분할

(1) 메뉴에서 [데이터]-[파일 분할]을 선택한다.

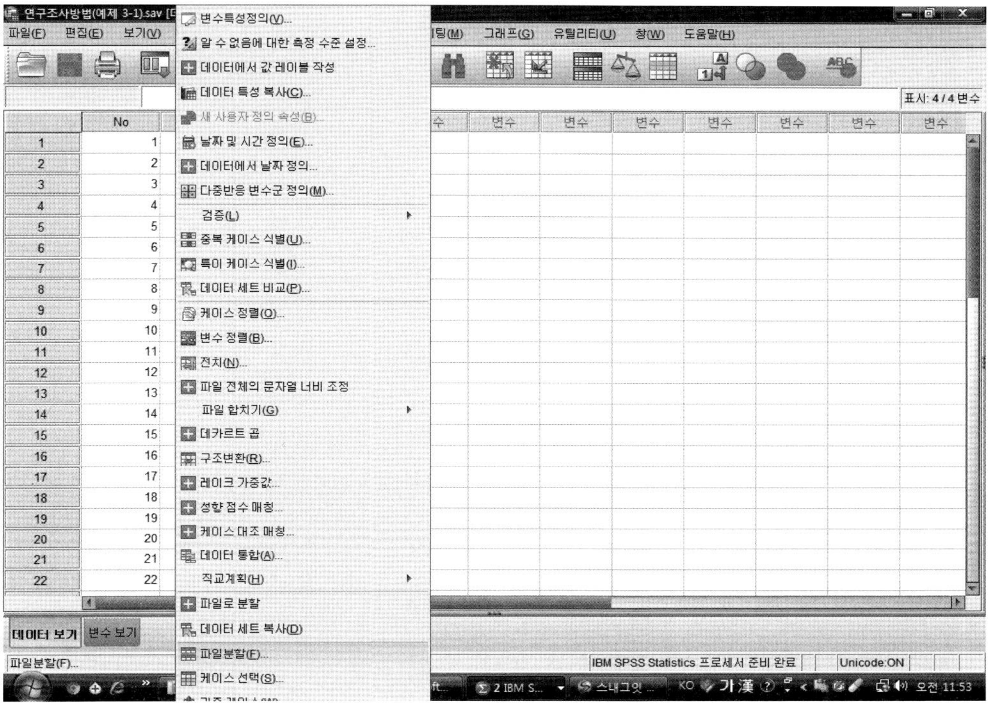

(2) [각 집단별로 출력결과를 나타냄]을 선택한다. [분할 집단변수]에 '연령'을 지정한다.

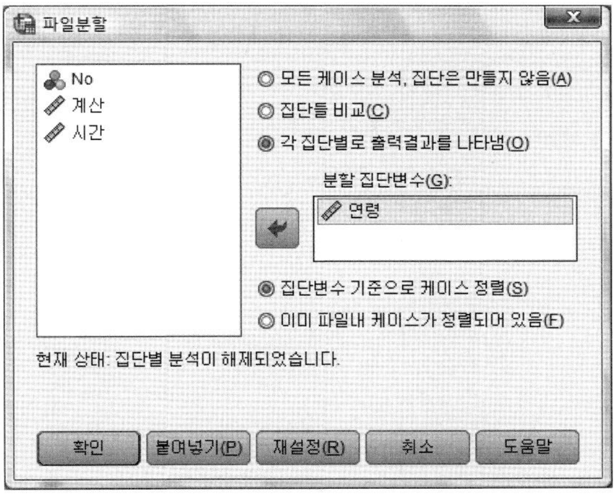

[확인]을 클릭한다.

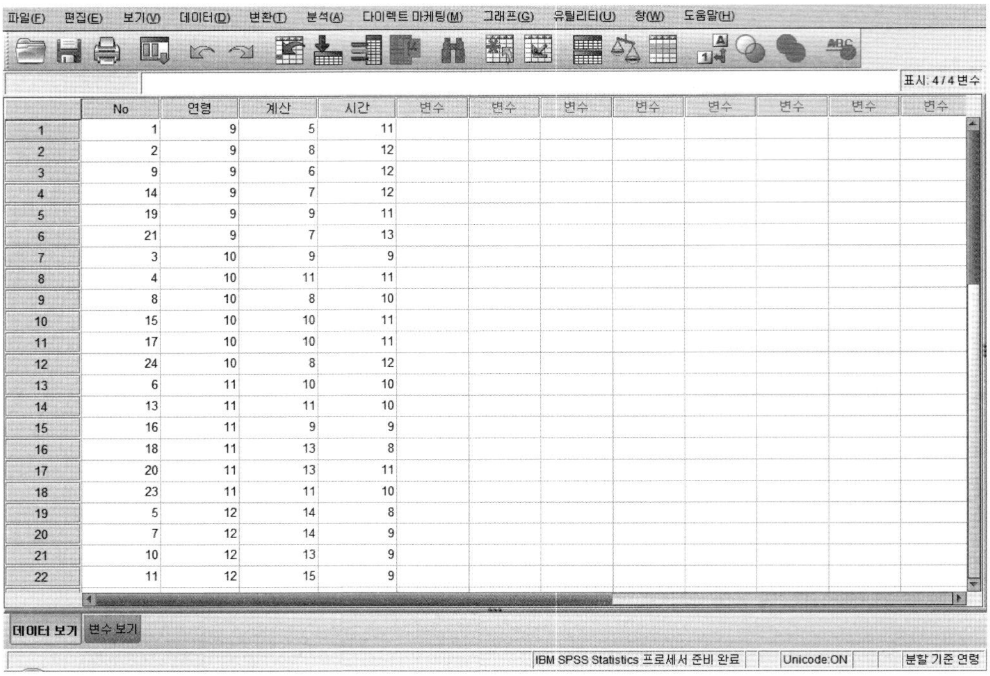

(3) [데이터 보기] 오른쪽 밑에 ‘분할 기준 연령’이라고 표시되어 있는 것을 확인한다.

[순서 3] 상관분석

(1) 메뉴에서 [분석]-[상관분석]-[이변량 상관]을 선택한다.

(2) [변수]에 ‘계산’, ‘시간’을 지정한다. [옵션]을 클릭한다.

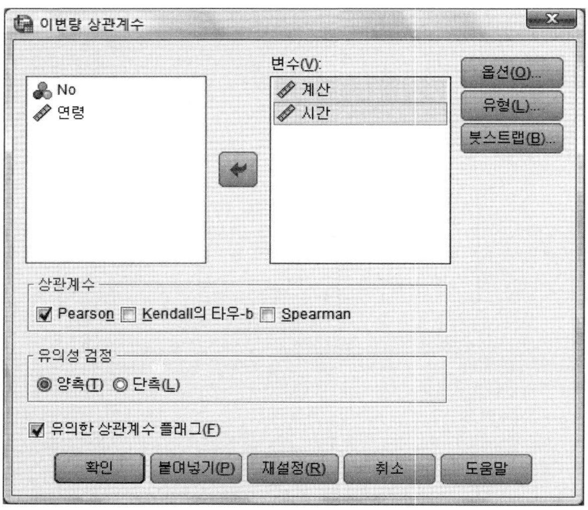

(3) 옵션의 선택

[통계량]에서 [평균과 표준편차]를 선택하고 [계속]을 클릭한다. [확인]을 클릭한다.

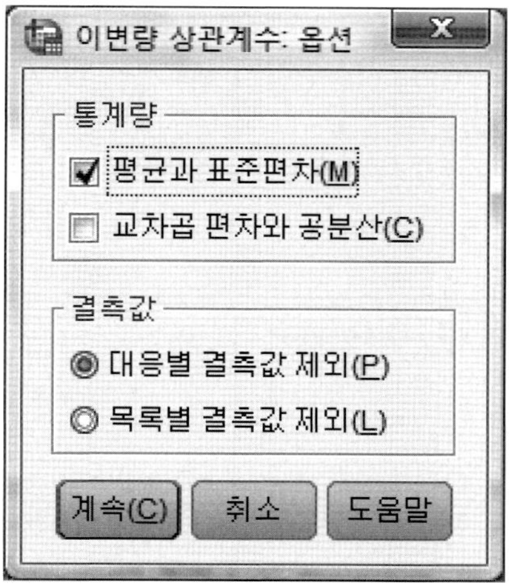

[분석결과]

연령 = 9

기술통계량[a]

	평균	표준편차	N
계산	7.00	1.414	6
시간	11.83	.753	6

a. 연령 = 9

상관관계[a]

		계산	시간
계산	Pearson 상관	1	.000
	유의확률 (양측)		1.000
	N	6	6
시간	Pearson 상관	.000	1
	유의확률 (양측)	1.000	
	N	6	6

a. 연령 = 9

연령 = 10

기술통계량[a]

	평균	표준편차	N
계산	9.33	1.211	6
시간	10.67	1.033	6

a. 연령 = 10

상관관계[a]

		계산	시간
계산	Pearson 상관	1	.107
	유의확률 (양측)		.841
	N	6	6
시간	Pearson 상관	.107	1
	유의확률 (양측)	.841	
	N	6	6

a. 연령 = 10

연령 = 11

기술통계량[a]

	평균	표준편차	N
계산	11.17	1.602	6
시간	9.67	1.033	6

a. 연령 = 11

연령 = 12

기술통계량[a]

	평균	표준편차	N
계산	13.17	1.472	6
시간	8.83	.753	6

a. 연령 = 12

상관관계[a]

		계산	시간
계산	Pearson 상관	1	.040
	유의확률 (양측)		.940
	N	6	6
시간	Pearson 상관	.040	1
	유의확률 (양측)	.940	
	N	6	6

a. 연령 = 11

상관관계[a]

		계산	시간
계산	Pearson 상관	1	.030
	유의확률 (양측)		.955
	N	6	6
시간	Pearson 상관	.030	1
	유의확률 (양측)	.955	
	N	6	6

a. 연령 = 12

연령마다 상관계수가 산출된다.

9세 : $r = 0.000$, 유의하지 않다.
10세 : $r = 0.107$, 유의하지 않다.
11세 : $r = 0.040$, 유의하지 않다.
10세 : $r = 0.030$, 유의하지 않다.

모든 연령에서 상관계수는 0에 가깝다.

▶ 결과를 보면서

"어느 연령의 상관계수도 거의 0에 가깝네요" 보람이 말한다.

"연령마다 보면, 시간과 계산의 관련은 전혀 보이지 않네. 그렇지만 앞에서 보인 산점도와 같이 시간이나 계산이나 연령 모두 변동하기 때문에, 산점도 전체로 보면 관련이 있는 것처럼 보이는 거야"

"그러므로 유사한 관련이라고 하는 것이군요"

교수는 만족스러운 듯이 고개를 끄덕였다.

"어느 쪽 분석에서도 연령을 고려하면, 시간으로부터 계산에 대한 영향은 없어져 버린다. 게다가 연령별로 보면 전혀 관련이 인정되지 않는다. 그렇지?"

"네"

"자 이들 결과로부터, 빨리 달릴 수 있는 아이일수록 계산이 가능하게 된다고 결론지을 수 있다고 생각하나?"

교수는 두 사람을 보면서 말했다.

"아닙니다. 안 됩니다" 보람이 대답했다. "하지만, 교수님"

"무언가?"

"교수님은 어디에서 유사상관이 생각 나셨나요?"

"처음에 이야기를 들었을 때지. 아무리 생각해도 달리는 속도와 계산능력에 큰 관련이 있다고는 생각할 수 없고, 연령을 별로 생각하지 않았기 때문이지"

"저희들은 미처 생각하지 못했어요"

교수는 매우 부드러운 눈빛이 되었다.

"데이터를 보는 경험을 쌓으면, 알아차리게 된다고 생각하네"

"네"

"그럼, 빨리 언니에게 알려 주는 게 좋지 않을까?"

교수와 보람의 대화를 잠자코 듣고 있던 철수가 일어섰다.

"교수님, 이만 물러가겠습니다"

보람도 서둘러 자리에서 일어선다.

"아 이거, 놓고 가잖아" 교수는 보람에게 USB 메모리를 건넸다.

지난번과 마찬가지로 빠른 걸음으로 걷는 두 사람의 발소리가 멀어져 갔다.

CHAPTER

4

조절변수의 이해

CHAPTER 4

조절변수의 이해

4.1 | 분석의 배경

■ 식당에서

철수가 식당에서 쟁반(tray)을 들고 돌아보자, 창가 자리에 보람이 앉아 있는 것이 보였다.

"여기 앉아도 돼?" 보람의 맞은 편 자리에 쟁반을 놓고 말했다.

"아, 철수 아냐. 앉아"

"저, 그 데이터, 어떻게 됐어?"

"친밀성과 스트레스의 데이터 말이지? 점심 먹고 컴퓨터실에 가서 분석하려고 생각하고 있던 참이야"

"수업 중에 학과에서 앙케트에 참여해 주었다지. 경영학과라서 그런 수업이 꽤 있을 거야. 그래서 조사내용은 …"

"남녀 각각 20명씩 대학생 40명을 대상으로 한 앙케트 조사야. 친구관계의 친밀성 정도와 스트레스 반응을 질문항목으로 물었던 거지"

식당이 혼잡해져서 서둘러 식사를 마치고 두 사람은 컴퓨터실로 가기로 했다. 걸어가면서 이야기를 계속했다.

"그런데, 어떤 분석을 하려고 생각하는데?"

"이번의 포인트는 성별 차(差)가 있는지 어떤지 알고 싶거든"

"남자 학생과 여자 학생의 차, 거 재미있겠는데"

"응, 그래서 남녀의 평균 차를 검정하려고 생각해"

"성별의 요인 … 남녀니까 2수준이네. 1요인 2수준"

"그렇지. 2군의 평균 차를 검정하는 분석방법은 t검정 맞지?"

"그래, t검정 맞아"

"느낌이지만 남자 학생보다도 여자 학생 쪽이 친구관계는 친밀한 게 아닐까. t검정 한 다음에 친밀성과 스트레스 반응 사이의 상관계수를 산출할 계획이야"

"친밀한 친구관계의 학생일수록 스트레스가 적다고 생각하는 거지"

"그것이 가설이야. 그대로 되면 좋겠지만 …"

[예제 4-1]

표 4-1 데이터표

번호	성별	친밀성	스트레스 반응	번호	성별	친밀성	스트레스 반응
1	0	25	12	21	1	14	14
2	0	24	19	22	1	16	18
3	0	22	20	23	1	14	14
4	0	23	20	24	1	18	12
5	0	25	15	25	1	21	26
6	0	19	20	26	1	20	21
7	0	18	26	27	1	19	12
8	0	19	17	28	1	24	16
9	0	21	15	29	1	22	18
10	0	16	19	30	1	19	15
11	0	16	24	31	1	16	19
12	0	22	14	32	1	24	20
13	0	17	19	33	1	23	21
14	0	18	23	34	1	26	23
15	0	25	17	35	1	25	27
16	0	20	26	36	1	20	13
17	0	20	22	37	1	22	20
18	0	22	21	38	1	22	15
19	0	18	19	39	1	17	19
20	0	22	22	40	1	21	24

4.2 | 분석순서

■ t검정

[SPSS의 처리 절차]

[순서 1] 데이터의 입력

(1) 먼저 [변수 보기]에서 변수를 입력하고 정의한다.

변수 이름으로 'No', '성별', '친밀성', '스트레스 반응'을 입력한다.

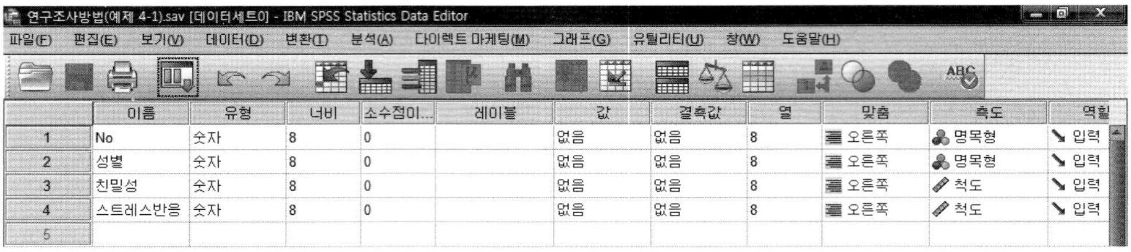

(2) 성별에 변수값 설명을 한다.

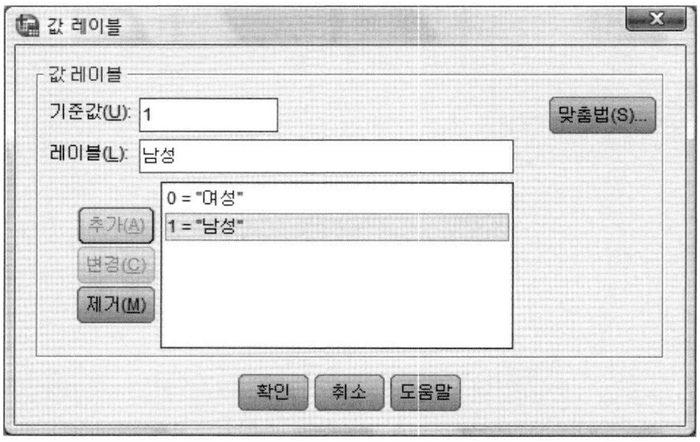

(3) [데이터 보기]를 열어 <표 4-1>의 데이터를 입력한다.

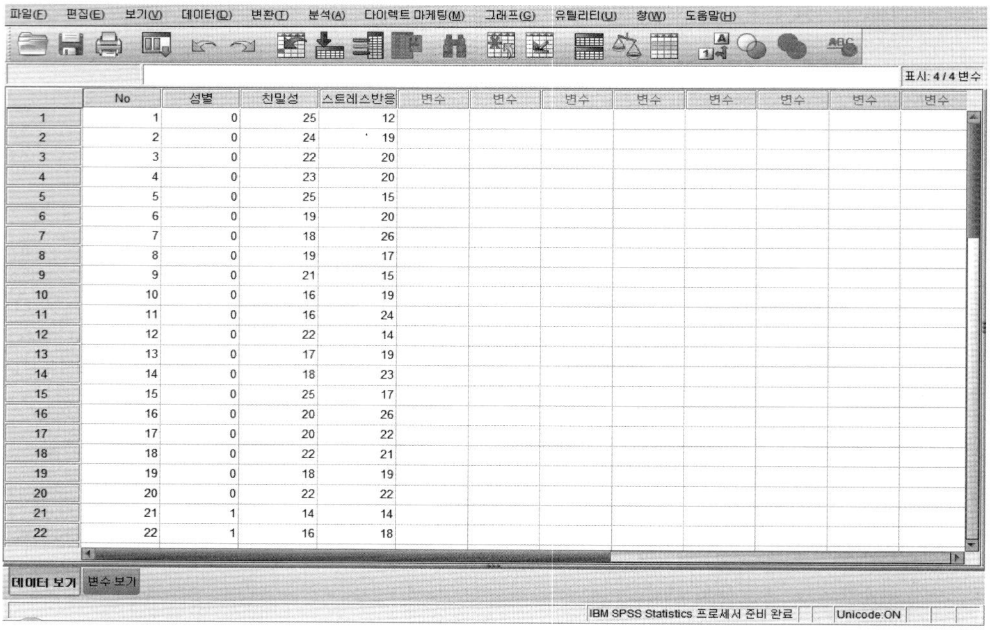

[순서 2] 분석 수법의 선택

메뉴에서 [분석]-[평균비교]-[독립표본 T검정]을 선택한다.

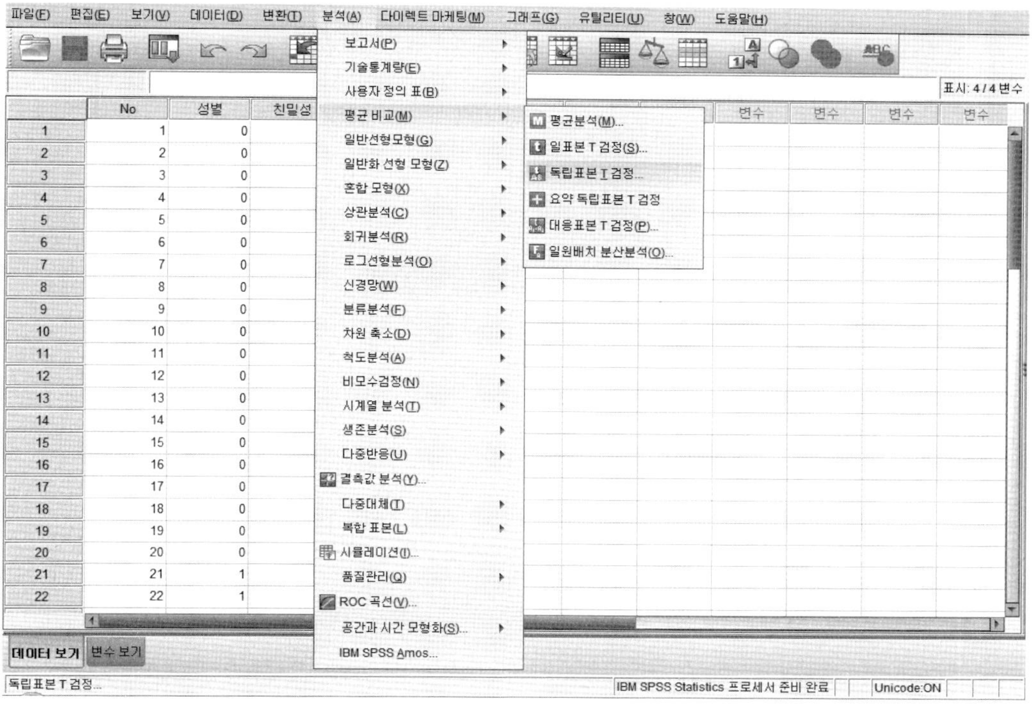

[순서 3] 변수의 선택

[검정변수]에 '친밀성', '스트레스 반응'을 지정한다. [집단변수]에 '성별'을 지정한다. [집단 정의]를 클릭한다.

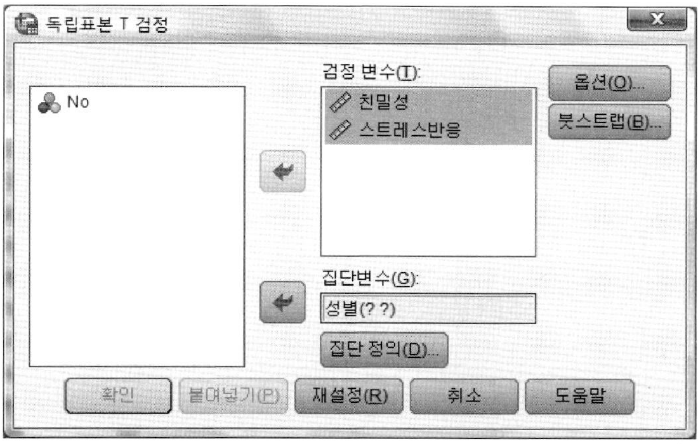

[순서 4] 집단 정의

[지정값 사용]의 [집단1]에 '0', [집단2]에 '1'을 입력한다. [계속]을 클릭한다.

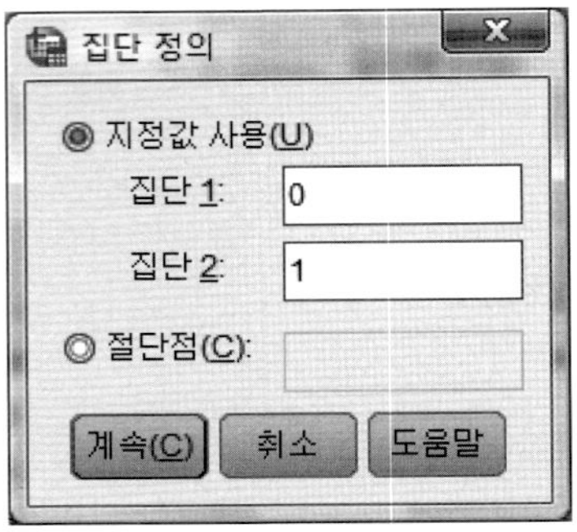

[순서 5] 실행

다음 화면에서 [확인]을 클릭한다.

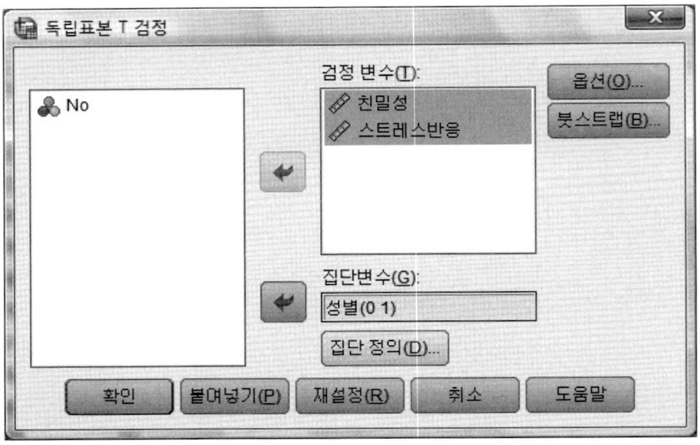

[분석결과]

집단통계량

	성별	N	평균	표준편차	평균의 표준오차
친밀성	여성	20	20.60	2.945	.659
	남성	20	20.15	3.514	.786
스트레스반응	여성	20	19.50	3.791	.848
	남성	20	18.35	4.487	1.003

독립표본 검정

		Levene의 등분산 검정		평균의 동일성에 대한 T 검정						
		F	유의확률	t	자유도	유의확률 (양측)	평균차이	차이의 표준오차	차이의 95% 신뢰구간 하한	상한
친밀성	등분산을 가정함	.416	.523	.439	38	.663	.450	1.025	-1.625	2.525
	등분산을 가정하지 않음			.439	36.875	.663	.450	1.025	-1.627	2.527
스트레스반응	등분산을 가정함	.968	.331	.876	38	.387	1.150	1.313	-1.509	3.809
	등분산을 가정하지 않음			.876	36.968	.387	1.150	1.313	-1.511	3.811

- 집단통계량

  친밀성과 스트레스 반응 각각의 여성과 남성의 평균과 표준편차가 표시된다.

- 독립표본 검정

  친밀성, 스트레스 반응 모두 F값은 유의하지 않다. 즉, 유의확률이 모두 0.05보다 커서 여성과 남성 두 모집단의 분산이 동일하다는 귀무가설이 채택되어, 등분산이 가정되는 전제 하에서 t검정을 실시한다.

  친밀성 : $p = 0.663 > 0.05$

  스트레스 반응 : $p = 0.387 > 0.05$

  따라서 친밀성, 스트레스 반응 모두 남녀의 평균은 다르다고는 할 수 없다.

상관계수 산출

[SPSS의 처리 절차]

[순서 1] 데이터의 입력

<표 4-1>의 데이터를 입력한다.

[순서 2] 분석 수법의 선택

메뉴에서 [분석]-[상관분석]-[이변량 상관]을 선택한다.

[순서 3] 변수의 선택

[변수]에 '친밀성', '스트레스 반응'을 지정한다. [옵션]을 클릭한다.

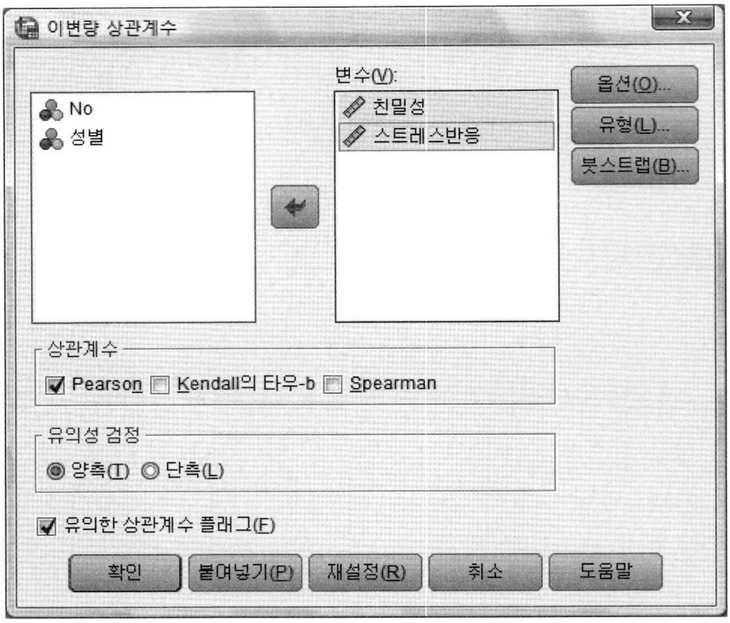

[순서 4] 옵션의 선택

[통계량]의 [평균과 표준편차]에 체크한다.

[결측값]을 [목록별 결측값 제외]로 한다(데이터에 결측값이 없으므로).

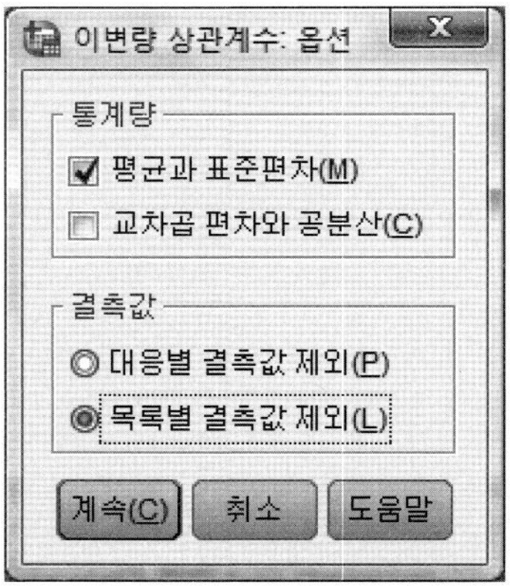

[계속]을 클릭하고, 이어서 [확인]을 클릭한다.

[분석결과]

기술통계량

	평균	표준편차	N
친밀성	20.38	3.208	40
스트레스반응	18.93	4.141	40

상관관계[a]

		친밀성	스트레스반응
친밀성	Pearson 상관	1	.099
	유의확률 (양측)		.545
스트레스반응	Pearson 상관	.099	1
	유의확률 (양측)	.545	

a. 목록별 N=40

친밀성과 스트레스 반응 사이의 상관계수는 $r = 0.099$, $p = 0.545 > 0.05$로, 유의한 관련은 인정되지 않는다.

산점도 작성

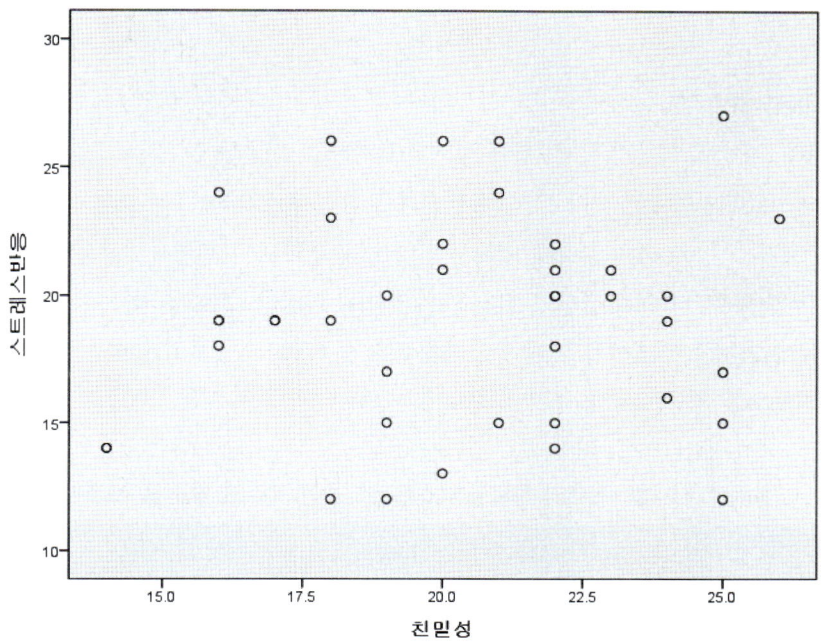

앞에서와 같은 방법으로 친밀성과 스트레스 반응의 산점도를 작성해 본다.

산점도를 살펴보면, 플러스 상관이나 마이너스 상관이 안 보인다. 명확한 관련이 인정되지 않는 산점도가 얻어졌다.

▶ 결과에 대한 논의

보람과 철수는 SPSS의 분석결과가 출력되고 있는 화면을 보고 있다.

"먼저 t검정의 결과는 …"

"친밀성, 스트레스 반응 모두 남녀의 평균에 유의한 차는 보이지 않아"

"그랬지. 그리고 상관계수는?"

"친밀성과 스트레스 반응 사이에는 유의한 상관이 보이지 않았어"

"상관계수도 0.099이니까, 거의 0에 가깝네"

"그래. 친구와 친하게 지내는 학생이나 그렇지 않은 학생이나 스트레스 반응에는 전혀 차이가 보이지 않는다는 거지"

두 사람은 잠시 침묵하고 화면을 응시했다.

"아, 하는 수 없지 뭐. 이것으로 리포트를 쓸까?" 철수가 말했다.

"그래. 정직하게, t검정의 결과를 보거나 상관계수를 보더라도 어떤 차나 관련은 보이지 않았다고 리포트에 쓰자고"

▶ 결과에 대한 기술

친밀성과 스트레스 반응 각각의 항목 점수를 합계하고, 친밀성 점수와 스트레스 반응 점수의 평균과 표준편차를 산출했다. 각각의 평균과 표준편차는 Table 1에 보이고 있다. 친밀성 점수와 스트레스 반응 점수 각각에 대해서 남녀 차를 검토하기 위해서 t검정을 실시했더니, 모든 점수에 대해서 유의한 남녀의 점수 차는 보이지 않았다. 친밀성 점수와 스트레스 반응 점수 사이의 관련을 검토하기 위해서 상관계수를 산출했더니, $r = 0.099$로 유의한 상관은 인정되지 않았다.

Table 1 남녀별 · 전체의 친밀성과 스트레스 반응 점수의 평균 및 표준편차

	여성		남성		전체	
	평균	표준편차	평균	표준편차	평균	표준편차
친밀성	20.60	2.95	20.15	3.51	20.38	3.21
스트레스 반응	19.50	3.79	18.35	4.49	18.93	4.14

4.3 | 연구대상

연구실에서

오늘도 두 사람은 지도교수인 박유식 교수 연구실을 찾아갔다.

"지난번 과제였던 데이터 분석 끝났는가?"

"네. 분석은 해 보았지만, 남녀의 평균에도 차가 없고, 친밀성과 스트레스 반응 사이의 상관도 유의하지 않았습니다" 보람이 대답했다.

철수도 고개를 끄덕이고 있다.

"산점도도 그려 보았겠지"

"네. 역시 상관이 있을 것 같은 산점도가 아니었습니다"

"남녀별 산점도는 그려 보았나?"

"아니 그것은 …"

"그것은 확인해 보지 않았습니다" 철수가 대신 대답했다.

"그래. 자, 그럼 해 볼까나"

남녀별 산점도 작성

[SPSS의 처리 절차]

앞에서 언급한 산점도 작성 순서에 따른다.

[순서 1] 분석 수법의 선택

메뉴에서 [그래프]-[레거시 대화상자]-[산점도/점도표]를 선택한다.

[순서 2] 유형의 선택

[단순 산점도]를 선택하고 [정의]를 클릭한다.

[순서 3] 변수의 선택

[Y축]에 '스트레스 반응', [X축]에 '친밀성', [패널 기준]의 [열]에 '성별'을 지정하고 [확인]을 클릭한다.

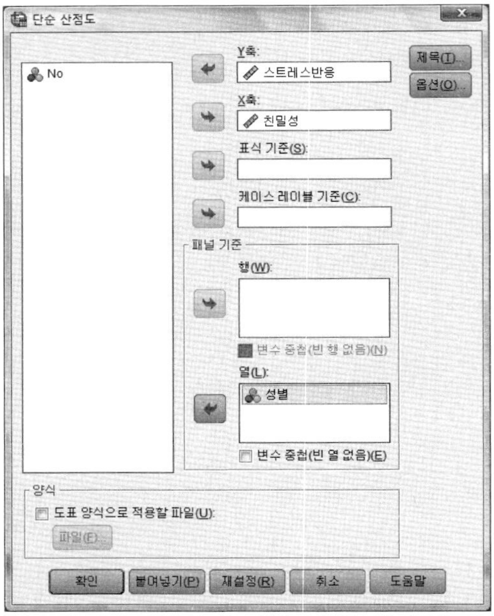

[분석결과]

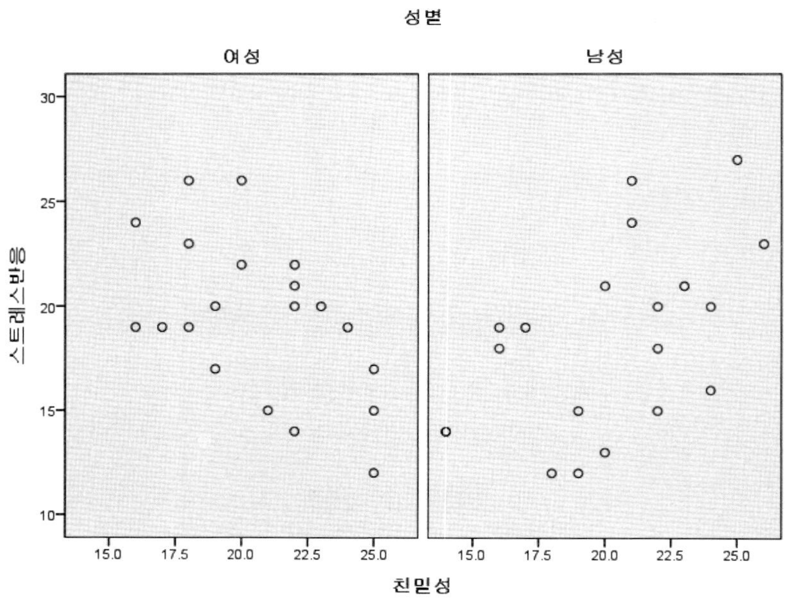

▶ 산점도를 보고

"어, 교수님, 남녀의 기울기가 다르게 보이는데요" 보람이 말했다.

"정말이다. 여성은 마이너스 기울기, 남성은 플러스 기울기 맞네" 교수는 다소 만족스러운 듯이 고개를 끄덕였다.

"그렇다면 다음에 분석하고 싶은 것은 어떤 것일까?" 두 사람은 서로 얼굴을 마주 보았다.

"남녀별로 상관계수를 산출하는 거 … 입니까?"

"자, 그것을 해 보자고"

남녀별 상관계수의 산출

[SPSS의 처리 절차]

[순서 1] 파일 분할

(1) 메뉴에서 [데이터]-[파일 분할]을 선택한다.

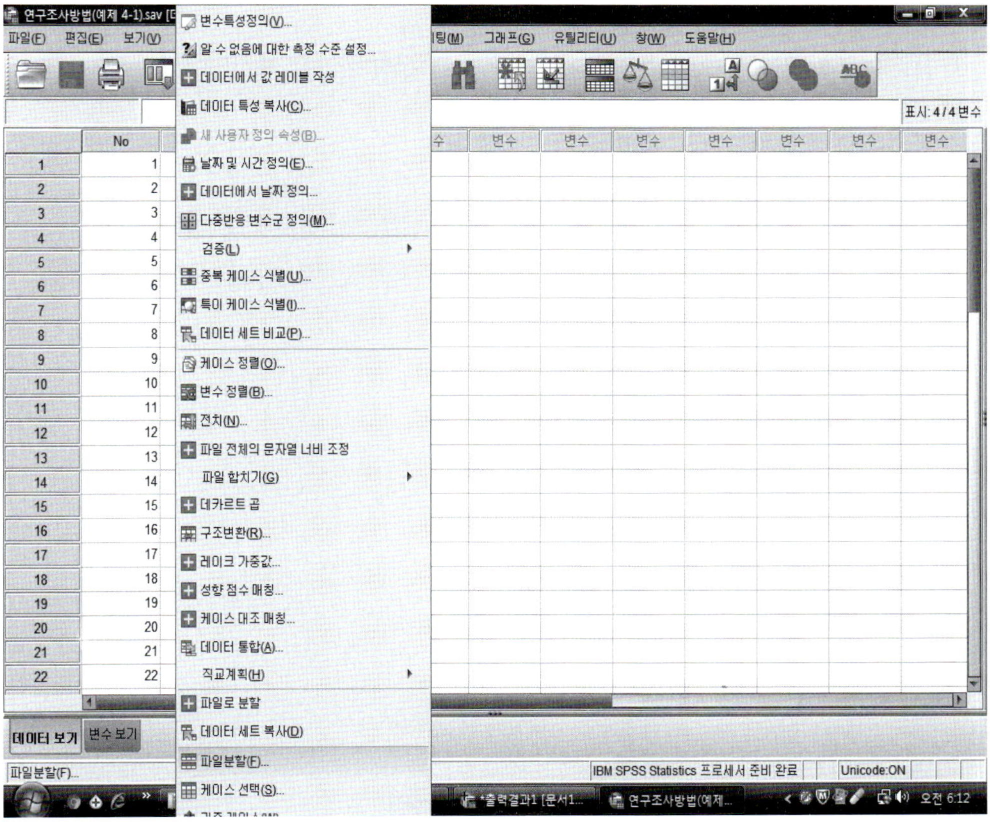

(2) [각 집단별로 출력결과를 나타냄]을 선택하고, [분할 집단변수]에 '성별'을 지정한다. [확인]을 클릭한다.

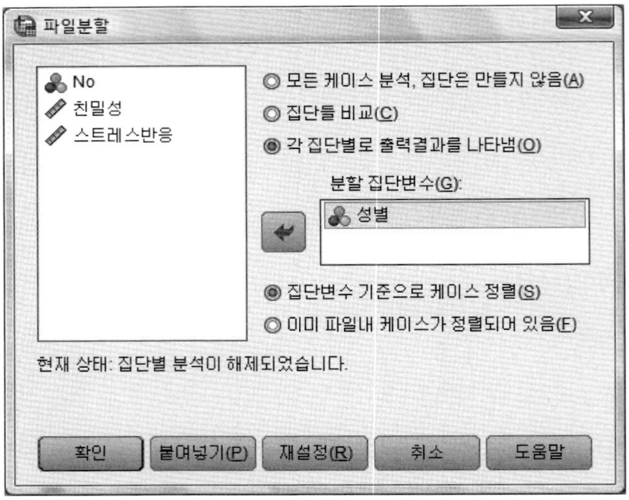

(3) [데이터 보기] 화면 오른쪽 아래에 '분할 기준 성별'이라고 표시되어 있는 것을 확인한다.

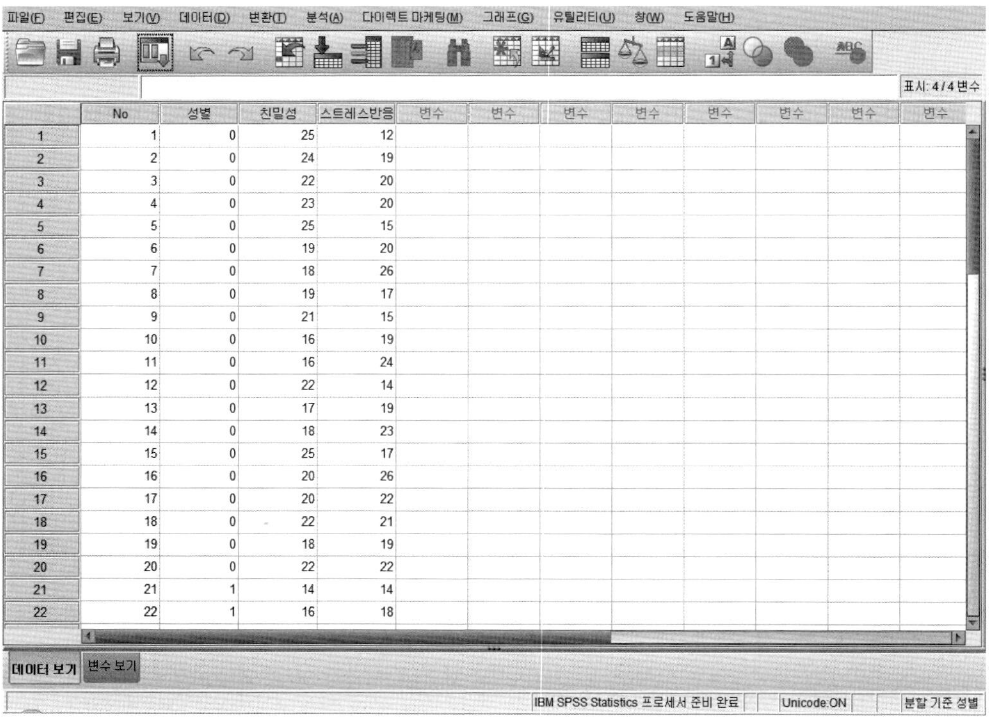

[순서 2] 상관분석

(1) 메뉴에서 [분석]-[상관분석]-[이변량 상관]을 선택한다.

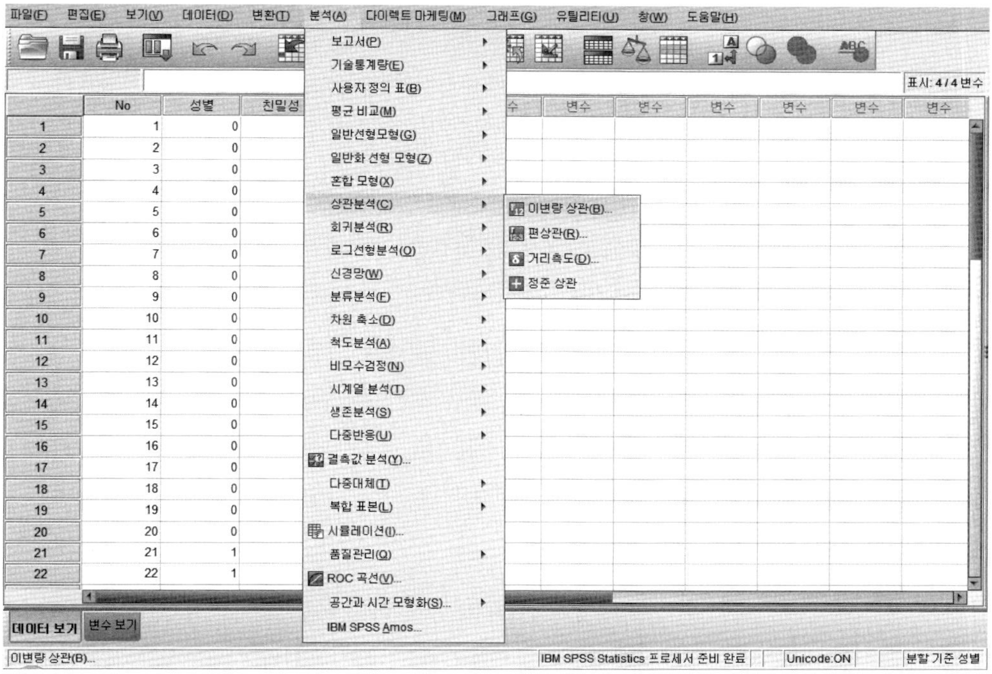

(2) [변수]에 '친밀성', '스트레스 반응'을 지정하고, [옵션]을 클릭한다.

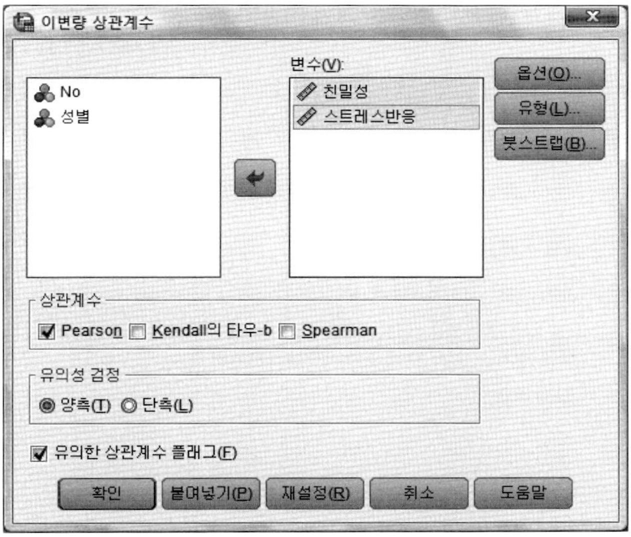

(3) [통계량]에서 [평균과 표준편차]를 선택하고 [계속]을 클릭한다. 이어서 [확인]을 클릭한다.

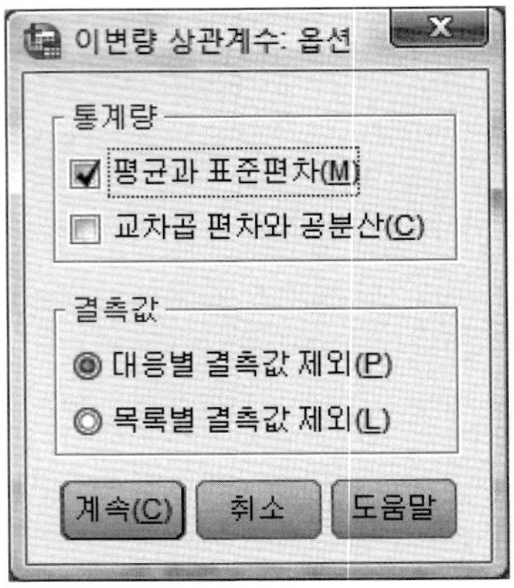

[분석결과]

성별 = 여성

기술통계량[a]

	평균	표준편차	N
친밀성	20.60	2.945	20
스트레스반응	19.50	3.791	20

a. 성별 = 여성

상관관계[a]

		친밀성	스트레스반응
친밀성	Pearson 상관	1	-.523*
	유의확률 (양측)		.018
	N	20	20
스트레스반응	Pearson 상관	-.523*	1
	유의확률 (양측)	.018	
	N	20	20

*. 상관관계가 0.05 수준에서 유의합니다(양측).

a. 성별 = 여성

성별 = 남성

기술통계량[a]

	평균	표준편차	N
친밀성	20.15	3.514	20
스트레스반응	18.35	4.487	20

a. 성별 = 남성

상관관계[a]

		친밀성	스트레스반응
친밀성	Pearson 상관	1	.524*
	유의확률 (양측)		.018
	N	20	20
스트레스반응	Pearson 상관	.524*	1
	유의확률 (양측)	.018	
	N	20	20

*. 상관관계가 0.05 수준에서 유의합니다(양측).

a. 성별 = 남성

분석결과가 다음과 같이 출력된다.

여성의 결과 : $r = -0.523, p < 0.05$

남성의 결과 : $r = 0.524, p < 0.05$

여성은 유의한 마이너스의 상관계수, 남성은 유의한 플러스의 상관계수를 보인다.

▶ 결과를 보고

"역시, 여성이 마이너스의 상관, 남성이 플러스의 상관이네요"

"그 사실은, 여성의 경우는 친밀한 친구관계를 갖는 학생일수록 스트레스가 적고, 남성의 경우는 친밀한 친구관계를 갖는 학생일수록 스트레스가 많다고 하는 것이 되네요" 하고 보람이 말한다.

교수는 두 사람을 향해 돌아섰다.

"아직 샘플 사이즈가 작기 때문에, 더욱 데이터를 추가하면 어떻게 될지 알 수 없지만, 혹시 그러한 결론이 될지도 모르지"

"이러한 경우도 있네요 …"

철수도 보람도 한숨을 쉬었다.

"그룹마다의 상관을 분할상관이나 층별상관이라고 하네. 또한 성별과 같이 그룹을 나누는 변수를 조절변수라고 하지. 이번 예와 같이 그룹마다 다른 관련의 모습이 보이면, '조절효과가 있다'고 표현하기도 하네"

"성별은 친밀성과 스트레스 반응의 관련방식을 바꾸는 변수라고 해서, 조절변수라고 하는 것이 되는군요"

"그렇다네. 모처럼 왔으니 평균과 상관의 이미지를 공부해 볼까"

교수는 노트를 꺼내서 두 사람 앞에 펼쳤다. 그리고 x축과 y축, 두 개의 타원과 기호를 그리고 있었다.

"이것이 최초의 그림이지"

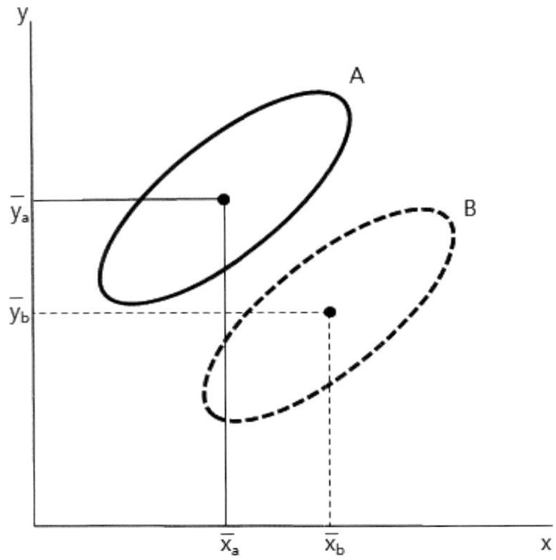

두 사람은 노트를 들여다본다.

"점수 x는 A군보다 B군 쪽이 높고, 점수 y는 B군보다 A군 쪽이 높다는 것을 나타내고 있지. 이 타원이 산점도라고 하면, A군과 B군 각각의 상관계수는 어떻게 될까"

"A군 B군 모두 플러스의 값이지요" 보람이 대답한다.

"기울기가 같은 정도이니까 대개 같은 값의 플러스 상관이라고 할 수 있겠네요"

"그렇지. 어느 쪽의 군도 두 변수 사이의 관련방식이 대개 같지만, x나 y의 평균은 A군과 B군에서 다르잖아"

교수는 그렇게 말하고, 다음의 그림을 그리기 시작했다.

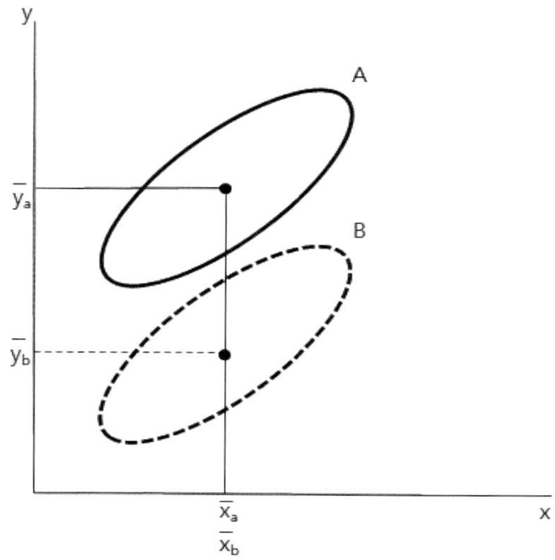

"다음은 이거야. 아까와 무엇이 다를까?"

"x의 평균이 A군과 B군에서 같다고 하는 점이 조금 전과 다르네요"

"y의 평균은 B군보다 A군 쪽이 높은 것은 아까와 같습니다. x의 평균이 같은 정도이니까, 세로로 타원이 두 개 늘어서 있습니다" 철수가 대답했다.

"관련방식은 A군이나 B군에서 같은 정도로 되어 있는 것을 알 수 있겠지. 이렇게 본다면, 평균이 다르다고 해서 관련이 다르다고는 할 수 없다는 것을 알 수 있겠나"

"네" 두 사람은 고개를 끄덕였다.

그 표정을 보고, 교수는 세 번째 그림을 그리기 시작했다.

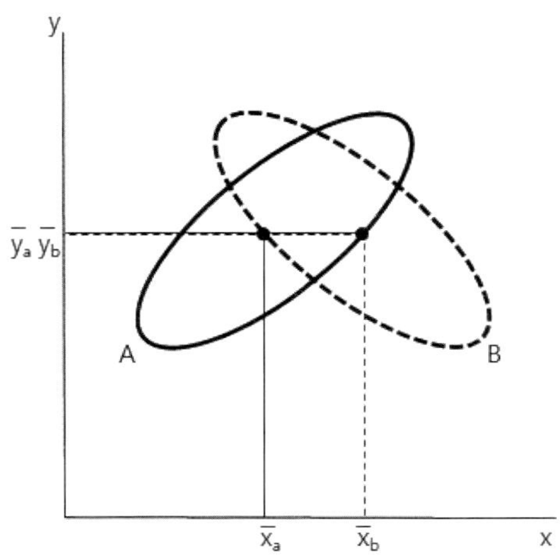

"자, 이 그림은 어떤가"

두 사람은 다시 한 번 노트를 들여다본다.

"아까와 다른 것은 A군과 B군의 타원 기울기가 다르다는 점이네요" 보람이 노트의 타원을 가리키면서 대답했다.

"A군은 플러스의 상관이고, B군은 마이너스의 상관입니다"

"평균은 어떤가?"

"y는 A군과 B군에서 평균이 같습니다. x는 A군과 B군에서 다른데, B군의 평균 쪽이 큰 것 같습니다" 철수가 대답한다.

"만일 이 산점도에서 군으로 나누어져 있지 않았다면, 전체적인 산점도의 형태는 어떻게 된다고 생각하나?"

"∧의 형태로 구부러진 분포가 됩니다" 보람이 대답한다.

"그렇지. 곡선으로 보이지. 곡선상관으로 보인다는 것일세"

"하지만 교수님, 실제로는 플러스 상관의 그룹과 마이너스 상관의 그룹이 있어서, 가로축 x의 평균이 다르기 때문에 곡선으로 보인다고 하는 것입니다"

"그렇지만 이 그룹을 나누는 조절변수가 발견되지 않았더라면? 어쩌면 '곡선관계다'라고 결론을 지어 버릴지도 모르잖나"

교수는 그렇게 말하고, 네 번째 그림을 그리기 시작했다.

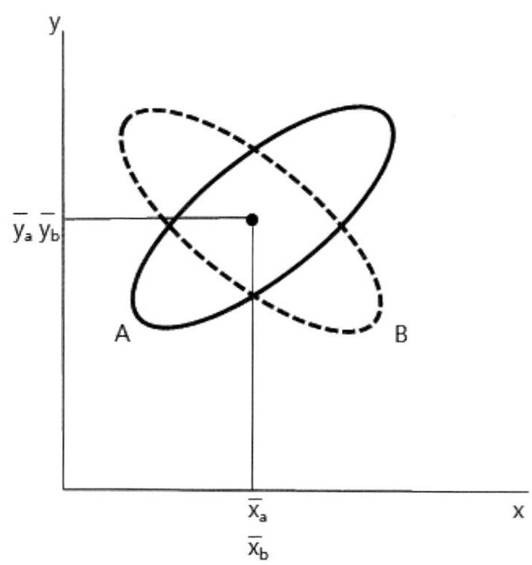

"이 그림은 어떨까"

"x축이나 y축 모두 A군과 B군의 평균은 같지만 …"

"그렇지만, 관련의 방식은 다릅니다" 철수가 대답한다.

"그렇다네. 그 밖에 무언가 알아차린 게 없나?"

두 사람은 얼굴을 마주 보았다. 그리고 다시 한 번 노트에 눈을 돌렸다.

"아!"

"교수님, 이것은 이번 데이터와 같은 산점도가 되었네요"

"바로 그거야. 확실히 t검정을 해도 남녀 사이에 평균 차가 없었잖은가. 그러한 경우에도 관련의 차이가 생기는 수는 있다는 것이지"

"역시 그림을 그려 보는 게 중요하군요"

보람은 한숨을 쉬었다.

"모처럼 왔으니 다른 방법으로 이 상호작용을 분석해 볼까"

"상호작용?"

"그래. 그것도 분산분석이 아니라 중회귀분석을 사용해서 말이야"

놀란 표정을 한 두 사람을 곁눈질하면서 교수는 PC 쪽으로 갔다.

■ 상호작용을 포함한 계층적 중회귀분석의 순서

[순서 1] 연속변량의 점수를 중심화(centering) 혹은 표준화한다.

범주변수는 더미 변수로 한다.

중심화 : 각 데이터로부터 평균을 뺀 값을 산출하는 것.

더미 변수 : 성별이라면 (0, 1)점, ABC의 3범주라면 A가 1이고 B와 C가 0, B가 1이고 A와 C가 0이라고 하는 두 개의 더미 변수를 작성한다.

대조변수(contrast variable) : 성별이라면 남성=1, 여성=−1 혹은 남성 =−0.5, 여성=0.5로 코딩한다.

[순서 2] 상호작용항을 산출한다. 중심화 혹은 표준화를 실시한 점수를 곱한다.

* 중심화 혹은 표준화하고 있지 않은 점수를 곱하면 독립변수 사이의 상관이 높아져 버린다.

[순서 3] 계층적 중회귀분석을 실시하고, 결정계수의 증가를 검토한다.

■ 친밀성 점수의 중심화

친밀성의 평균 20.38을 사용해서 중심화(centering)한다.

[SPSS의 처리 절차]

[순서 1] **분석 수법의 선택**

메뉴에서 [변환]-[변수 계산]을 선택한다.

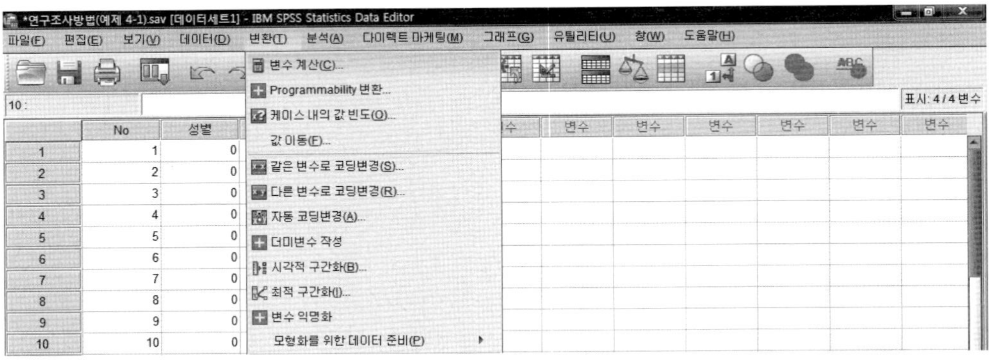

[순서 2] **변수 계산 변수 및 수식 입력**

[목표변수]에 '친밀성C'라고 입력한다. [숫자표현식]에 '친밀성−20.38'이라고 수식을 입력한다. [확인]을 클릭한다.

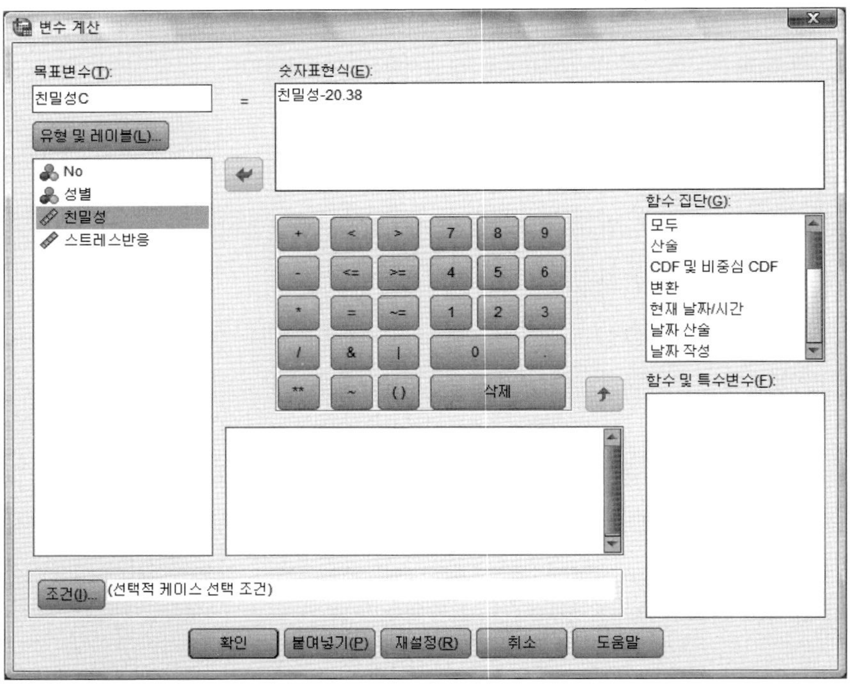

[순서 3] 새로운 변수의 생성

'친밀성C'라고 하는 변수가 생성된다.

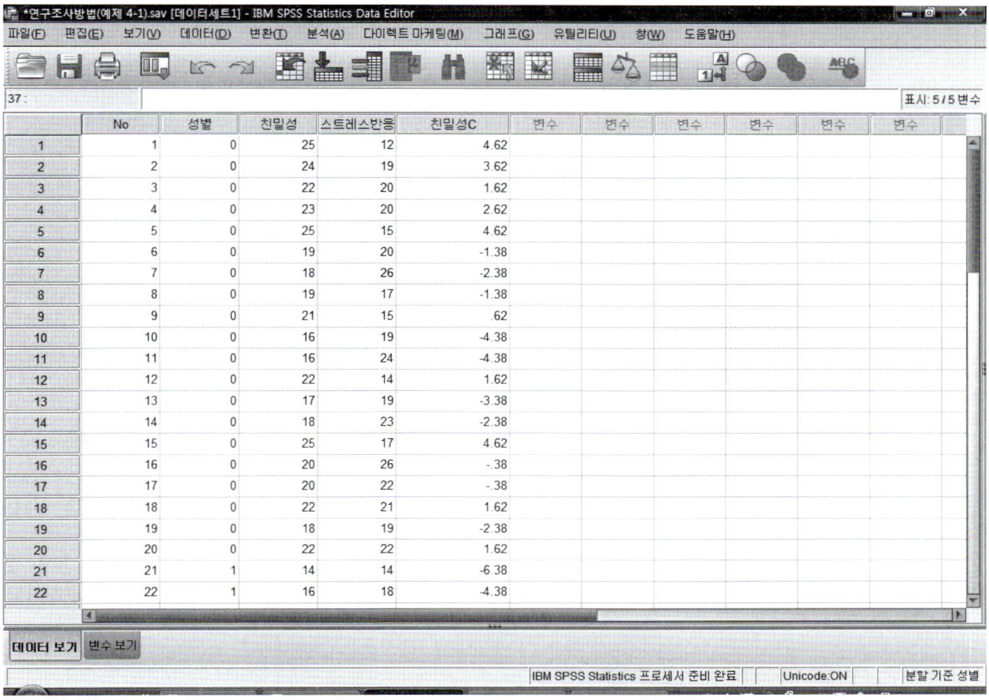

	No	성별	친밀성	스트레스반응	친밀성C	변수	변수	변수	변수	변수	변수
1	1	0	25	12	4.62						
2	2	0	24	19	3.62						
3	3	0	22	20	1.62						
4	4	0	23	20	2.62						
5	5	0	25	15	4.62						
6	6	0	19	20	-1.38						
7	7	0	18	26	-2.38						
8	8	0	19	17	-1.38						
9	9	0	21	15	.62						
10	10	0	16	19	-4.38						
11	11	0	16	24	-4.38						
12	12	0	22	14	1.62						
13	13	0	17	19	-3.38						
14	14	0	18	23	-2.38						
15	15	0	25	17	4.62						
16	16	0	20	26	-.38						
17	17	0	20	22	-.38						
18	18	0	22	21	1.62						
19	19	0	18	19	-2.38						
20	20	0	22	22	1.62						
21	21	1	14	14	-6.38						
22	22	1	16	18	-4.38						

상호작용항 산출

성별은 0(여성)와 1(남성)이라고 하는 더미 변수로 되어 있으므로, 중심화된 '친밀성C'와 곱셈을 함으로써 상호작용항을 산출한다.

[SPSS의 처리 절차]

[순서 1] 분석 수법의 선택

메뉴에서 [변환]-[변수 계산]을 선택한다.

[순서 2] 변수 계산 변수 및 수식 입력

[목표변수]에 '성별×친밀'이라고 입력한다. [숫자표현식]에 '성별*친밀성C'라고 수식을 입력한다. '친밀성'이 아니라 중심화한 '친밀성C'를 사용하는 데 주의를 요한다. [확인]을 클릭한다.

[순서 3] 새로운 변수의 생성

'성별*친밀'이라고 하는 변수가 생성된다.

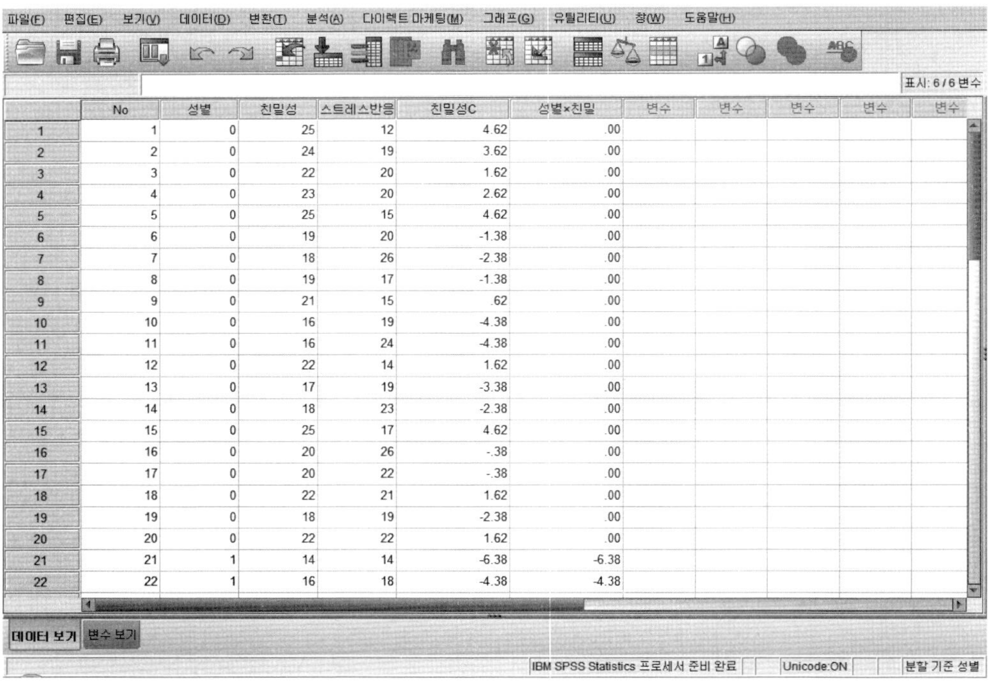

	No	성별	친밀성	스트레스반응	친밀성C	성별×친밀	변수	변수	변수	변수	변수
1	1	0	25	12	4.62	.00					
2	2	0	24	19	3.62	.00					
3	3	0	22	20	1.62	.00					
4	4	0	23	20	2.62	.00					
5	5	0	25	15	4.62	.00					
6	6	0	19	20	-1.38	.00					
7	7	0	18	26	-2.38	.00					
8	8	0	19	17	-1.38	.00					
9	9	0	21	15	.62	.00					
10	10	0	16	19	-4.38	.00					
11	11	0	16	24	-4.38	.00					
12	12	0	22	14	1.62	.00					
13	13	0	17	19	-3.38	.00					
14	14	0	18	23	-2.38	.00					
15	15	0	25	17	4.62	.00					
16	16	0	20	26	-.38	.00					
17	17	0	20	22	-.38	.00					
18	18	0	22	21	1.62	.00					
19	19	0	18	19	-2.38	.00					
20	20	0	22	22	1.62	.00					
21	21	1	14	14	-6.38	-6.38					
22	22	1	16	18	-4.38	-4.38					

▪ 계층적 중회귀분석

[SPSS의 처리 절차]

[순서 1] 분석 수법의 선택

메뉴에서 [분석]-[회귀분석]-[선형]을 선택한다.

[순서 2] 변수의 선택

(1) [종속변수]에 '스트레스 반응', [독립변수]에 '성별', '친밀성C'를 지정하고 [다음]을 클릭한다.

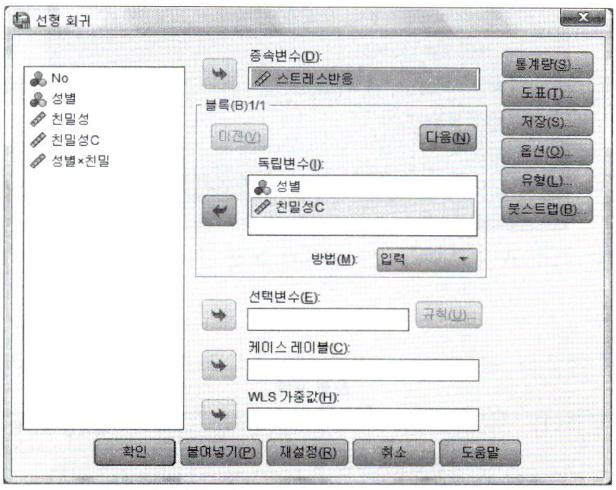

(2) [블록 (B)2/2]라고 표시되면, [독립변수]에 '성별*친밀'을 지정한다.

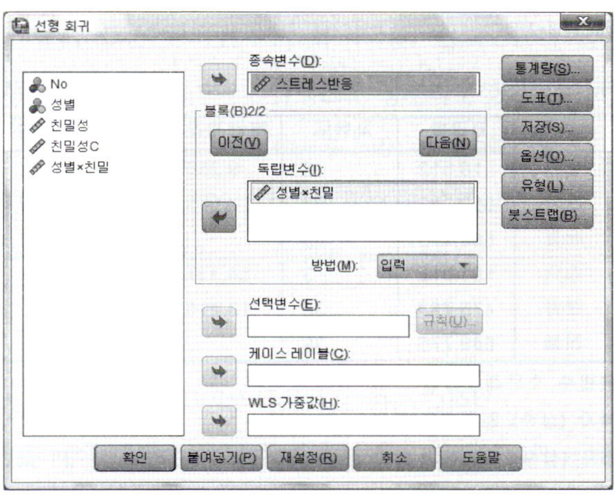

"이번 분석의 경우에는, 모형2에 상호작용항만을 독립변수로 더하고 있지. 그리고 모형2의 R^2 변화량이 유의하다고 하는 것은 무슨 의미인가?"

"… 상호작용항이, 종속변수를 유의하게 설명하고 있다고 하는 것이 되는 겁니까?"

"성별에 의해서 친밀성이 스트레스 반응에 미치는 영향의 정도가 다르다고 하는 결과를 의미하지. 이것은 계층적 중회귀분석을 사용한 조절변수의 검토라고 할 수도 있겠지"

"곱셈을 한 변수를 투입한다고 하는 것이 좀 재미있네요" 철수도 중얼거렸다.

"계산은 간단하지만, 상호작용항만을 단독으로 사용하는 것이 아니라 반드시 상호작용항을 산출한 원래의 변수를 주효과로서 투입한다고 하는 것을 잊지 않도록"

"네" 두 사람은 고개를 끄덕였다.

"그리고 이 다음은, 분산분석의 단순 주효과의 검정과 같이 단순경사에 대해서 검토해 가는거야"

"단순경사?"

"그것에 대해서는 각자 조사해 보면 좋겠네. 계층적 중회귀분석이라든가 단순경사분석이라고 하는 키워드로 조사해 보면, 자료가 많이 나올 테니까"

두 사람은 힘차게 머리를 끄덕였다.

CHAPTER

5

상호작용의 이해

CHAPTER 5

상호작용의 이해

5.1 | 분석의 배경

안뜰에서

"이제, 박유식 교수님도 엉뚱한 말을 하네" 보람은 불만스러운 얼굴이다.

"뭐, 공부를 위한 얘기니까 괜찮지 않아?" 철수는 손에 든 캔 커피 뚜껑을 열고 있다.

식당 앞 벤치에 앉아서 과제물에 대하여 이야기를 하고 있는 참이었다.

"실험실습에서 얻은 데이터를 분석해 보고 말하라는데. 실험실습 수업을 받고 있는 것은 2학년생이니 2학년에게 시키면 좋잖아" 보람의 기분은 여간해서 가라앉지 않는 모양이다.

"그러나 교수는 '통계의 복습에 참 좋으니까'라고 했잖아. 꼭 공부가 될 거야"

"음, 알았어. 자, 그럼 철수도 분석에 참여해 줄 거지?"

"좋아. 그런데 어떤 데이터인데?"

"수업시간에 퍼스널 스페이스(personal space)의 실험을 했거든"

"드디어 했구나. 작년 이맘때지? 사람과 사람 사이의 불편하지 않을 만큼의 거리가 퍼스널 스페이스. 자주 예로 드는 것이 전차에서 옆 사람과의 사이를 비우고 앉는다거나 하는, 바로 그거야"

"그래, 이 실험도 그래서 한 사람이 앉아 있고, 또 한 사람이 점점 그 사람에게 접근해서 '이제 더 이상 가까이 하고 싶지 않다'고 생각한 곳에서 손을 드는 거야"

"그 손을 든 곳에서 상대와의 거리를 재는 것이다 이거지"

"이번 실험의 참가자는 남녀 15명씩. 그리고 남녀 5명씩 세 그룹으로 나누었어. 접근자는 실험참가자와 동성(同性)으로, 점점 가까이 가는 접근자가 상대 실험참가자보다 키가 작은 '신장 차 마이너스' 군(群), 접근자와 실험참가자의 신장 차가 거의 없는 '신장 차 제로' 군, 접근자가 실험참가자보다 키가 큰 '신장 차 플러스' 군, 이런 식으로"

"자기보다 키가 작은 사람이 가까이 오느냐, 같은 정도의 사람이 가까이 오느냐, 자기보다

키 큰 사람이 가까이 오느냐, 라고 하는 세 개의 그룹이 있다는 얘기네" 철수가 확인한다.

"그래 맞아. 그래서 먼저 남녀 간에 거리의 평균이 다른지 어떤지를 조사하고, 그리고 나서 신장 차에서 거리의 평균에 차가 있는지 어떤지를 조사하려고 생각해"

"남녀의 차는 t검정이겠네. 신장 차는 세 개의 그룹이 있으니까 …"

"일원 분산분석"

"두 개의 검정을 하는 것이네. 그런데 어떤 가설을 세우나?"

"남녀로 비교하면, 여성 쪽이 다른 사람과의 거리가 가까울 듯한 생각이 드네"

"그 사실은 남녀의 평균 차를 비교하면, 퍼스널 스페이스는 남성보다도 여성 쪽이 좁다, 다시 말하면 거리가 가깝다는 것인가"

"신장 차를 생각하면, 가까이 오는 사람의 키가 큰 쪽이 퍼스널 스페이스의 거리가 멀어진다고 생각해"

"접근자의 신장이 플러스 군은 마이너스 군보다 거리의 평균이 크다, 다시 말하면 거리가 멀다고 하는 것이다 이거지"

"그렇게 생각 안 해?"

"결과가 잘 나오면 좋겠네"

"음, 하고 싶은 마음이 좀 생겼어. 그러면 분석해 보자고"

두 사람은 일어섰다.

[예제 5-1]

표 5-1 데이터표

번호	성별	신장 차	거리	번호	성별	신장 차	거리
1	0	−1	88	16	1	0	93
2	0	−1	78	17	1	0	79
3	0	−1	59	18	1	0	81
4	0	−1	87	19	1	0	76
5	0	−1	89	20	1	0	70
6	1	−1	73	21	0	1	135
7	1	−1	75	22	0	1	117
8	1	−1	52	23	0	1	120
9	1	−1	88	24	0	1	146
10	1	−1	95	25	0	1	102
11	0	0	53	26	1	1	83
12	0	0	95	27	1	1	44
13	0	0	82	28	1	1	72
14	0	0	91	29	1	1	89
15	0	0	92	30	1	1	98

5.2 | 분석순서

■ 남녀의 거리 평균차 검정

[SPSS의 처리 절차]

[순서 1] 데이터의 입력

(1) 먼저 [변수 보기]에서 다음과 같이 변수를 입력하고 정의한다.

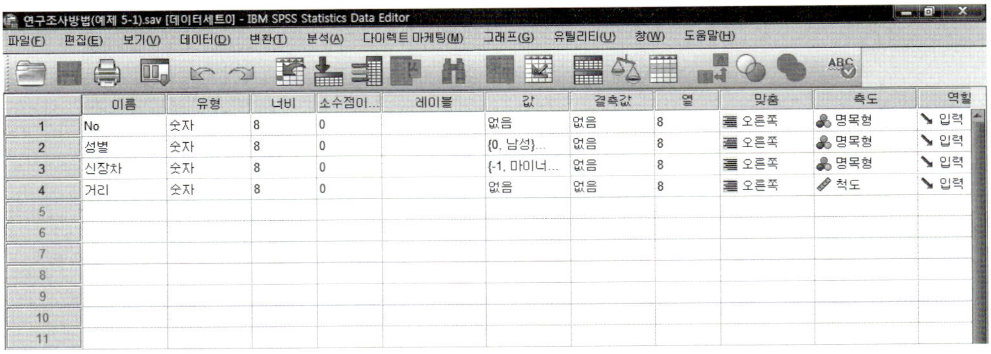

	이름	유형	너비	소수점이...	레이블	값	결측값	열	맞춤	측도	역할
1	No	숫자	8	0		없음	없음	8	오른쪽	명목형	입력
2	성별	숫자	8	0		{0, 남성}...	없음	8	오른쪽	명목형	입력
3	신장차	숫자	8	0		{-1, 마이너...	없음	8	오른쪽	명목형	입력
4	거리	숫자	8	0		없음	없음	8	오른쪽	척도	입력

(2) [데이터 보기]를 열어 <표 5-1>의 데이터를 입력한다.

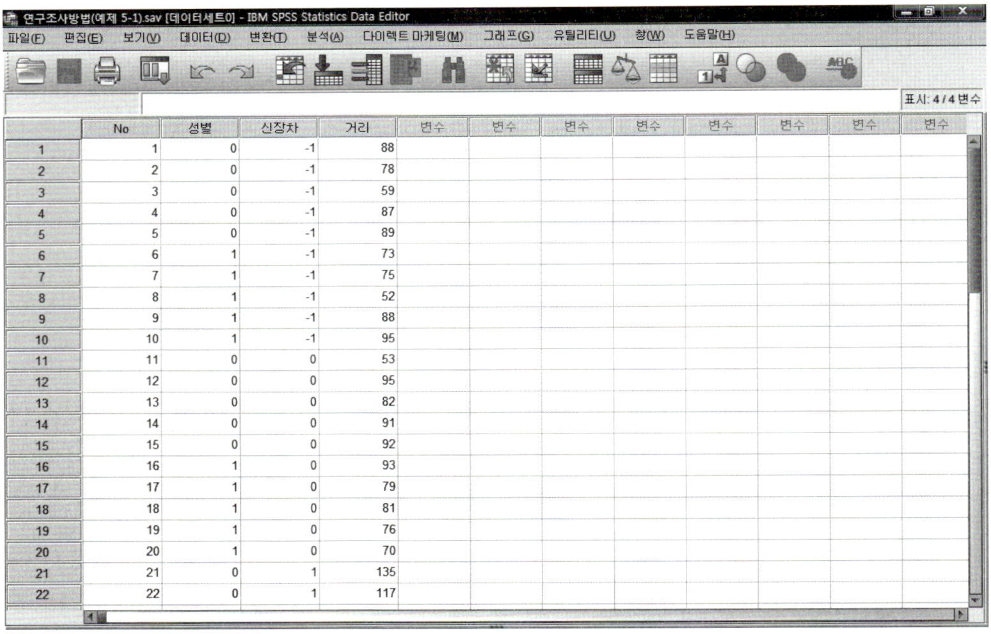

	No	성별	신장차	거리
1	1	0	-1	88
2	2	0	-1	78
3	3	0	-1	59
4	4	0	-1	87
5	5	0	-1	89
6	6	1	-1	73
7	7	1	-1	75
8	8	1	-1	52
9	9	1	-1	88
10	10	1	-1	95
11	11	0	0	53
12	12	0	0	95
13	13	0	0	82
14	14	0	0	91
15	15	0	0	92
16	16	1	0	93
17	17	1	0	79
18	18	1	0	81
19	19	1	0	76
20	20	1	0	70
21	21	0	1	135
22	22	0	1	117

(3) [값 레이블]을 클릭하면 다음과 같다.

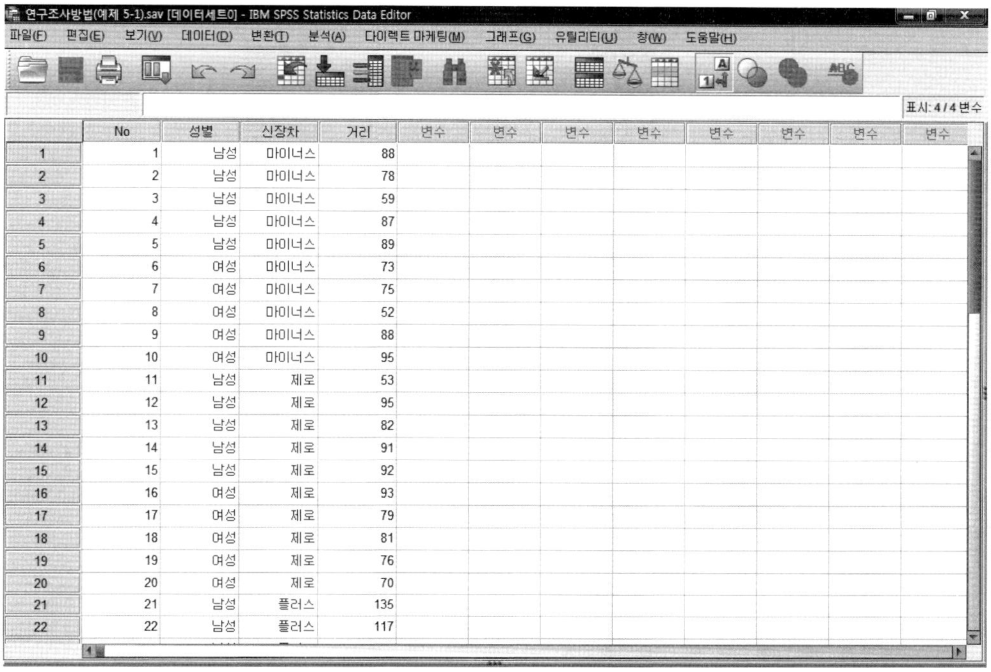

[순서 2] 분석 수법의 선택

메뉴에서 [분석]-[평균 비교]-[독립표본 T검정]을 선택한다.

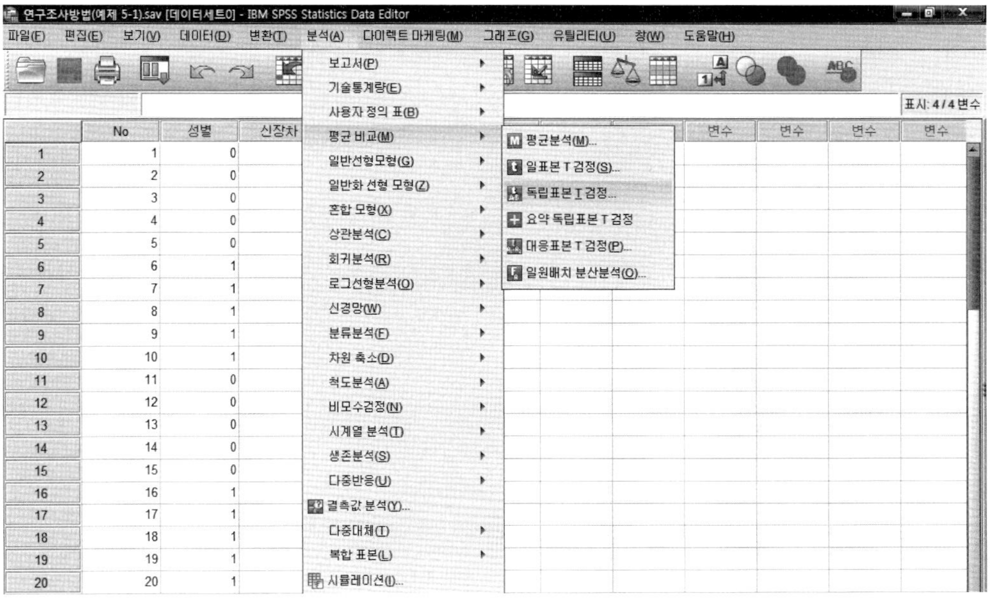

[순서 3] 변수의 선택

[검정변수]에 '거리', [집단변수]에 '성별'을 지정한다. [집단 정의]를 클릭한다.

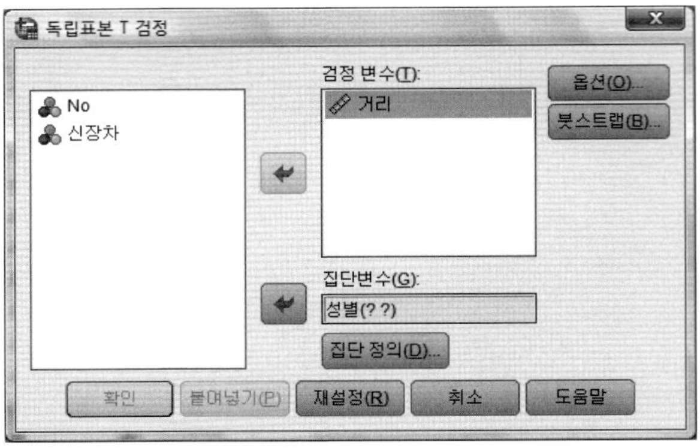

[순서 4] 집단 정의

[지정값 사용]의 [집단1]에 '0', [집단2]에 '1'을 입력한다. [계속]을 클릭한다.

[순서 5] 실행

다음 화면에서 [확인]을 클릭한다.

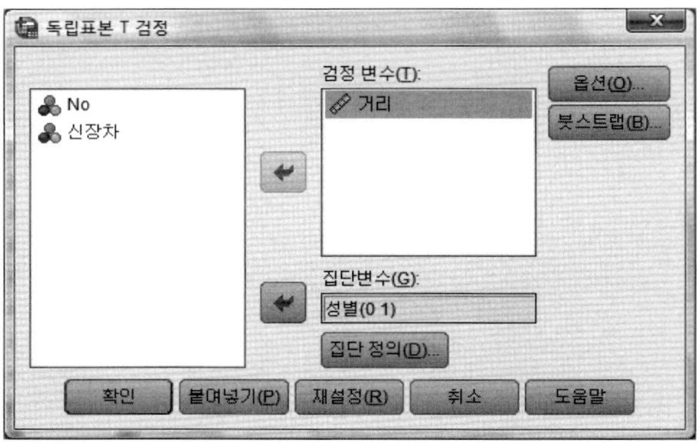

[분석결과]

집단통계량

	성별	N	평균	표준편차	평균의 표준오차
거리	남성	15	95.60	25.419	6.563
	여성	15	77.87	14.976	3.867

독립표본 검정

		Levene의 등분산 검정		평균의 동일성에 대한 T 검정						
									차이의 95% 신뢰구간	
		F	유의확률	t	자유도	유의확률 (양측)	평균차이	차이의 표준오차	하한	상한
거리	등분산을 가정함	2.610	.117	2.328	28	.027	17.733	7.617	2.130	33.337
	등분산을 가정하지 않음			2.328	22.674	.029	17.733	7.617	1.963	33.504

- 집단통계량

  남성의 거리 평균은 95.60, 표준편차는 25.419

  여성의 거리 평균은 77.87, 표준편차는 14.976

- 독립표본 검정

  등분산성을 위한 Levene의 검정을 보면, F값은 2.610으로 유의하지 않다. 즉, 유의확률이 0.05보다 커서 여성과 남성 두 모집단의 분산이 동일하다는 귀무가설이 채택되어, 등분산이 가정되는 전제 하에서 t검정을 실시한다.

  등분산이 가정되어 있는 단(段)의 t검정 결과를 보면, t값은 2.328이고 유의확률은 0.027로 5% 수준에서 유의하다.

  $$t(28) = 2.328,\ p < 0.05$$

■ 신장 차를 요인으로 한 일원배치 분산분석

[SPSS의 처리 절차]

[순서 1] 데이터의 입력

<표 5-1>의 데이터를 입력한다.

[순서 2] 분석 수법의 선택

메뉴에서 [분석]-[평균 비교]-[일원배치 분산분석]을 선택한다.

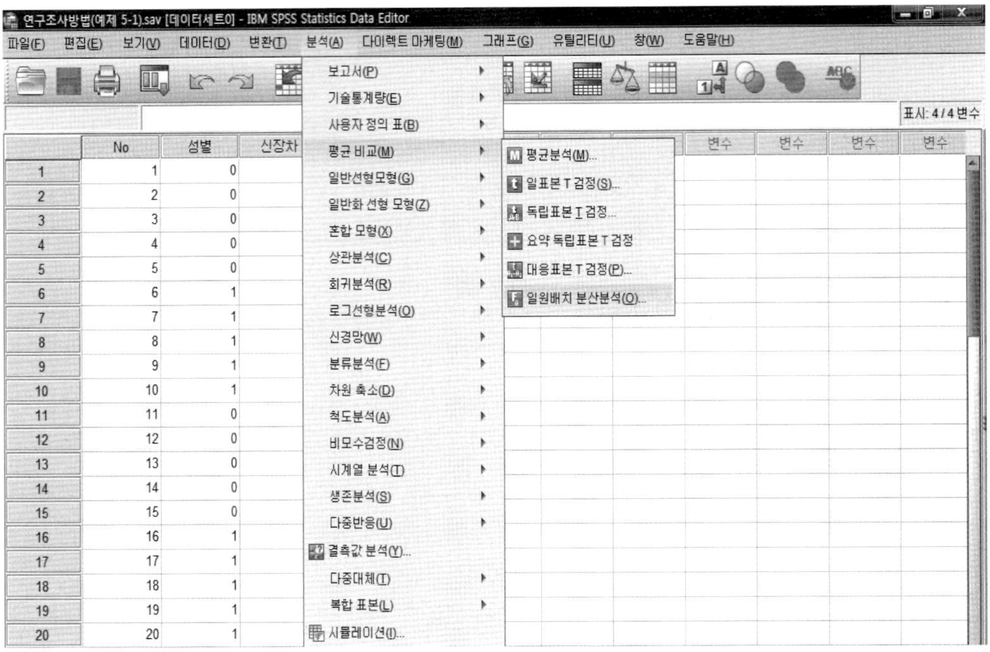

[순서 3] 변수의 선택

[종속변수]에 '거리'를 지정한다. [요인]에 '신장 차'를 지정한다.

[사후분석]을 클릭한다.

[순서 4] 다중비교의 선택

[등분산을 가정함]에서 [Bonferroni], [Tukey 방법]을 선택하고 [계속]을 클릭한다.

[순서 5] 옵션의 선택

[옵션]을 클릭해서 다음 화면이 열리면, [통계량]의 [기술통계], 그리고 [평균 도표]에 체크하고 [계속]을 클릭한다.

이어서 [확인]을 클릭한다.

[분석결과]

기술통계

거리

	N	평균	표준편차	표준오차	평균에 대한 95% 신뢰구간		최소값	최대값
					하한	상한		
마이너스	10	78.40	13.986	4.423	68.40	88.40	52	95
제로	10	81.20	12.891	4.076	71.98	90.42	53	95
플러스	10	100.60	30.486	9.640	78.79	122.41	44	146
전체	30	86.73	22.394	4.089	78.37	95.10	44	146

ANOVA

거리

	제곱합	자유도	평균제곱	F	유의확률
집단-간	2923.467	2	1461.733	3.396	.048
집단-내	11620.400	27	430.385		
전체	14543.867	29			

사후검정

다중비교

종속변수: 거리

	(I) 신장차	(J) 신장차	평균차이(I-J)	표준오차	유의확률	95% 신뢰구간	
						하한	상한
Tukey HSD	마이너스	제로	-2.800	9.278	.951	-25.80	20.20
		플러스	-22.200	9.278	.060	-45.20	.80
	제로	마이너스	2.800	9.278	.951	-20.20	25.80
		플러스	-19.400	9.278	.111	-42.40	3.60
	플러스	마이너스	22.200	9.278	.060	-.80	45.20
		제로	19.400	9.278	.111	-3.60	42.40
Bonferroni	마이너스	제로	-2.800	9.278	1.000	-26.48	20.88
		플러스	-22.200	9.278	.072	-45.88	1.48
	제로	마이너스	2.800	9.278	1.000	-20.88	26.48
		플러스	-19.400	9.278	.138	-43.08	4.28
	플러스	마이너스	22.200	9.278	.072	-1.48	45.88
		제로	19.400	9.278	.138	-4.28	43.08

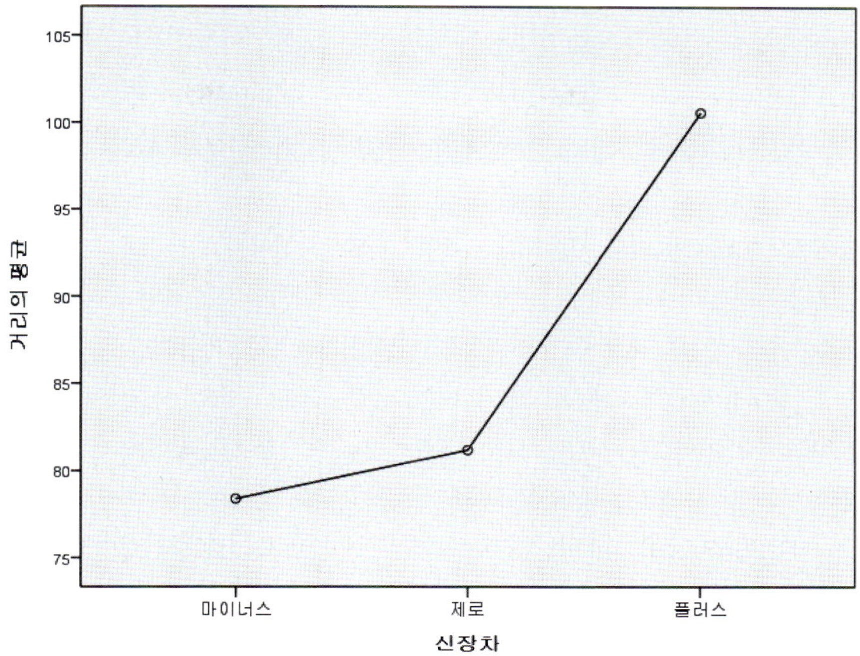

- 기술통계

  신장 차가 마이너스 : 평균 78.40, 표준편차 13.986

  신장 차가 제로 : 평균 81.20, 표준편차 12.891

  신장 차가 플러스 : 평균 100.60, 표준편차 30.486

- 분산분석

  $F(2, 27) = 3.396, p = 0.048 < 0.05$

  분산분석의 결과, 5% 수준에서 유의한 평균의 차가 보인다.

- 다중비교

  Bonferroni, Tukey의 HSD법에 의한 다중비교 결과가 출력된다.

  5% 수준에서 유의하지 않았지만, 신장 차 마이너스 군과 플러스 군의 점수 차는 $p = 0.060$으로 유의한 경향이다.

- 평균 도표

  신장 차가 플러스 군만 마이너스 군이나 제로 군보다도 거리가 먼 것처럼 보인다.

▶ 결과에 대한 논의

"이것으로 대개 가설이 검정된 것 같네" 보람은 말한다.

"먼저 t검정은 …"

"t검정의 결과는, t값이 유의하고 남성 쪽이 여성보다도 퍼스널 스페이스의 거리가 멀다고 하는 결과야"

"예상대로, 여성 쪽이 다른 사람과의 거리가 가깝다는 것이지"

"그리고 분산분석의 결과는 … 좀 애매하지만, 실험참가자와 접근자의 신장 차가 마이너스의 조합보다 플러스의 조합 쪽이 거리가 먼 경향이 보인다는 결론이었지"

"키가 큰 상대가 접근해 오면, 더 먼 거리에서 정지 시킨다고 하는 사실로부터 상대의 키가 크면 퍼스널 스페이스가 커지는 경향이 있는 것 같아" 철수도 화면을 보면서 말한다.

"다중비교의 결과는 5% 수준에서 유의하지는 않았지만 말이지 …"

"5%가 아니고 6%인가. 이러한 경우에는 '유의 경향'이라고 썼었지, 아마?"

"논문에서 그러한 표현을 본 적이 있어"

"자 그럼, 그 표현을 사용해서 결과를 정리해 본다?"

"그래. 그렇게 하자고"

▶ 결과에 대한 기술

첫 번째 가설인 "퍼스널 스페이스는 여성보다 남성 쪽이 크다"를 검정하기 위해서, 성별을 독립변수로 한 t검정을 실시했다. 그 결과, $t(28) = 2.33\,(p < 0.05)$으로 남녀의 거리에 유의한 차가 보였다. 남성의 평균은 95.60, 표준편차는 25.42, 여성의 평균은 77.87, 표준편차는 14.98이었다는 사실로부터, 여성보다 남성의 퍼스널 스페이스가 유의하게 크다고 할 수 있다. 이상의 결과로부터 첫 번째의 가설은 지지되었다.

두 번째의 가설인 "접근자의 신장이 클수록 퍼스널 스페이스는 커진다"를 검정하기 위해서, 실험참가자와 접근자의 신장 차의 3군(群)을 독립변수로 한 1요인 3수준의 분산분석을 실시했다. 각각의 군에 대한 퍼스널 스페이스 크기의 평균과 표준편차를 Table1 1에 보인다. 분산분석의 결과, 군 간의 퍼스널 스페이스 차가 유의했다($F(2, 27) = 3.40, p < 0.05$). 분산분석이 유의했다고 하는 사실로부터 다중비교(Bonferroni, Tukey의 HSD법)를 실시했더니, 유의하지는 않았지만 플러스 군과 마이너스 군의 차가 유의 경향이었다($p = 0.06$).

Table 1 신장 차 3군별 거리의 평균과 표준편차

군	평균	표준편차
마이너스	78.40	13.99
제로	81.20	12.89
플러스	100.60	30.49

5.3 | 연구대상

연구실에서

"이야, 두 사람 어서 오게"

박유식 교수 연구실에 찾아온 두 사람을 교수가 맞이했다. "마침 잘 됐다. 자네들도 마시지?" 하며 커피를 따라 준다.

"감사합니다. 교수님, 지난번 받았던 과제를 해 보았습니다" 컵을 손에 들고, 소파에 앉은 보람이 말한다.

"어떤 결과였나?"

"남녀로 보면 남성의 퍼스널 스페이스 쪽이 거리가 멀고, 신장 차로 보면 접근해 오는 상대가 크면 퍼스널 스페이스의 거리가 먼 경향에 있다고 하는 결과였습니다. 통계적으로 유의하지는 않았지만, 6%에서 유의 경향이었습니다"

"그런가. 유의 경향이라 …" 교수는 말했다.

"'유의 경향'이라는 표현을 논문에서 본 적이 있었으므로"

"확실히 그러한 표현을 사용하는 경우는 있네. 영어라면 'marginally significant'라고 쓴다거나 하지"

"역시 그러한 표현을 쓰는 경우가 있군요" 철수가 말한다.

"정말 확실히 가끔 보기는 하지만, 진짜 좋다고는 할 수 없지"

"네, 그런 겁니까 …"

"원래 유의수준이라고 하는 것은 연구자가 '이 유의확률을 기준으로 해서 판단하자'고 자신이 정하는 수치인 것이지. 관례로서 0.1%, 1%, 5%로 정해져 있는 만큼, '자신은 10%를 유의로 한다!'고 선언해 버리면, 9%에서도 '유의했다'고 써도 된다고 생각하는 거야"

교수는 손에 쥐고 있던 커피 잔의 가장자리를 손가락으로 더듬으면서 말했다.

"하지만 보통은 5% 미만으로 판단하잖아요" 철수는 말한다.

"그래. 보통은 유의확률이 5%를 상회하면, '유의하지 않았다'고 써 놓지. 하지만 진짜는 '유의한지 어떤지만'으로 사물을 판단하는 것은 좋지 않아"

"어째서 그런가요?"

"그렇다네. 예를 들면 상관계수가 $r = 0.20$일 때, 표본이 $n = 50$이라면 5% 수준에서 유의하게 되지 않는다. 그렇지만 $n = 100$이라면 5% 수준에서 유의하게 된다, 이거지"

"같은 상관계수인데, 표본의 크기, 데이터의 많고 적음에 따라 유의하게 되는지 어떤지가 정해진다고 하는 거네요"

"좀 더 표본이 많은 경우, 예를 들면 $n = 2000$이라면 상관계수가 $r = 0.05$에서도 5% 수준에서 유의하게 되어 버린다 말이야"

"상관계수가 $r = 0.05$라면 거의 제로잖아요" 철수가 말한다.

"그렇지. 하지만 표본이 크면 그런 상관계수라도 유의하게 된다니까" 교수는 의자에 앉으면서 느긋하게 말을 이었다.

"그런 경우에 확실히 상관계수는 유의한 것이지만, 그 상관계수에 무슨 의미가 있는지 어떤지는 별개의 이야기가 되는 거야. 그 상관계수에 의미가 있는지 어떤지는 연구의 내용에 따르는 것이지. 정말 작은 상관이 큰 의미를 갖는 연구내용이라든가 그렇지 않으면 역시 그러한 작은 상관계수는 거의 아무 것도 설명하지 못한다든가 …. 그것은 유의한지 어떤지 하는 것만으로는 정해지지 않는 것이야"

"이번의 경우는 어떻게 하면 좋을까요. 상관은 아닙니다만 …"

"유의한지 어떤지가 아니라, 어느 정도의 차가 있는지를 표현하는 지표에 '효과량'(effect size)이라고 하는 것이 있네"

"효과량 … 이라구요?"

두 사람은 얼굴을 마주 보았다.

"상관계수도 효과량의 하나인 셈이지. 2군의 평균 차는 Cohen의 d라고 하는 값을 사용한다거나, 분산분석의 경우에는 η^2(에타 자승)이라고 하는 값을 사용한다거나 하지. 다시 말하면 차가 있었는지 없었는지 하는 것뿐만 아니라, 이 정도의 차가 있다고 하는 수치도 씁시다, 라고 하는 것이지"

"중요한 수치군요. 그렇다면 그 수치는 어떻게 해서 산출하면 좋을까요"

"SPSS에서 산출할 수 있는 것은, 분산분석을 실시할 때의 편 η^2(편 에타 자승)이라고 하는 값이지만 …"

교수는 그렇게 말하고, PC를 향해 걸어갔다.

■ 분산분석에서 효과량 산출

[SPSS의 처리 절차]

[순서 1] 데이터의 입력

<표 5-1>의 데이터를 입력한다.

[순서 2] 분석 수법의 선택

메뉴에서 [분석]-[일반선형모형]-[일변량]을 선택한다.

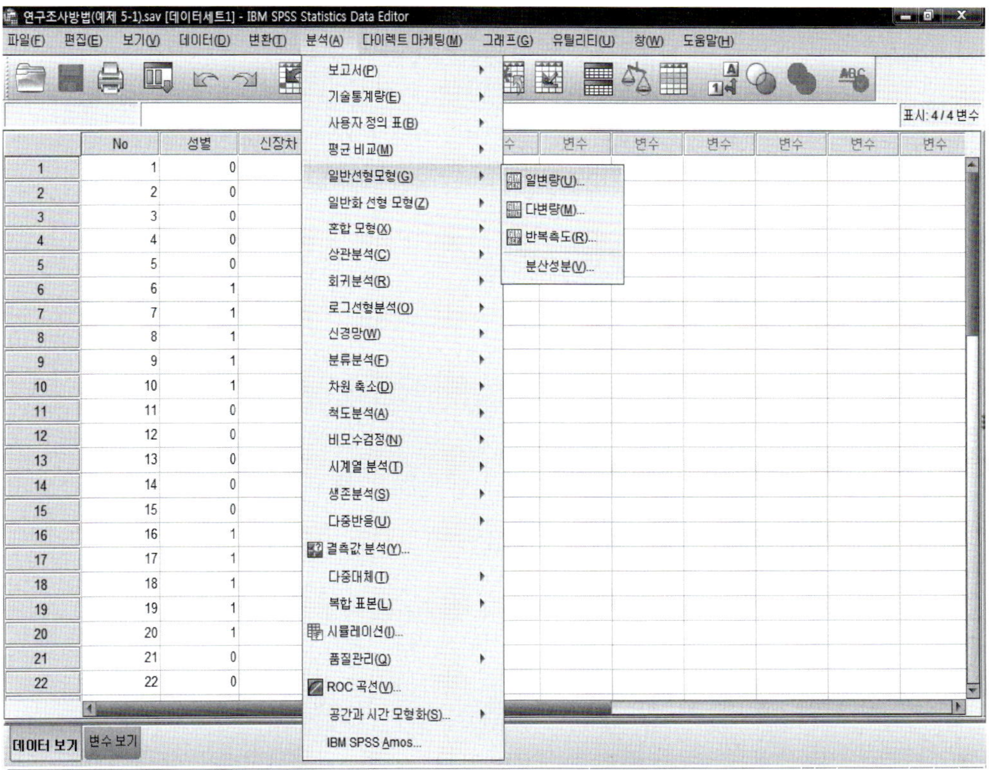

[순서 3] 변수의 선택

[종속변수]에 '거리'를 지정한다. [고정요인]에 '신장 차'를 지정한다.

[옵션]을 클릭한다.

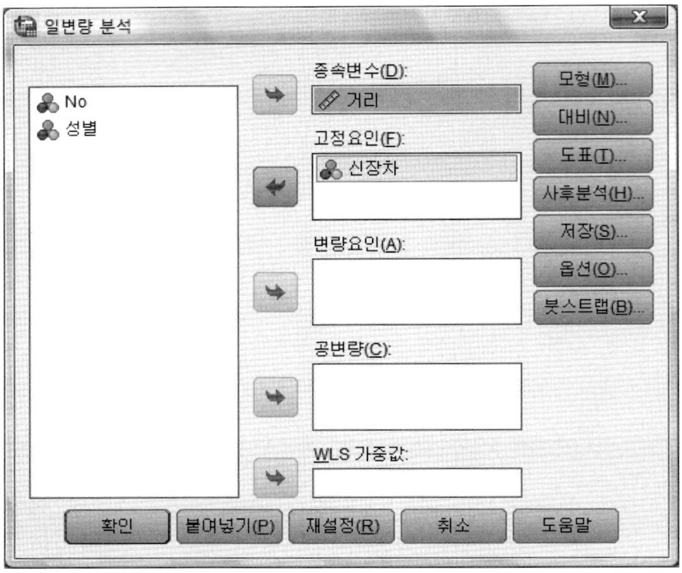

[순서 4] 옵션의 선택

[효과크기 추정값]에 체크하고 [계속]을 클릭한다.

→ 효과량(편 η^2)이 산출된다. 이어서 [확인]을 클릭한다.

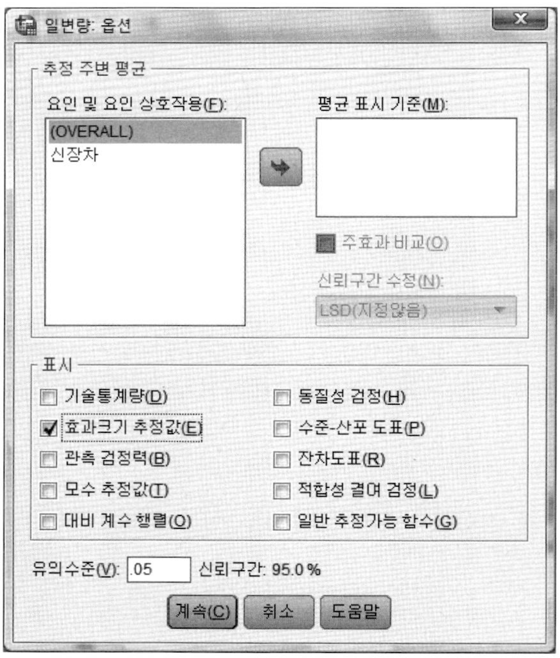

[분석결과]

개체-간 효과 검정

종속변수: 거리

소스	제 III 유형 제곱합	자유도	평균제곱	F	유의확률	부분 에타 제곱
수정된 모형	2923.467[a]	2	1461.733	3.396	.048	.201
절편	225680.133	1	225680.133	524.368	.000	.951
신장차	2923.467	2	1461.733	3.396	.048	.201
오차	11620.400	27	430.385			
전체	240224.000	30				
수정된 합계	14543.867	29				

a. R 제곱 = .201 (수정된 R 제곱 = .142)

- 개체 간 효과 검정

  표의 가장 오른쪽에 '부분 에타 제곱'이 출력된다.

▶ 결과를 보고

"여기에서 출력되는 값은 η^2가 아니고 편 η^2이지요" 보람이 말한다.

"이 분산분석표가 있으면, '부분'(편)이 붙지 않은 η^2라고 하는 값도 간단히 계산할 수 있지. 이렇게 하면 되네"

$$\text{신장 차의 } \eta^2 = \frac{\text{신장차의 제 } III \text{ 유형 제곱합}}{\text{수정된 합계의 제 } III \text{ 유형 제곱합}}$$

$$= \frac{2923.467}{14543.867}$$

$$= 0.201\cdots$$

"자, 이번 경우는 일원 분산분석으로 그 밖의 요인이 없으므로, η^2나 편 η^2나 같은 값이 되었지만 말일세. η^2가 0.20이라고 하는 것은 큰 효과가 보였다고 하는 해석이 되는 것이지. η^2의 기준은 …"

효과량의 기준 0.01 → 작은 효과

0.06 → 중간 정도의 효과

0.14 → 큰 효과

"이러한 느낌이네. 다만 편 η^2에는 명확한 기준은 없는 것 같네만"

"효과을 보이면 유의한지 어떤지 뿐만 아니라 어느 정도의 차이가 보였는지 명확해지는 겁니까"

"이와 관련하여 상관계수는 이러한 느낌이네. 어디까지나 기준이긴 하지만"

상관계수의 기준 $r = 0.10$ → 작은 효과

$r = 0.30$ → 중간 정도의 효과

$r = 0.50$ → 큰 효과

"자, 흥미가 있다면 '효과량'을 키워드로 해서 정보를 찾아보면 좋겠네"

"네, 찾아보겠습니다"

보람이 말하자, 철수도 고개를 끄덕였다.

"그런데, 남녀 모두 상대가 클수록 거리가 멀어지는 걸까?"

교수는 이야기를 되돌렸다.

"에. 남녀에서는 남성 쪽이 거리가 멀고 … 상대가 클수록 거리가 멀어져 …" 보람이 난처한 모습으로 대답하려고 하고 있다.

"교수님, 상대의 신장이 클수록 거리가 멀어지는 것이 남녀 모두 그럴까 하는 것은, 이 분석만으로는 알 수 없습니다"

철수는 분명히 말했다.

"그렇다네. 이 분석으로는 그런 것은 알 수 없지. 성별의 요인과 신장의 요인을 함께 독립변수로 해서 분석에 투입하지 않으면 말일세"

"성별과 신장의 양쪽을 독립변수로, 말씀입니까"

"이원배치 분산분석이지"

교수는 그렇게 말하고, 다시 PC를 향해 발걸음을 옮겼다.

이원배치 분산분석

[SPSS의 처리 절차]

[순서 1] 분석 수법의 선택

메뉴에서 [분석]-[일반선형모형]-[일변량]을 선택한다.

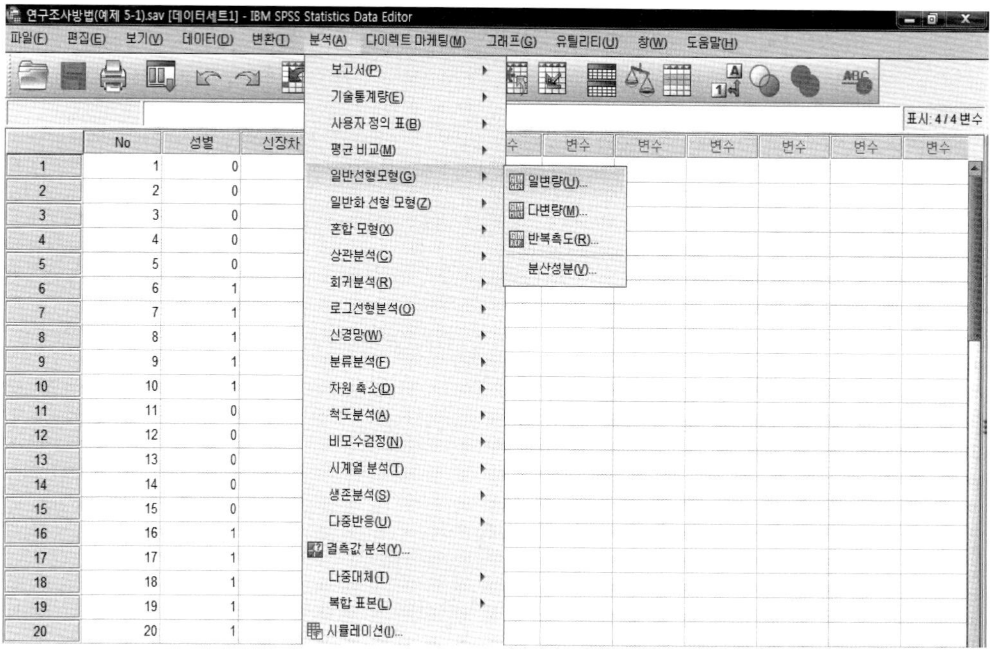

[순서 2] 변수의 선택

[종속변수]에 '거리', [고정요인]에 '성별', '신장 차'를 지정하고 [도표]를 클릭한다.

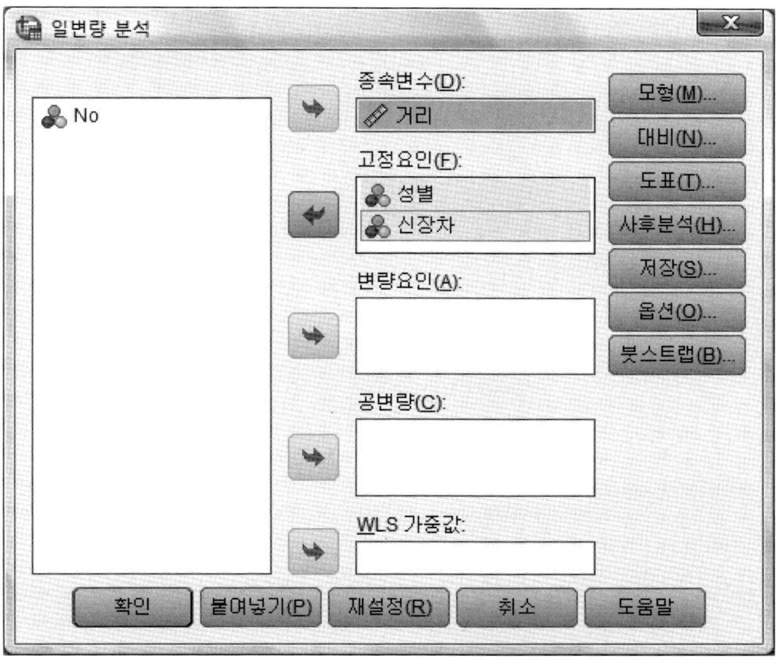

[순서 3] 도표의 선택

(1) [수평축 변수]에 '신장 차', [선구분 변수]에 '성별'을 지정하고 [추가]를 클릭한다.

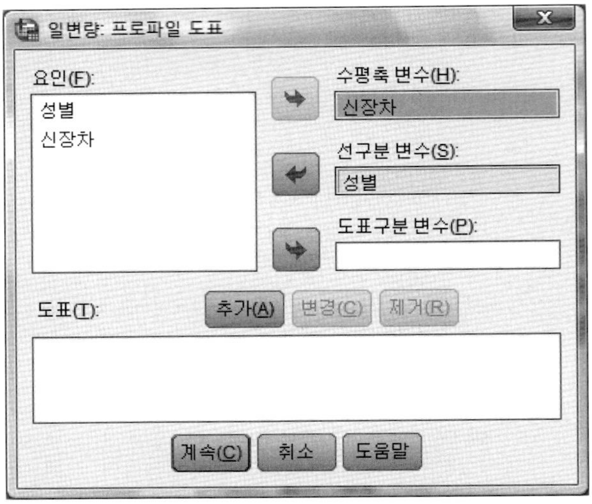

(2) [도표]에 '신장 차 * 성별'이 입력된다. [계속]을 클릭한다. [사후분석]을 클릭한다.

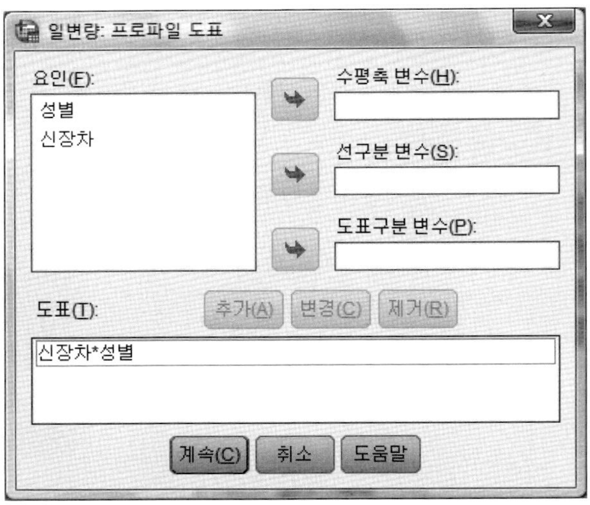

[순서 4] 다중비교의 선택

수준이 세 개 있는 '신장 차'에 대해서만 다중비교를 실시한다.

[사후검정변수]에 '신장 차'를 지정한다. 다중비교의 수법 중에서 [Tukey 방법]에 체크하고 [계속]을 클릭한다. [옵션]을 클릭한다.

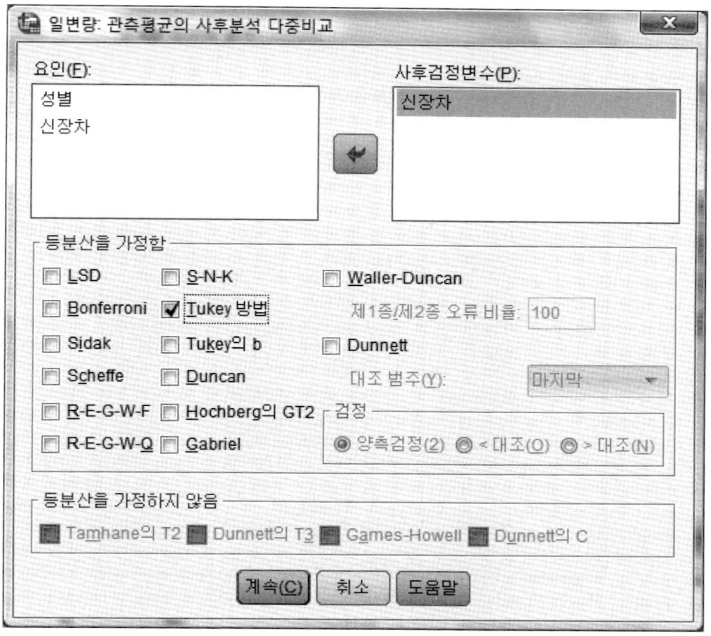

[순서 5] 옵션의 선택

[기술통계량], [효과크기 추정값]에 체크하고 [계속]을 클릭한다. [확인]을 클릭한다.

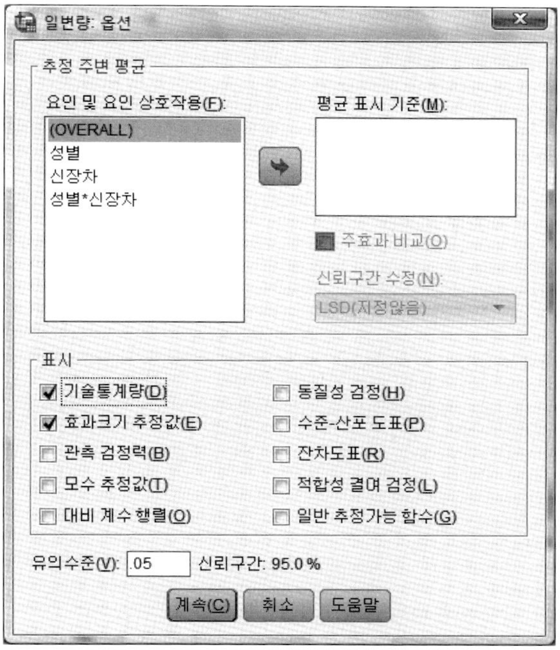

[분석결과]

기술통계량

종속변수: 거리

성별	신장차	평균	표준편차	N
남성	마이너스	80.20	12.637	5
	제로	82.60	17.242	5
	플러스	124.00	16.985	5
	전체	95.60	25.419	15
여성	마이너스	76.60	16.502	5
	제로	79.80	8.468	5
	플러스	77.20	20.825	5
	전체	77.87	14.976	15
전체	마이너스	78.40	13.986	10
	제로	81.20	12.891	10
	플러스	100.60	30.486	10
	전체	86.73	22.394	30

개체-간 효과 검정

종속변수: 거리

소스	제 III 유형 제곱합	자유도	평균제곱	F	유의확률	부분 에타 제곱
수정된 모형	8451.067[a]	5	1690.213	6.658	.001	.581
절편	225680.133	1	225680.133	888.971	.000	.974
성별	2358.533	1	2358.533	9.290	.006	.279
신장차	2923.467	2	1461.733	5.758	.009	.324
성별 * 신장차	3169.067	2	1584.533	6.242	.007	.342
오차	6092.800	24	253.867			
전체	240224.000	30				
수정된 합계	14543.867	29				

a. R 제곱 = .581 (수정된 R 제곱 = .494)

- 기술통계량

  남녀・신장 차별의 평균, 표준편차, 빈도가 출력된다.

  남성・플러스의 평균에 주목해 보자. 어찌 된 일인지 거기만 다른 데에 비해서 큰 값이 되어 있다. 키가 큰 상대 남자는 공포의 대상인가.

- 개체 간 효과 검정

  성별의 주효과, 신장 차의 주효과, 상호작용(성별×신장 차)의 분산분석 결과가 출력된다. 효과량의 출력도 지정했으므로, 편 η^2도 출력된다.

성별의 주효과 : $F(1, 24) = 9.29, p < 0.01$, 편 $\eta^2 = 0.28$

신장 차의 주효과 : $F(2, 24) = 5.76, p < 0.01$, 편 $\eta^2 = 0.32$

상호작용(성별×신장 차) : $F(2, 24) = 6.24, p < 0.01$, 편 $\eta^2 = 0.34$

이와 관련하여 이 표로부터 η^2를 계산해 보자.

$$\text{성별} : \eta^2 = \frac{2358.533}{14543.867} = 0.162 \cdots \fallingdotseq 0.16$$

$$\text{신장 차} : \eta^2 = \frac{2923.467}{14543.867} = 0.201 \cdots \fallingdotseq 0.20$$

$$\text{상호작용} : \eta^2 = \frac{3169.067}{14543.867} = 0.218 \cdots \fallingdotseq 0.22$$

신장 차의 η^2은 일원배치 분산분석일 때에 산출한 값과 같다는 것을 알 수 있다. 편 η^2은 다른 요인도 고려했을 때의 값인데 비해서, η^2은 단독의 요인을 생각했을 때의 효과량이라고 하는 사실을 간파할 수 있다.

다중비교

종속변수: 거리

Tukey HSD

(I) 신장차	(J) 신장차	평균차이(I-J)	표준오차	유의확률	95% 신뢰구간	
					하한	상한
마이너스	제로	-2.80	7.126	.919	-20.59	14.99
	플러스	-22.20*	7.126	.013	-39.99	-4.41
제로	마이너스	2.80	7.126	.919	-14.99	20.59
	플러스	-19.40*	7.126	.031	-37.19	-1.61
플러스	마이너스	22.20*	7.126	.013	4.41	39.99
	제로	19.40*	7.126	.031	1.61	37.19

관측평균을 기준으로 합니다.
오차항은 평균제곱(오차) = 253.867입니다.
*. 평균차이는 .05 수준에서 유의합니다.

- 다중비교

신장 차가 마이너스와 플러스의 평균이 5% 수준에서 유의하다.

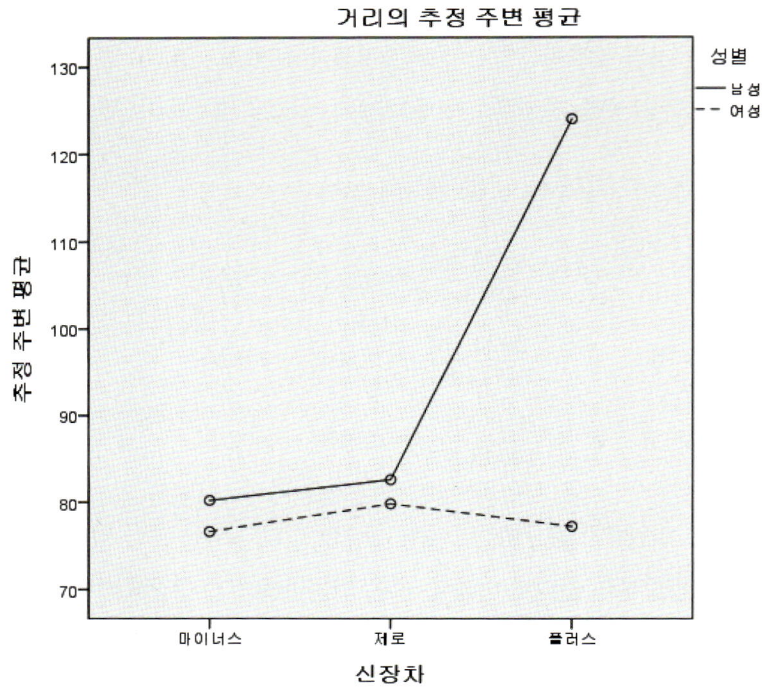

- 거리의 추정 주변 평균

  신장 차가 플러스일 때에 남성과 여성의 평균에 큰 차이가 있다는 것을 알 수 있다.

  이와 같이 요인의 조합 효과가 보일 때에 상호작용이 유의하게 된다.

상호작용 후의 분석(단순 주효과의 검정)

상호작용이 유의했으므로, 단순 주효과의 검정을 실시한다.

이번의 경우에 단순 주효과의 검정에서는

1. 남성에 대한 신장 차의 단순 주효과
2. 여성에 대한 신장 차의 단순 주효과
3. 신장 차 마이너스에 대한 성별의 단순 주효과
4. 신장 차 제로에 대한 성별의 단순 주효과
5. 신장 차 플러스에 대한 성별의 단순 주효과

라고 하는 다섯 가지의 효과를 조사한다.

[SPSS의 처리 절차]

[순서 1] 분석 수법의 선택

메뉴에서 [분석]-[일반선형모형]-[일변량]을 선택한다.

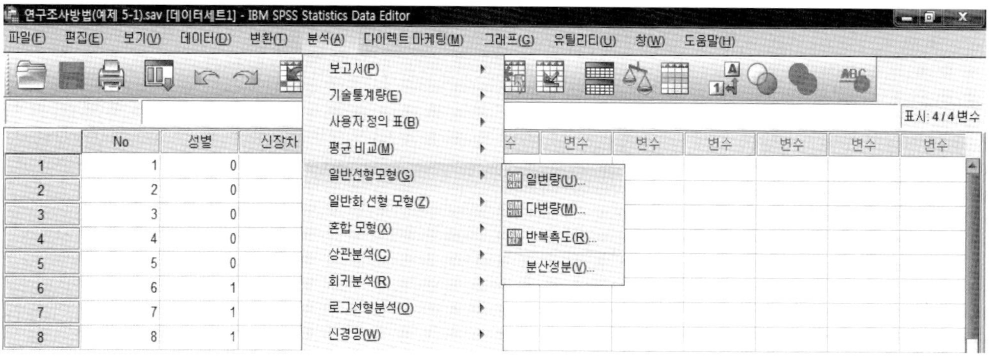

[순서 2] 변수의 선택

[종속변수]에 '거리', [고정요인]에 '성별', '신장 차'를 지정한다. [옵션]을 클릭한다.

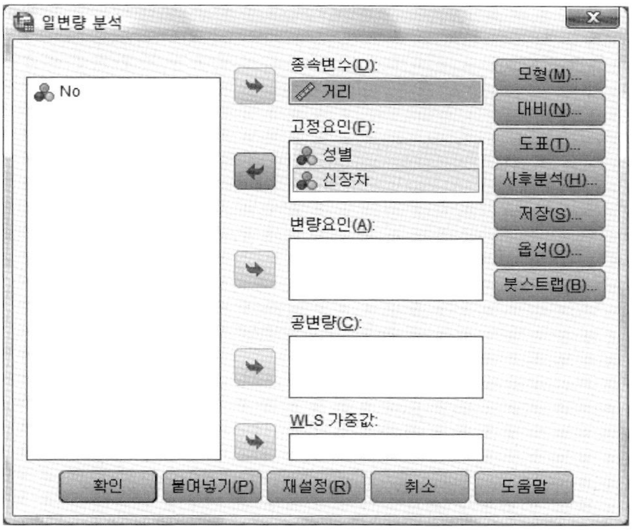

[순서 3] 옵션의 선택

[요인 및 요인 상호작용]에 표시되어 있는 주효과와 요인 상호작용을 [평균 표시 기준]에 지정한다. [주효과 비교]에 체크한다. [신뢰구간 수정]을 [Bonferroni]로 한다. [계속]을 클릭한다.

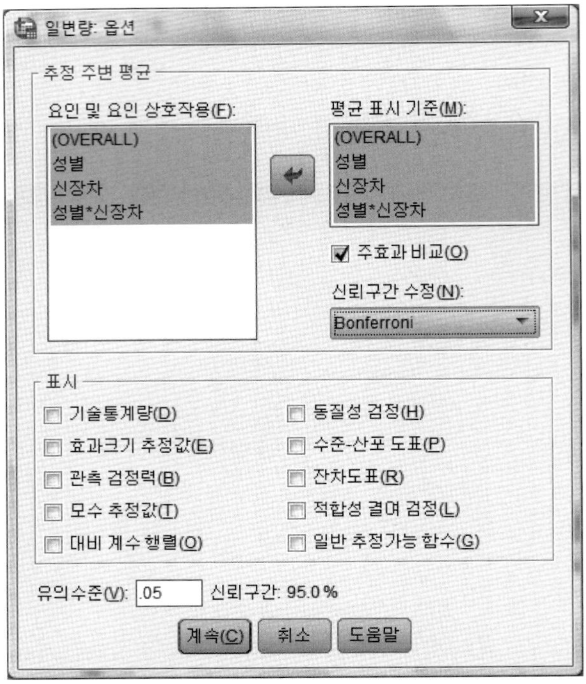

[순서 4] 붙여넣기의 선택

다음 화면에서 윈도우 아래의 [붙여넣기]를 클릭한다.

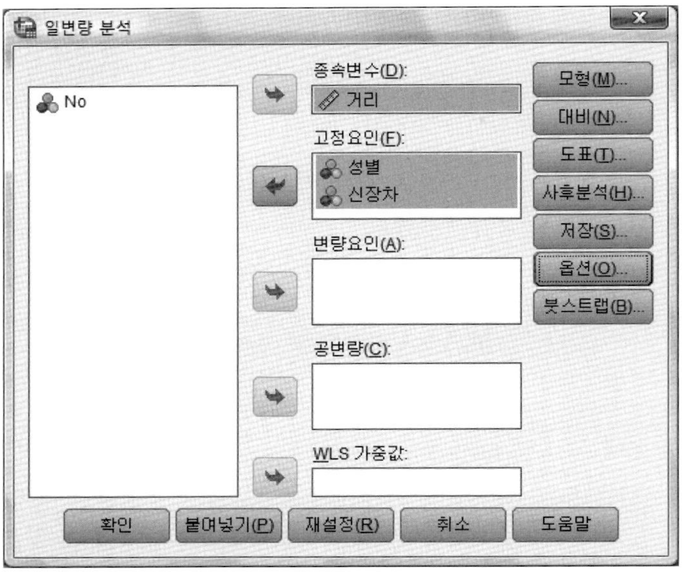

[순서 5] 명령문의 작성 및 실행

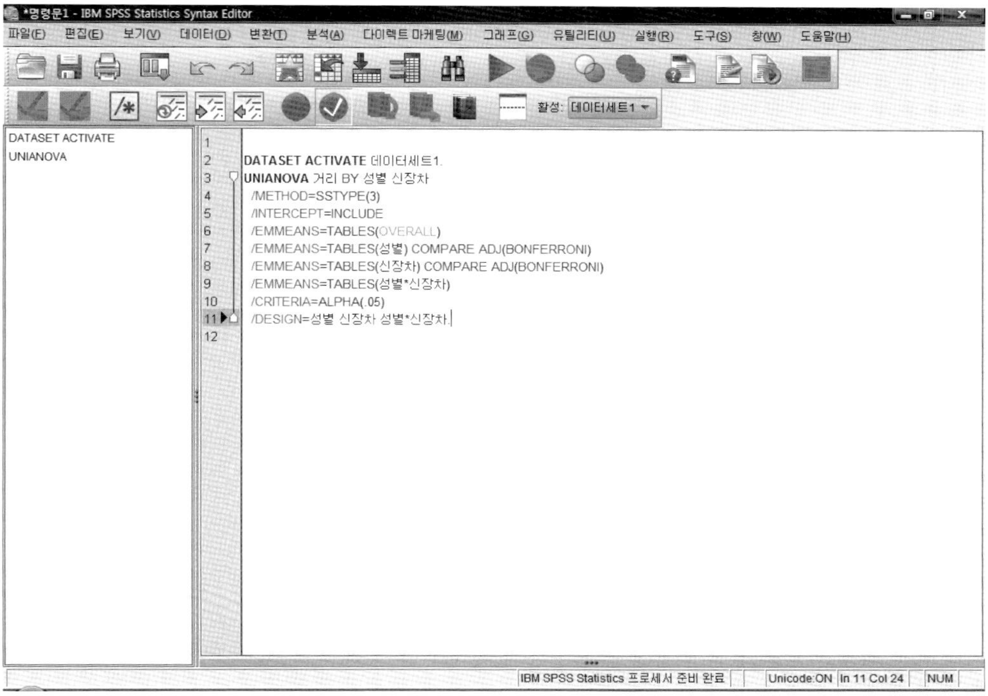

(1) [Syntax Editor]가 표시된다. (Syntax란 SPSS의 분석명령을 표현하는 스크린이다)
'UNIANOVA 거리 BY 성별 신장차'라고 쓰여 있는 이후가 일반선형모형 · 일변량의 분석 지정부분이 된다.

예를 들면,

/POSTHOC=신장차(TUKEY) : 신장 차와 Tukey의 HSD 법으로 다중비교

/PLOT=PROFILE(신장차*성별) : 신장 차와 성별의 그림을 그린다

/PRINT=ETASQ DESCRIPTIVE : η^2를 프린트한다

/CRITERIA=ALPHA(.05) : 유의수준을 5%로 한다.

(2) 단순 주효과의 검정을 실시하기 위해서는,

/EMMEANS=TABLES(성별*신장차)

의 부분을 다음의 2행으로 변경한다.

/EMMEANS=TABLES(성별*신장차) COMPARE(성별) ADJ(BONFERRONI)
/EMMEANS=TABLES(성별*신장차) COMPARE(신장차) ADJ(BONFERRONI)

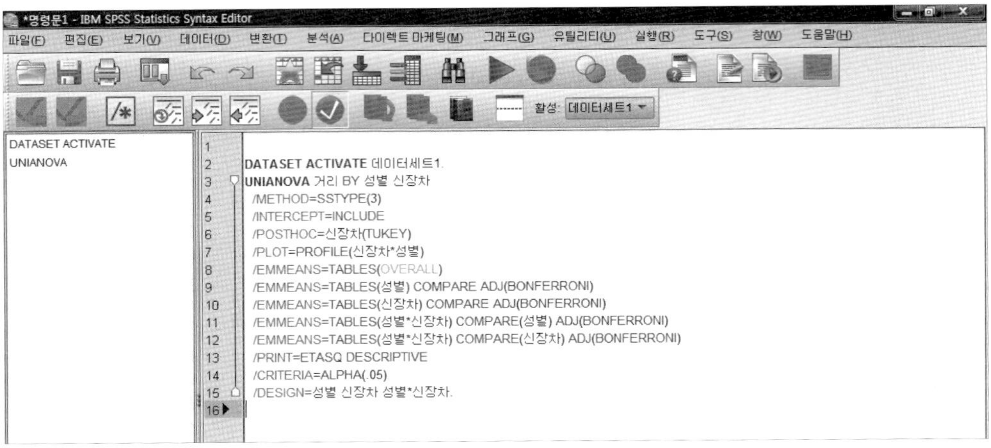

일반적인 서식은 다음과 같이 된다.

(요인A*요인B) 중에서 요인A를 비교(compare)한다.

(요인A*요인B) 중에서 요인B를 비교(compare)한다.

ADJ(BONFERRONI) → 본페로니 법에 의한 것을 의미한다.

(3) Syntax가 변경되면 메뉴의 [실행]-[모두]를 선택하면, 모든 명령문이 실행된다. ([선택영역]을 택하면 선택되고 있는 명령문 부분만 실행된다)
실행되면 많은 출력결과가 표시되므로, 단순 효과의 출력부분을 찾는다.

[분석결과]

Syntax의 'EMMEANS='에 따라서, 숫자가 출력으로 표시된다.

네 번째와 다섯 번째의 ‘EMMEANS=’가 단순 주효과의 명령이므로, 그 숫자를 찾는다.

▶ 성별의 단순 주효과

4. 성별 * 신장차

추정값

종속변수: 거리

성별	신장차	평균	표준오차	95% 신뢰구간 하한	95% 신뢰구간 상한
남성	마이너스	80.200	7.126	65.494	94.906
	제로	82.600	7.126	67.894	97.306
	플러스	124.000	7.126	109.294	138.706
여성	마이너스	76.600	7.126	61.894	91.306
	제로	79.800	7.126	65.094	94.506
	플러스	77.200	7.126	62.494	91.906

‘4. 성별*신장 차’가 신장 차의 각 수준에 대한 성별의 단순 주효과의 출력이다.

대응별 비교

종속변수: 거리

신장차	(I) 성별	(J) 성별	평균차이(I-J)	표준오차	유의확률[b]	차이에 대한 95% 신뢰구간[b] 하한	차이에 대한 95% 신뢰구간[b] 상한
마이너스	남성	여성	3.600	10.077	.724	-17.198	24.398
	여성	남성	-3.600	10.077	.724	-24.398	17.198
제로	남성	여성	2.800	10.077	.783	-17.998	23.598
	여성	남성	-2.800	10.077	.783	-23.598	17.998
플러스	남성	여성	46.800*	10.077	.000	26.002	67.598
	여성	남성	-46.800*	10.077	.000	-67.598	-26.002

추정 주변 평균을 기준으로

*. 평균차이는 .05 수준에서 유의합니다.

b. 다중비교를 위한 수정: Bonferroni

- 대응별 비교

  다중비교의 결과가 출력된다.

  신장 차가 플러스일 때에 남성과 여성의 평균 차가 유의($p < 0.001$)로 되어 있다. 신장 차가 마이너스일 때($p = 0.72$)와 제로일 때($p = 0.78$)는 유의하지 않다.

일변량 검정

종속변수: 거리

신장차		제곱합	자유도	평균제곱	F	유의확률	부분 에타 제곱
마이너스	대비	32.400	1	32.400	.128	.724	.005
	오차	6092.800	24	253.867			
제로	대비	19.600	1	19.600	.077	.783	.003
	오차	6092.800	24	253.867			
플러스	대비	5475.600	1	5475.600	21.569	.000	.473
	오차	6092.800	24	253.867			

각 F-검정은 나타난 나머지 효과 간의 각 수준 조합에서 성별의 단순효과를 검정합니다. 이 검정은 추정되는 주변 평균 사이의 선형독립의 대응별 비교에 기초합니다.

- 일변량 검정

이 부분이 단순 주효과의 검정결과이다.

신장 차가 마이너스일 때 성별의 단순 주효과 :

$$F(1,24) = 0.128, \text{유의하지 않다}, \text{ 편 } \eta^2 = 0.005$$

신장 차가 제로일 때 성별의 단순 주효과 :

$$F(1,24) = 0.077, \text{유의하지 않다}, \text{ 편 } \eta^2 = 0.003$$

신장 차가 플러스일 때 성별의 단순 주효과 :

$$F(1,24) = 21.569, p < 0.001, \text{ 편 } \eta^2 = 0.473$$

▶ 신장 차의 단순 주효과

5. 성별 * 신장차

추정값

종속변수: 거리

성별	신장차	평균	표준오차	95% 신뢰구간 하한	95% 신뢰구간 상한
남성	마이너스	80.200	7.126	65.494	94.906
	제로	82.600	7.126	67.894	97.306
	플러스	124.000	7.126	109.294	138.706
여성	마이너스	76.600	7.126	61.894	91.306
	제로	79.800	7.126	65.094	94.506
	플러스	77.200	7.126	62.494	91.906

'5. 성별*신장 차'가 남성・여성에 대한 신장 차의 단순 주효과의 결과가 된다.

대응별 비교

종속변수: 거리

성별	(I) 신장차	(J) 신장차	평균차이(I-J)	표준오차	유의확률[b]	차이에 대한 95% 신뢰구간[b] 하한	상한
남성	마이너스	제로	-2.400	10.077	1.000	-28.335	23.535
		플러스	-43.800*	10.077	.001	-69.735	-17.865
	제로	마이너스	2.400	10.077	1.000	-23.535	28.335
		플러스	-41.400*	10.077	.001	-67.335	-15.465
	플러스	마이너스	43.800*	10.077	.001	17.865	69.735
		제로	41.400*	10.077	.001	15.465	67.335
여성	마이너스	제로	-3.200	10.077	1.000	-29.135	22.735
		플러스	-.600	10.077	1.000	-26.535	25.335
	제로	마이너스	3.200	10.077	1.000	-22.735	29.135
		플러스	2.600	10.077	1.000	-23.335	28.535
	플러스	마이너스	.600	10.077	1.000	-25.335	26.535
		제로	-2.600	10.077	1.000	-28.535	23.335

추정 주변 평균을 기준으로

*. 평균차이는 .05 수준에서 유의합니다.

b. 다중비교를 위한 수정: Bonferroni

- 대응별 비교

  남성에 대해서만 신장 차가 마이너스와 플러스의 평균 차, 플러스와 제로의 평균 차가 1% 수준에서 유의하게 되어 있다.

  남성의 신장 차가 마이너스와 제로 사이의 평균 차는 유의하지 않다.

  또한 여성의 경우에는 모든 평균 차의 조합이 유의하지 않다.

일변량 검정

종속변수: 거리

성별		제곱합	자유도	평균제곱	F	유의확률	부분 에타 제곱
남성	대비	6063.600	2	3031.800	11.942	.000	.499
	오차	6092.800	24	253.867			
여성	대비	28.933	2	14.467	.057	.945	.005
	오차	6092.800	24	253.867			

각 F-검정은 나타난 나머지 효과 간의 각 수준 조합에서 신장차의 단순효과를 검정합니다. 이 검정은 추정되는 주변 평균 사이의 선형독립의 대응별 비교에 기초합니다.

- 일변량 검정

  남성에 대한 신장 차의 단순 주효과 : $F(2, 24) = 11.942, p < 0.001$, 편 $\eta^2 = 0.499$

  여성에 대한 신장 차의 단순 주효과 : $F(2, 24) = 0.057, p = 0.945$, 편 $\eta^2 = 0.005$

▶ 다섯 가지 단순 주효과의 결과를 정리하면 다음과 같다.

1. 남성에 대한 신장 차의 단순 주효과 → 유의 : 신장 차 플러스 > 제로 · 마이너스
2. 여성에 대한 신장 차의 단순 주효과 → 유의하지 않다
3. 신장 차 마이너스에 대한 성별의 단순 주효과 → 유의하지 않다
4. 신장 차 제로에 대한 성별의 단순 주효과 → 유의하지 않다
5. 신장 차 플러스에 대한 성별의 단순 주효과 → 유의 : 남성 > 여성

▶ 결과에 대한 논의

"이러한 결과가 되었다만, 어떻게 생각하나?" 교수는 두 사람에게 물었다.

"남성 쪽만 신장 차가 플러스일 때에 상대와의 거리가 커진다는 것이네요" 보람이 말한다.

"여성은 상대의 신장이 크거나 작거나 혹은 같거나 상대와의 거리는 별로 변하지 않는다는 건가 …" 철수는 중얼거린다.

교수는 만족스러운 듯이 고개를 끄덕였다.

"이 실험에서는 실험참가자나 접근자나 같은 성별이었지"

"그렇습니다"

"남성의 경우는 자기보다 큰 동성의 상대가 접근해 오면, 무언가 위협을 느껴 버릴지도 모르네. 자, 이것은 아직 가설에 지나지 않으므로, 이 사고방식을 확인하는 방법을 생각하지 않으면 안 되겠지"

"교수님 …"

철수는 불안한 듯한 얼굴을 하고 있다.

"상호작용이 어떠한 것인지 아직 잘 이해가 안 돼서 …"

"그런가. 자, 그래프를 그리면서 생각해 볼까. 잠깐 기다려 주겠나"

교수는 그렇게 말하고 PC로 향해서 걸어가 Excel을 가동 시켜서 숫자를 입력하고 있었다.

"이것으로 충분해. 이 그래프를 한 번 보게나"

두 사람은 화면을 들여다 보았다.

"가로축에 신장 차, 세로축에 거리, 선은 성별로 나눈 그래프다"

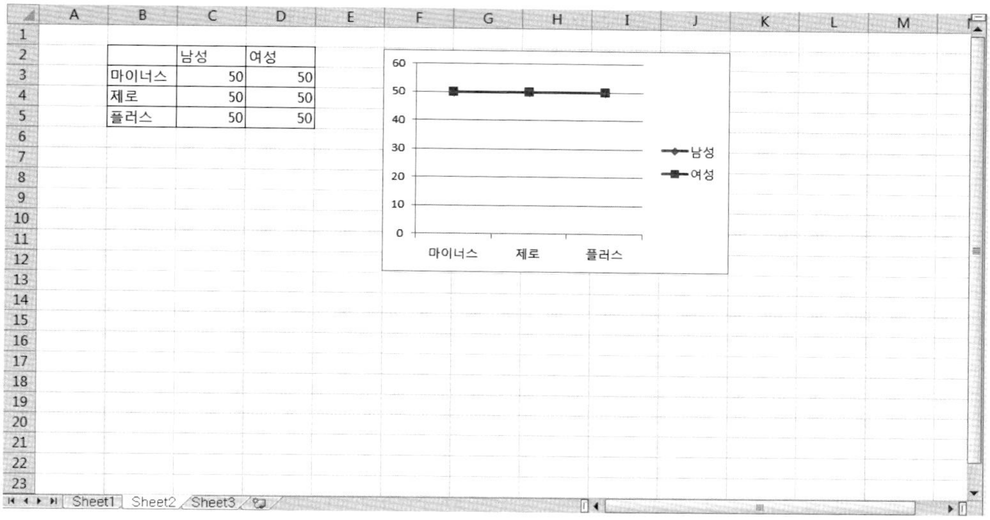

"선이 하나밖에 없습니다만, 이것은 겹쳐져 있다고 하는 것을 의미합니까?" 철수가 화면을 손가락으로 가리켰다.

"그렇다네. 이 그래프는 성별의 주효과도 신장 차의 주효과도 그리고 상호작용도 보이지 않을 때의 그래프인 것이지"

"아무 것도 효과가 없는 경우의 그래프라고 하는 것이군요. 수평으로 남녀 간의 차도 없을 때 …"

"자, 다음의 그래프다. 이것은 어떤가?"

	남성	여성
마이너스	70	30
제로	70	30
플러스	70	30

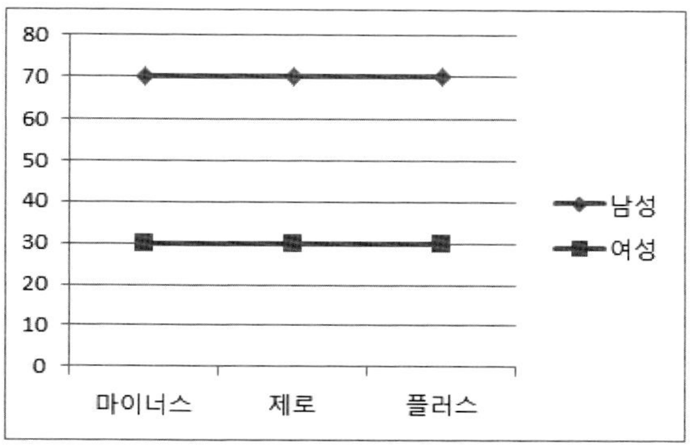

"수평으로, 상하 두 개로 나누어져 있습니다" 철수는 화면을 보면서 말한다.

"두 개의 선이 상하로 떨어져 있다고 하는 것은, 성별의 주효과가 유의하다고 하는 것이지요? 하지만 선이 수평이라고 하는 것은 신장 차의 주효과는 보이지 않는다는 의미인가요?" 보람의 눈이 반짝거린다.

"그렇지. 그리고 상호작용도 보이지 않아. 성별의 주효과만이 유의할 때의 그래프라고 할 수 있겠지" 교수는 그렇게 말하고 또 다른 그래프를 표시했다.

"그런데 다음 그래프는 또 남녀의 선이 겹쳐 있지"

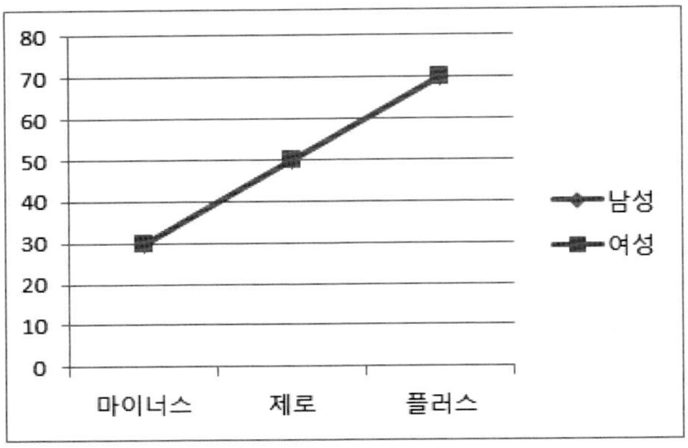

"선이 경사져 있다고 하는 것은, 신장 차에 의해서 평균이 변한다고 하는 것이기 때문에 …" 보람이 그렇게 말하고, 그 다음은 철수가 이었다.

"신장 차의 주효과가 유의하고, 성별의 주효과는 유의하지 않다고 하는 것입니다"

"바로 그거야. 그리고 상호작용도 유의하지 않지" 교수는 그렇게 말하고, "아직 멀었네" 하며 그래프를 그렸다. "다음은 두 개의 선이 떨어져서 경사져 있는 그래프네"

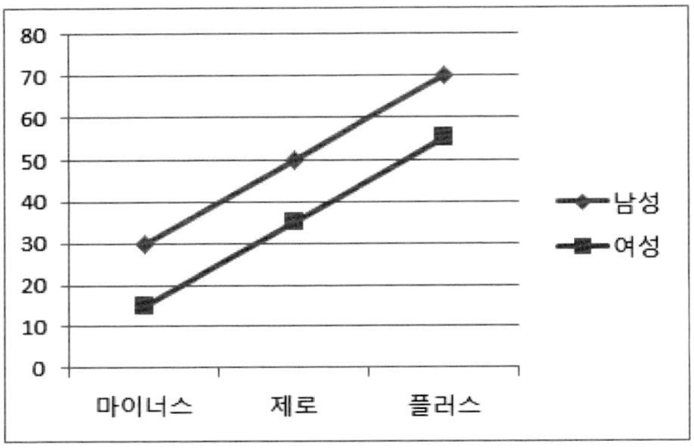

"경사져 있다고 하는 것은, 신장 차의 주효과가 유의하다고 하는 것입니다"

"게다가 남녀의 선이 떨어져 있기 때문에 성별의 주효과도 유의하다는 것인가 …"

"이 떨어진 상태에 따라서 유의한지 어떤지는 달라지지만 말일세" 교수는 두 사람을 향해 돌아섰다.

"이 그래프도 상호작용은 유의하지 않네. 지금까지 본 그래프는 어느 것도 상호작용을 표현하는 것이 아니네"

두 사람 모두 이상하다는 얼굴을 하고 있다.

"그러면 상호작용이라고 하는 것은 어떠한 상태의 그래프일까요"

"자, 이 그래프를 보게" 교수는 그렇게 말하고, 지금까지와는 전혀 다른 그래프를 표시했다.

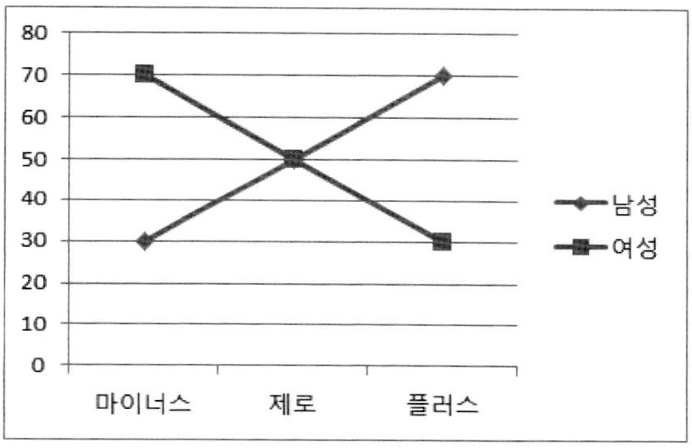

"×형으로 선이 교차하고 있네요" 보람이 말한다.

"이것이 상호작용인 것입니까?"

"상호작용이라고 하는 것은 요인이 조합해서 영향을 미치는 효과를 말하네. 이 그래프의 경우라면, 신장 차가 마이너스일 때와 플러스일 때에 성별의 영향 방식이 달라지잖아. 이것은 거꾸로 볼 수도 있겠지. 남성의 경우와 여성의 경우에서 신장 차의 영향 방식이 달라진다고도 할 수 있지"

"그러므로 조합의 효과인 것이네요"

"그래. 자 그럼 이 그래프의 경우, 성별의 주효과와 신장 차의 주효과는 어떻게 된다고 생각하나?"

"……"

교수의 질문에 두 사람은 얼굴을 마주 보며 입을 다물어 버렸다.

"성별의 주효과는 남녀 각각의 평균 차로 표현되지. 예를 들면, 남성의 평균은 경사선의 중앙이 되네.”

“네, 그렇습니다”

“여성의 평균도 반대 방향의 경사선 중앙이 된다. 그 남녀의 중앙 점은 어디에 있을까?”

“50으로 같은 장소에 있습니다” 보람이 대답한다.

“그 사실은, 남성의 평균과 여성의 평균은 같아서, 성별의 주효과는 없기 때문?”

교수는 두 사람에게 빙긋이 웃음을 지었다.

“그런가. 그 사실은 신장 차의 주효과는 …”

화면을 응시한 채 철수가 말을 잇는다.

“신장 차가 마이너스일 때의 평균은 마이너스일 때의 남성과 여성의 중앙이므로 50입니다. 마찬가지로 신장 차가 제로일 때의 평균은 제로 부분의 남녀의 중앙 … 라고 하더라도 이것은 겹쳐져 있으므로, 이 겹쳐진 부분 50이 신장 차가 제로일 때의 평균. 신장 차가 플러스일 때의 평균은, 상하의 남녀의 중앙으로 역시 50 …”

“어느 것도 같은 값입니다”

감탄한 듯이 보람도 고개를 끄덕이고 있다.

“그렇다네. 그러한 이유로 이 그래프는 상호작용이 유의하고, 성별의 주효과나 신장 차의 주효과도 유의하지 않은 패턴이다, 라고 할 수 있네”

교수는 그렇게 말하고, 또 다시 그래프를 보였다.

“아직 계속이네. 이것은 어떤가. 남성의 선만이 경사져 있고, 여성은 수평이네”

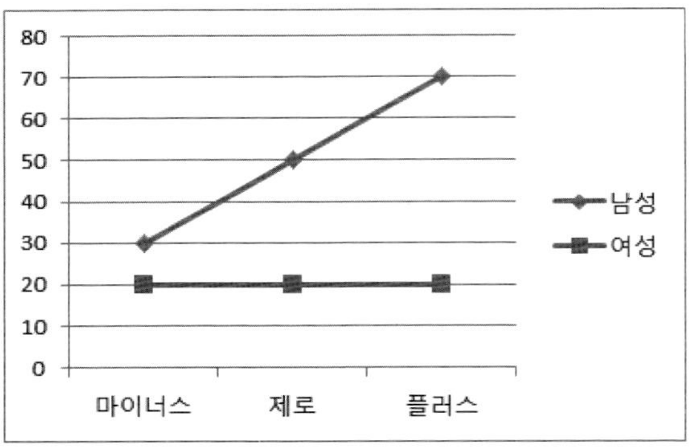

“이것도 상호작용인 겁니까?”

“조합의 효과가 나오고 있기 때문에 말이지. 아까와 마찬가지로 성별과 신장 차의 주효과가 어떻게 되는지를 생각해 보면 어떨까”

두 사람은 그래프를 응시했다.

“에, 성별의 주효과는 남성의 평균과 여성의 평균의 차입니다. 여성의 경우는 그래프가 수평이기 때문에 20이 평균, 남성은 경사선의 가운데가 평균이므로 50이지요. 여성이 20이고 남성이 50이므로, 성별의 주 효과는 있는 것 같습니다” 보람이 말한다.

“신장 차의 경우는 … 마이너스일 때는 남녀의 중앙으로 25 정도. 제로일 때는 남녀의 중앙으로 35 정도. 플러스일 때는 남녀의 중앙으로 45 정도입니다. … 25 → 35 → 45로 올라가고 있습니다. 신장 차의 주효과도 유의하게 될까요?” 철수도 말을 잇는다.

“그렇다네. 이러한 그래프의 경우, 상호작용도 유의하고 성별의 주효과나 신장 차의 주효과도 유의하게 될 가능성이 있네”

“어느 효과도 유의하게 되는 그래프입니까?”

“자, 주효과가 유의하므로 ‘여성보다 남성 쪽이 점수가 높다’라든가 ‘신장 차가 마이너스보다도 플러스 쪽이 점수가 높다’고 단정해도 좋은가 하면, 그렇지 않다는 거지. 역시 상호작용에 주목할 필요가 있네. 신장 차가 마이너스일 때는 남녀에서 거의 차가 없고, 신장 차가 플러스일 때는 한층 차가 벌어지기 때문이네”

교수는 그렇게 말하고, 또 다시 PC로 돌아섰다.

“그런데, 그렇다면 마지막 그래프를 보세” 교수는 화면을 두 사람에게 보였다.

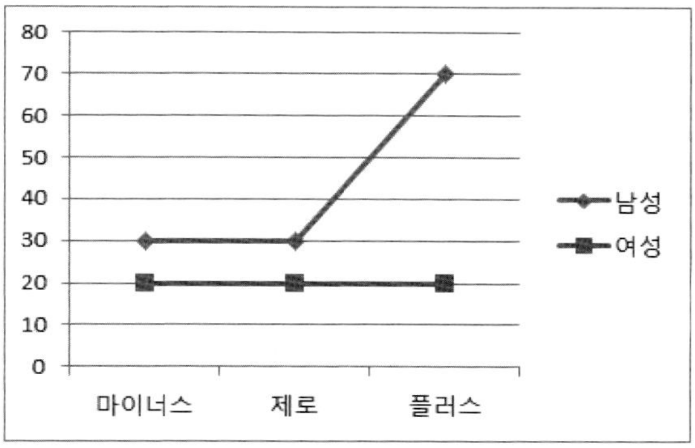

“어, 이것은 아까 분석했던 그래프와 비슷합니다” 보람이 말한다.

“그렇지. 이것도 조합의 효과라고 할 수 있네. 신장 차가 플러스일 때만 성별의 효과가 나오거든” 그렇게 말하고 두 사람을 번갈아 보았다.

“마찬가지로 주효과도 생각해 보면 어떨까?”

“에, 성별의 주효과는 …, 여성의 경우는 수평의 그래프이므로 평균이 20. 남성의 경우는 좀 알기 어렵지만, 30 → 30 → 70의 가운데 정도이기 때문에 40 정도일까요?" 보람이 말한다.

"자, 아마 그 정도이겠네. 사람 수가 차 있으면, 하지만"

"그 말씀은 성별의 주효과는 유의하게 될지도 모른다는 것입니까"

"그럴지도 모르지"

"신장 차의 주효과는 …" 철수가 말한다. "마이너스일 때의 평균은 남녀 가운데로 25 정도. 제로일 때도 마찬가지로 25 정도. 플러스일 때는 여성의 20과 남성의 70의 가운데이므로 45 정도"

"그러할 때는, 주효과는 유의하게 되는 것입니까?"

"될 가능성은 있지. 그래서 다중비교를 하는 거야. 그렇게 하면, 신장 차가 플러스일 때는 마이너스나 제로일 때보다 유의하게 높다고 하는 결과가 얻어질지도 모르지"

"정말로 이번 데이터와 같네요" 보람이 말한다.

"상호작용이 유의하다고는 하더라도 그래프의 형태는 하나가 아니라고 하는 것을 기억해 두면 좋을 거야. 그러므로 상호작용이 유의하게 된 다음 단순 주효과의 검정이 중요하게 되는 것이지" 교수는 그렇게 말하고, 의자에 기댔다.

"한 쪽 요인의 어느 수준일 때에 다른 한 쪽 요인의 효과가 유의하게 되는지를 검정하는 것이지요"

"상호작용을 생각한다는 것, 중요한 …"

"상호작용이라고 하는 것은 복수의 요인이 조합되어 있을 때에 특별한 작용을 하는 효과일세. 그 효과를 예상해서 정확하게 결과를 보인다고 하는 것은 상당히 어려운 일이지만, 연구의 재미있는 부분이기도 하지"

교수는 그렇게 말하고, 생각난 듯이 식어 버린 커피를 조금 마셨다.

"그렇다면, 이전에 조절변수에 대해서 이야기를 했지"

"다른 변수끼리의 관련을 바꾸는 변수를 가리키는 것이지요" 보람이 말한다.

"예를 들면 아까 분석한 상호작용은, 성별이 조절변수로 되어 있어 남성인가 여성인가에 따라서 신장 차와 퍼스널 스페이스의 관련이 달라진다고 바꾸어 말할 수도 있네"

"네"

두 사람은 그래프를 보면서 고개를 끄덕였다.

"교수님, 신장 차를 조절변수로 간주할 수도 있는 것은 아닐까요?" 철수가 묻는다.

"오, 좋은 질문이야. 재미있는 것을 눈치챘네"

그 말을 듣고 철수가 웃는다.

"그래프를 바꾸어 그려 볼까"

교수는 그렇게 말하고, PC를 향해 걸어갔다.

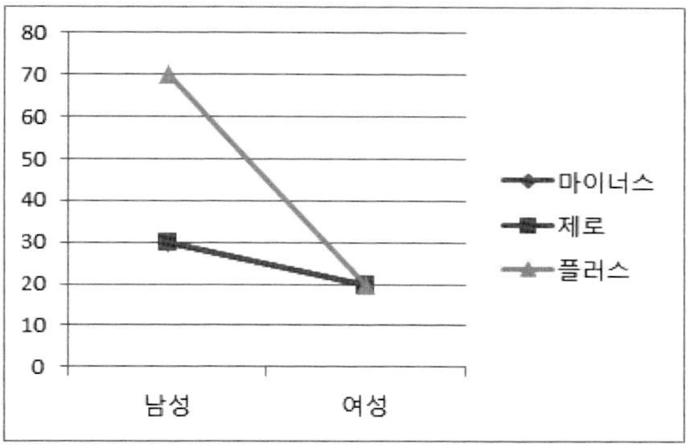

"선의 종류를 신장 차로 해서, 가로축을 성별로 한 그래프를 그려보면 위와 같이 되네"

"선이 두 개밖에 보이지 않습니다만, 신장 차가 제로일 때와 마이너스일 때는 남녀에서 같은 값이므로 겹쳐 버린 것이네요"

"그렇다네" 교수는 고개를 끄덕였다.

"신장 차가 플러스일 때만 남성에서 거리가 멀어진다고 하는 것을 알 수 있습니다"

"바꾸어 말하면, '신장 차가 플러스일 때만 퍼스널 스페이스와 성별과의 관련이 커진다'고도 말할 수 있네"

"정말 … 확실히 그렇습니다. 그러므로 신장 차가 조절변수라고도 말할 수 있나요?"

철수는 납득한 것 같다.

"무엇을 조절변수로 하는가는 다루고 있는 문제에 따르고, 어느 변수에 초점을 맞추고 있는가에도 따른다네. 이것에 대해서도 곰곰이 생각해 보기 바라네"

"알았습니다"

두 사람은 힘차게 고개를 끄덕인다.

"그리고 평소 생활 속에서도 어디에 상호작용이 있을 것 같은지 생각해 보면, 대단히 재미있을 것이네"

그렇게 말하면서 교수는 남아 있는 식은 커피를 마저 마셨다.

CHAPTER

6

점수의 변화

CHAPTER 6 점수의 변화

6.1 | 처음의 데이터

교실에서

"정보람, 왜 무슨 일 있어? 안색이 안 좋은데"

"철수, 말도 마! 언니가 또 데이터를 보내 왔잖아"

수업 중 옆 자리에 앉아 있는 보람에게 철수가 말을 걸었다.

"뭐? 또야!?"

"큰 소리 내지 말고" 놀란 철수를 보람이 쏘아보았다.

"수업 중에 그런 말 들으니까 그렇지" 이번에는 작은 소리로 말했다. "해도 너무 하는 거 아냐? 또 보냈단 말이야. 어지간히 부탁하네. 아르바이트 비용 받는 편이 좋지 않을까?"

"뭐, 공부가 되니까 좋긴 하지만 말이야. 언니는 교육대학 나왔잖아. 제대로 통계학을 배우지 않아서 곤란해 하는 것 같아"

"그런데 이번은 어떠한 데이터인데?"

"언니가 동료 선생님과 함께 새로운 산수 교육방식을 생각한 것 같아"

"그 교육방식의 효과를 조사하고자 하는 건가"

"그래 맞아. 학생 10명에게 수업 전과 수업 후에 같은 정도 난이도의 산수 시험을 치렀다나 봐" 보람은 그렇게 말하고, 출력한 데이터를 철수에게 건넸다.

"오, 이게 그 데이터"

"데이터만 보아서는 잘 모르겠어"

"이 수업이 끝나면 함께 컴퓨터실에 가지 않을래?"

"좋아 물론. 그런데 이 데이터의 분석은 …"

"이 데이터의 경우는 수업 전의 시험 점수와 수업 후의 시험 점수의 비교네. 두 개 시점의 평균을 비교하는 것이니까, 대응이 있는 t검정?"

"대응이 있다고 하는 것은 몇 가지의 조건 하에서 같은 사람으로부터 데이터를 얻는 것이잖아. 이 경우는 반복측정이라고도 부르지 않나"

"그래. 반복측정도 대응이 있는 데이터의 하나지"

"…확실히 이런 것은 복습이 되겠네"

[예제 6-1]

표 6-1 데이터표

번호	수업 전	수업 후
1	31	33
2	28	27
3	30	29
4	23	30
5	19	23
6	22	22
7	24	28
8	29	35
9	24	25
10	33	45

■ 대응이 있는 t검정

[SPSS의 처리 절차]

[순서 1] 데이터의 입력

(1) 먼저 [변수 보기]에서 다음과 같이 변수를 입력하고 정의한다.

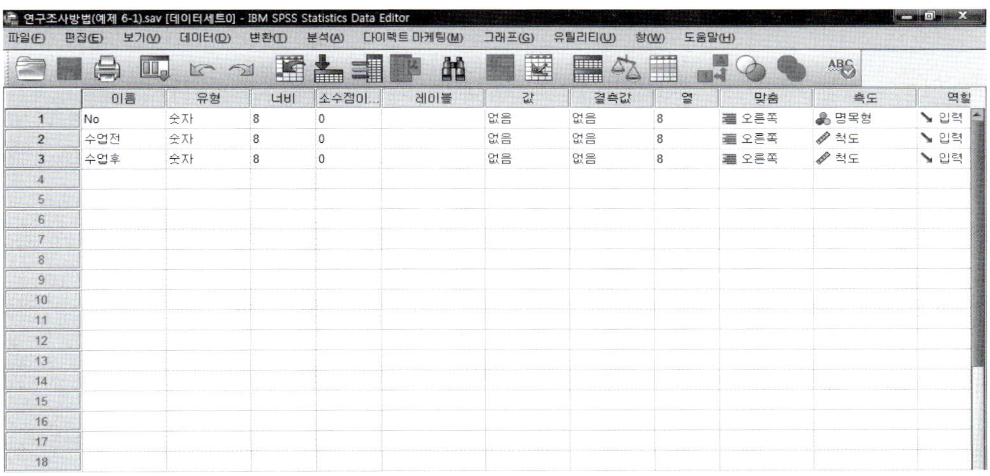

(2) [데이터 보기]를 열어 <표 6-1>의 데이터를 입력한다.

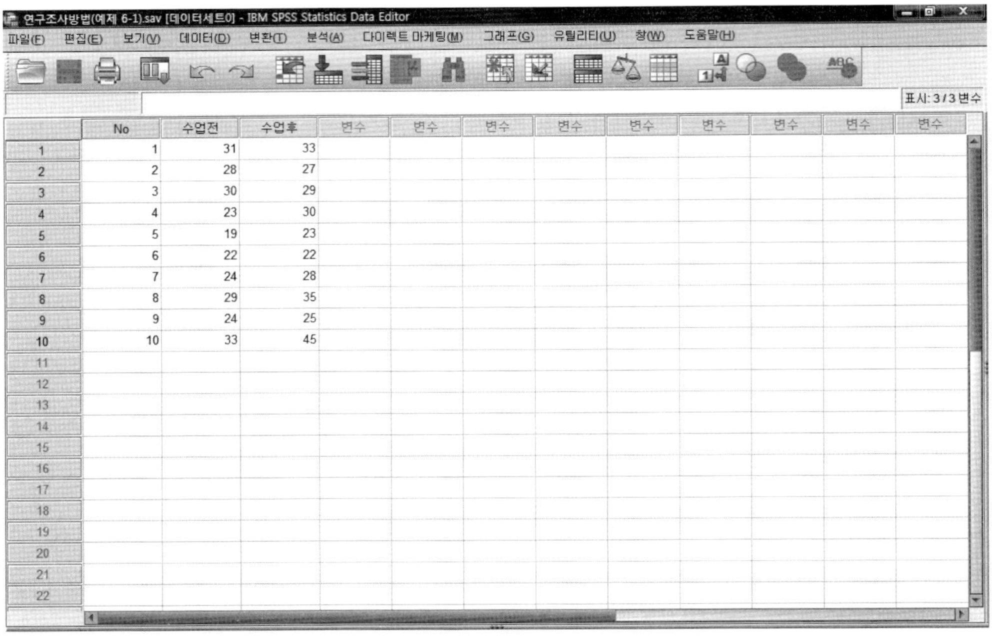

[순서 2] 분석 수법의 선택

메뉴에서 [분석]-[평균 비교]-[대응표본 T검정]을 선택한다.

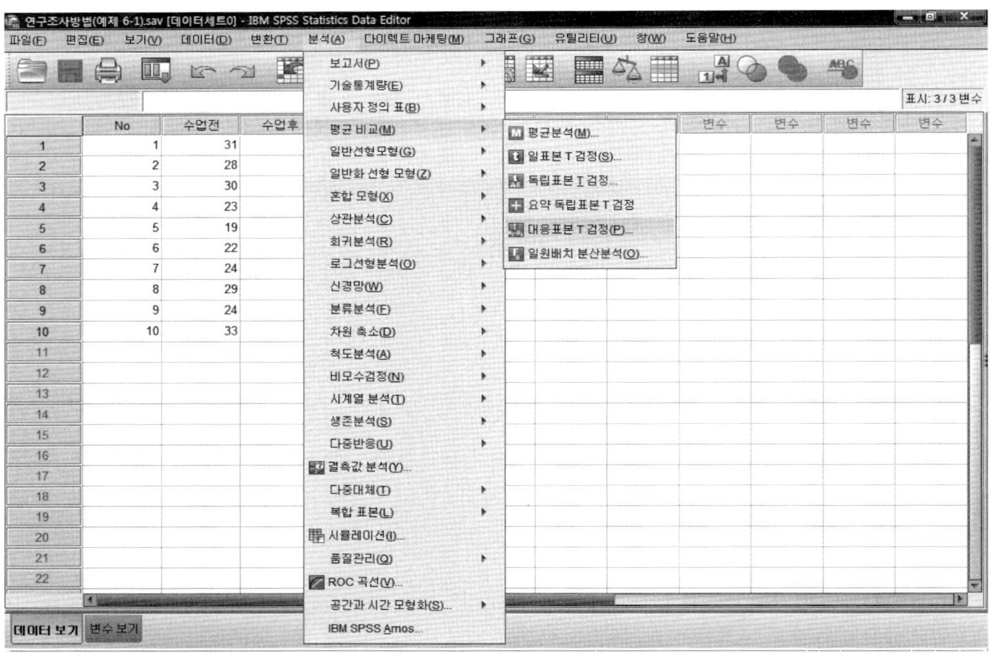

[순서 3] 변수의 선택

[대응변수]의 [대응1] 행의 [변수1]에 '수업전', [변수2]에 '수업후'를 지정한다.

[확인]을 클릭한다.

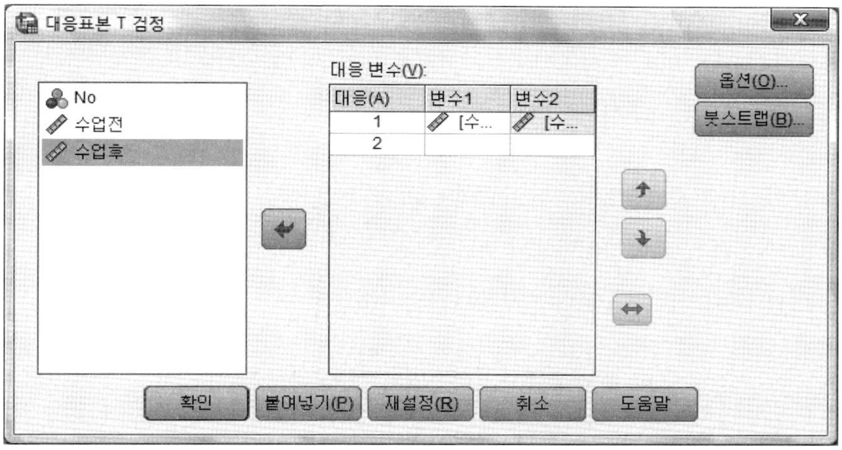

[분석결과]

대응표본 통계량

		평균	N	표준편차	평균의 표준오차
대응 1	수업전	26.30	10	4.523	1.430
	수업후	29.70	10	6.750	2.135

대응표본 상관계수

		N	상관관계	유의확률
대응 1	수업전 & 수업후	10	.804	.005

대응표본 검정

		대응차					t	자유도	유의확률 (양측)
				평균의 표준오차	차이의 95% 신뢰구간				
		평균	표준편차		하한	상한			
대응 1	수업전 - 수업후	-3.400	4.115	1.301	-6.344	-.456	-2.613	9	.028

- 대응표본 통계량

수업 전 : 평균 26.30, 표준편차 4.523

수업 후 : 평균 29.70, 표준편차 6.750

- 대응표본 상관계수

  수업 전과 수업 후 시험 사이의 상관계수 : $r = 0.804,\ p < 0.01$

- 대응표본 검정

  수업 전과 수업 후 평균의 차 : −3.400

  t검정의 결과 : $t(9) = -2.613, p < 0.05$

▶ 결과에 대한 논의

"대응이 있는 t검정의 결과는 유의하네" 철수가 말한다.

"그러네. 시험의 평균이 26.30에서 29.70으로 오르고 있어"

"수업 전과 후의 상관계수는 $r = 0.804$인가, 제법 높네"

"… 그 사실은 수업 전에 높았던 아이는 수업 후도 그대로 높은 경향이 있고, 수업 전에 낮았던 아이는 수업 후도 그대로 될 가능성이 높다는 것이지"

"수업의 전과 후에서 그다지 순위가 역전하지 않는다는 것인가 … "

두 사람 모두 결과의 출력 화면을 지그시 보고 있다.

"아, 효과량을 계산해 볼까" 보람이 말했다.

"2군 평균을 비교할 때의 효과량 말이지. 'd'를 가리키나"

"'g'라고 하는 지표도 있는 것 같은데. 몇 개의 계산식이 있기는 하지만 … 평균과 표준편차만을 사용하는 식으로 계산해 볼까 봐" 보람은 그렇게 말하고, 인터넷에서 효과량의 수식을 찾아냈다.

"있다 있다. 이것으로 좋지 않을까 몰라"

"대응이 있는 경우는 상관계수를 사용한 식과 그렇지 않은 식이 있는 것 같아"

"그러네. 먼저 가장 간단해 보이는 식으로 계산해 볼까. 이게 어때?"

$$d = \frac{A\text{평균} - B\text{평균}}{\sqrt{\dfrac{A\text{표준편차의 제곱} + B\text{표준편차의 제곱}}{2}}}$$

"… 이것이 간단한 식이라고?"

철수는 진절머리가 난 얼굴을 하고 있다.

"그런 소리 하지 말고 식을 잘 보고 말해. A를 수업 후, B를 수업 전으로 하는 거야. 다시 말하면 A 평균에 29.70, A 표준편차에 6.75, B 평균에 26.30, B 표준편차에 4.52을 대입해서 계산하는 거야"

보람은 끄집어낸 노트에 계산을 시작했다.

$$d = \frac{29.70 - 26.30}{\sqrt{\frac{6.75^2 + 4.52^2}{2}}} = \frac{3.4}{\sqrt{\frac{45.5625 + 20.4304}{2}}} = \frac{3.4}{\sqrt{\frac{65.9929}{2}}}$$
$$= \frac{3.4}{\sqrt{32.99645}} = \frac{3.4}{5.744}$$
$$= 0.59$$

"이야"

"$d = 0.59$라니까"

"물론 다른 계산식이라면 다른 값이 나올 테지만, 이것은 나름대로 하나의 기준이야"

"이거, 어느 정도의 크기를 나타내고 있을까"

"d 값의 기준은 이런 느낌이지"

d의 기준 $d = 0.2$ → 작은 효과
$d = 0.5$ → 중간 정도의 효과
$d = 0.8$ → 큰 효과

"어. 그럼, 이 수치라면 언니들이 개발한 교육방식은 어느 정도 효과가 있는 것 같은데"

철수는 완전히 감동하고 있다.

"대단하지 않아"

"하지만 …" 보람의 표정은 밝지 않다.

"뭔가 걸리나 보네"

"이 데이터 말이야, 10명 전원이 새로운 방법으로 수업을 받고 있겠지"

"그렇겠지. 그래서 수업 전의 시험 결과보다도 수업 후의 시험 결과 쪽이, 평균이 높다고 하는 결과가 된 거 아냐"

"그렇지만, 이건 새로운 교육방식이 아냐. 지금까지의 교육방식으로도 같은 정도 평균이 올랐다고 한다면?"

"그런가. 어쩌면 지금까지의 방법으로도 이 정도의 효과량으로 평균 상승이 일어날지도 모르지"

"실험계획법에서 배웠잖아. 이럴 때는 반드시 '대조군'이 필요한 거야"

"대상에 뭔가 조작을 하는 실험군과 그 비교가 되는 대조군 말이지. 이 경우는 새로운 교육방식이 아니라, 지금까지의 교육방식을 그대로 하고 있는 학생들의 데이터가 필요하다는 거 아냐"

"음. 그렇게 하지 않으면, 정말로 언니들이 생각한 새로운 교육방식에 효과가 있는지 어떤지 알 수 없지"

"자, 그러한 데이터가 있는지 어떤지 언니에게 물어 보면 어때?"

"그래 볼게"

6.2 | 다음의 데이터

■ 컴퓨터실에서

다음날 두 사람은 컴퓨터실에 갔다.

"언니한테 새로운 데이터가 보내 왔지" 철수가 PC 앞에 앉아 있는 보람에게 말을 걸었다.

"응, 그래. 새로운 교육방식을 적용하지 않은 클래스의 데이터가 있었나 봐"

"그 클래스의 학생들도 수업 전후에 산수의 시험을 치렀겠지"

"어제 분석한 학생들이 실험군이고, 지금 추가한 다른 클래스의 학생들이 대조군이라고 하는 셈이 되는 거야"

"자, 클래스1이 실험군이고, 클래스2가 대조군이네"

"그렇지"

"실험군의 데이터에서는 수업 전후에서 평균은 상승하고 있었잖아. 그러므로 대조군의 평균이 어떻게 되어 있을까 하는 것이 포인트가 되겠네"

"그렇지. 어떠한 결과가 될지 몰라"

"어제는 대응이 있는 t검정을 했잖아. 오늘은 대조군도 함께 분석하고 싶다는 거 아냐"

"응. 그래서 대조군은 수업 전후에서 별로 평균이 오르지 않았지만, 실험군은 수업 전후에서 점수가 올랐다고 하는 것을 보이면 되잖아"

"그거, 상호작용이지"

"그래. 자, 그럼 서두르자"

보람은 마우스를 손에 잡았다.

[예제 6-2]

표 6-2 데이터표

번호	수업 전	수업 후	클래스	번호	수업 전	수업 후	클래스
1	31	33	1	11	26	25	2
2	28	27	1	12	21	21	2
3	30	29	1	13	27	30	2
4	23	30	1	14	25	22	2
5	19	23	1	15	22	24	2
6	22	22	1	16	23	24	2
7	24	28	1	17	24	27	2
8	29	35	1	18	22	23	2
9	24	25	1	19	28	27	2
10	33	45	1	20	32	30	2

2요인 혼합계획의 분산분석

[SPSS의 처리 절차]

[순서 1] 데이터의 입력

(1) 먼저 [변수 보기]에서 다음과 같이 변수를 입력하고 정의한다.

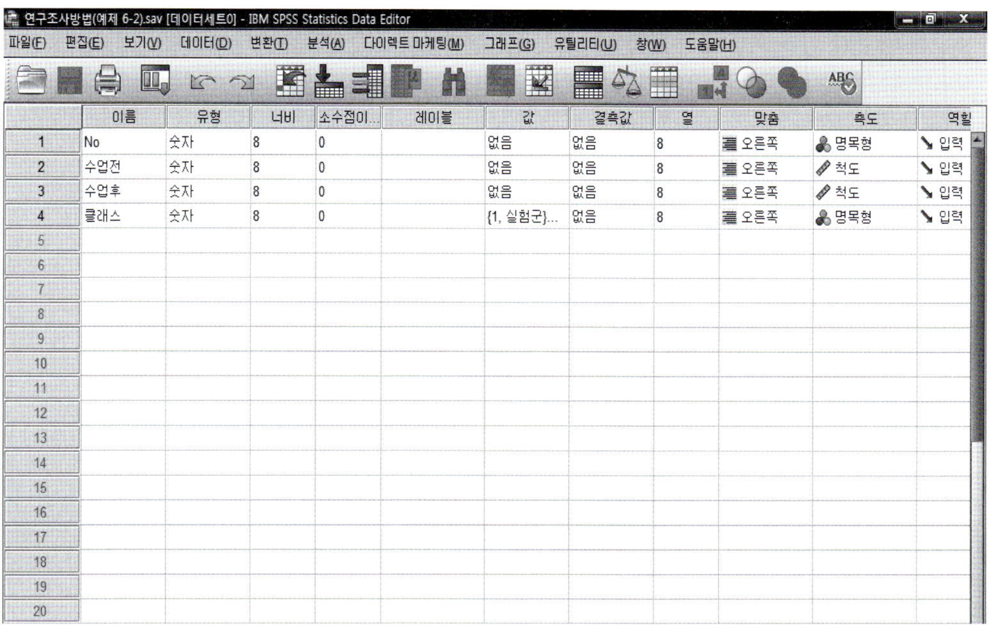

(2) [데이터 보기]를 열어 <표 6-2>의 데이터를 입력한다.

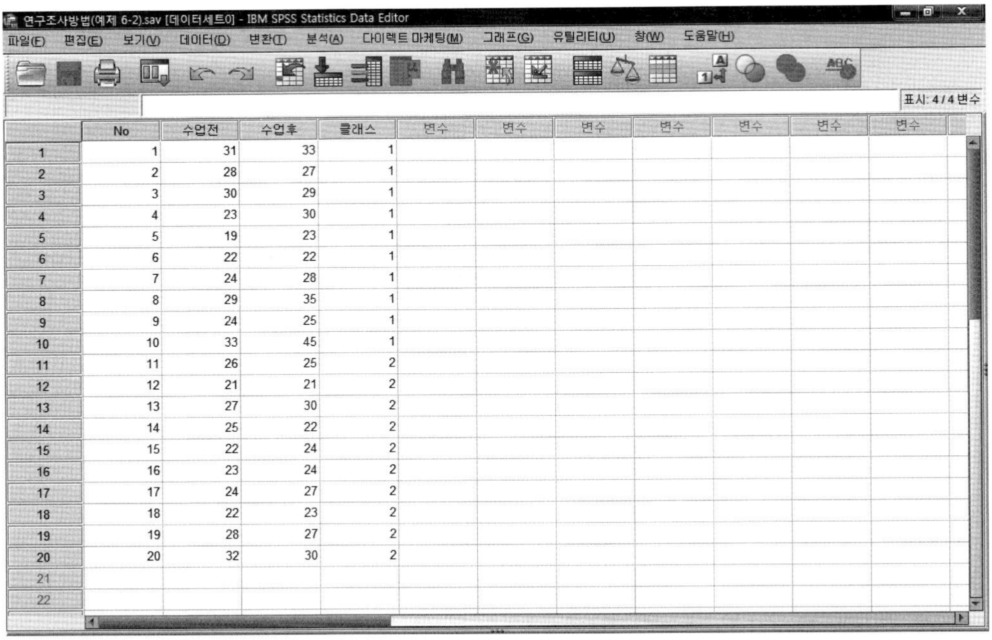

[순서 2] 분석 수법의 선택

메뉴에서 [분석]-[일반선형모형]-[반복측도]를 선택한다.

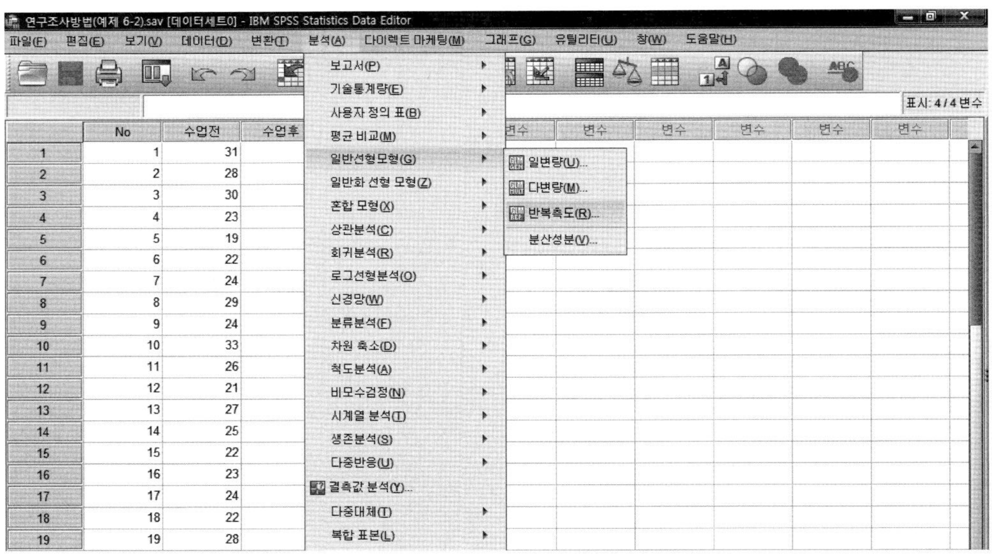

[순서 3] 변수의 선택

(1) 다음 화면에서 [개체 내 요인이름]에 '전후'라고 입력한다. [집단 수]에 '2'라고 입력한다. [추가]를 클릭한다.

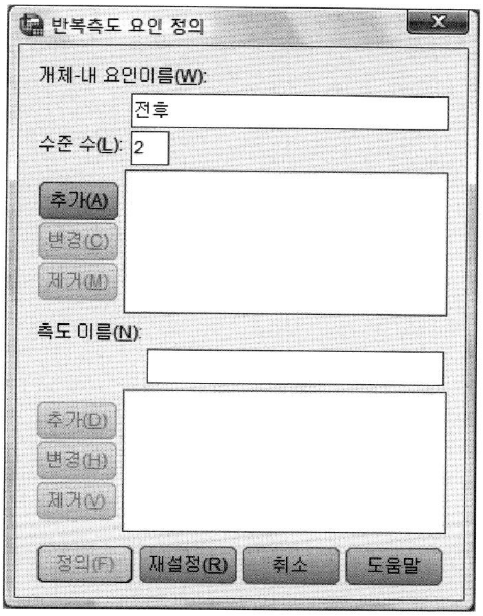

(2) 다음 화면에서 [정의]를 클릭한다.

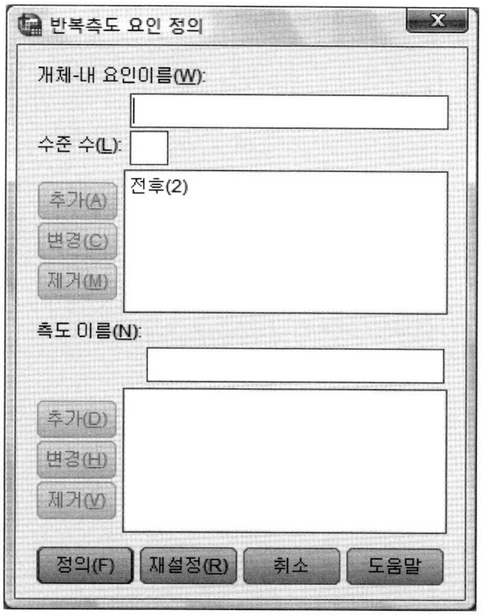

(3) 다음 화면에서 '수업전', '수업후'를 [개체 내 변수]에 지정한다. '클래스'를 [개체 간 요인]에 지정한다.

(4) 다음 화면에서 [옵션]을 클릭한다.

[순서 4] 옵션의 선택

[평균 표시 기준]에 [요인 및 요인 상호작용]에 표시되어 있는 '클래스', '전후', '클래스*전후'를 지정한다. [주효과 비교]에 체크한다. [신뢰구간 수정]은 [Bonferroni]를 선택한다. [표시]의 [기술통계량], [효과크기 추정값]을 선택한다. [계속]을 클릭한다.

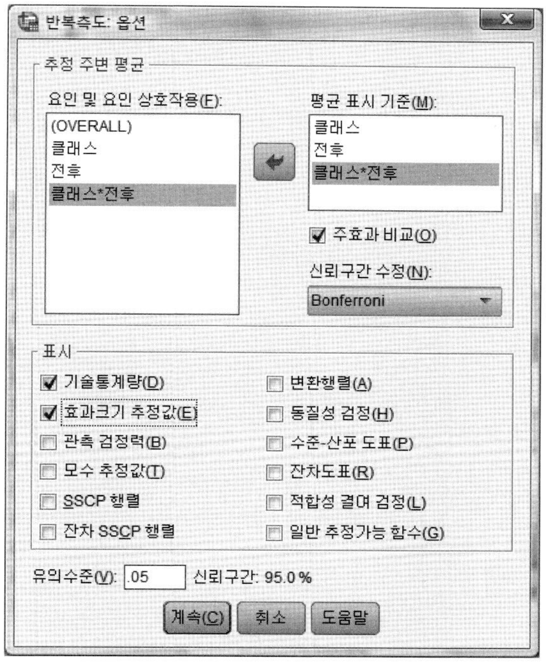

[순서 5] 도표의 선택

(1) [수평축 변수]에 '전후', [선구분 변수]에 '클래스'를 지정하고 [추가]를 클릭한다.

(2) 다음 화면에서 [계속]을 클릭하고, 이어서 [확인]을 클릭한다.

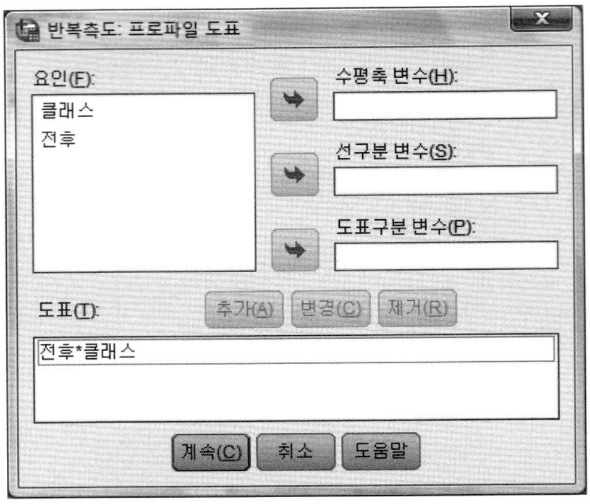

[분석결과]

개체-내 요인

측도: MEASURE_1

전후	종속변수
1	수업전
2	수업후

개체-간 요인

		값 레이블	N
클래스	1	실험군	10
	2	대조군	10

기술통계량

	클래스	평균	표준편차	N
수업전	실험군	26.30	4.523	10
	대조군	25.00	3.367	10
	전체	25.65	3.937	20
수업후	실험군	29.70	6.750	10
	대조군	25.30	3.129	10
	전체	27.50	5.596	20

- 개체 내 요인과 개체 간 요인

  수업 전후가 개체 내 요인, 클래스가 개체 간 요인, 모두 2수준으로 되어 있다는 것을 확인한다.

- 기술통계량

  수업 전후, 각 클래스마다의 평균과 표준편차가 출력된다.

다변량 검정[a]

효과		값	F	가설 자유도	오차 자유도	유의확률	부분 에타 제곱
전후	Pillai의 트레이스	.264	6.468[b]	1.000	18.000	.020	.264
	Wilks의 람다	.736	6.468[b]	1.000	18.000	.020	.264
	Hotelling의 트레이스	.359	6.468[b]	1.000	18.000	.020	.264
	Roy의 최대근	.359	6.468[b]	1.000	18.000	.020	.264
전후 * 클래스	Pillai의 트레이스	.201	4.540[b]	1.000	18.000	.047	.201
	Wilks의 람다	.799	4.540[b]	1.000	18.000	.047	.201
	Hotelling의 트레이스	.252	4.540[b]	1.000	18.000	.047	.201
	Roy의 최대근	.252	4.540[b]	1.000	18.000	.047	.201

a. Design: 절편 + 클래스
개체-내 계획: 전후

b. 정확한 통계량

- 다변량 검정

  종속변수가 복수일 때에 전체로서 요인의 효과가 보이는지 어떤지를 검정한다(다변량 분산분석).

  이번은 종속변수가 하나뿐이므로, 이대로 다음에 진행한다.

Mauchly의 구형성 검정[a]

측도: MEASURE_1

개체-내 효과	Mauchly의 W	근사 카이제곱	자유도	유의확률	엡실런[b] Greenhouse-Geisser	Huynh-Feldt	하한
전후	1.000	.000	0	.	1.000	1.000	1.000

정규화된 변형 종속변수의 오차 공분산행렬이 항등 행렬에 비례하는 영가설을 검정합니다.

a. Design: 절편 + 클래스
개체-내 계획: 전후

b. 유의성 평균검정의 자유도를 조절할 때 사용할 수 있습니다. 수정된 검정은 개체내 효과검정 표에 나타납니다.

- Mauchly의 구형성 검정

  반복요인이 3수준 이상인 경우는 이것을 참조하고, 유의확률이 유의수준 미만이 된 경우에는 "구형성이 가정되지 않는다"고 생각한다. 유의확률이 유의수준을 상회하면, 통상의 F값을 참조한다.

  이번은 반복요인이 2수준이므로 이대로 다음의 출력을 본다.

개체-내 효과 검정

측도: MEASURE_1

소스		제 III 유형 제곱합	자유도	평균제곱	F	유의확률	부분 에타 제곱
전후	구형성 가정	34.225	1	34.225	6.468	.020	.264
	Greenhouse-Geisser	34.225	1.000	34.225	6.468	.020	.264
	Huynh-Feldt	34.225	1.000	34.225	6.468	.020	.264
	하한	34.225	1.000	34.225	6.468	.020	.264
전후 * 클래스	구형성 가정	24.025	1	24.025	4.540	.047	.201
	Greenhouse-Geisser	24.025	1.000	24.025	4.540	.047	.201
	Huynh-Feldt	24.025	1.000	24.025	4.540	.047	.201
	하한	24.025	1.000	24.025	4.540	.047	.201
오차(전후)	구형성 가정	95.250	18	5.292			
	Greenhouse-Geisser	95.250	18.000	5.292			
	Huynh-Feldt	95.250	18.000	5.292			
	하한	95.250	18.000	5.292			

- 개체 내 효과 검정

  만일 반복요인이 3수준 이상이고 또한 구형성의 가정이 충족되지 않을(구형성 검정이 유의할) 때는, Greenhouse-Geisser나 Huynh-Feldt, 하한의 값을 참조한다.

  이번은 2수준이므로, '구형성의 가정'의 결과를 참조한다.

  전후의 주효과 : $F(1, 18) = 6.468,\ p < 0.05,$ 편 $\eta^2 = 0.264$

  상호작용 : $F(1, 18) = 4.540,\ p < 0.05,$ 편 $\eta^2 = 0.201$

개체-간 효과 검정

측도: MEASURE_1

변환된 변수: 평균

소스	제 III 유형 제곱합	자유도	평균제곱	F	유의확률	부분 에타 제곱
절편	28249.225	1	28249.225	737.952	.000	.976
클래스	81.225	1	81.225	2.122	.162	.105
오차	689.050	18	38.281			

- 개체 간 효과 검정

  개체 간 요인인 클래스의 주효과 검정결과가 출력된다.

  클래스의 주효과 : $F(1, 18) = 2.122,\ p = 0.162 > 0.05,$ 편 $\eta^2 = 0.105$

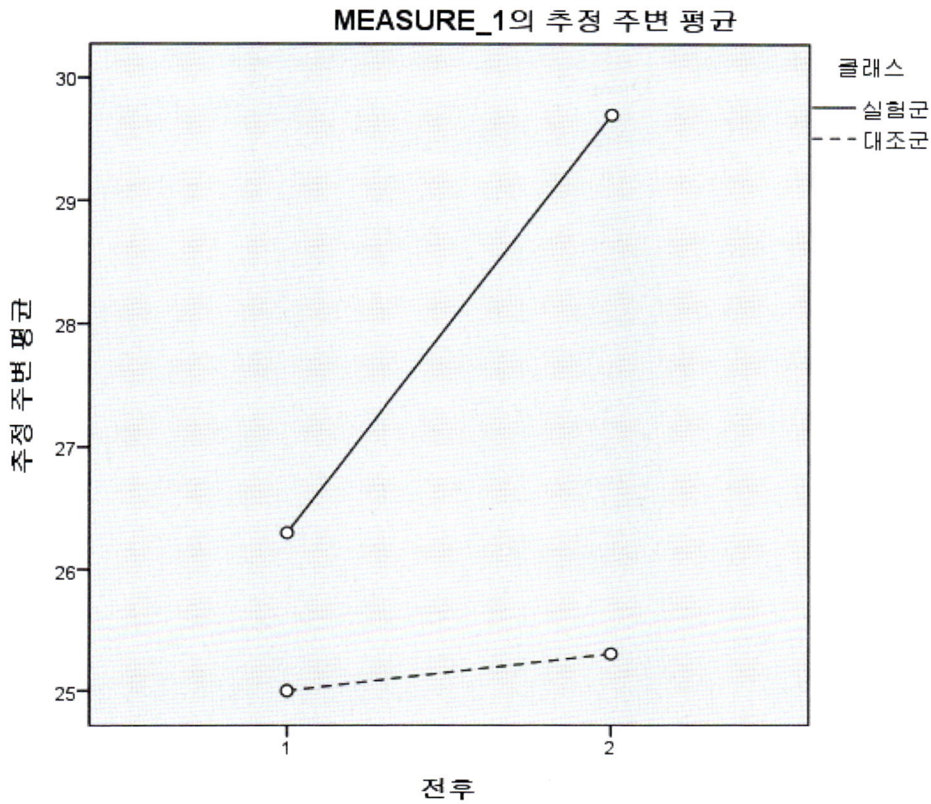

- 프로파일 도표

  실험군(클래스1)은 45도 방향으로 평균이 상승하고, 대조군(클래스2)은 수평에 가깝게 평균은 거의 상승하고 있지 않다.

상호작용이 유의한 상태에서의 단순 주효과 검정

[SPSS의 처리 절차]

[순서 1] 데이터의 입력

<표 6-2>의 데이터를 입력한다.

[순서 2] 분석 수법의 선택

메뉴에서 [분석]-[일반선형모형]-[반복측도]를 선택한다.

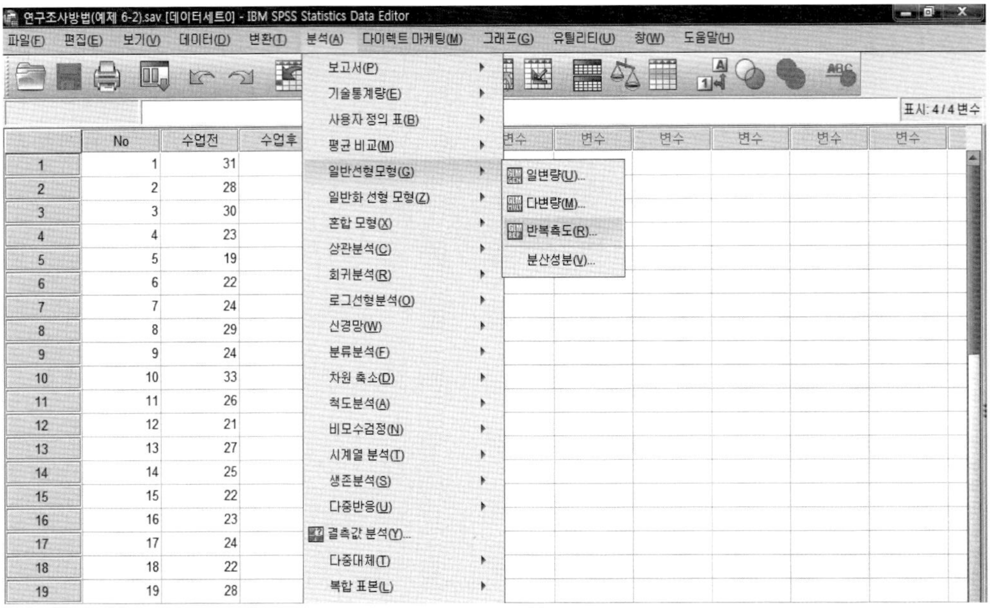

[순서 3] 변수의 선택

(1) 다음 화면에서 [개체 내 요인이름]에 '전후'라고 입력한다. [집단 수]에 '2'라고 입력한다. [추가]를 클릭한다.

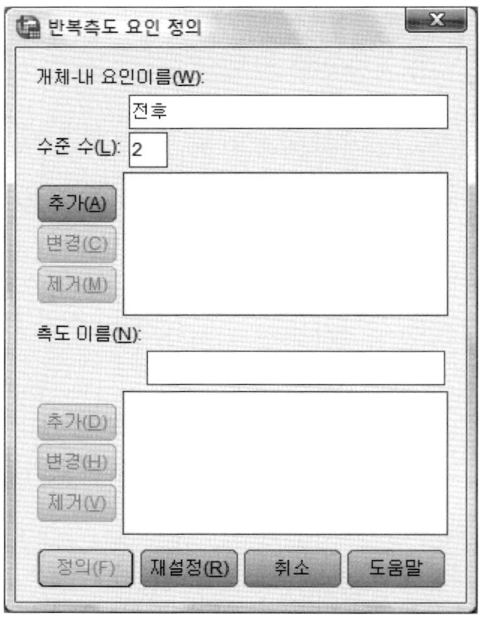

(2) 다음 화면에서 [정의]를 클릭한다.

(3) 다음 화면에서 '수업전', '수업후'를 [개체 내 변수]에 지정한다. '클래스'를 [개체 간 요인]에 지정한다.

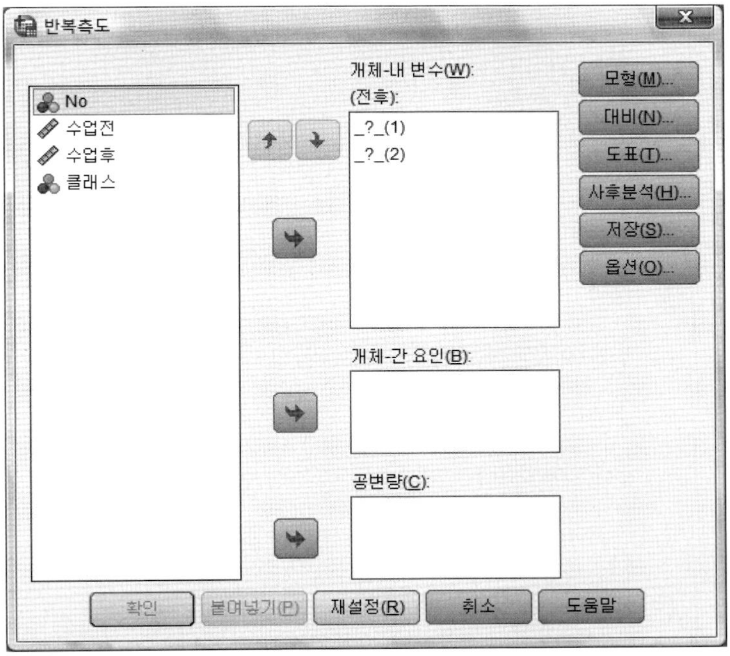

(4) 다음 화면에서 [옵션]을 클릭한다.

[순서 4] 옵션의 선택

[평균 표시 기준]에 [요인 및 요인 상호작용]에 표시되어 있는 '클래스', '전후', '클래스*전후'를 지정한다. [주효과 비교]에 체크한다. [신뢰구간 수정]은 [Bonferroni]를 선택한다. [표시]의 [기술통계량], [효과크기 추정값]을 선택한다. [계속]을 클릭한다.

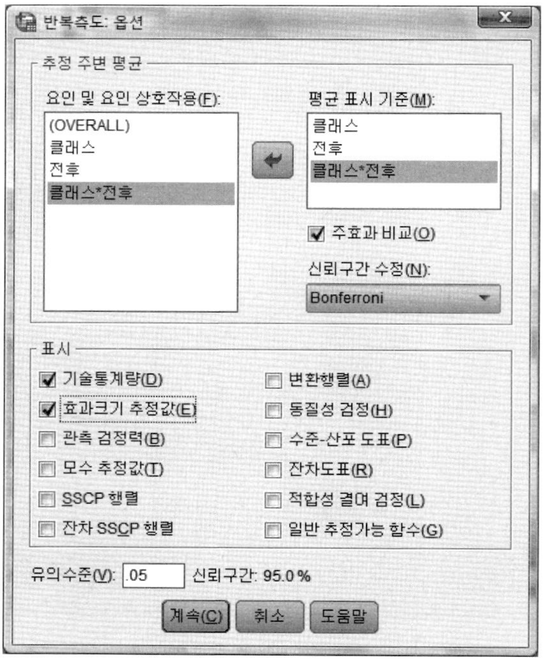

[순서 5] 도표의 선택

(1) [수평축 변수]에 '전후', [선구분 변수]에 '클래스'를 지정하고 [추가]를 클릭한다.

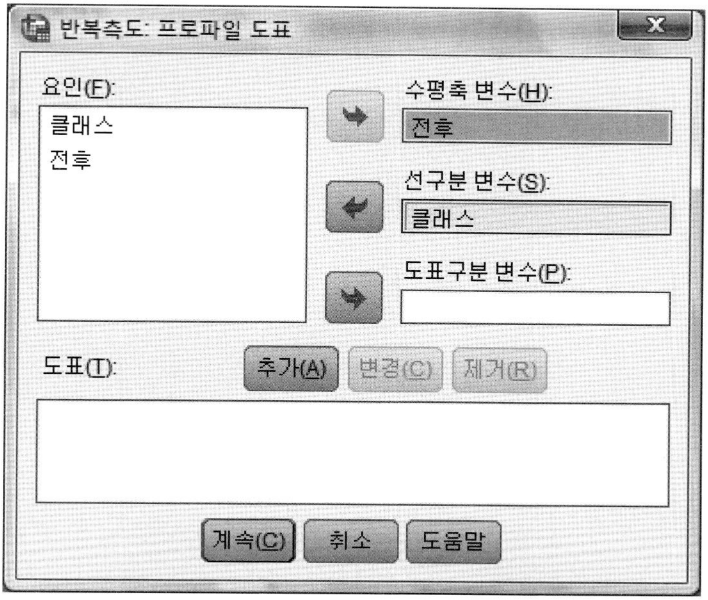

(2) 다음 화면에서 [계속]을 클릭한다.

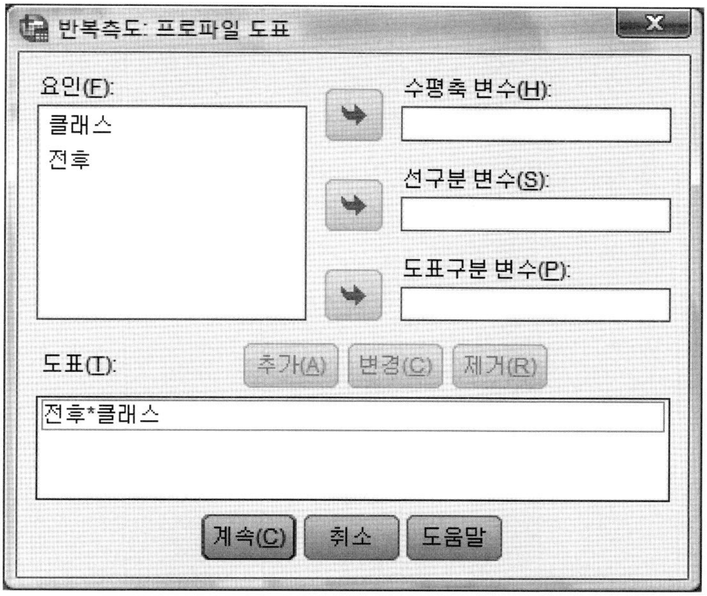

[순서 6] 붙여넣기의 선택

다음 화면에서 [붙여넣기]를 클릭한다.

[순서 7] 명령문 작성 및 실행

(1) Syntax 중

/EMMEANS=TABLES(클래스*전후)

의 부분을 다음의 2행으로 바꾸어 쓴다.

/EMMEANS=TABLES(클래스*전후) COMPARE(클래스) ADJ(BONFERRONI)

/EMMEANS=TABLES(클래스*전후) COMPARE(전후) ADJ(BONFERRONI)

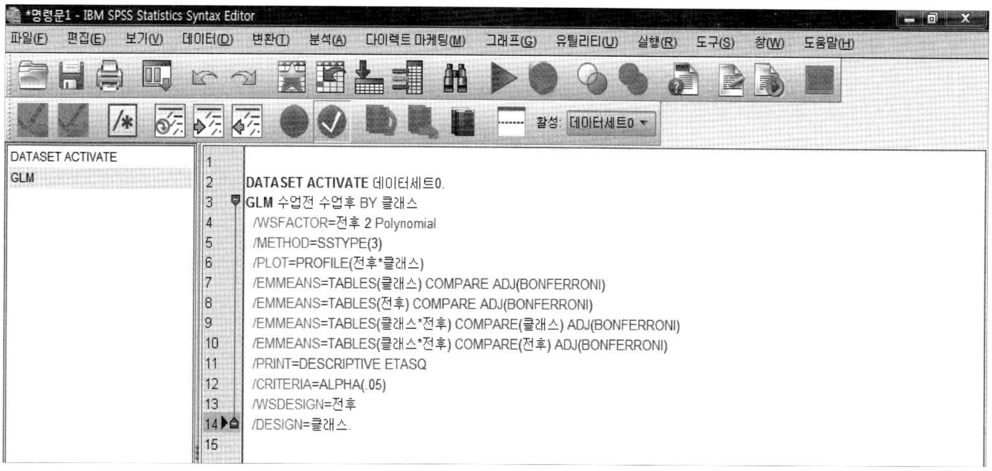

(2) Syntax가 변경되면 메뉴의 [실행]-[모두]를 선택하면, 모든 명령문이 실행된다. ([선택영역]을 택하면 선택되고 있는 명령문 부분만 실행된다)

실행되면 많은 출력결과가 표시되므로, 단순 효과의 출력부분을 찾는다.

[분석결과]

'추정 주변 평균'의 부분을 살펴본다. Syntax의 '/EMMEANS=TABLES'의 내용에 따라서 순차적으로 출력된다.

▶ 개체 간 단순 주효과

'3.클래스*전후'가 수업 전과 수업 후의 클래스에 대한 단순 주효과(개체 간)의 검정결과가 된다.

3. 클래스 * 전후

추정값

측도: MEASURE_1

클래스	전후	평균	표준오차	95% 신뢰구간	
				하한	상한
실험군	1	26.300	1.261	23.651	28.949
	2	29.700	1.664	26.205	33.195
대조군	1	25.000	1.261	22.351	27.649
	2	25.300	1.664	21.805	28.795

- 추정값

  각 클래스 · 전후별의 평균이나 표준오차, 95% 신뢰구간이 출력된다.

대응별 비교

측도: MEASURE_1

전후	(I) 클래스	(J) 클래스	평균차이(I-J)	표준오차	유의확률[a]	차이에 대한 95% 신뢰구간[a]	
						하한	상한
1	실험군	대조군	1.300	1.783	.475	-2.446	5.046
	대조군	실험군	-1.300	1.783	.475	-5.046	2.446
2	실험군	대조군	4.400	2.353	.078	-.543	9.343
	대조군	실험군	-4.400	2.353	.078	-9.343	.543

추정 주변 평균을 기준으로

a. 다중비교를 위한 수정: Bonferroni

- 대응별 비교

  수업 전, 수업 후의 클래스 간 평균의 차에 대한 검정(다중비교)

  수업 전 : 실험군과 대조군의 평균에 유의차 없음 ($p = 0.475$)

  수업 후 : 실험군과 대조군의 평균에 유의차 없음 ($p = 0.078$)

일변량 검정

측도: MEASURE_1

전후		제곱합	자유도	평균제곱	F	유의확률	부분 에타 제곱
1	대비	8.450	1	8.450	.532	.475	.029
	오차	286.100	18	15.894			
2	대비	96.800	1	96.800	3.497	.078	.163
	오차	498.200	18	27.678			

각 F-검정은 나타난 나머지 효과 간의 각 수준 조합에서 클래스의 단순효과를 검정합니다. 이 검정은 추정되는 주변 평균 사이의 선형독립의 대응별 비교에 기초합니다.

- 수업 전에 대한 클래스의 단순 주효과가 위, 수업 후에 대한 클래스의 단순 주효과가 아래에 표시되어 있다.

  수업 전에 대한 클래스의 단순 주효과 :

  $F(1, 18) = 0.532, p = 0.475 > 0.05,$ 편 $\eta^2 = 0.029$

  수업 후에 대한 클래스의 단순 주효과 :

  $F(1, 18) = 3.497, p = 0.078 > 0.05,$ 편 $\eta^2 = 0.163$

▶ 개체 내 단순 주효과

'4. 클래스*전후'의 부분은 클래스마다 수업 전후의 단순 주효과(개체 내)의 결과가 된다.

4. 클래스 * 전후

추정값

측도: MEASURE_1

클래스	전후	평균	표준오차	95% 신뢰구간 하한	95% 신뢰구간 상한
실험군	1	26.300	1.261	23.651	28.949
	2	29.700	1.664	26.205	33.195
대조군	1	25.000	1.261	22.351	27.649
	2	25.300	1.664	21.805	28.795

- 추정값

  각 클래스·전후별의 평균이나 표준오차, 95% 신뢰구간이 출력된다.

대응별 비교

측도: MEASURE_1

클래스	(I) 전후	(J) 전후	평균차이(I-J)	표준오차	유의확률[b]	차이에 대한 95% 신뢰구간[b] 하한	상한
실험군	1	2	-3.400*	1.029	.004	-5.561	-1.239
	2	1	3.400*	1.029	.004	1.239	5.561
대조군	1	2	-.300	1.029	.774	-2.461	1.861
	2	1	.300	1.029	.774	-1.861	2.461

추정 주변 평균을 기준으로

*. 평균차이는 .05 수준에서 유의합니다.

b. 다중비교를 위한 수정: Bonferroni

- 대응별 비교

 각 클래스에 대한 수업 전후의 평균 비교(다중비교)의 결과

 실험군의 수업 전후 평균 차가 유의($p = 0.004 < 0.01$; Bonferroni 법)

 대조군의 수업 전후 평균 차는 유의하지 않다.

다변량 검정

클래스		값	F	가설 자유도	오차 자유도	유의확률	부분 에타 제곱
실험군	Pillai의 트레이스	.378	10.923[a]	1.000	18.000	.004	.378
	Wilks의 람다	.622	10.923[a]	1.000	18.000	.004	.378
	Hotelling의 트레이스	.607	10.923[a]	1.000	18.000	.004	.378
	Roy의 최대근	.607	10.923[a]	1.000	18.000	.004	.378
대조군	Pillai의 트레이스	.005	.085[a]	1.000	18.000	.774	.005
	Wilks의 람다	.995	.085[a]	1.000	18.000	.774	.005
	Hotelling의 트레이스	.005	.085[a]	1.000	18.000	.774	.005
	Roy의 최대근	.005	.085[a]	1.000	18.000	.774	.005

각 F는 나타난 다른 효과들의 각 수준별 조합내의 다변량 단순효과 전후을(를) 검정합니다. 이 검정은 추정되는 주변 평균 사이의 선형독립의 대응별 비교에 기초합니다.

a. 정확한 통계량

- 다변량 검정

 각 클래스에 대한 수업 전후의 단순 주효과의 검정결과.

 실험군에 대한 전후의 단순 주효과 : $F(1,18) = 10.923, p < 0.01,$ 편 $\eta^2 = 0.378$

 대조군에 대한 전후의 단순 주효과 : $F(1,18) = 0.085, p = 0.774,$ 편 $\eta^2 = 0.005$

▶ 결과에 대한 논의

"클래스와 수업 전후의 상호작용이 유의하네"

결과의 출력을 확인한 철수가 말했다.

“그러네. 상호작용이 유의했기 때문에, 단순 주효과의 검정을 해 보았잖아. 수업 후에 대한 클래스의 단순 주효과는 유의하지 않았지만, 실험군의 수업 전후의 단순 주효과는 유의했어”

“유의하지 않다고 하더라도 유의확률이 $p = 0.078$ 이고, 효과량이 편 $\eta^2 = 0.163$ 이었어. 이 부분을 어떻게 생각하느냐 하는 것이 문제가 되는 것 같은데 … ?”

“와, 대단히 통계에 정통한 듯한 말투잖아”

“뭐, 분석하면서 공부했기 때문에 …”

철수는 아주 마음에 없는 것도 아닌 모습이다.

“어느 쪽으로 해도 실험군 쪽은 수업 전과 수업 후의 평균 차가 유의하고, 대조군 쪽은 유의하지 않다고 하는 결과가 되었어”

보람은 다시 한 번 결과를 주시했다.

“결국 새로운 교육방식으로는 시험 평균이 오르고, 지금까지의 교육방식으로는 거의 평균이 오르지 않았다고 하는 얘기네”

“그러한 결론이 될 것 같네”

두 사람은 고개를 끄덕였다.

“자, 이 결과로 리포트를 써 보자고”

“그래”

보람은 워드 소프트웨어를 열었다.

▶ 결과에 대한 기술

산수의 시험 점수에 대해서 새로운 수업을 실시한 클래스1(실험군)과 전통방식의 수업을 실시한 클래스2(대조군)의 수업 전후의 산수 시험 점수의 평균을 비교하기 위해서, 클래스× 수업 전후의 2요인 혼합계획의 분산분석을 실시했다. 결과를 Table 1에, 각 클래스의 수업 전후에 대한 평균을 Figure 1에 보인다. 분산분석의 결과, 상호작용이 유의했다 ($F(1, 18) = 4.540$, $p < 0.05$, 편 $\eta^2 = 0.201$). 상호작용이 유의했다고 하는 사실로부터 단순 주효과의 검정을 실시했더니, 클래스1(실험군)에 대한 전후의 단순 주효과가 유의했다 ($F(1, 18) = 10.923$, $p < 0.01$, 편 $\eta^2 = 0.378$). 이상의 결과로부터 새로운 수업의 교육효과는 지금까지의 수업보다 높다고 생각한다.

Table 1 분산분석 결과

	df	MS	F	p	η_p^2
개체 간 요인					
클래스 A	1.00	81.23	2.12	0.16	0.11
오차 : S(A)	18.00	38.28			
개체 내 요인					
전후 : B	1.00	34.23	6.47	0.02	0.26
상호작용 : A×B	1.00	24.03	4.54	0.05	0.20
오차 : B×S(A)	18.00	5.29			

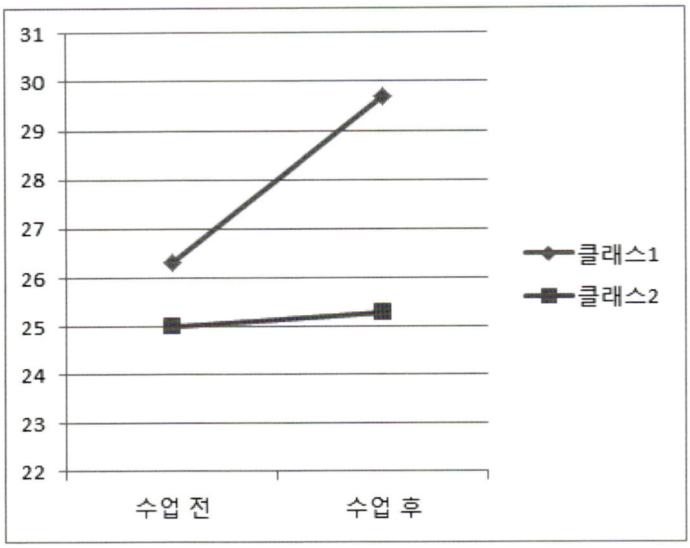

Figure 1 각 클래스 · 수업 전후의 산수 시험의 평균

6.3 | 연구대상

■ 연구실에서

"… 이렇게 해서 교수님, 2요인 혼합계획 분산분석과 단순 주효과의 검정까지 분석할 수 있었습니다"

두 사람은 박유식 교수 연구실을 방문하고 있다.

식당에서 우연히 합석하고, 식후 커피를 한 잔 하자는 교수의 제안에 연구실까지 찾아오게

된 것이다.

"그거 대단한데. 상호작용의 분석방법은 지난번 해봤을 뿐이잖아" 교수는 그렇게 말하고, 커피 잔을 두 사람에게 건넸다.

"언니도 기뻐하지 않던가?" 철수가 물었다.

"응. 아까도 '고마워'라고 하는 메일이 왔어. 다만 '또 부탁해' 하고 마지막 끝을 맺었지만 말이야" 보람은 기쁜 모양이다.

"지금 결과를 가지고 있나? 잠깐 보여 주지 않겠어"

프린트한 용지를 받아든 교수는 그것을 보면서 중얼거리듯이 말했다.

"… 클래스1의 수업 전 평균이 26.30이고 표준편차는 4.523, 수업 후의 평균이 29.70이고 표준편차는 6.750. 클래스2의 수업 전 평균은 25.00이고 표준편차는 3.367, 수업 후의 평균이 25.30이고 표준편차는 3.129인가 …"

"교수님, 뭔가 문제가 있습니까?" 걱정스러운 듯이 철수가 물었다.

"아 …, 아니야, 좀 … 실험군인 클래스1 쪽의 수업 후의 표준편차가 다른 것과 비교해서 크다고 생각하네만"

"표준편차가 크다?" 보람도 걱정스러운 얼굴이다.

"그래. 표준편차. 대조군으로 되어 있는 클래스2의 표준편차는 수업 전이나 수업 후나 그다지 변하지 않고 3.367과 3.129이었잖아. 그렇지만 클래스1의 표준편차는 수업 전도 조금 커서 4.523인데, 수업 후는 좀 더 커져서 6.750이 되고 있단 말이야. 뭐, 반드시 이상한 값이라고 하는 것은 아니지만, 조금 마음에 걸리는데"

"교수님, 이러한 경우는 어떻게 하면 좋을까요?"

보람이 몸을 앞으로 쑥 내밀었다.

"글쎄다. 자, 수업 전과 수업 후의 점수를 그래프로 그려 볼까. 데이터는 가지고 있지"

교수는 그렇게 말하고, 보람으로부터 USB 메모리를 받아들었다.

Excel로 그래프 작성

Excl의 그래프 기능을 사용해서, 수업 전후에 대한 점수를 그래프로 그린다.

여러 가지 유형의 그래프가 있는데, 꺾은선 그래프를 그려 보기로 한다.

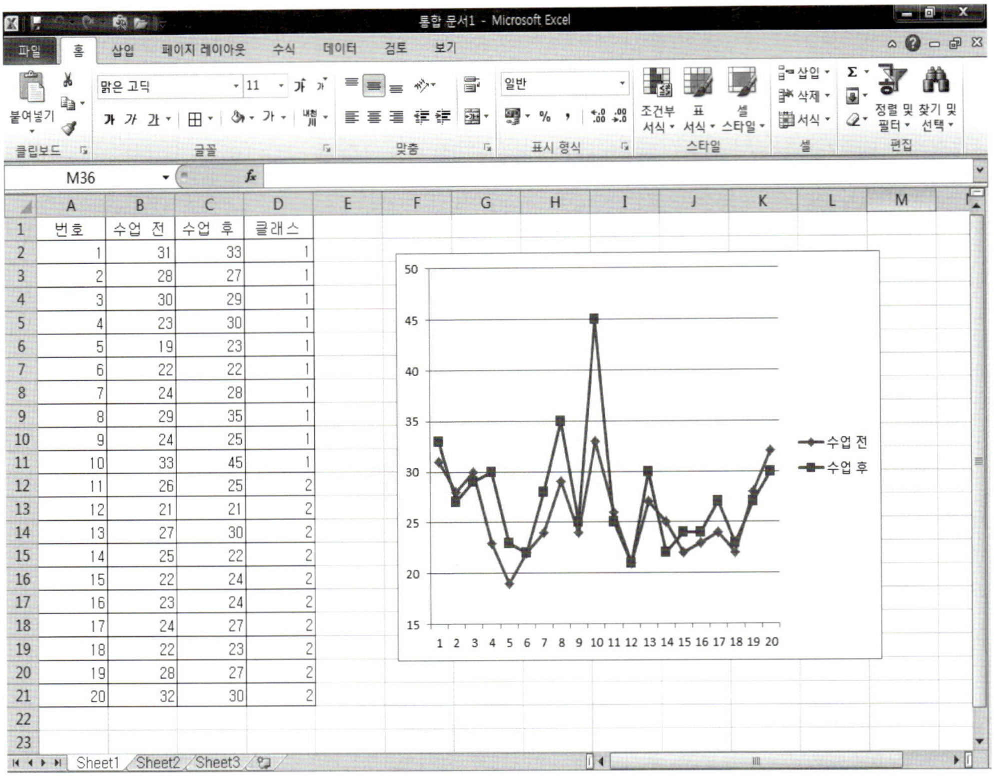

번호	수업 전	수업 후	클래스
1	31	33	1
2	28	27	1
3	30	29	1
4	23	30	1
5	19	23	1
6	22	22	1
7	24	28	1
8	29	35	1
9	24	25	1
10	33	45	1
11	26	25	2
12	21	21	2
13	27	30	2
14	25	22	2
15	22	24	2
16	23	24	2
17	24	27	2
18	22	23	2
19	28	27	2
20	32	30	2

▶ 그래프를 보고

"교수님! 한 사람만 수업 후의 점수가 특히 높이 올라가 있네요" 놀란 듯이 철수가 말했다.

"음, 확실히 한 사람만 돌출해 있네"

"어쩌면 …" 보람은 걱정스럽다.

"이 학생이 있으므로 해서 클래스1의 수업 후 평균이 올라갔다고 하는 경우가 있을 수 있나요?"

"좋아. 자, 확인해 보세. 이 학생은 수업 후의 점수가 45점으로 되어 있는 번호 10번의 학생이므로, 번호 10번을 제외하고 다시 한 번 2요인 혼합계획의 분산분석을 해 보세"

■ 번호 10번 데이터를 분석에서 제외

[SPSS의 처리 절차]

[순서 1] 분석 수법의 선택

(1) 메뉴에서 [데이터]-[케이스 선택]을 선택한다.

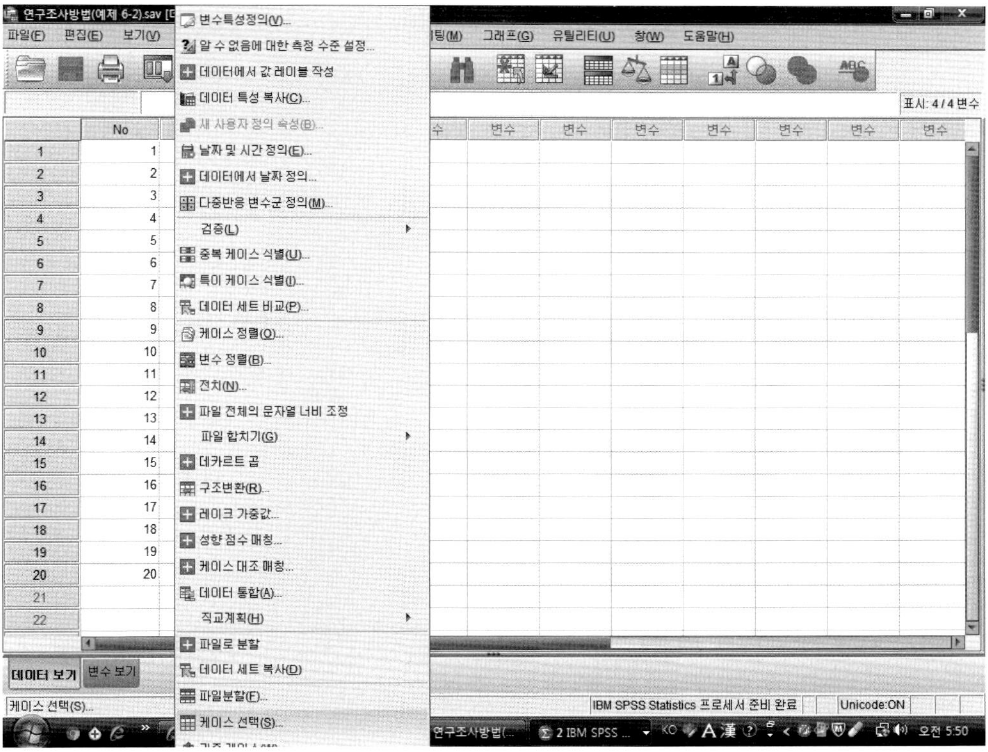

(2) 다음 화면에서 [조건을 만족하는 케이스]를 선택하고 [조건]을 클릭한다.

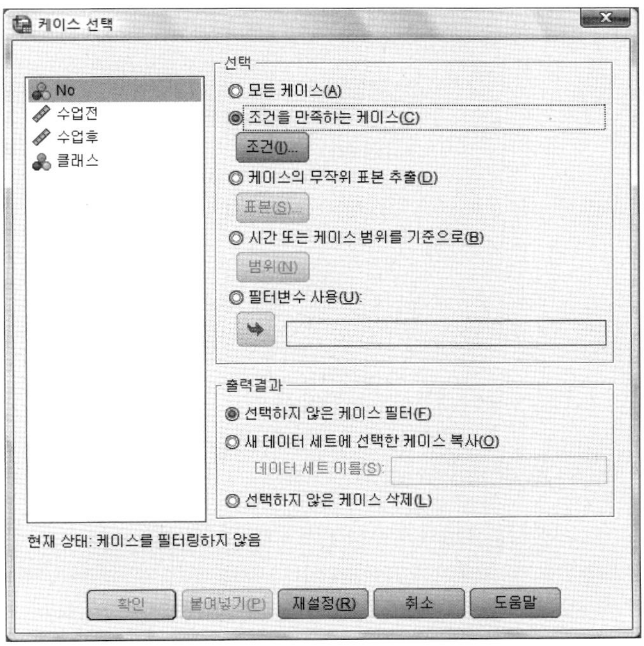

(3) 수식 난에 'No< >10'이라고 입력한다(No가 10 이내라는 의미). [계속]을 클릭한다.

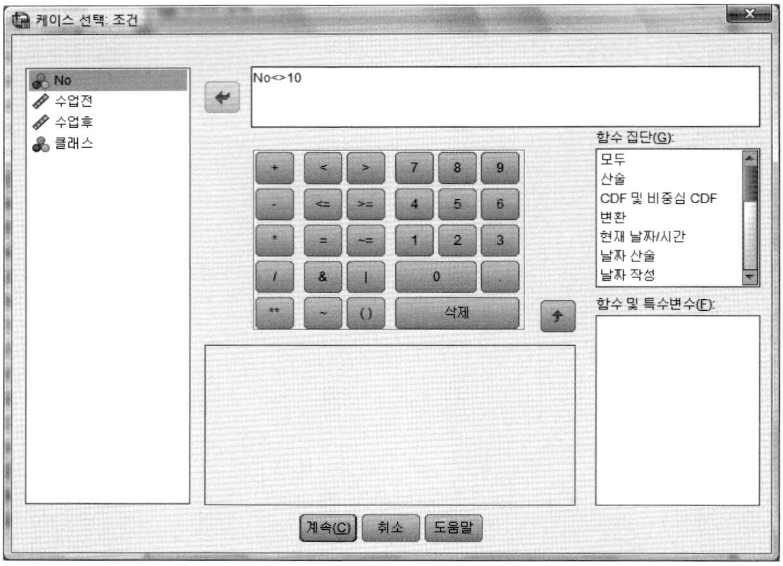

[순서 2] 실행

(1) 다음과 같은 화면 상태에서 [확인]을 클릭한다.

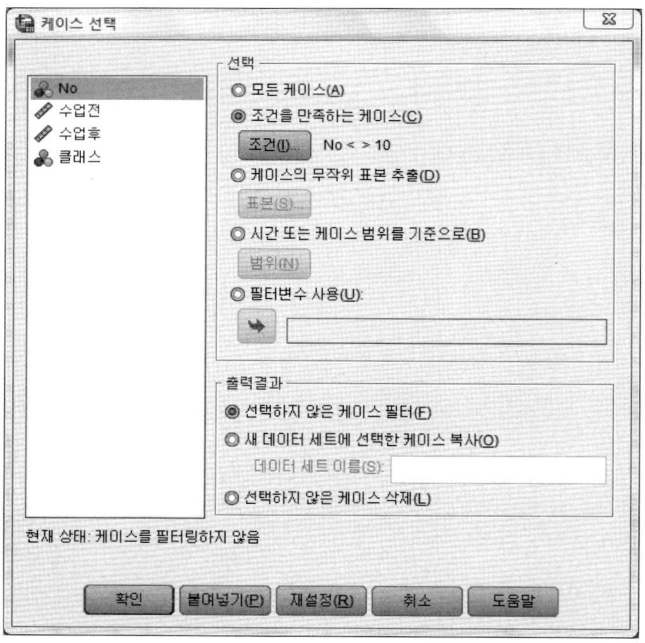

(2) [데이터 보기]에서 No 10에 사선이 그어져 있어, 제외되고 있음을 표현한다.

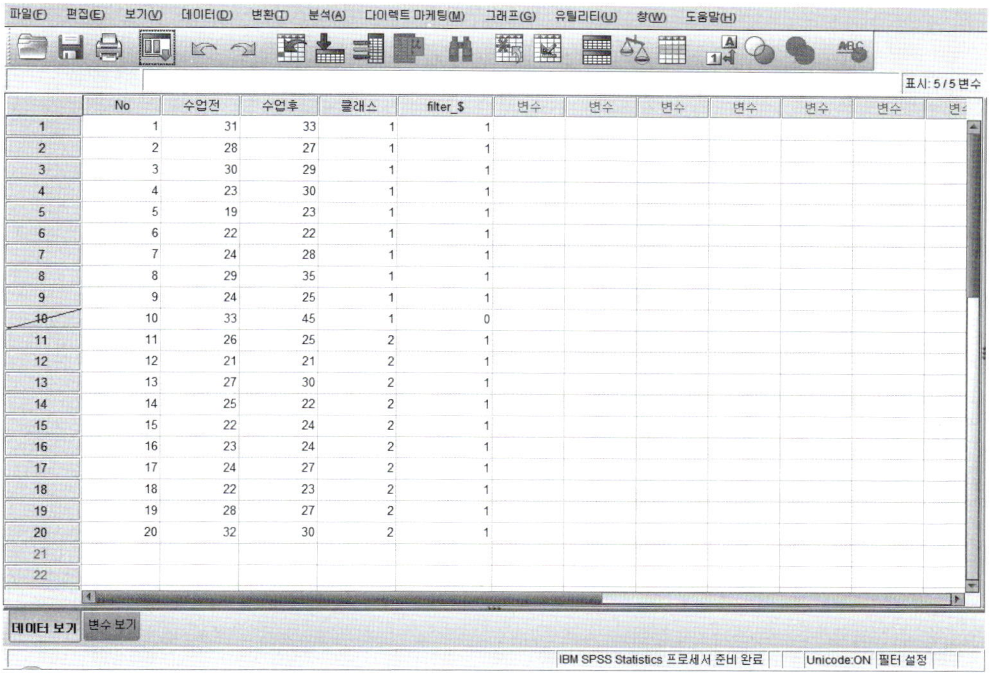

2요인 혼합계획 분산분석

[SPSS의 처리 절차]

[순서 1] 분석 수법의 선택

메뉴에서 [분석]-[일반선형모형]-[반복측도]를 선택한다.

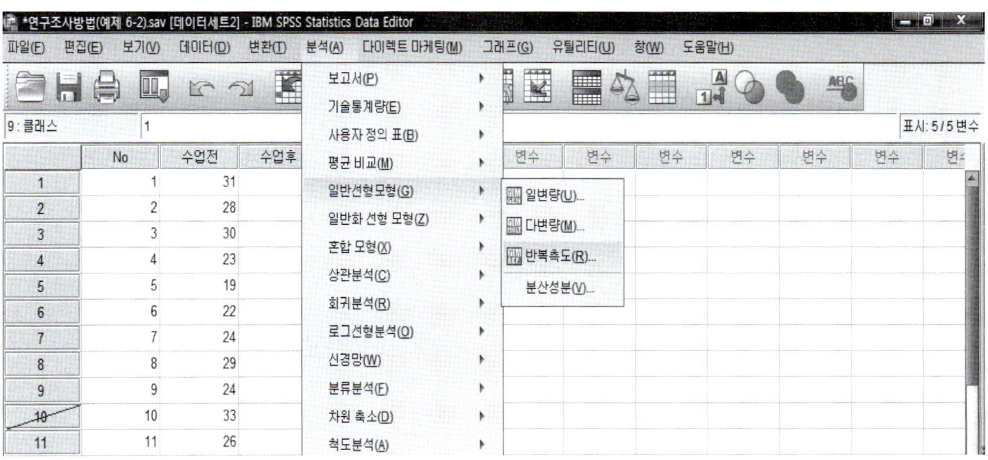

[순서 2] 변수의 선택

(1) 다음 화면에서 [개체 내 요인이름]에 '전후'라고 입력한다. [수준 수]에 '2'라고 입력한다. [추가]를 클릭한다.

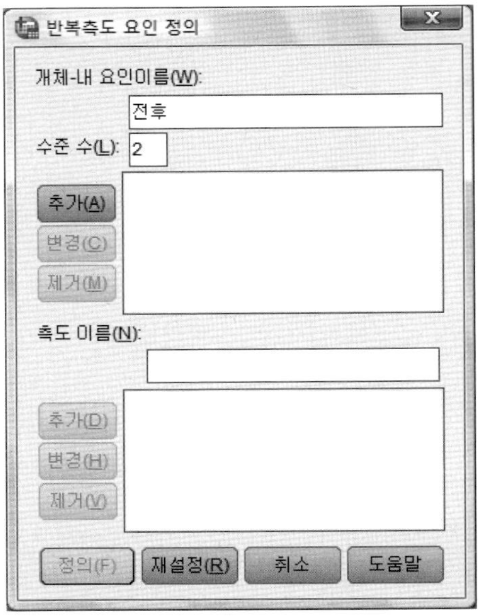

(2) 다음 화면에서 [정의]를 클릭한다.

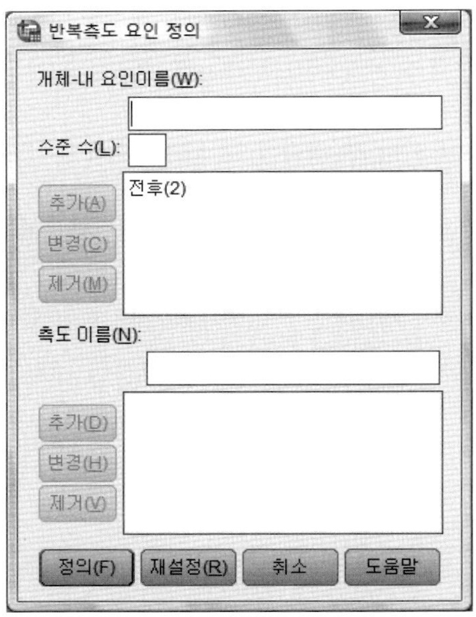

(3) 다음 화면에서 '수업전', '수업후'를 [개체 내 변수]에 지정한다. '클래스'를 [개체 간 요인]에 지정한다.

(4) 다음 화면에서 [옵션]을 클릭한다.

[순서 3] 옵션의 선택

[평균 표시 기준]에 [요인 및 요인 상호작용]에 표시되어 있는 '클래스', '전후', '클래스*전후'를 지정한다. [주효과 비교]에 체크한다. [신뢰구간 수정]은 [Bonferroni]를 선택한다. [표시]의 [기술통계량], [효과크기 추정값]을 선택한다. [계속]을 클릭한다.

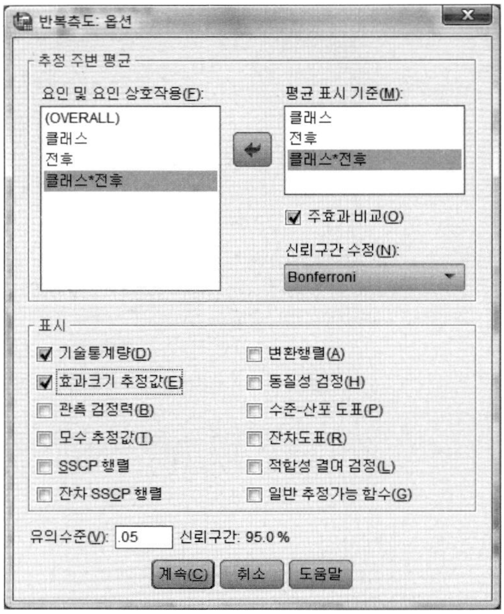

[순서 4] 도표의 선택

(1) [수평축 변수]에 '전후', [선구분 변수]에 '클래스'를 지정하고 [추가]를 클릭한다.

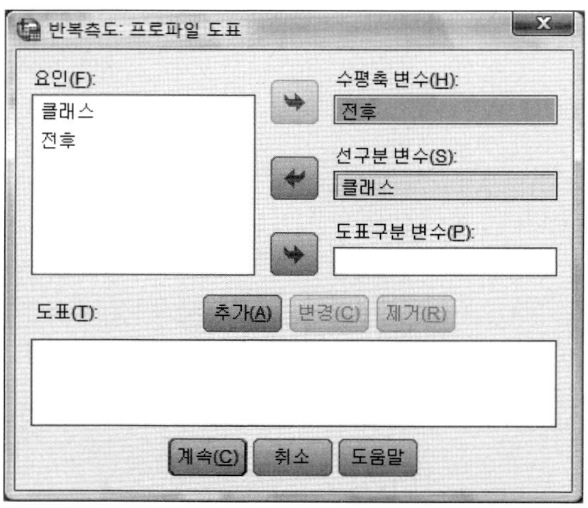

(2) 다음 화면에서 [계속]을 클릭한다. 이어서 [확인]을 클릭한다.

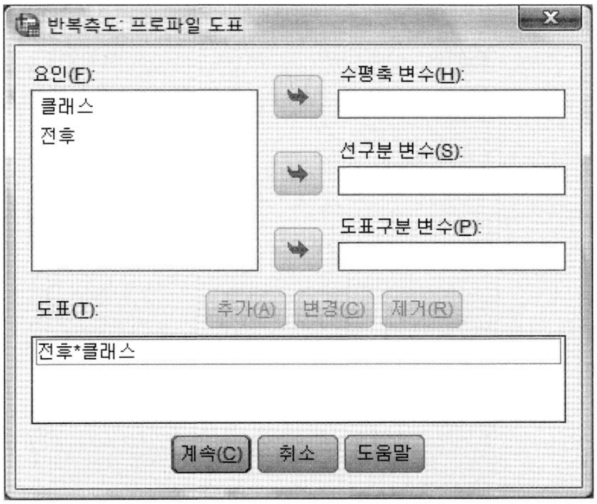

[분석결과]

기술통계량

	클래스	평균	표준편차	N
수업전	실험군	25.56	4.096	9
	대조군	25.00	3.367	10
	전체	25.26	3.634	19
수업후	실험군	28.00	4.330	9
	대조군	25.30	3.129	10
	전체	26.58	3.892	19

개체-내 효과 검정

측도: MEASURE_1

소스		제 III 유형 제곱합	자유도	평균제곱	F	유의확률	부분 에타 제곱
전후	구형성 가정	17.839	1	17.839	5.599	.030	.248
	Greenhouse-Geisser	17.839	1.000	17.839	5.599	.030	.248
	Huynh-Feldt	17.839	1.000	17.839	5.599	.030	.248
	하한	17.839	1.000	17.839	5.599	.030	.248
전후 * 클래스	구형성 가정	10.892	1	10.892	3.419	.082	.167
	Greenhouse-Geisser	10.892	1.000	10.892	3.419	.082	.167
	Huynh-Feldt	10.892	1.000	10.892	3.419	.082	.167
	하한	10.892	1.000	10.892	3.419	.082	.167
오차(전후)	구형성 가정	54.161	17	3.186			
	Greenhouse-Geisser	54.161	17.000	3.186			
	Huynh-Feldt	54.161	17.000	3.186			
	하한	54.161	17.000	3.186			

- 기술통계량

실험군의 경우에는,

수업 전 : 평균 25.56, 표준편차 4.096

수업 후 : 평균 28.00, 표준편차 4.330

수업 후의 표준편차가 수업 전과 같은 정도로 되었다.

- 개체 내 효과 검정

전후의 주효과가 유의 : $F(1, 17) = 5.599$, $p < 0.05$, 편 $\eta^2 = 0.248$

상호작용은 유의하지 않음 : $F(1, 17) = 3.419$, $p = 0.082 > 0.05$, 편 $\eta^2 = 0.167$

개체-간 효과 검정

측도: MEASURE_1

변환된 변수: 평균

소스	제 III 유형 제곱합	자유도	평균제곱	F	유의확률	부분 에타 제곱
절편	25545.734	1	25545.734	1033.597	.000	.984
클래스	25.102	1	25.102	1.016	.328	.056
오차	420.161	17	24.715			

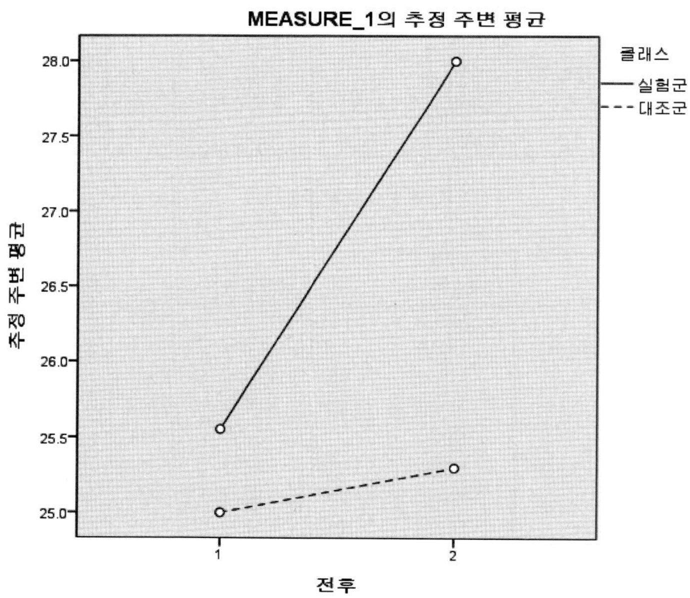

- 개체 간 효과 검정

  클래스의 주효과는 유의하지 않음 :

$$F(1, 17) = 1.016,\ p = 0.328 > 0.05,\ \text{편}\ \eta^2 = 0.056$$

- 프로파일 도표

  수업 후의 평균이 벌어져 있는 것처럼 보이지만, 세로축의 숫자를 관찰해 보자. SPSS에서 표시된 그래프는 세로축의 수치가 자동적으로 조정되기 때문에, 차가 없어도 있는 것처럼 보이는 경우가 있으므로 주의가 필요하다. 앞에서 분석한 프로파일 도표와 비교하면 그 사실을 확인할 수 있다.

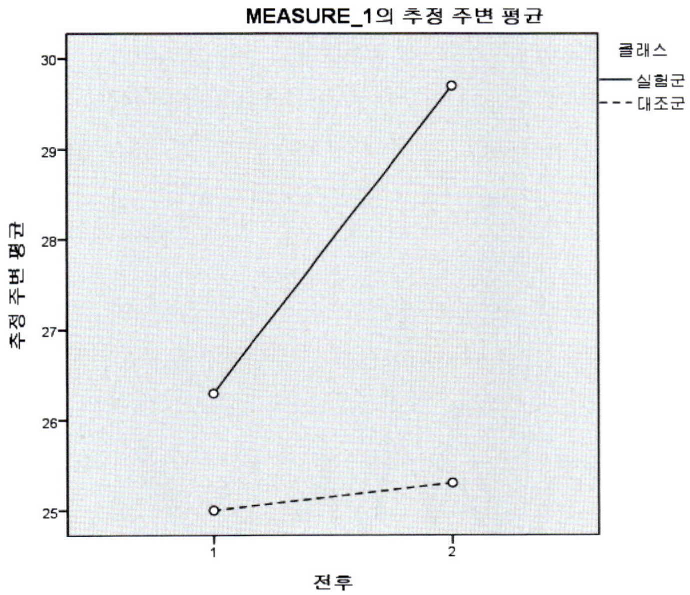

▶ 결과에 대한 논의

"상호작용이 유의하지 않게 되어 버렸어요" 결과를 본 철수가 말했다.

"유의확률은 $p = 0.082$이고, 효과량의 편 η^2도 0.167이라고 하는 값인데 …"

"미묘하네. 자, 좀 더 표본을 늘리면, 검정이 유의하게 될지도 모르지"

"교수님, 확실히 같은 효과량으로 표본이 늘어나면 유의하게 되기 쉬웠습니다"

"어쩌면 표본이 부족한 만큼 좀 더 많은 학생을 이 실험 수업에 참가시킨다면, No 10번과 같은 학생이 더 늘어날지도 모르지" 교수는 그렇게 말하고 화면을 응시했다.

"이것으로는 데이터가 부족하다는 것입니까 …" 실망한 듯이 보람은 중얼거렸다.

"그것도 그렇지만, 원래 이 산수 시험은 몇 점이 만점인가?"

"아, 물어보지 않았어요"

"그래. 만일 100점 만점의 시험이라고 한다면, 평균이 20점대라고 하는 것은 대단히 낮은 점수잖아. 원래 문제가 너무 어려울지도 모르고, 학생들의 학력에 문제가 있을지도 모르지"

교수는 두 사람을 향해 돌아섰다.

"그렇게 생각하지 않아?"

"만약 40점 만점의 시험이었다면 어떨까요?" 철수가 말한다.

"No 10번 학생은 수업 후에 45점을 받았지. 만일 40점 만점의 시험이라면, 이 데이터는 입력 미스인지 무슨 착오인지 …"

"글쎄. 그러한 것도 생각할 수 있네요"

교수는 다시 한 번 Excel의 그래프를 표시했다.

"개개인 학생의 그래프를 보면, 실험군의 클래스1(1번~10번) 중에도 수업 후에 점수가 상승하고 있는 학생과, 거의 상승하고 있지 않은 학생이 있다는 것을 알 수 있지"

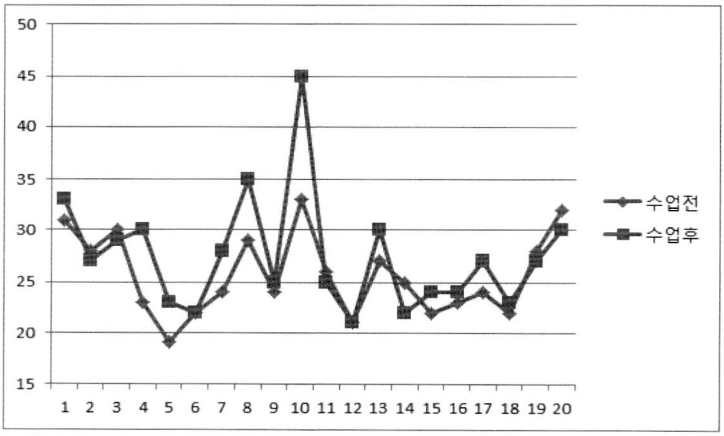

"네, 그렇게 보입니다만" 보람이 중얼거리듯이 말했다.

"어쩌면 자네 언니들이 개발한 새로운 교육방식은 어떤 학생에게는 효과가 있지만, 다른 학생에게는 거의 효과가 없는 교육방식이 되어 버린지도 모르지"

"수업이 잘 맞는 학생과 맞지 않는 학생이 있다고 하는 말씀이십니까?"

"그러한 것을 교육심리학에서 '적성처우 상호작용'(適性處遇 相互作用)이라고 말하기도 하네. 학생 자신이 갖는 적성과 교육방식 사이에는 상호작용이 있어서, 어떤 교육방식은 어떤

적성을 가진 학생에게는 유효하지만, 다른 적성을 가진 학생에게는 유효하지 않다고 하는 사고방식이지"

"네, 그렇군요"

"이러한 개인의 특성과 교육방식의 상호작용이 이 데이터에 반영되고 있는지 어떤지는 알 수 없고, 더욱 검증이 필요하다고 생각하지만, 앞으로도 확인해 볼 필요는 있을 거야"

"연구는 끝이 없다고 하는 말씀이시네요" 철수가 말한다.

"그렇지, 끝이 없네. 이렇게 해서 연구는 쭉 계속해 가는 것이지"

교수는 그렇게 말하고, 완전히 식어 버린 커피를 마셨다.

CHAPTER

7

요인분석과 항목분석

CHAPTER 7 요인분석과 항목분석

7.1 | 분석의 배경

■ **교실에서**

"어이, 요인분석 우리 해 본 적 있지?"

다음 수업이 시작하기 전에 교실에서 철수가 보람에게 말을 걸었다.

"응, 통계학 수업에서도 했고, 경영자료분석 시간에서도 했지"

"그렇지. 해본 기억은 있는데 말이야 …"

"최근에 모처럼 여러 가지 분석을 할 기회가 있어서 공부했는데, 잊어 버렸어?" 보람이 놀리듯이 말했다.

"분산분석이라든가 t 검정이라든가 하는 것은 해 봤지만, 요인분석은 지금까지 수업 이외에서는 해 보지 않았잖아" 철수도 마치 변명하듯이 말대꾸한다.

"요인분석이란 여러 변수의 배후에 뭔가 눈에 보이지 않는 변수를 가정하는 분석이잖아"

"눈에 보이지 않는 변수?"

"그래. 확실히 공통요인이라고 했어. 변수의 배후에 몇 개의, 어떠한 내용의 공통요인이 있는지를 찾는 거지"

"그것은 측정되어 있지 않은 변수를 말하는 것이네"

"응. 그 요인분석에서 복수의 변수가 몇 개의 범주로 나누어지는지를 검토하는 것이지만, 이것은 요인분석을 응용하고 있다고도 할 수 있지"

"본래는 공통요인을 찾아내고자 하는 것이잖아"

"그렇다고 할 수 있지만, 예를 들면 열두 개 변수의 배후에 세 개의 공통요인이 있다고 하는 결과는 열두 개의 변수가 세 개의 그룹으로 나눠진다고도 할 수 있지"

"아, 그런가. 열두 개 변수의 배후에 세 개의 공통요인이 있다고 하는 것은 열두 개의 변수가 네 개, 네 개, 네 개의 세 그룹으로 된다고도 할 수 있다 이거지"

"잘 균등하게 나누어지면 말이지. 어쩌면 여섯 개, 세 개, 세 개일지도 모르지"

"그거야 해 보지 않으면 알 수 없다는 거겠지"

"응. 분석해 보지 않으면 몇 개의 공통요인을 발견할 수 있는지를 정해 놓지 않는 요인분석의 방식을 탐색적 요인분석이라고 하는 것 같아. 그에 비해서 분석 전에 '몇 개의 공통요인이 있다'고 가설을 세워 두는 경우도 있지. 그것을 확인적 요인분석이라고 한다거나 검증적 요인분석이라고 하기도 하지"

"와. 대단하네. 전문가 수준이구만"

"이제 막 공부를 시작한 거라서 아직 이해 못 하는 것도 많거든 …" 겸손해 하면서 보람은 대답했다.

"그런데 이 데이터 말인데, 좀 봐 줘" 철수는 그렇게 말하고 출력한 데이터를 보람에게 보여 주었다.

"어떤 내용인데?"

"사회적 행동의 하나로, 뒤돌아보지 않고 다른 사람을 위해서 행동을 하는 것을 말하는데, 지금 세상에서 남을 위해서 뭔가 하려고 생각해도 주저하는 경우가 많잖아. 그러한 사회적 행동에 대한 저항감을 측정하는 척도를 만들어 보았거든"

"와. 그 저항감을 측정하기 위한 척도를 새로 만들었다고?" 보람이 감동한 모습으로 말한다.

"항목은 이러한 내용이야" 철수는 그렇게 말하고, 다시 한 장의 종이를 꺼내서 보람에게 건넸다.

"… 내용은, 정말로 사회적 행동이라는 느낌이 드네. 이 항목에 어떻게 대답하지?"

"먼저 '다음 항목 각각에 대해서 귀하는 어느 정도 저항감을 느낍니까?' 하고 묻는 거야. 그리고 '느끼지 않는다'를 0점으로 하고, '대단히 느낀다'의 3점까지 4단계로 회답하게 하는 거지"

"음. 그 말은 점수가 높을수록 저항감을 느낀다는 것을 의미하는 것이네"

"그렇지. 이 데이터는 대학생 70명에게 이 척도를 회답하게 해서 받은 거야. 먼저 어떤 분석을 하면 좋을까?"

"음 …. 우선은 각각의 항목에 대해서 점수분포를 확인한다거나, 평균이나 표준편차 등의 기술통계량을 내 보는 것이 좋지 않을까"

"역시 그렇겠지. 그 다음에 요인분석인가?"

"그래. 너무 점수분포가 치우쳐 있는 항목을 그대로 요인분석해 버리는 것은 재미없을지도 모르지만 …"

"좋아. 자 그럼 그 순서로 해 볼까. 이 수업이 끝나면 컴퓨터실 같이 안 가겠어?"

[예제 7-1]

표 7-1 데이터표

No	P01	P02	P03	P04	P05	P06	P07	P08	P09	P10	P11	P12	P13	P14	P15	P16	P17	P18	P19	P20	P21	P22	P23	P24	P25	P26
1	0	0	1	1	1	0	0	1	2	2	0	0	1	0	0	1	1	1	2	0	3	2	0	1	0	0
2	1	0	2	1	1	1	0	0	1	1	0	0	0	0	0	0	1	1	2	1	1	0	1	2	1	1
3	0	0	0	1	1	1	0	1	1	1	1	0	1	0	1	0	0	0	0	2	3	0	0	3	0	3
4	1	0	0	1	0	1	0	2	2	2	0	0	0	0	2	0	1	1	1	0	2	2	1	1	0	0
5	0	0	0	0	0	0	0	1	1	0	0	0	0	0	0	1	0	0	0	0	0	2	0	1	0	1
6	1	1	3	1	3	3	1	3	3	3	3	1	0	3	3	3	3	2	3	1	3	3	1	3	0	3
7	0	0	0	0	0	1	0	0	0	0	0	0	0	0	1	0	2	0	0	0	0	1	0	0	0	1
8	0	0	0	0	0	0	0	0	0	0	0	0	0	0	0	0	0	1	0	0	0	1	1	0	0	0
9	0	0	0	1	0	0	0	0	0	0	0	0	0	0	0	1	0	0	0	0	1	1	0	0	0	0
10	2	0	0	1	2	3	0	0	1	1	1	0	0	0	1	0	2	1	1	0	1	0	0	1	0	1
⋮	⋮	⋮	⋮	⋮	⋮	⋮	⋮	⋮	⋮	⋮	⋮	⋮	⋮	⋮	⋮	⋮	⋮	⋮	⋮	⋮	⋮	⋮	⋮	⋮	⋮	⋮
61	0	0	0	0	1	0	0	0	1	0	0	0	0	0	0	0	2	0	1	0	1	0	2	0	0	1
62	1	0	0	1	0	0	0	0	2	1	0	0	0	0	2	0	0	3	2	0	1	2	0	0	0	0
63	0	0	0	0	0	1	0	1	1	1	0	1	0	0	1	0	0	0	1	0	1	0	0	0	0	0
64	0	0	0	2	1	1	0	1	2	2	1	0	0	1	0	0	1	1	2	1	3	1	0	0	0	0
65	0	0	1	1	0	0	0	1	1	1	0	0	0	0	1	0	0	1	2	0	2	2	1	1	0	1
66	0	0	0	1	0	1	0	2	2	0	0	1	0	1	2	1	2	1	2	0	2	2	1	1	0	0
67	2	1	1	3	0	0	0	2	1	1	0	0	0	1	3	2	3	1	2	2	2	2	3	0	1	1
68	0	0	0	0	0	1	0	0	0	0	0	1	0	0	3	0	1	0	1	0	1	0	0	0	0	0
69	0	0	0	0	1	2	0	0	0	0	1	0	2	0	0	0	0	2	0	0	1	0	0	1	0	0
70	1	0	1	1	0	0	0	2	1	1	0	1	1	2	3	1	3	2	1	0	3	2	0	0	0	1

(데이터는 첨부 CD에 수록되어 있음)

▶ 조사항목

P01 : 공중화장실이나 공원 등의 수도물을 잠근다

P02 : 친한 사람에게 샤프펜을 빌려 준다

P03 : 친한 사람에게 강의 노트를 보여 준다

P04 : 미아를 경찰서에 데리고 간다

P05 : 감기로 쉬고 있는 친한 사람에게 전화로 중대한 연락을 한다

P06 : 부재중인 친한 사람의 집에 온 짐을 보관한다

P07 : 친한 사람을 위해서 프린트를 받아 둔다

P08 : 길가의 휴지를 줍는다

P09 : 파출소에 분실물을 신고한다

P10 : 낯선 사람이 쓰러져 있으면 구급차를 부른다

P11 : 친한 사람에게 과제의 오류를 가르쳐 준다

P12 : 친한 사람이 둔 가방이 쓰러져 있으면 세워 놓는다

P13 : 입원해 있는 사람에게 격려의 메일을 보낸다

P14 : 모르는 사람을 위해서 엘리베이터 버튼을 대신 누른다

P15 : 자전거 보관소에 쓰러져 있는 자전거를 세워 놓는다

P16 : 친한 사람이 잔돈이 없을 때 빌려 준다

P17 : 친한 사람이 강의중에 자고 있으면 깨운다

P18 : 모금을 한다

P19 : 전차나 버스에서 모르는 사람에게 자리를 양보한다

P20 : 친한 사람의 고민상담에 응한다

P21 : 모르는 사람의 무거운 짐을 거들어 준다

P22 : 점자 블록 위에 있는 것을 치운다

P23 : 모르는 사람이 시간을 물으면 가르쳐 준다

P24 : 전화로 친한 사람에게 부탁을 받으면 그에 응한다

P25 : 자기 뒤에 있는 모르는 사람을 위해서 문을 열어 준다

P26 : 친한 사람의 수업 과제를 도와 준다

▶ 4단계 척도

0점 : 느끼지 않는다

1점 : 별로 느끼지 않는다

2점 : 조금 느낀다

3점 : 대단히 느낀다

7.2 | 분석순서

■ 평균/표준편차/도수분포표

[SPSS의 처리 절차]

[순서 1] 데이터의 입력

(1) 먼저 [변수 보기]에서 다음과 같이 변수를 입력하고 정의한다.

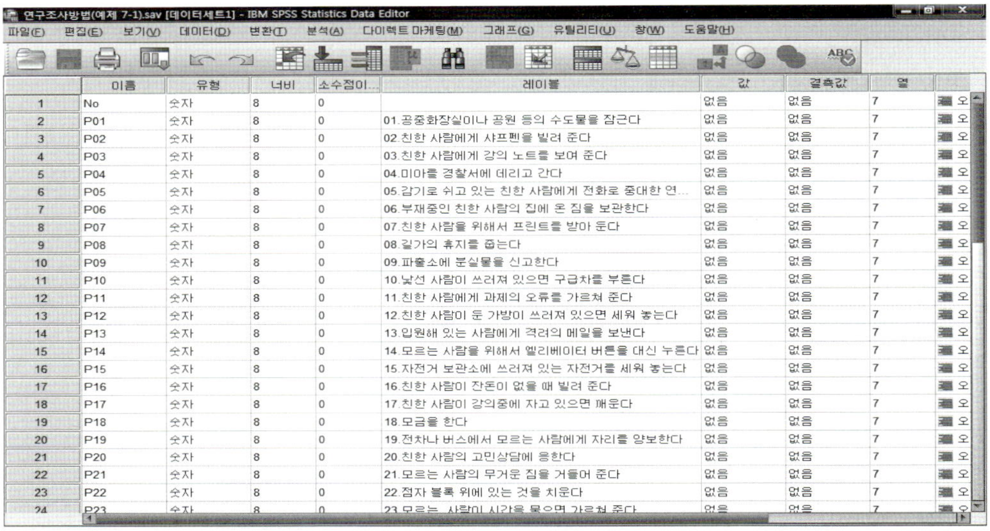

(2) [데이터 보기]를 열어 <표 7-1>의 데이터를 입력한다.

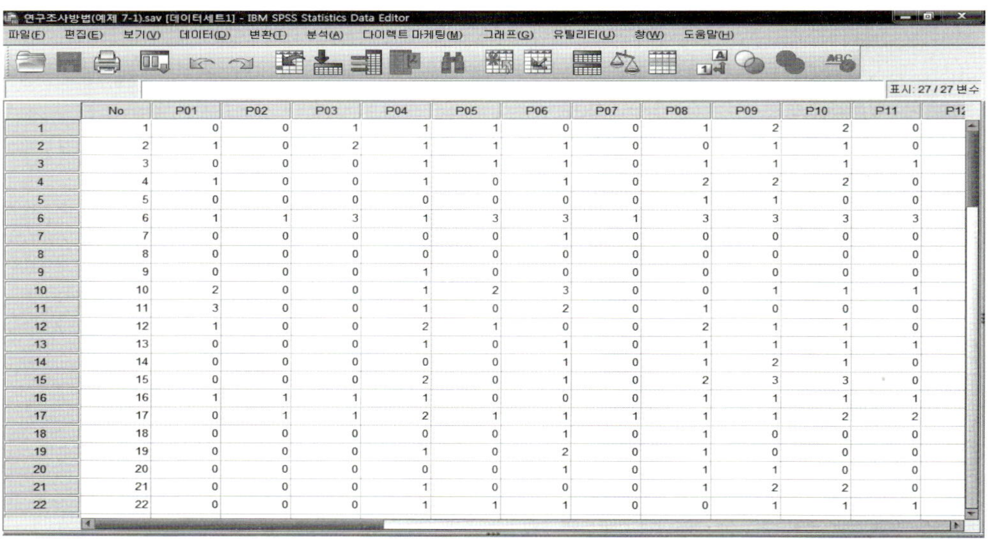

[순서 2] 분석 수법의 선택

메뉴에서 [분석]-[기술통계량]-[빈도분석]을 선택한다.

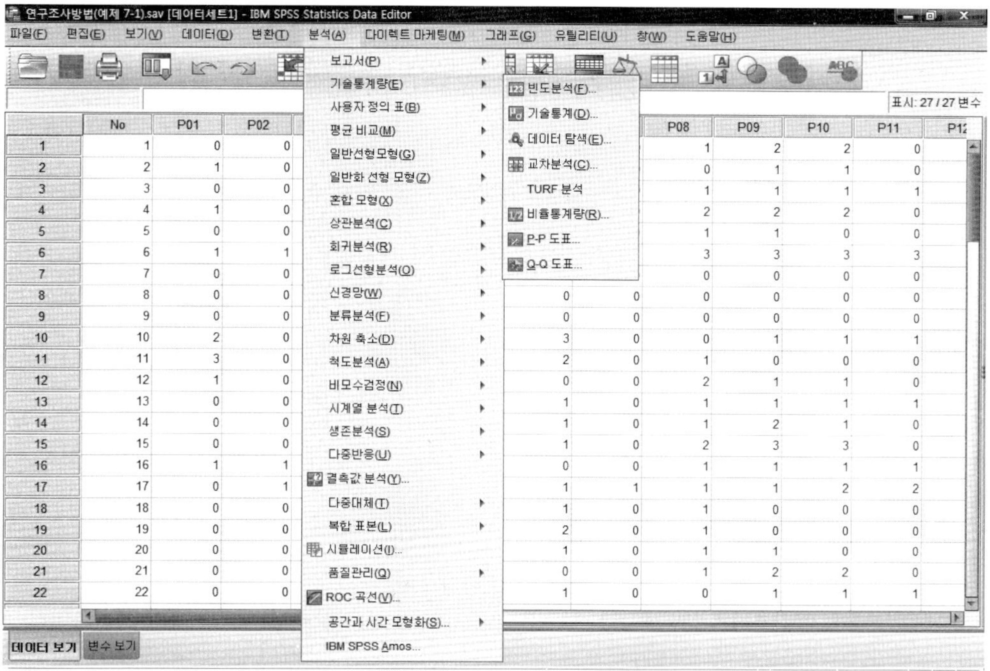

[순서 3] 변수의 선택

[변수]에 'P01'부터 'P26'까지 지정하고, [빈도표 표시]에 체크되어 있는 것을 확인한다. [통계량]을 클릭한다.

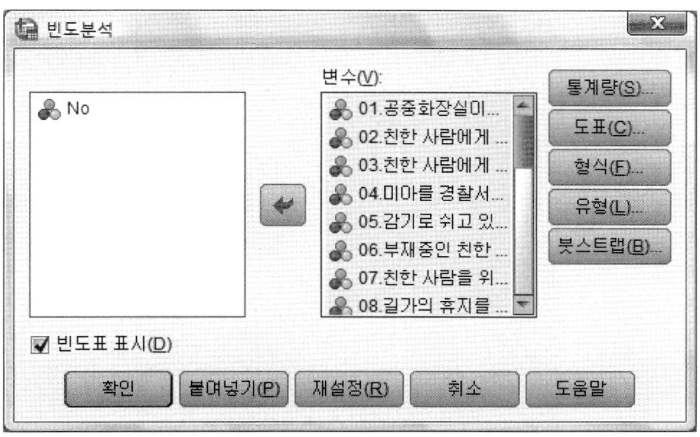

[순서 4] 통계량의 선택

[중심경향]의 [평균]에 체크한다.

[산포도]의 [표준화 편차], [최소값], [최대값]에 체크한다. [계속]을 클릭한다.

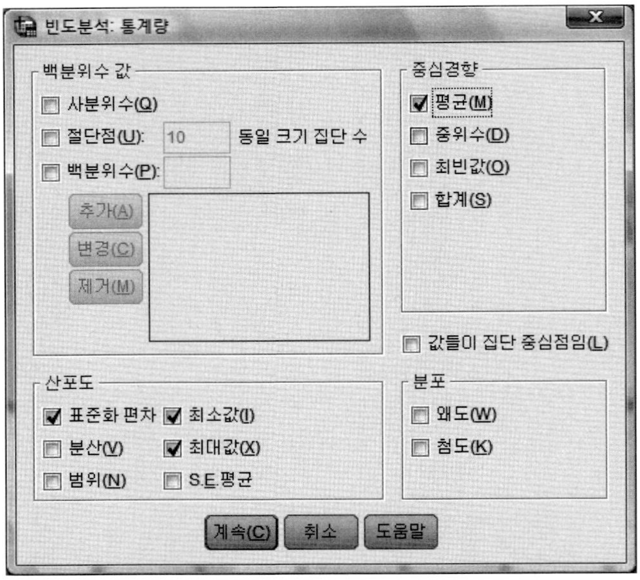

[순서 5] 도표의 선택

[도표]를 클릭한다. [도표 유형]에서 [히스토그램]을 선택한다.

[히스토그램에 정규곡선 표시]에 체크한다. [계속]을 클릭한다.

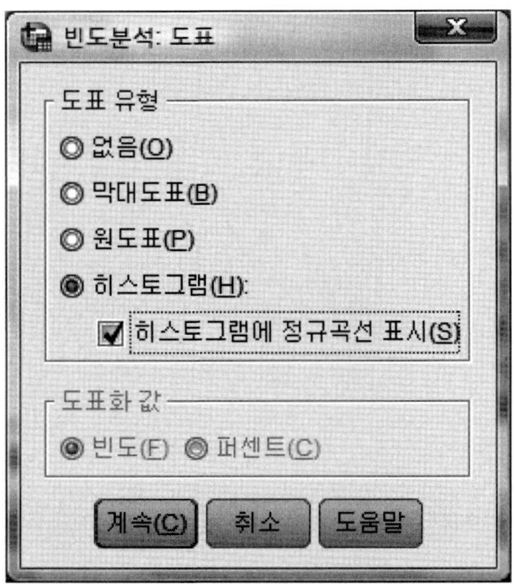

[순서 6] 형식의 선택

[형식]을 클릭한다. [다중 변수]에서 [각 변수별로 출력결과를 나타냄]을 선택한다. [계속]을 클릭한다. 이어서 [확인]을 클릭한다.

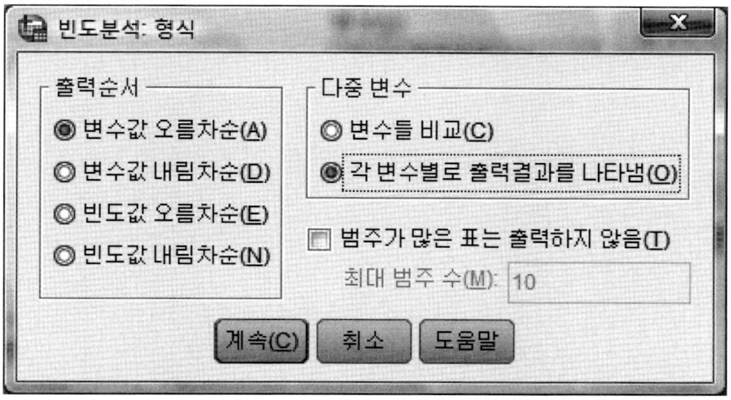

[분석결과]

▶ 01. 공중화장실이나 공원 등의 수도물을 잠근다

통계량

01.공중화장실이나 공원 등의 수도물을 잠근다

N	유효	70
	결측	0
평균		.37
표준편차		.745
최소값		0
최대값		3

01.공중화장실이나 공원 등의 수도물을 잠근다

		빈도	퍼센트	유효 퍼센트	누적 퍼센트
유효	0	52	74.3	74.3	74.3
	1	13	18.6	18.6	92.9
	2	2	2.9	2.9	95.7
	3	3	4.3	4.3	100.0
	전체	70	100.0	100.0	

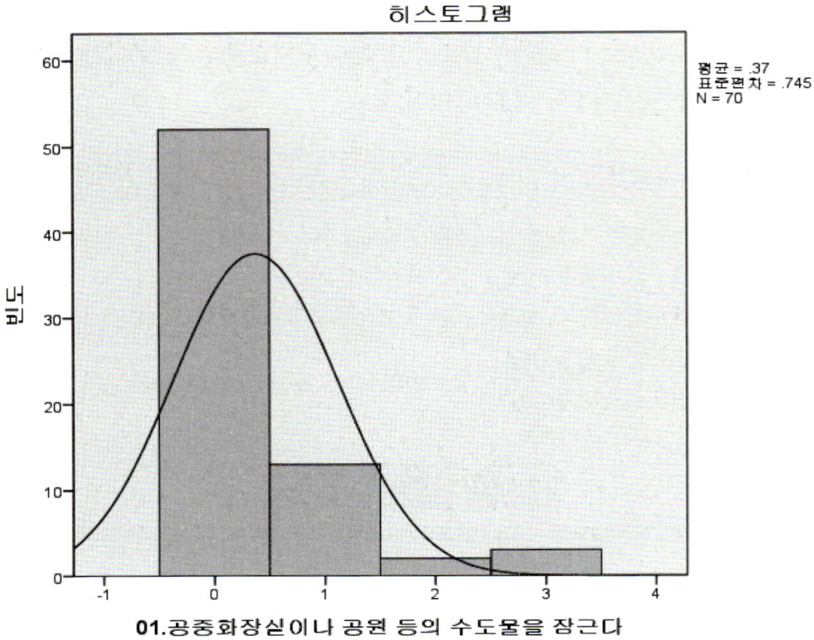

- 통계량

  평균 0.37, 표준편차 0.745, 최소값 0, 최대값 3

  점수범위가 0에서 3으로 평균이 0.37이라고 하는 것은 대단히 낮다고 할 수 있다.

- 도수분포표

  0을 선택한 사람이 74.3%로 압도적으로 많다는 것을 알 수 있다.

- 히스토그램

  왼쪽으로 치우치고 오른쪽으로 꼬리를 가진 그래프로 되어 있다.

▶ 02. 친한 사람에게 샤프펜을 빌려 준다

통계량

02.친한 사람에게 샤프펜을 빌려 준다

N	유효	70
	결측	0
평균		.09
표준편차		.282
최소값		0
최대값		1

02.친한 사람에게 샤프펜을 빌려 준다

		빈도	퍼센트	유효 퍼센트	누적 퍼센트
유효	0	64	91.4	91.4	91.4
	1	6	8.6	8.6	100.0
	전체	70	100.0	100.0	

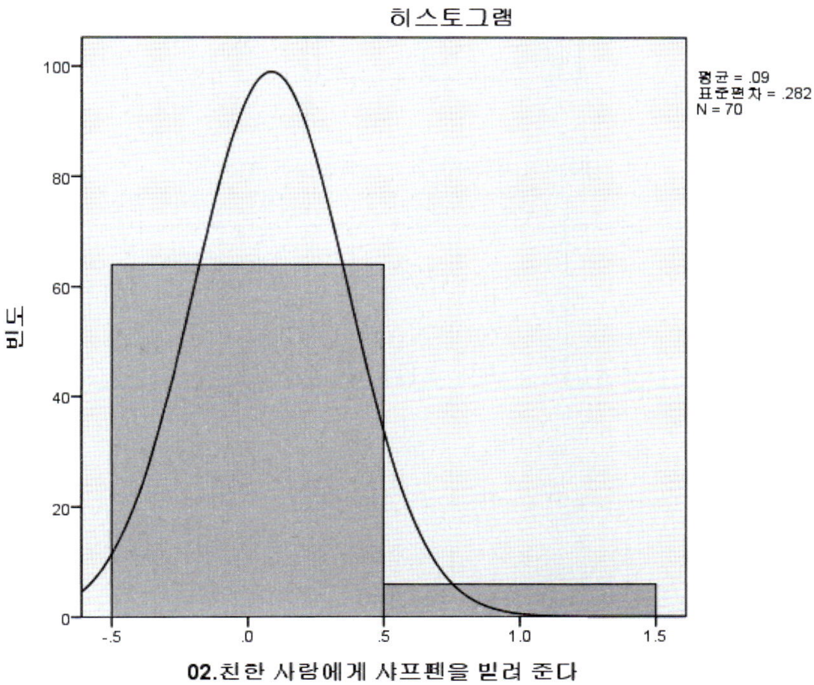

- 통계량

  평균 0.09, 표준편차 0.282, 최소값 0, 최대값 1

  가능한 점수범위는 0에서 3이지만, 0과 1밖에 선택되고 있지 않다.

- 도수분포표

  0을 선택한 사람이 91.4%로 압도적으로 많다는 것을 알 수 있다.

- 히스토그램

  0과 1밖에 선택하는 사람이 없으므로, 기둥이 두 개뿐인 그래프가 된다.

▶ 03. 친한 사람에게 강의 노트를 보여 준다

통계량

03.친한 사람에게 강의 노트를 보여 준다

N	유효	70
	결측	0
평균		.27
표준편차		.588
최소값		0
최대값		3

03.친한 사람에게 강의 노트를 보여 준다

		빈도	퍼센트	유효 퍼센트	누적 퍼센트
유효	0	55	78.6	78.6	78.6
	1	12	17.1	17.1	95.7
	2	2	2.9	2.9	98.6
	3	1	1.4	1.4	100.0
	전체	70	100.0	100.0	

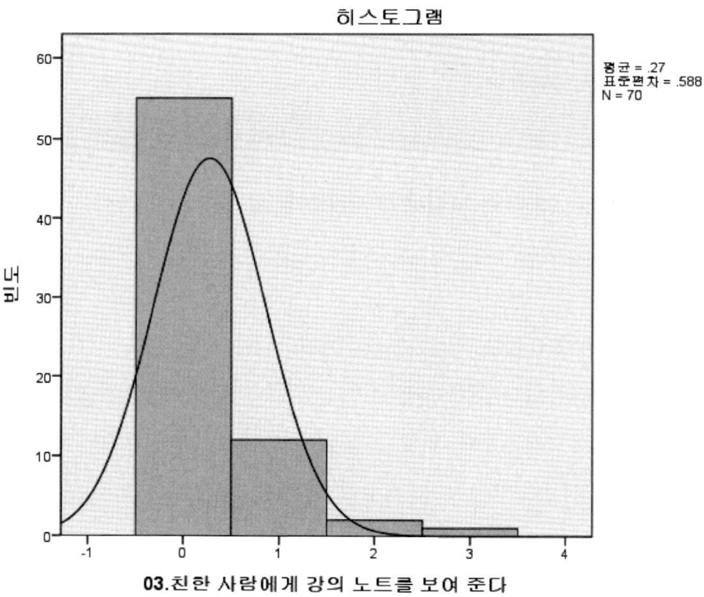

- 통계량

평균 0.27, 표준편차 0.588, 최소값 0, 최대값 3

역시 평균은 대단히 낮다고 할 수 있다.

- 도수분포표

  0을 선택한 사람이 78.6%, 1을 선택한 사람이 17.1%, 2를 선택한 사람이 2.9%, 3을 선택한 사람은 한 사람밖에 없다.

- 히스토그램

  역시 왼쪽으로 치우치고 오른쪽으로 꼬리를 가진 그래프로 되어 있는 것을 알 수 있다.

그 밖의 다른 항목도 비슷한 분포를 보이는데, 조금 다른 점수분포를 보이는 항목을 찾아보기로 한다.

▶ 15. 자전거 보관소에 쓰러져 있는 자전거를 세워 놓는다

통계량

15.자전거 보관소에 쓰러져 있는 자전거를 세워 놓는다

N	유효	70
	결측	0
평균		1.29
표준편차		1.038
최소값		0
최대값		3

15.자전거 보관소에 쓰러져 있는 자전거를 세워 놓는다

		빈도	퍼센트	유효 퍼센트	누적 퍼센트
유효	0	20	28.6	28.6	28.6
	1	20	28.6	28.6	57.1
	2	20	28.6	28.6	85.7
	3	10	14.3	14.3	100.0
	전체	70	100.0	100.0	

- 통계량

  평균 1.29, 표준편차 1.038, 최소값 0, 최대값 3

  점수범위가 0에서 3이라고 하는 것은 이론적인 중앙값은 1.5이다. 평균이 1.29라고 하는 것은 다른 항목에 비해서 그 값에 가깝다고 할 수 있을 것이다.

- 도수분포표

0, 1, 2를 선택한 사람이 각각 20명(28.6%)씩 같다. 3을 선택한 사람이 10명(14.3%)이다.

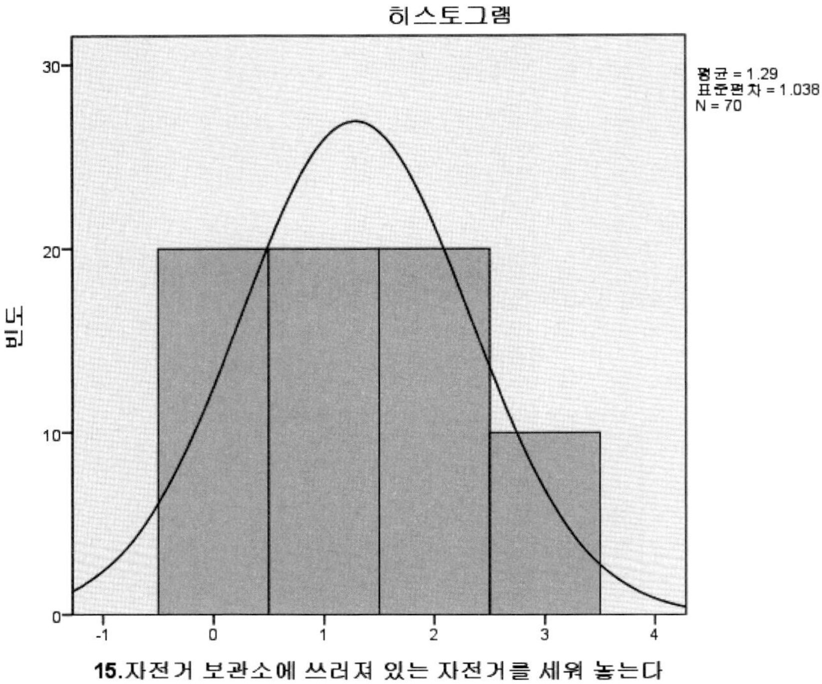

- 히스토그램

0, 1, 2가 같은 수이므로 같은 높이의 그래프로 되어 있다.

▶ 19. 전차나 버스에서 모르는 사람에게 자리를 양보한다

통계량

19.전차나 버스에서 모르는사람에게 자리를 양보한다

N	유효	70
	결측	0
평균		1.10
표준편차		.919
최소값		0
최대값		3

19.전차나 버스에서 모르는사람에게 자리를 양보한다

		빈도	퍼센트	유효 퍼센트	누적 퍼센트
유효	0	21	30.0	30.0	30.0
	1	26	37.1	37.1	67.1
	2	18	25.7	25.7	92.9
	3	5	7.1	7.1	100.0
	전체	70	100.0	100.0	

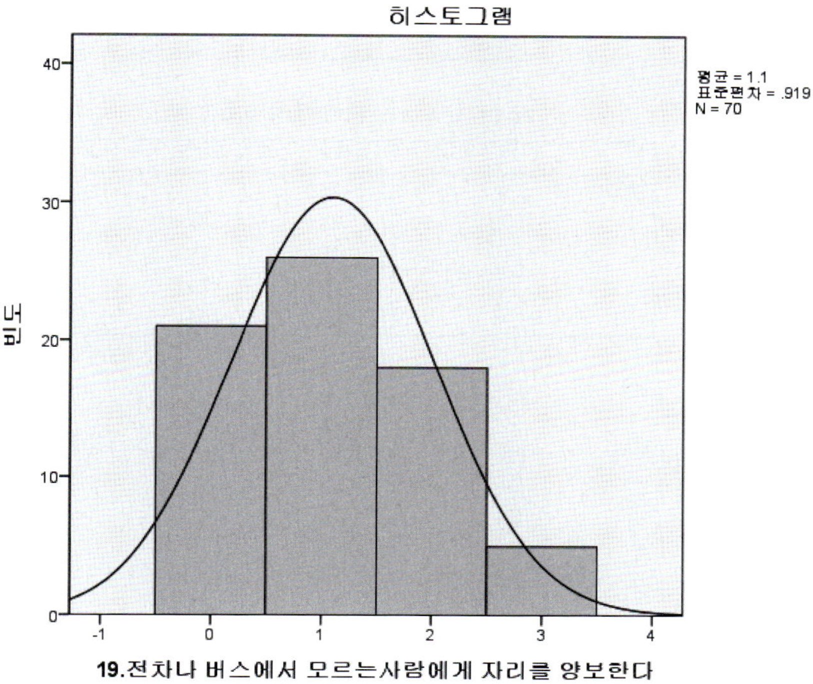

- 통계량

평균 1.10, 표준편차 0.919, 최소값 0, 최대값 3

역시 평균은 약간 낮은데, 1과 2 사이다.

- 도수분포표

0을 선택한 사람이 30.0%, 1을 선택한 사람이 37.1%, 2를 선택한 사람이 25.7%, 3을 선택한 사람은 7.1%이다.

- 히스토그램

선택지 1이 가장 빈도가 많은 그래프로 되어 있다.

▶ 21. 모르는 사람의 무거운 짐을 거들어 준다

통계량

21.모르는 사람의 무거운 짐을 거들어 준다

N	유효	70
	결측	0
평균		1.51
표준편차		1.032
최소값		0
최대값		3

21.모르는 사람의 무거운 짐을 거들어 준다

		빈도	퍼센트	유효 퍼센트	누적 퍼센트
유효	0	14	20.0	20.0	20.0
	1	20	28.6	28.6	48.6
	2	22	31.4	31.4	80.0
	3	14	20.0	20.0	100.0
	전체	70	100.0	100.0	

히스토그램

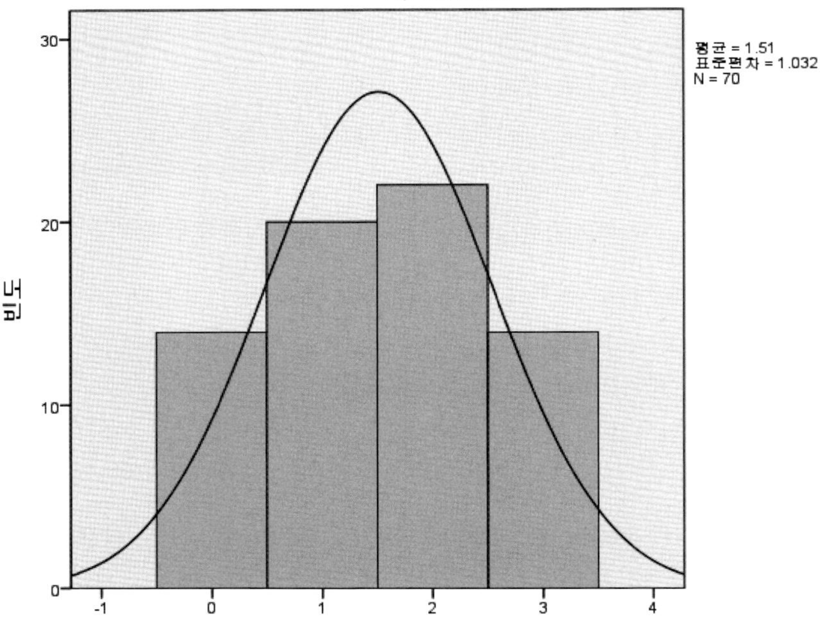

21.모르는 사람의 무거운 짐을 거들어 준다

- 통계량

평균 1.51, 표준편차 1.032, 최소값 0, 최대값 3

평균은 취할 수 있는 점수범위 0에서 3의 거의 중앙으로 되어 있다.

- 도수분포표

2를 선택한 사람이 가장 많아 31.4%를 차지한다.

- 히스토그램

1과 2를 선택한 사람이 많고, 중앙이 솟아오른 그래프로 되어 있다는 것을 알 수 있다.

▶ 22. 점자 블록 위에 있는 것을 치운다

통계량

22.점자 블록 위에 있는 것을 치운다

N	유효	70
	결측	0
평균		1.27
표준편차		1.020
최소값		0
최대값		3

22.점자 블록 위에 있는 것을 치운다

		빈도	퍼센트	유효 퍼센트	누적 퍼센트
유효	0	20	28.6	28.6	28.6
	1	20	28.6	28.6	57.1
	2	21	30.0	30.0	87.1
	3	9	12.9	12.9	100.0
	전체	70	100.0	100.0	

- 통계량

평균 1.27, 표준편차 1.020, 최소값 0, 최대값 3

평균은 취할 수 있는 점수범위 0에서 3의 중앙에서 약간 왼쪽으로 치우쳐 있다.

- 도수분포표

2를 선택한 사람이 가장 많아 30.0%를 차지하고 0, 1을 선택한 사람이 28.6%를 차지한다.

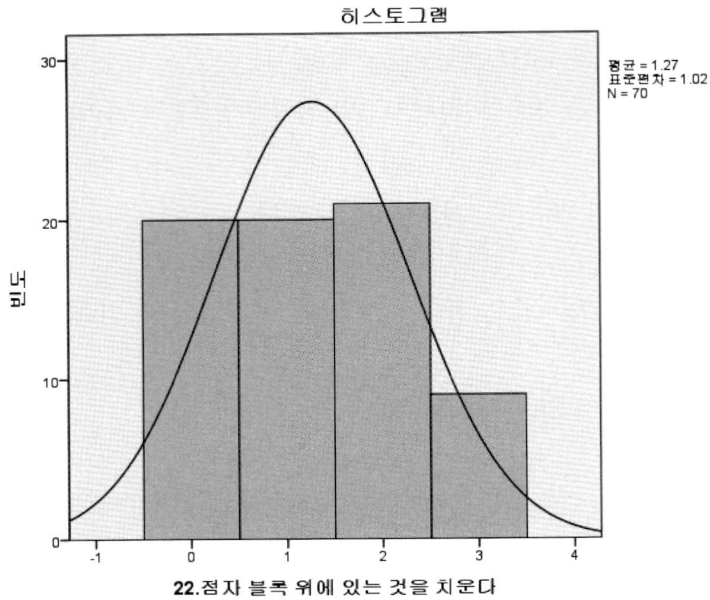

- 히스토그램

  1, 2, 3을 선택한 사람이 많고, 전체적으로 평평한 그래프로 되어 있다는 것을 알 수 있다.

▶ 결과에 대한 논의

결과를 보면서 보람은 한숨을 쉬었다.

"뭐야, 거의 치우친 점수분포 항목뿐이잖아"

"그러네. 대개 항목 0과 1을 선택한 사람뿐이라니까 …"

두 사람은 생각에 잠겼다.

"점수분포가 치우쳐 있는 항목은 요인분석에서 떼어 내라고 했잖아?"

"음, 어쩐다. 자, 이렇게 하면 어떨까? 히스토그램의 정점이 0도 3도 아니고, 1이나 2에 있는 항목만을 끄집어 내는 거야. 그렇게 하면 점수분포가 어느 정도 점수범위의 중앙에 모인 항목만을 요인분석할 수 있을지 몰라"

"과연 그럴 듯 해. 그거 좋아"

두 사람은 SPSS가 출력한 히스토그램을 확인해 나갔다.

"1이나 2를 선택한 사람이 가장 많은 것은 이 8항목이네" 보람이 말한다.

"에, 항목번호로는 4, 8, 10, 15, 17, 19, 21, 22네"

"그래. 이 8항목 이외는 1이나 3을 선택한 사람이 가장 많았어"

"자, 이 8항목을 요인분석해 볼까"

힌트

요인분석이란 몇 개의 변수 사이에 숨어 있는 공통의 요인(factor)을 찾아내는 수법을 말한다.

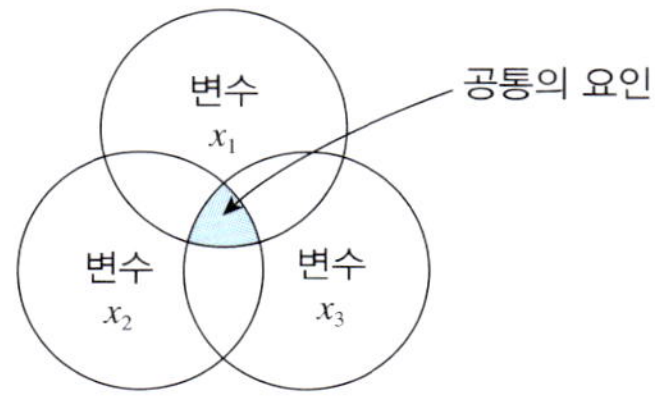

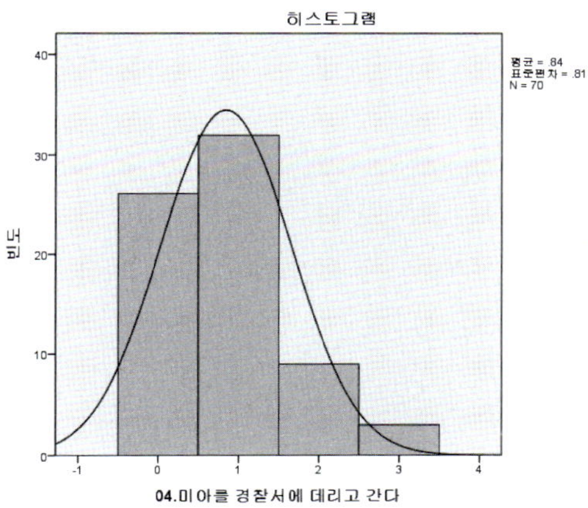

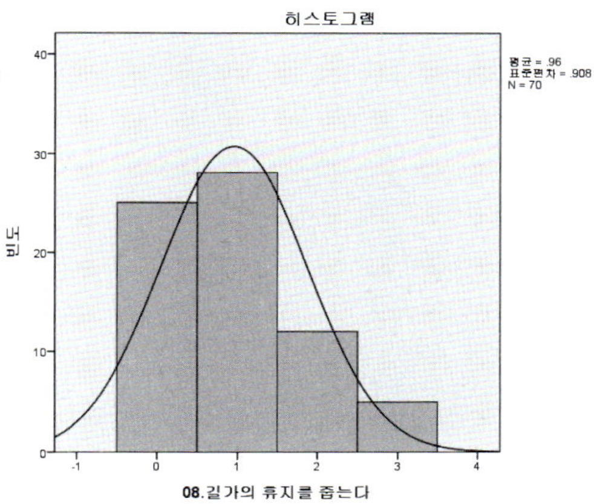

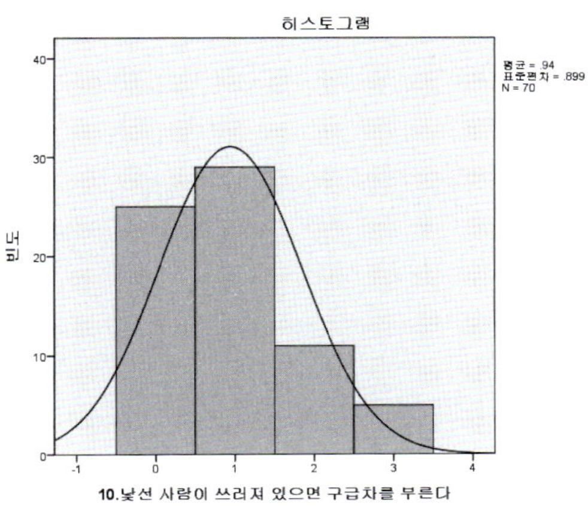

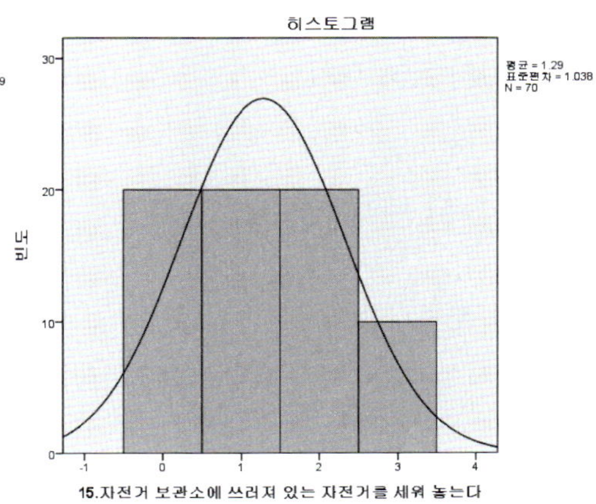

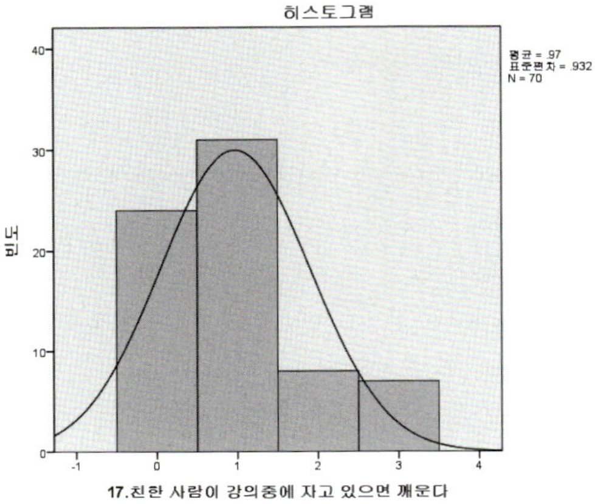

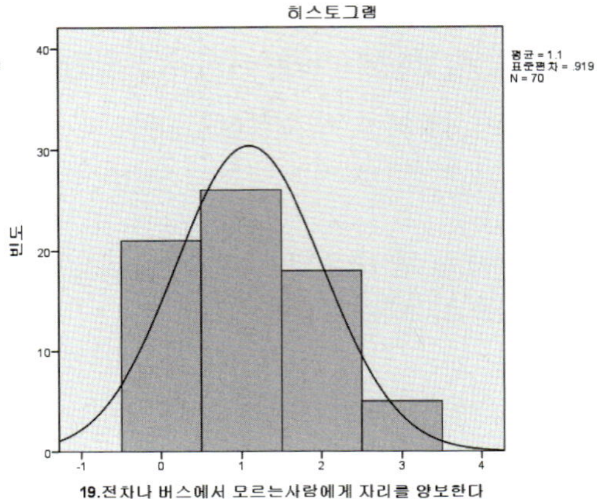

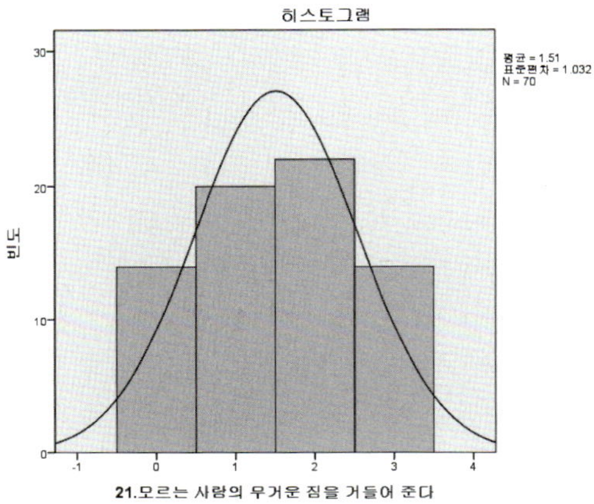

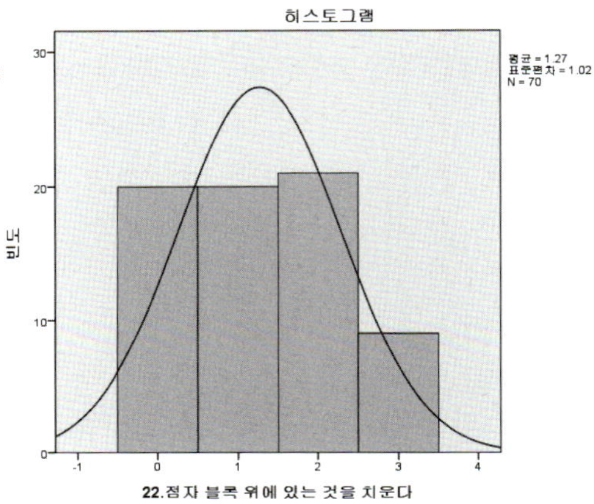

8항목의 요인분석(1회째 : 요인 수 결정을 위한 분석)

[SPSS의 처리 절차]

[순서 1] 데이터의 입력

<표 7-1>의 데이터를 입력한다.

[순서 2] 분석 수법의 선택

메뉴에서 [분석]-[차원 축소]-[요인분석]을 선택한다.

[순서 3] 변수의 선택

[변수]에 8개 항목 'P04', 'P08', 'P10', 'P15', 'P17', 'P19', 'P21', 'P22'를 지정한다. [요인추출]을 클릭한다.

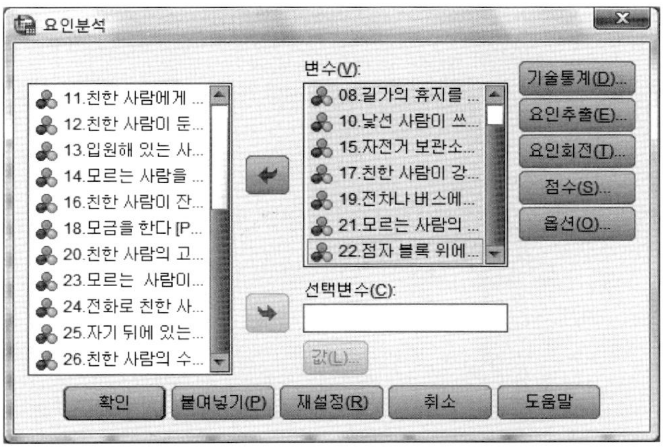

[순서 4] 요인추출의 선택

[방법]에서 [최대우도]를 선택한다. [표시]의 [스크리 도표]를 추가로 체크한다. [계속]을 클릭한다. 이어서 [확인]을 클릭한다.

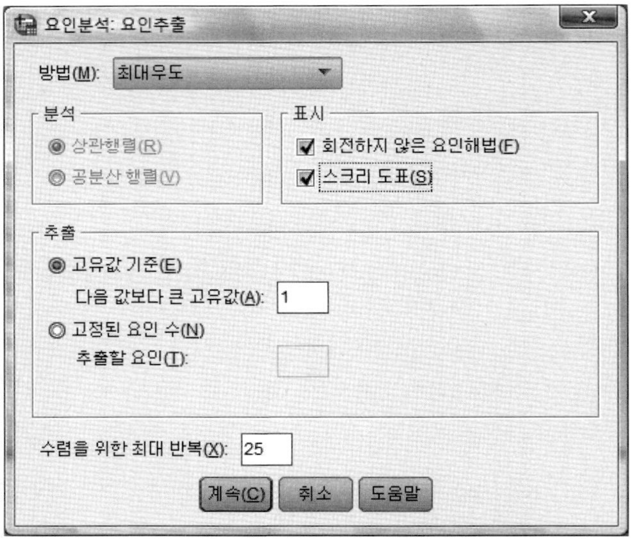

[분석결과]

설명된 총분산

요인	초기 고유값			추출 제곱합 적재량		
	전체	% 분산	누적 %	전체	% 분산	누적 %
1	4.011	50.136	50.136	3.380	42.246	42.246
2	1.215	15.184	65.321	.949	11.863	54.110
3	.735	9.187	74.507			
4	.544	6.799	81.306			
5	.496	6.200	87.505			
6	.389	4.861	92.366			
7	.338	4.227	96.593			
8	.273	3.407	100.000			

추출 방법: 최대우도.

요인 수를 정하기 위해서 볼 출력은 다음과 같다.

- 설명된 총분산

    고유값 → 초기 고유값의 전체 난

초기 분산 설명률 → 초기 고유값의 % 분산 난

초기 누적기여율 → 초기 고유값의 누적 % 난

을 각각 참조한다.

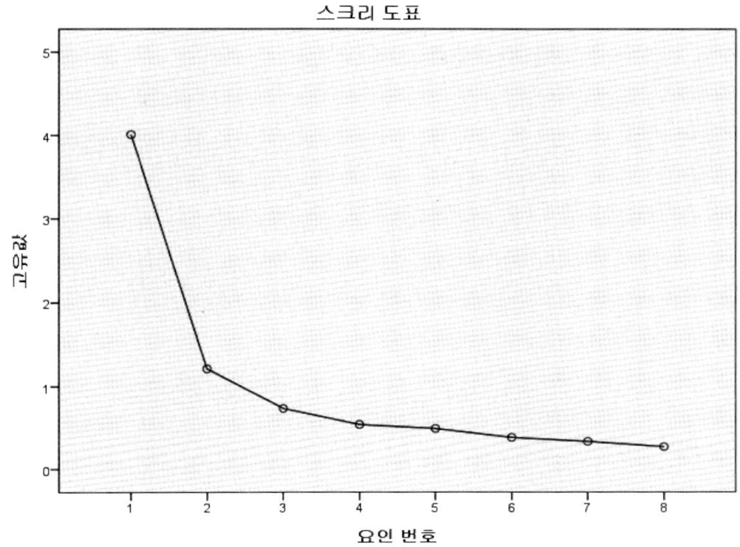

- 스크리 도표

  세로축은 초기 고유값의 전체 값, 가로축은 요인 번호를 취하여 각 요인 번호의 고유값을 플롯한 것이다.

요인 수를 정하려면, 초기 고유값의 변화를 참고로 한다.

이번 분석의 결과를 보면,

초기 고유값은 요인 번호 2까지가 1을 초과하고 있다.

요인 번호 3 이후는 고유값이 1보다 크게 떨어지고 있다.

이들 사실로부터 요인 수 2를 채택한다.

[요인 수 결정방법]

(1) 고유값이 1 이상(Guttman 기준)

초기 고유값 전체의 난을 본다.

고유값 1 이상의 요인 수를 추출한다. 고유값 1의 기준이 요인추출의 최대값이 된다. SPSS의 초기설정에서는 이 기준으로 요인 수가 추출된다. 단 경험 상, 이 기준으로는 요인이 너무 많이 추출되는 경향이 있다. 또한 가능하면 추출 후의 고유값도 1을 초월하면 좋을 것이다.

(2) 고유값의 변화(고유값의 감쇠상황)

초기 고유값 전체의 난을 본다.

요인 번호 A와 요인 번호 B의 고유값 차가 그 전후보다도 크게 벌어져 있을 때, 요인 수 A를 채택한다. 다음의 스크리 기준과 같다.

(3) 스크리 기준

스크리 도표를 본다.

스크리 도표가 급하게 떨어지기 전까지의 요인 수를 채택한다.

(4) 요인의 해석 가능성

결과적으로 도출된 요인(질문항목의 집합)의 내용을 잘 해석할 수 있고, 요인에 적합한 이름을 붙일 수 있다.

(5) 적합도 검정

요인추출에서 최대우도를 선택하면, 적합도 검정이 출력된다(카이제곱 검정). 다만 이 결과만에 의존하지 않고, 위의 (1)~(4)도 합쳐서 종합적으로 요인 수를 결정하는 편이 좋다.

적합도 검정

카이제곱	자유도	유의확률
9.536	13	.731

8항목의 요인분석(2회째 : 요인의 회전)

[SPSS의 처리 절차]

[순서 1] 데이터의 입력

<표 7-1>의 데이터를 입력한다.

[순서 2] 분석 수법의 선택

메뉴에서 [분석]-[차원 축소]-[요인분석]을 선택한다.

[순서 3] 변수의 선택

[변수]에 8개 항목 'P04', 'P08', 'P10', 'P15', 'P17', 'P19', 'P21', 'P22'를 지정한다. [요인추출]을 클릭한다.

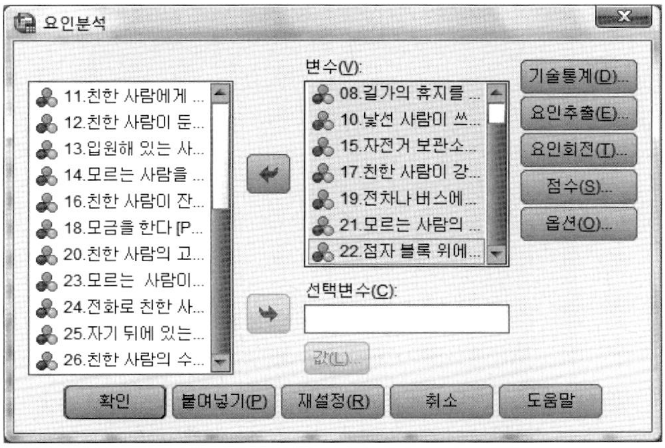

[순서 4] 요인추출의 선택

[방법]에서 [최대우도]를 선택한다. [추출]의 [추출할 요인]에 '2'를 입력한다. [계속]을 클릭한다. [요인회전]을 선택한다.

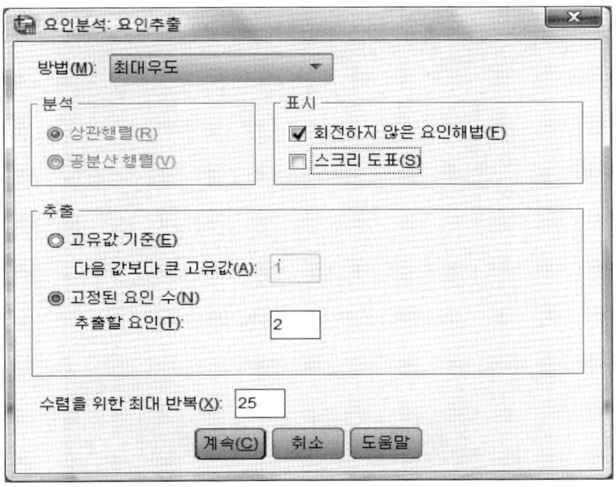

[순서 5] 요인회전의 선택

[방법]에서 [프로멕스]를 선택한다. [표시]의 [회전 해법]에 체크되어 있는 것을 확인한다. [계속]을 클릭한다. [옵션]을 클릭한다.

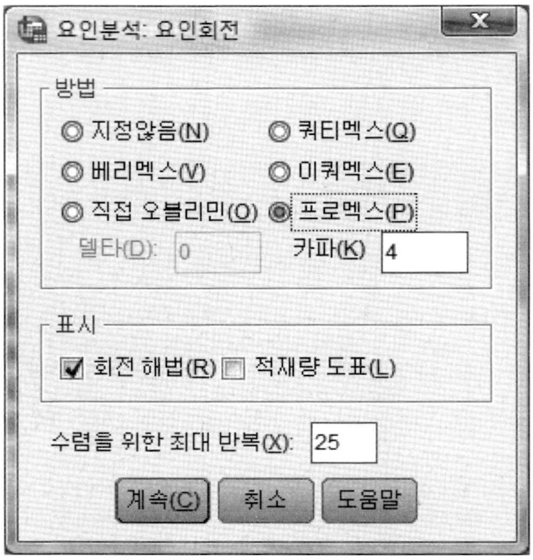

[순서 6] 옵션의 선택

[결측값]은 [목록별 결측값 제외]를 선택한다.

[계수표시형식]의 [크기순 정렬]에 체크한다.

[계속]을 클릭한다. [확인]을 클릭한다.

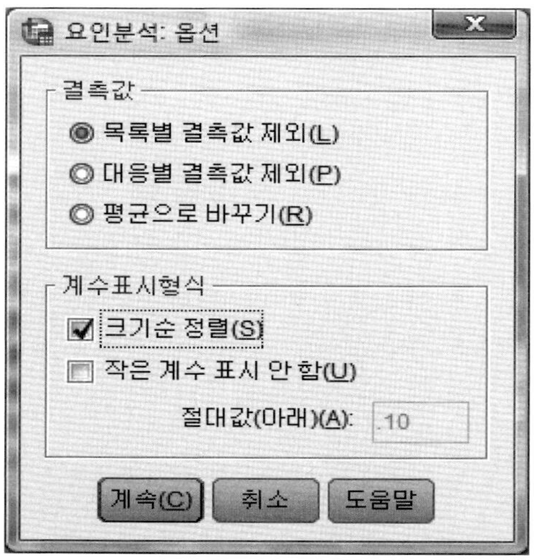

[분석결과]

패턴 행렬[a]

	요인	
	1	2
10.낯선 사람이 쓰러져 있으면 구급차를 부른다	.909	-.466
22.점자 블록 위에 있는 것을 치운다	.718	.088
08.길가의 휴지를 줍는다	.699	.288
21.모르는 사람의 무거운 짐을 거들어 준다	.668	.024
19.전차나 버스에서 모르는 사람에게 자리를 양보한다	.664	.090
04.미아를 경찰서에 데리고 간다	.653	-.143
15.자전거 보관소에 쓰러져 있는 자전거를 세워 놓는다	.626	.421
17.친한 사람이 강의중에 자고 있으면 깨운다	-.031	.504

추출 방법: 최대우도.
회전 방법: Kaiser 정규화가 있는 프로멕스.

a. 3 반복계산에서 요인회전이 수렴되었습니다.

요인 상관행렬

요인	1	2
1	1.000	.167
2	.167	1.000

추출 방법: 최대우도.
회전 방법: Kaiser 정규화가 있는 프로멕스.

- 패턴 행렬

  제1요인 : 요인부하량이 높은 순으로, P10, P22, P08, P21, P19, P04, P15

  제2요인 : P17만 제2요인에 0.5 이상으로 높은 부하량을 보이고 있다.

  P10과 P15는 제1요인과 제2요인에 높은 부하량(P10은 마이너스의 높은 부하량)을 보이고 있다.

- 요인 상관행렬

  사각회전(프로멕스 회전)을 실시했으므로, 요인 간의 상관계수가 출력된다. 두 개의 요인간 상관계수는 $r = 0.167$로 되어 있다.

▶ 결과에 대한 논의

"2요인이 좋다고 생각하지만, 패턴 행렬을 보면 제2요인에 높은 부하량을 보인 항목은 단 하나, P17뿐이었단 말이야 …" 결과를 보면서 보람은 중얼거렸다.

"제1요인과 제2요인에 모두 높은 부하량을 보인 항목도 있지"

"응. 어쩐지 2요인으로 잘 나누어져 있지 않은 것 같아"

"자, 어쩐다? 이 결과로 괜찮을까 …" 철수는 불안한 모양이다.

"글쎄. 요인 수를 1로 해 볼까. 스크리 도표를 보면 제1요인과 제2요인 사이도 크게 떨어져 있거든"

8항목의 1요인 추출

[SPSS의 처리 절차]

[순서 1] 분석 수법의 선택

메뉴에서 [분석]-[차원 축소]-[요인분석]을 선택한다.

[순서 2] 변수의 선택

[변수]에 8개 항목 'P04', 'P08', 'P10', 'P15', 'P17', 'P19', 'P21', 'P22'를 지정한다.

[요인추출]을 클릭한다.

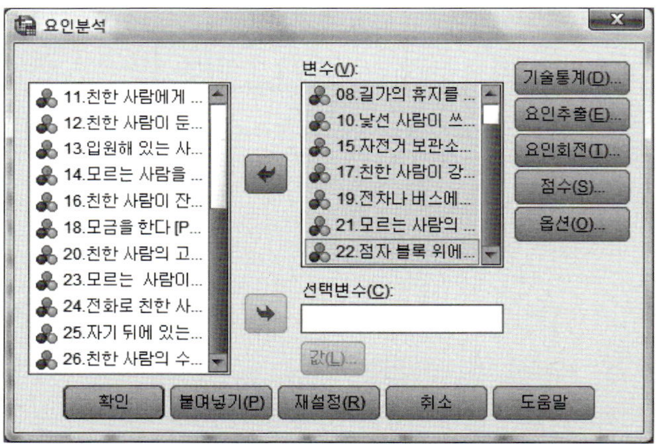

[순서 3] 요인추출의 선택

[방법]에서 [최대우도]를 선택한다. [추출]의 [추출할 요인]에 '1'을 입력한다.

[계속]을 클릭한다. [요인회전]을 선택한다.

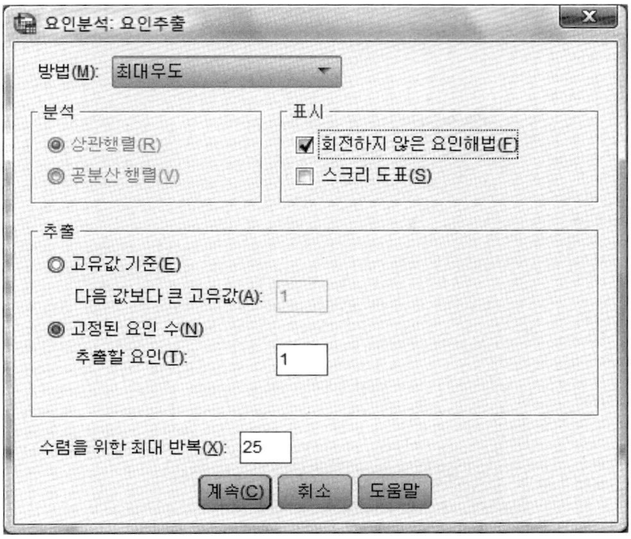

[순서 4] 요인회전의 선택

[방법]에서 [프로멕스]를 선택한다. [표시]의 [회전 해법]에 체크되어 있는 것을 확인한다. [계속]을 클릭한다. [옵션]을 클릭한다.

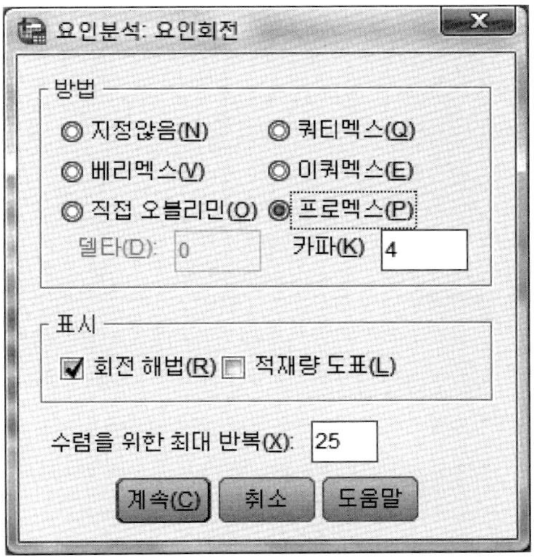

[순서 5] 옵션의 선택

[결측값]은 [목록별 결측값 제외]를 선택한다.

[계수표시형식]의 [크기순 정렬]에 체크한다.

[계속]을 클릭한다. [확인]을 클릭한다.

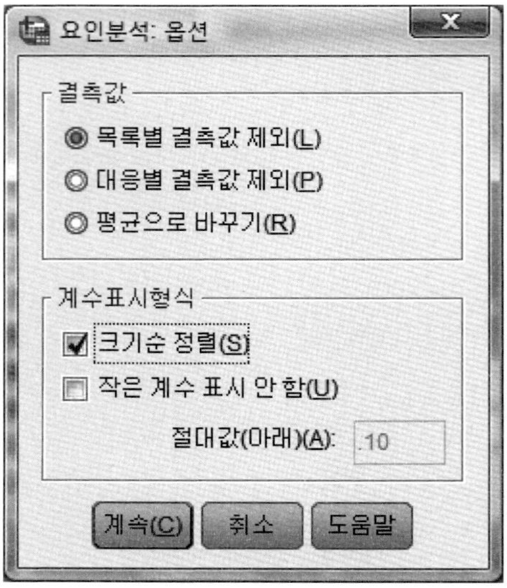

[분석결과]

설명된 총분산

요인	초기 고유값			추출 제곱합 적재량		
	전체	% 분산	누적 %	전체	% 분산	누적 %
1	4.011	50.136	50.136	3.514	43.929	43.929
2	1.215	15.184	65.321			
3	.735	9.187	74.507			
4	.544	6.799	81.306			
5	.496	6.200	87.505			
6	.389	4.861	92.366			
7	.338	4.227	96.593			
8	.273	3.407	100.000			

추출 방법: 최대우도.

- 설명된 총분산

고유값 → 초기 고유값의 전체 난

초기 분산 설명률 → 초기 고유값의 % 분산 난

초기 누적기여율 → 초기 고유값의 누적 % 난

을 각각 참조한다.

추출 제곱합 적재량의 결과에는 요인1만이 기재되어 있다.

요인행렬[a]

	요인
	1
08.길가의 휴지를 줍는다	.751
22.점자 블록 위에 있는 것을 치운다	.749
10.낯선 사람이 쓰러져 있으면 구급차를 부른다	.720
19.전차나 버스에서 모르는 사람에게 자리를 양보한다	.713
15.자전거 보관소에 쓰러져 있는 자전거를 세워 놓는다	.701
21.모르는 사람의 무거운 짐을 거들어 준다	.684
04.미아를 경찰서에 데리고 간다	.627
17.친한 사람이 강의중에 자고 있으면 깨운다	.101

추출 방법: 최대우도.

a. 추출된 1 요인 4의 반복계산이 요구됩니다.

- 요인행렬

  이 부분이 최대우도법으로 1요인을 추출한 결과이다.

  항목 17(P17)의 부하량이 작지만(0.101), 다른 항목의 부하량은 충분히 높은 값(0.627 이상)이다.

▶ 결과를 보고

보람은 한숨을 쉬었다.

"1요인의 결과를 내 보았지만, 역시 항목 17만 부하량이 낮네"

"1요인과 2요인, 어느 쪽이 좋다고 생각해?"

"2요인일 때는 항목 17만이 제2요인에 높은 부하량을 보이고 있고, 1요일일 때는 항목 17만이 낮은 부하량이잖아. 솔직히 말해서 어느 쪽이 좋은지 모르겠어"

보람도 어찌할 도리가 없는 모양이다.

"항목 17이 없어지면 1요인이라고 하는 것으로 좋을 것 같은데"

"그래. 그렇게 하면 산뜻할지도 모르겠네"

"자, 그렇게 해 볼까?"

"하지만, 어째서 항목 17만 별개로 되어 버리는지 몰라. 2요인일 때의 요인 간 상관을 보여 줄래?"

"요인 간 상관? 에, $r = 0.167$ 인데"

"그렇다면 2요인일 때 제1요인과 제2요인의 상관은 거의 없다는 거 아냐"

"음. 그래서 그것이 어떻다는 건데?"

"이것은 제1요인의 의미와 제2요인의 의미가 전연 다르다는 것을 가리키고 있는 거야. 만일 요인 간 상관이 높다면 두 요인의 의미는 비슷하다는 것이지. 마이너스의 높은 상관이라면 역방향의 의미라는 것이고 말이야"

"상관이 0에 가까우니까, 두 요인은 서로 별로 관계가 없는 내용이 되어 있는 것인가 …"

철수는 아직 조금 납득이 안 되고 있다.

"그래. 같은 사회행동에 대한 저항감인데 말이지 …"

"정말이야. 같은 것을 측정하기 위해서 수집한 항목인데, 나온 두 개의 요인은 별로 관계가 없다고 하는 거 아냐"

"그렇다니까. 그러니 항목 17과 그것 이외의 항목의 차이를 정확하게 보는 편이 좋다고 생각해"

두 사람은 항목의 내용을 지그시 응시했다.

"아, 그래!" 철수가 소리를 질렀다.

"뭐, 왜 그래?"

"이런 거 아닐까. 항목 17은 친한 사람에게 친절하게 하는 것에 대한 저항감이고, 나머지 7항목은 모르는 사람 …"

"아, 그런 것이네. 확실히 …" 보람은 항목을 가리키고 말을 이었다.

"2요인의 결과에서, 항목 10이 제2요인에 마이너스의 부하량이 된 것은 항목에 '모르는 사람'이라고 하는 표현이 쓰이고 있기 때문이고, 항목 15가 제2요인에도 높은 부하량을 보인 것은 자전거 보관소의 자전거가 모르는 사람 것이라고는 한정할 수 없기 때문이라고도 생각된다는 거 아냐"

"그렇다니까! 와, 뭔가 대단해, 요인분석이라는 게 말이야"

"하지만, 역시 1요인이 좋은지 2요인이 좋은지는 모르겠어" 철수는 히쭉하면서 말했다.

"교수님에게 가서 물어 볼까?"

7.3 | 연구대상

연구실에서

"오라, 요인분석을 해 보았다!" 박유식 교수는 두 사람의 이야기를 듣고, 놀란 얼굴을 보였다.

"게다가 1요인과 2요인의 해석은 상당히 좋은 방향으로 움직이고 있네. 이 결과로부터 거기까지 신경 쓰는 것은 별것 아니지 않을까"

보람과 철수는 얼굴을 마주보며 두 손가락으로 V자 사인을 했다.

"만일 제1요인이 모르는 사람을 향한 사회적 행동에 대한 저항감이고, 제2요인이 친한 사람을 향한 사회적 행동에 대한 저항감이라고 한다면, 두 개의 요인을 결과로 보인 편이 좋을지도 모르지"

"하지만 교수님, 제2요인은 한 항목뿐이었거든요" 보람이 말했다.

"그렇지. 요인분석에 투입한 항목이 적었기 때문이네. 그렇지만 어째서 8항목만 요인분석을 적용했는가?"

교수는 이상하다는 표정이다.

"네, 점수가 치우쳐 있어서 … 그랬습니다"

망설이면서 철수가 대답했다.

"자, 어째서 점수가 치우쳐 있다고 해서 요인분석에 투입해서는 안 되나?"

"네, 그것은 …"

철수는 말이 막혀 우물거렸다.

"요인분석은 변수의 상관관계 정보를 집약해 가기 때문이야. 이전에 피어슨의 적률상관계수를 산출했지. 그 때, 이상치가 있으면 어떻게 했지?"

"이상치가 있기 때문에 상관이 없어져 버린다거나 거꾸로 큰 상관계수가 된다거나 …" 보람이 대답했다.

"그랬지. 그러니 그러한 것을 피하기 위해서, 너무 점수분포가 치우친 변수는 제외하고 분석하자고 하는 것이 일반적이지"

"네"

"요인분석에 투입하지 않는 점수의 치우침이라고 하는 것은 명확한 기준이 있는 것은 아닐세. 자네들이 '히스토그램의 정점이 1이나 2에 있는 변수' 이외를 분석에서 제외했다고 하는 것도 반드시 틀렸다고는 할 수 없어"

"다행이다 …"

두 사람은 안심한 표정을 보였다.

"하지만 특별히 점수분포가 치우쳐 있다고 해서 요인분석의 도중에 에러가 나온다고 하는 것은 아니야. 그러니 항목을 제외하지 말고 요인분석을 해서 결과를 확인해 두어야 하네"

교수는 그렇게 말하고, 오른 손을 내밀었다. 데이터가 들어 있는 USB 메모리를 건네 달라는 것이다.

전체 26항목의 요인분석(요인 수 결정을 위한 분석)

[SPSS의 처리 절차]

[순서 1] 분석 수법의 선택

메뉴에서 [분석]-[차원 축소]-[요인분석]을 선택한다.

[순서 2] 변수의 선택

[변수]에 'P01'에서 'P26'까지 지정한다.

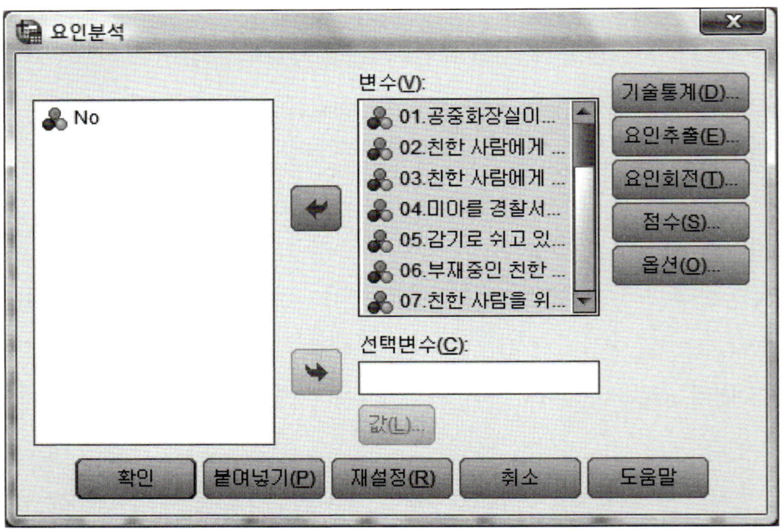

[순서 3] 요인추출의 선택

[방법]에서 [최대우도]를 선택한다. [스크리 도표]에 체크한다.

[추출]의 [고유값 기준]에 체크하고 [다른 값보다 큰 고유값]은 '1'을 그대로 둔다.

[계속]을 클릭한다. [확인]을 클릭한다.

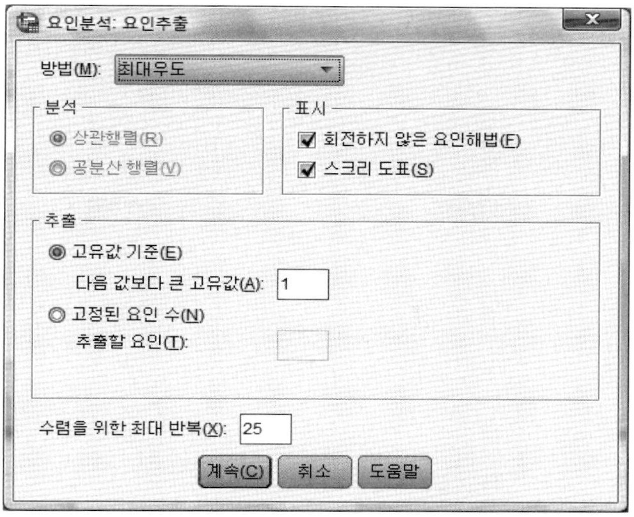

[분석결과]

설명된 총분산

요인	초기 고유값			추출 제곱합 적재량		
	전체	% 분산	누적 %	전체	% 분산	누적 %
1	7.113	27.356	27.356	2.863	11.013	11.013
2	3.141	12.083	39.438	4.632	17.817	28.831
3	1.958	7.532	46.970	2.313	8.896	37.726
4	1.668	6.414	53.384	2.019	7.766	45.493
5	1.391	5.351	58.735	1.320	5.078	50.571
6	1.295	4.982	63.717	1.033	3.974	54.545
7	1.117	4.296	68.014	.922	3.545	58.090
8	.996	3.830	71.844			
9	.881	3.387	75.231			
10	.800	3.078	78.309			
11	.707	2.720	81.029			
12	.642	2.470	83.499			
13	.586	2.253	85.752			
14	.532	2.048	87.800			
15	.456	1.752	89.552			
16	.450	1.732	91.284			
17	.393	1.511	92.795			
18	.329	1.266	94.061			
19	.316	1.215	95.276			
20	.272	1.048	96.324			
21	.231	.889	97.213			
22	.200	.768	97.982			
23	.177	.682	98.664			
24	.146	.560	99.224			
25	.118	.455	99.679			
26	.083	.321	100.000			

추출 방법: 최대우도.

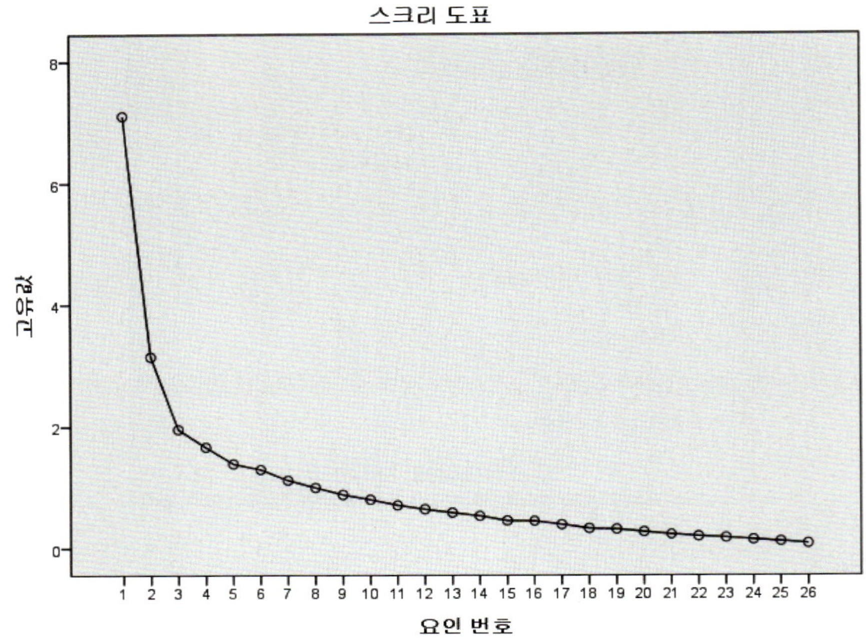

- 설명된 총분산

  초기 고유값 전체의 난을 보고, 전후를 비교해서 비교적 차이가 큰지 작은지를 살핀다. 초기 고유값 1 이상의 요인 수를 추출하도록 지정하고 있으므로, 7요인째까지 추출되고 있다.

- 스크리 도표

  요인 수 1과 2, 2와 3, 3과 4의 간격은 큰 것처럼 보인다.

  요인 수 5와 6의 플롯은 약간 평탄하고, 다음의 요인 수 6과 7은 약간 차가 벌어져 있는 것처럼 보인다.

  요인 수 2, 3, 4로 결과를 비교해 보자.

2요인 추출(최대우도법 · 프로멕스 회전)

[SPSS의 처리 절차]

[순서 1] 분석 수법의 선택

메뉴에서 [분석]-[차원 축소]-[요인분석]을 선택한다.

[순서 2] 변수의 선택

[변수]에 'P01'에서 'P26'까지 지정한다.

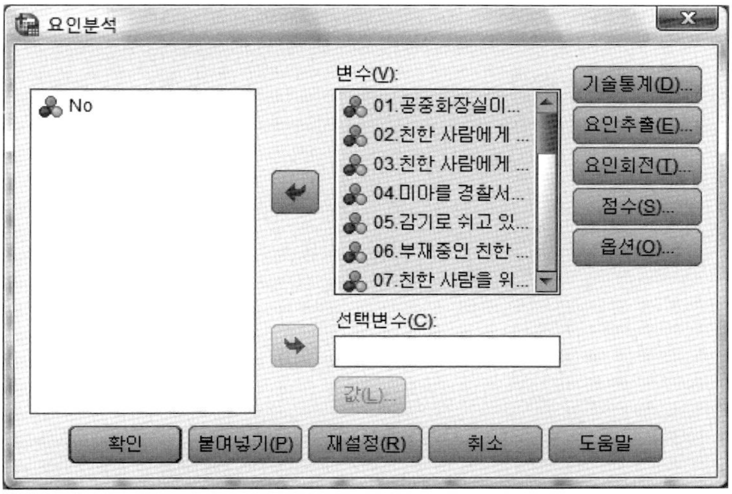

[순서 3] 요인추출의 선택

[방법]에서 [최대우도]를 선택한다. [스크리 도표]에 체크한다.

[추출]의 [고정된 요인 수]에 체크하고 [추출할 요인]은 '2'를 입력한다.

[계속]을 클릭한다. [요인회전]을 클릭한다.

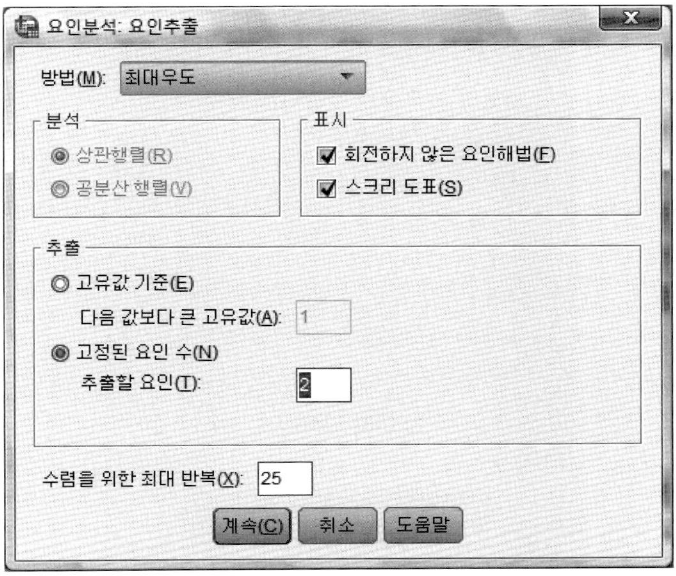

[순서 4] 요인회전의 선택

[방법]의 [프로멕스]를 선택하고 [계속]을 클릭한다.

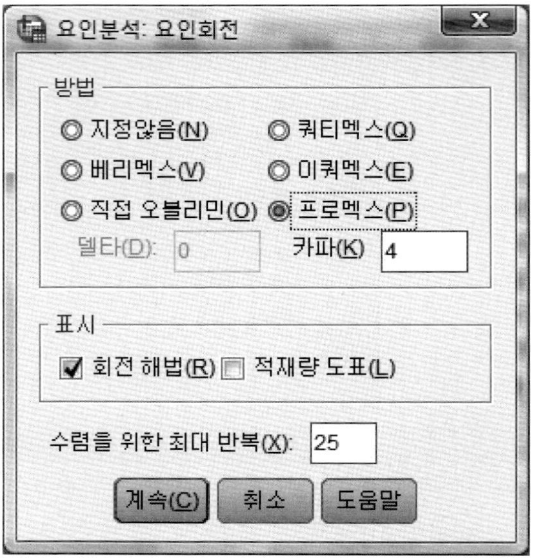

[순서 5] 옵션의 선택

[옵션]을 선택한다. [계수표시형식]에서 [크기순 정렬]에 체크하고 [계속]을 클릭한다.
[확인]을 클릭한다.

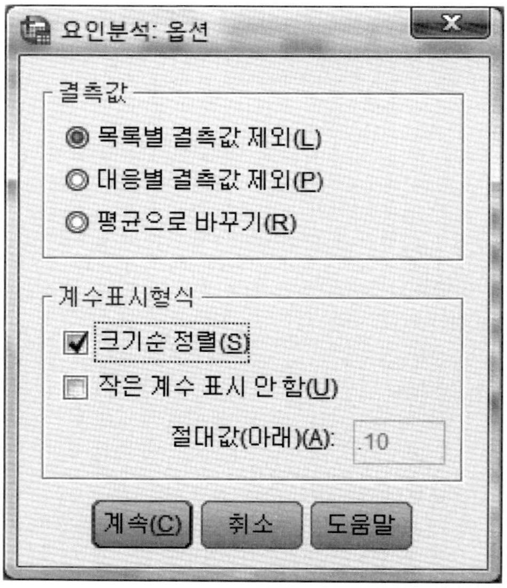

[분석결과]

설명된 총분산

요인	초기 고유값			추출 제곱합 적재량			회전 제곱합 적재량[a]
	전체	% 분산	누적 %	전체	% 분산	누적 %	전체
1	7.113	27.356	27.356	6.443	24.781	24.781	5.791
2	3.141	12.083	39.438	2.638	10.144	34.925	4.855
3	1.958	7.532	46.970				
4	1.668	6.414	53.384				
5	1.391	5.351	58.735				
6	1.295	4.982	63.717				
7	1.117	4.296	68.014				
8	.996	3.830	71.844				
9	.881	3.387	75.231				
10	.800	3.078	78.309				
11	.707	2.720	81.029				
12	.642	2.470	83.499				
13	.586	2.253	85.752				
14	.532	2.048	87.800				
15	.456	1.752	89.552				
16	.450	1.732	91.284				
17	.393	1.511	92.795				
18	.329	1.266	94.061				
19	.316	1.215	95.276				
20	.272	1.048	96.324				
21	.231	.889	97.213				
22	.200	.768	97.982				
23	.177	.682	98.664				
24	.146	.560	99.224				
25	.118	.455	99.679				
26	.083	.321	100.000				

추출 방법: 최대우도.

- 설명된 총분산

  제2요인까지 추출되고 있다.

  제2요인까지의 누적설명률은 초기에 39.438%, 추출 후에 34.925%

  → 두 개의 요인으로 전체 26항목의 분산에 대한 35~40% 정도를 설명하고 있다.

패턴 행렬[a]

	요인	
	1	2
22.점자 블록 위에 있는 것을 치운다	.856	-.211
09.파출소에 분실물을 신고한다	.772	-.054
19.전차나 버스에서 모르는 사람에게 자리를 양보한다	.764	-.045
08.길가의 휴지를 줍는다	.735	-.043
10.낯선 사람이 쓰러져 있으면 구급차를 부른다	.719	.080
15.자전거 보관소에 쓰러져 있는 자전거를 세워 놓는다	.713	-.129
21.모르는 사람의 무거운 짐을 거들어 준다	.626	.110
18.모금을 한다	.591	.100
04.미아를 경찰서에 데리고 간다	.555	.180
14.모르는 사람을 위해서 엘리베이터 버튼을 대신 누른다	.390	.337
13.입원해 있는 사람에게 격려의 메일을 보낸다	-.154	.121
11.친한 사람에게 과제의 오류를 가르쳐 준다	-.143	.776
06.부재중인 친한 사람의 집에 온 짐을 보관한다	-.223	.697
05.감기로 쉬고 있는 친한 사람에게 전화로 중대한 연락을 한다	-.253	.631
07.친한 사람을 위해서 프린트를 받아 둔다	.112	.542
24.전화로 친한 사람에게 부탁을 받으면 그에 응한다	.108	.539
02.친한 사람에게 샤프펜을 빌려 준다	.069	.507
26.친한 사람의 수업 과제를 도와 준다	-.096	.493
16.친한 사람이 잔돈이 없을 때 빌려 준다	.181	.459
03.친한 사람에게 강의 노트를 보여 준다	.265	.439
20.친한 사람의 고민상담에 응한다	.223	.411
25.자기 뒤에 있는 모르는 사람을 위해서 문을 열어 준다	.094	.402
01.공중화장실이나 공원 등의 수도물을 잠근다	-.066	.386
23.모르는 사람이 시간을 물으면 가르쳐 준다	.141	.329
12.친한 사람이 둔 가방이 쓰러져 있으면 세워 놓는다	.101	.299
17.친한 사람이 강의중에 자고 있으면 깨운다	-.015	.194

추출 방법: 최대우도.
회전 방법: Kaiser 정규화가 있는 프로멕스.[a]

a. 3 반복계산에서 요인회전이 수렴되었습니다.

요인 상관행렬

요인	1	2
1	1.000	.408
2	.408	1.000

추출 방법: 최대우도.
회전 방법: Kaiser 정규화가 있는 프로멕스.

- 패턴 행렬

26개의 항목이 두 개의 그룹으로 나누어져 있는 모습을 볼 수 있다.

- 요인 상관행렬

제1요인과 제2요인 사이의 상관계수는 $r = 0.408$이다.

3요인 추출(최대우도법 · 프로멕스 회전)

[SPSS의 처리 절차]

[순서 1] 분석 수법의 선택

메뉴에서 [분석]-[차원 축소]-[요인분석]을 선택한다.

[순서 2] 변수의 선택

[변수]에 'P01'에서 'P26'까지 지정한다.

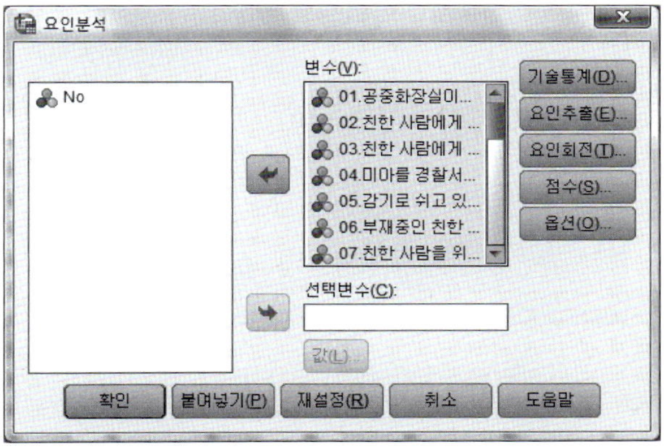

[순서 3] 요인추출의 선택

[방법]에서 [최대우도]를 선택한다. [스크리 도표]에 체크한다.

[추출]의 [고정된 요인 수]에 체크하고 [추출할 요인]은 '3'을 입력한다.

[계속]을 클릭한다. [요인회전]을 클릭한다.

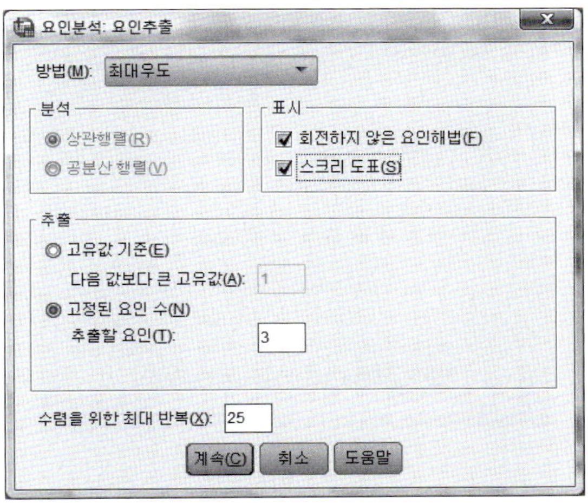

[순서 4] 요인회전의 선택

[방법]의 [프로멕스]를 선택하고 [계속]을 클릭한다.

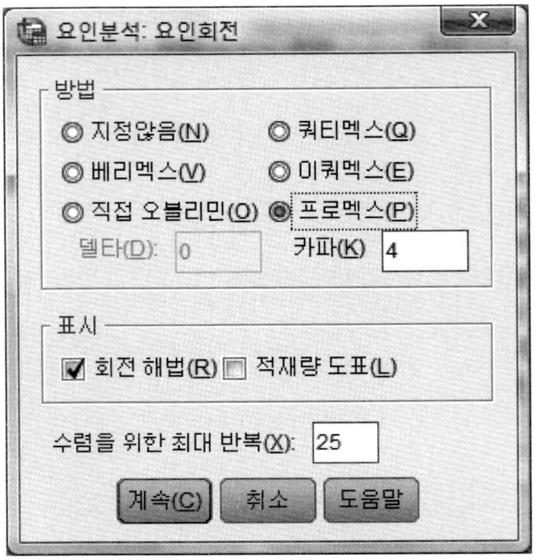

[순서 5] 옵션의 선택

[옵션]을 선택한다. [계수표시형식]에서 [크기순 정렬]에 체크하고 [계속]을 클릭한다. [확인]을 클릭한다.

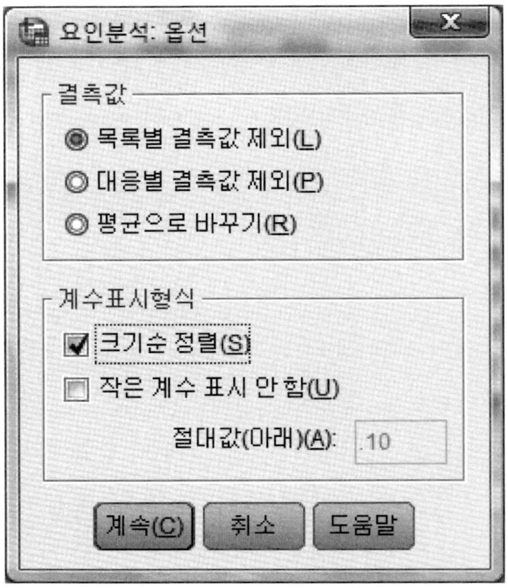

[분석결과]

설명된 총분산

요인	초기 고유값			추출 제곱합 적재량			회전 제곱합 적재량[a]
	전체	% 분산	누적 %	전체	% 분산	누적 %	전체
1	7.113	27.356	27.356	2.601	10.004	10.004	5.850
2	3.141	12.083	39.438	5.455	20.981	30.984	4.439
3	1.958	7.532	46.970	2.508	9.648	40.632	3.497
4	1.668	6.414	53.384				
5	1.391	5.351	58.735				
6	1.295	4.982	63.717				
7	1.117	4.296	68.014				
8	.996	3.830	71.844				
9	.881	3.387	75.231				
10	.800	3.078	78.309				
11	.707	2.720	81.029				
12	.642	2.470	83.499				
13	.586	2.253	85.752				
14	.532	2.048	87.800				
15	.456	1.752	89.552				
16	.450	1.732	91.284				
17	.393	1.511	92.795				
18	.329	1.266	94.061				
19	.316	1.215	95.276				
20	.272	1.048	96.324				
21	.231	.889	97.213				
22	.200	.768	97.982				
23	.177	.682	98.664				
24	.146	.560	99.224				
25	.118	.455	99.679				
26	.083	.321	100.000				

추출 방법: 최대우도.

- 설명된 총분산

  제3요인까지 추출되고 있다.

  26항목에 대한 제3요인까지의 누적설명률은 초기에 46.970%, 추출 후에 40.632%

  → 세 개의 요인으로 전체 26항목의 분산에 대한 40~47% 정도를 설명하고 있다.

패턴 행렬[a]

	요인		
	1	2	3
22.점자 블록 위에 있는 것을 치운다	.872	-.139	-.137
09.파출소에 분실물을 신고한다	.786	-.027	-.074
08.길가의 휴지를 줍는다	.763	.032	-.146
19.전차나 버스에서 모르는 사람에게 자리를 양보한다	.742	-.196	.208
10.낯선 사람이 쓰러져 있으면 구급차를 부른다	.735	.070	-.027
15.자전거 보관소에 쓰러져 있는 자전거를 세워 놓는다	.719	-.067	-.091
21.모르는 사람의 무거운 짐을 거들어 준다	.636	.080	.015
18.모금을 한다	.576	-.048	.199
04.미아를 경찰서에 데리고 간다	.539	.073	.169
14.모르는 사람을 위해서 엘리베이터 버튼을 대신 누른다	.399	.298	.068
11.친한 사람에게 과제의 오류를 가르쳐 준다	-.111	.724	.082
06.부재중인 친한 사람의 집에 온 짐을 보관한다	-.203	.659	.090
02.친한 사람에게 샤프펜을 빌려 준다	.129	.632	-.189
05.감기로 쉬고 있는 친한 사람에게 전화로 중대한 연락을 한다	-.226	.585	.074
26.친한 사람의 수업 과제를 도와 준다	-.060	.547	-.069
24.전화로 친한 사람에게 부탁을 받으면 그에 응한다	.146	.491	.030
03.친한 사람에게 강의 노트를 보여 준다	.293	.441	.000
01.공중화장실이나 공원 등의 수도물을 잠근다	-.040	.432	-.049
12.친한 사람이 둔 가방이 쓰러져 있으면 세워 놓는다	.131	.375	-.099
16.친한 사람이 잔돈이 없을 때 빌려 준다	.186	.361	.161
17.친한 사람이 강의중에 자고 있으면 깨운다	.019	.304	-.153
25.자기 뒤에 있는 모르는 사람을 위해서 문을 열어 준다	-.074	-.213	1.101
20.친한 사람의 고민상담에 응한다	.162	.073	.554
23.모르는 사람이 시간을 물으면 가르쳐 준다	.090	.093	.415
07.친한 사람을 위해서 프린트를 받아 둔다	.083	.338	.354
13.입원해 있는 사람에게 격려의 메일을 보낸다	-.182	-.040	.239

추출 방법: 최대우도.
회전 방법: Kaiser 정규화가 있는 프로멕스.[a]
a. 5 반복계산에서 요인회전이 수렴되었습니다.

- 패턴 행렬

제3요인의 집합(항목 25 이후)이 더해져 있는 것을 알 수 있다.

항목 25의 제3요인의 부하량이 1.101로 1을 상회하고 있다.

→ 본래 요인부하량은 1 미만의 값이 되는 것이지만, 이와 같이 1을 상회해 버리는 것을 **헤이우드 케이스**라고 한다(본래는 공통성이 1을 초과해 버리는 것에 대해서 붙여진 명칭이다). 예를 들면 이번의 경우, 공통성의 출력에 경고가 첨부되어 있다.

[공통성의 출력]

항목 25의 요인 추출 후의 공통성 값이 0.999로 표시되어, 각주에 "a. 반복계산 중 1보다 큰 하나 이상의 공통성 추정량이 나타났습니다. 결과해법은 주의하여 해석해야 합니다"라고 경고가 표시되어 있다.

공통성[a]

	초기	추출
01.공중화장실이나 공원 등의 수도물을 잠근다	.505	.160
02.친한 사람에게 샤프펜을 빌려 준다	.725	.384
03.친한 사람에게 강의 노트를 보여 준다	.662	.376
04.미아를 경찰서에 데리고 간다	.766	.432
05.감기로 쉬고 있는 친한 사람에게 전화로 중대한 연락을 한다	.409	.328
06.부재중인 친한 사람의 집에 온 짐을 보관한다	.704	.427
07.친한 사람을 위해서 프린트를 받아 둔다	.641	.399
08.길가의 휴지를 줍는다	.687	.537
09.파출소에 분실물을 신고한다	.648	.567
10.낯선 사람이 쓰러져 있으면 구급차를 부른다	.758	.568
11.친한 사람에게 과제의 오류를 가르쳐 준다	.696	.532
12.친한 사람이 둔 가방이 쓰러져 있으면 세워 놓는다	.459	.160
13.입원해 있는 사람에게 격려의 메일을 보낸다	.394	.057
14.모르는 사람을 위해서 엘리베이터 버튼을 대신 누른다	.538	.378
15.자전거 보관소에 쓰러져 있는 자전거를 세워 놓는다	.689	.452
16.친한 사람이 잔돈이 없을 때 빌려 준다	.664	.317
17.친한 사람이 강의중에 자고 있으면 깨운다	.583	.076
18.모금을 한다	.565	.428
19.전차나 버스에서 모르는 사람에게 자리를 양보한다	.738	.599
20.친한 사람의 고민상담에 응한다	.612	.451
21.모르는 사람의 무거운 짐을 거들어 준다	.621	.457
22.점자 블록 위에 있는 것을 치운다	.651	.640
23.모르는 사람이 시간을 물으면 가르쳐 준다	.473	.257
24.전화로 친한 사람에게 부탁을 받으면 그에 응한다	.639	.333
25.자기 뒤에 있는 모르는 사람을 위해서 문을 열어 준다	.714	.999
26.친한 사람의 수업 과제를 도와 준다	.544	.252

추출 방법: 최대우도.

a. 반복계산 중 1보다 큰 하나 이상의 공통성 추정량이 나타났습니다. 결과해법은 주의하여 해석해야 합니다.

이와 같은 케이스를 부적해라고 부르는 경우도 있다. 이와 같은 현상은 데이터나 요인 수의 지정 상, 어떤 문제가 생기고 있다는 것을 나타내고 있는데, 원인을 잘 모르는 경우도 많다. 몇 개의 항목을 삭제하고 다시 분석을 해 보면 해소되는 경우도 있지만, 어느 정도는 눈을 감고 그대로 결과가 보고되는 수도 있다.

요인 상관행렬

요인	1	2	3
1	1.000	.370	.362
2	.370	1.000	.462
3	.362	.462	1.000

추출 방법: 최대우도.
회전 방법: Kaiser 정규화가 있는 프로멕스.

- 요인 상관행렬

  세 개의 요인 사이에는 중간 정도의 상관계수($r = 0.362 \sim 0.462$)가 보인다.

■ 4요인 추출(최대우도법 · 프로멕스 회전)

[SPSS의 처리 절차]

[순서 1] 분석 수법의 선택

메뉴에서 [분석]-[차원 축소]-[요인분석]을 선택한다.

[순서 2] 변수의 선택

[변수]에 'P01'에서 'P26'까지 지정한다.

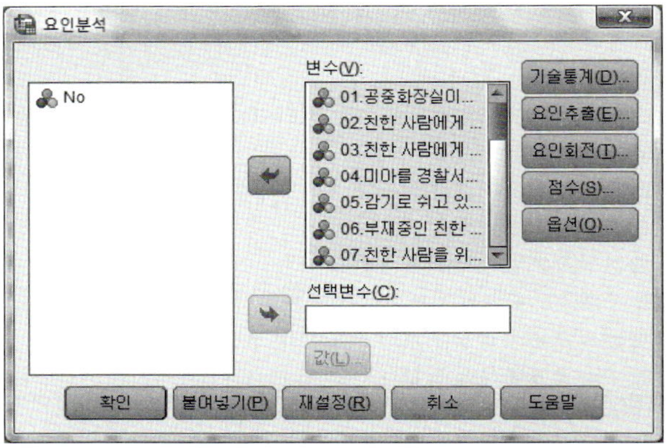

[순서 3] 요인추출의 선택

[방법]에서 [최대우도]를 선택한다. [스크리 도표]에 체크한다.

[추출]의 [고정된 요인 수]에 체크하고 [추출할 요인]은 '4'를 입력한다.

[계속]을 클릭한다. [요인회전]을 클릭한다.

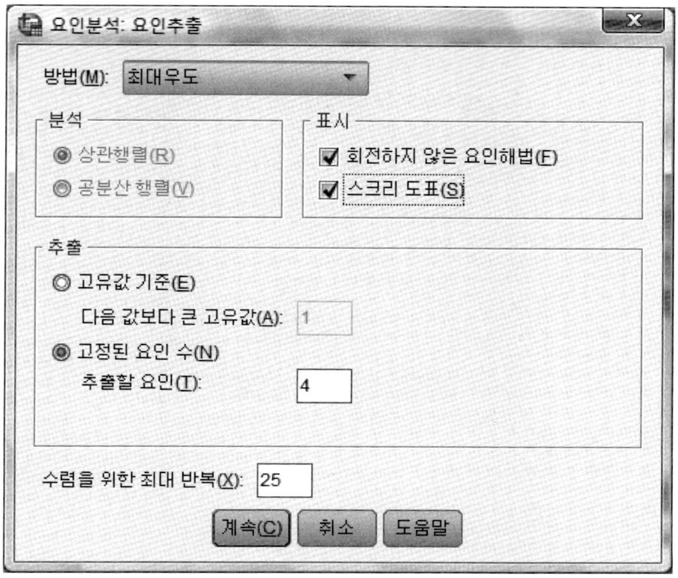

[순서 4] 요인회전의 선택

[방법]의 [프로멕스]를 선택하고 [계속]을 클릭한다.

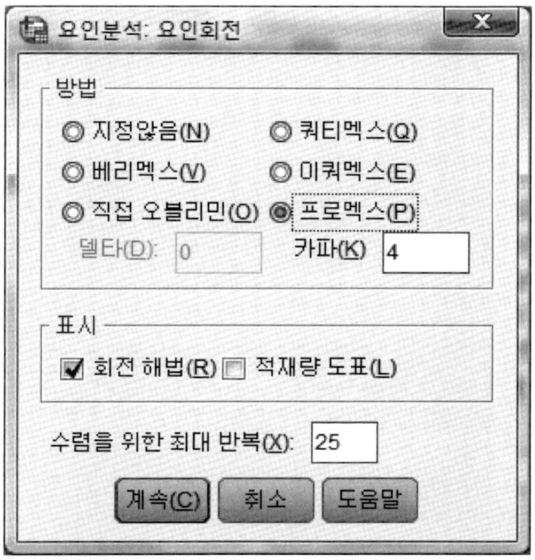

[순서 5] 옵션의 선택

[옵션]을 선택한다. [계수표시형식]에서 [크기순 정렬]에 체크하고 [계속]을 클릭한다.
[확인]을 클릭한다.

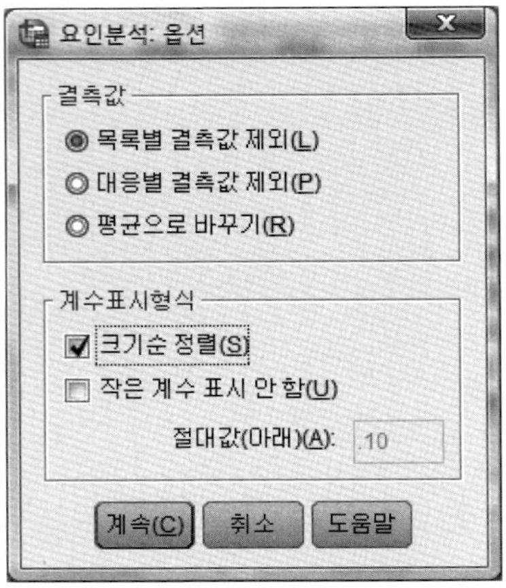

[분석결과]

설명된 총분산

요인	초기 고유값			추출 제곱합 적재량			회전 제곱합 적재량[a]
	전체	% 분산	누적 %	전체	% 분산	누적 %	전체
1	7.113	27.356	27.356	4.004	15.401	15.401	5.634
2	3.141	12.083	39.438	1.661	6.389	21.789	4.068
3	1.958	7.532	46.970	3.659	14.074	35.863	3.319
4	1.668	6.414	53.384	2.463	9.475	45.338	2.745
5	1.391	5.351	58.735				
6	1.295	4.982	63.717				
7	1.117	4.296	68.014				
8	.996	3.830	71.844				
9	.881	3.387	75.231				
10	.800	3.078	78.309				
11	.707	2.720	81.029				
12	.642	2.470	83.499				
13	.586	2.253	85.752				
14	.532	2.048	87.800				
15	.456	1.752	89.552				
16	.450	1.732	91.284				
17	.393	1.511	92.795				
18	.329	1.266	94.061				
19	.316	1.215	95.276				
20	.272	1.048	96.324				
21	.231	.889	97.213				
22	.200	.768	97.982				
23	.177	.682	98.664				
24	.146	.560	99.224				
25	.118	.455	99.679				
26	.083	.321	100.000				

추출 방법: 최대우도.

- 설명된 총분산

제4요인까지 추출되고 있다.

26항목에 대한 제4요인까지의 누적설명률은 초기에 53.384%, 추출 후에 45.338%

→ 네 개의 요인으로 전체 26항목의 분산에 대한 45~53% 정도를 설명하고 있다.

패턴 행렬[a]

	요인			
	1	2	3	4
22.점자 블록 위에 있는 것을 치운다	.858	-.049	-.128	-.063
08.길가의 휴지를 줍는다	.764	.076	-.147	.021
09.파출소에 분실물을 신고한다	.737	-.018	-.074	.095
19.전차나 버스에서 모르는 사람에게 자리를 양보한다	.731	-.076	.212	-.102
15.자전거 보관소에 쓰러져 있는 자전거를 세워 놓는다	.722	.028	-.080	-.098
10.낯선 사람이 쓰러져 있으면 구급차를 부른다	.675	.036	-.038	.198
21.모르는 사람의 무거운 짐을 거들어 준다	.598	.064	.004	.152
18.모금을 한다	.558	.016	.194	.003
14.모르는 사람을 위해서 엘리베이터 버튼을 대신 누른다	.361	.291	.062	.115
24.전화로 친한 사람에게 부탁을 받으면 그에 응한다	.172	.585	.035	-.096
06.부재중인 친한 사람의 집에 온 짐을 보관한다	-.222	.565	.070	.237
11.친한 사람에게 과제의 오류를 가르쳐 준다	-.181	.560	.052	.410
12.친한 사람이 둔 가방이 쓰러져 있으면 세워 놓는다	.179	.507	-.083	-.209
05.감기로 쉬고 있는 친한 사람에게 전화로 중대한 연락을 한다	-.240	.506	.061	.178
03.친한 사람에게 강의 노트를 보여 준다	.291	.503	.003	-.022
26.친한 사람의 수업 과제를 도와 준다	-.071	.492	-.075	.134
02.친한 사람에게 샤프펜을 빌려 준다	.067	.471	-.215	.408
16.친한 사람이 잔돈이 없을 때 빌려 준다	.213	.468	.160	-.095
07.친한 사람을 위해서 프린트를 받아 둔다	.110	.459	.352	-.125
17.친한 사람이 강의중에 자고 있으면 깨운다	.043	.297	-.152	.014
25.자기 뒤에 있는 모르는 사람을 위해서 문을 열어 준다	-.096	-.134	1.072	-.010
20.친한 사람의 고민상담에 응한다	.137	.091	.530	.101
23.모르는 사람이 시간을 물으면 가르쳐 준다	.018	-.003	.383	.299
13.입원해 있는 사람에게 격려의 메일을 보낸다	-.155	.023	.240	-.124
04.미아를 경찰서에 데리고 간다	.415	-.250	.093	.815
01.공중화장실이나 공원 등의 수도물을 잠근다	-.106	.243	-.080	.426

추출 방법: 최대우도.
회전 방법: Kaiser 정규화가 있는 프로멕스.[a]

a. 10 반복계산에서 요인회전이 수렴되었습니다.

- 패턴 행렬

항목 25의 제3요인 요인부하량이 역시 1을 초과하고 있다(헤이우드 케이스).

제4요인이 높은 부하량을 보인 항목은 두 항목뿐이다(항목 01과 04).

요인 상관행렬

요인	1	2	3	4
1	1.000	.276	.340	.294
2	.276	1.000	.384	.249
3	.340	.384	1.000	.288
4	.294	.249	.288	1.000

추출 방법: 최대우도.
회전 방법: Kaiser 정규화가 있는 프로멕스.

- 요인 상관행렬

  요인 사이의 상관계수는 $r = 0.249 \sim 0.384$의 범위다.

▶ 결과를 보고

"자, 2요인과 3요인, 4요인 각각 어떤 결과로 보이나?" 교수가 두 사람을 향해 돌아서서 말했다.

"2요인의 패턴 행렬을 보면, 항목이 '모르는 사람'과 '친한 사람'으로 나누어지는 인상입니다" 보람이 말한다.

"항목 13이라든가 17이라든가 몇 개인가 부하량이 낮은 항목도 있지만, 대개 대략적으로 말해서 그 두 개로 나누어지고 있습니다" 철수도 결과를 보면서 대답했다.

"요인분석에서 다른 요인에 높은 부하량을 보인다고 하는 것은 회답하는 사람이 각각의 항목의 통합과 구별을 무심히 의식해서 회답하고 있다고 하는 생각이 드네"

교수는 계속 말을 잇는다.

"그러므로 두 개의 요인이 발견되었다고 하는 것은, 이 26항목에 쭉 회답해 갈 때에 모르는 사람을 향한 행동에 대한 저항감인지, 친한 사람을 향한 행동에 대한 저항감인지에 대해서는 회답자가 어느 정도 구별하고 있다는 것을 나타내고 있는 것이지"

"같은 의미의 항목은 하나의 요인으로 뭉치고, 다른 의미의 항목은 다른 요인으로 된다고 하는 것은, 결국은 회답자가 그것을 구별하고 있느냐 어떠냐에 따른다고 하는 것이네요"

"그것에 덧붙여 말하자면, 2요인의 요인 간 상관계수가 $r = 0.408$이라고 하는 것은 회답자가 26항목을 두 개의 그룹으로 구별하면서도 비슷한 것으로 해서 평가하는 경향에도 있다고 하는 것을 의미하지"

"구별하면서도 비슷하다 …, 요인 간의 상관계수가 중요하군요"

"음, 매우 중요한 정보라고 할 수 있지. 요인끼리 어느 방향을 향하고 있느냐, 의미가 가까우냐, 떨어져 있느냐를 알 수 있기 때문이지"

두 사람은 납득한 듯이 고개를 끄덕였다.

"자, 3요인의 결과는 어때?"

"항목 25의 요인부하량이 1을 초과해 버렸습니다" 철수가 말한다.

"이것을 '헤이우드 케이스'(Heywood case)라고 말하잖아요"

"그렇다네. 추출된 모든 요인으로부터 항목에 대한 종합 영향력을 공통성이라고 하는데, 그것이 1을 초과해 버리는 케이스를 헤이우드 케이스라든가 부적해(不適解)라고 하네. 원인은 여러 가지 있어서 잘 알 수 없지만, 이러한 일은 가끔 일어나네. 추출한 요인 수가 너무 많을지도 모르고, 데이터가 이상할지도 모르네. 좀 더 데이터를 모으면 해소될지도 모르고, 항목을 하나 더 추가한다거나 분석으로부터 제거한다거나 해도 사라질지도 모르네. 최대우도법 이외의 추출법으로 바꾸면 없어질 가능성도 있네"

"이렇게 하면 된다고 하는 대책이 있는 것은 아니네요"

"하지만 요인부하량이 1을 초과했다고 해서 결과를 해석할 수 없는 것은 아니야. 3요인을 추출했을 때, 제3요인은 어떤 통합이 될까"

"네, 부하량과 항목내용은 …" 철수가 소리를 내어 읽는다.

1.101 … 25. 자기 뒤에 있는 모르는 사람을 위해서 문을 열어 준다
0.554 … 20. 친한 사람의 고민상담에 응한다
0.415 … 23. 모르는 사람이 시간을 물으면 가르쳐 준다
0.354 … 07. 친한 사람을 위해서 프린트를 받아 둔다
0.239 … 13. 입원해 있는 사람에게 격려의 메일을 보낸다

"교수님, 항목 07과 13은 부하량이 낮은 것 같다고 생각합니다만 …" 보람이 말한다.

"관례적으로 요인부하량은 0.35라든가 0.40 이상의 것을 채택하는 경우가 많네. 그러므로 항목 07은 겨우 간신히 채택되고, 항목 13은 조금 부하량이 낮다고 생각하네. 다만 항목 07은 제2요인에도 0.338의 부하량을 보이고 있으므로, 제2요인이라고도 제3요인이라고도 해석할 수 있을 것 같네. 어느 쪽인가는 명확하지 않아. 양쪽이 같은 정도라고 생각하는 편이 좋을 것 같네"

"교수님, 이 제3요인은 모르는 사람과 친한 사람의 항목내용 양쪽이 모여 있습니다" 철수가 말한다.

"그 사실은 그것 이외의 의미의 통합이라고 하는 것이지. 무어라고 생각하나?"

보람과 철수는 패턴 행렬에 표시된 항목내용을 지그시 응시했다.

"이 통합은 '작은 친절심' 같네요 …" 보람이 말했다.

"… 어떠한 친절?"

"문을 열어 준다든가, 시간을 가르쳐 준다든가. 별로 의식하지 않고 우연한 계기에 가능한 가벼운 친절심에서 나오는 행동이 표현되고 있는 것 같다고 생각해요"

"과연 그럴 듯해. 그것은 괜찮을지도 몰라" 교수가 말했다. "다만 측정하고 있는 것은 그러한 작은 친절심에 대한 저항감이지만 말이야"

"그런가, 확실히 …. 그렇지만 이렇게 문을 연다든가 시간을 가르쳐 주는 것까지 저항을 느끼는 사람이 있다, 어쩐지 남과는 다른 사람이라는 느낌이 드네요" 철수가 말한다.

"과연 '괴짜 요인'인가. 자, 4요인의 결과는 어떤가?"

"제4요인은 두 항목뿐이네요" 철수가 대답했다.

04. 미아를 경찰서에 데리고 간다
01. 공중화장실이나 공원 등의 수도물을 잠근다

"거기에서 제4요인의 숫자를 위 쪽으로 읽어 가면 …"

11. 친한 사람에게 과제의 오류를 가르쳐 준다
02. 친한 사람에게 샤프펜을 빌려 준다

"이 두 항목도 가장 높은 부하량은 다른 요인이지만 제4요인에도 부하량 0.40 이상이잖아"

"미아를 데리고 가고, 수돗물을 잠그고, 과제의 오류를 가르쳐 주고, 샤프펜을 빌려 주는데 저항을 느끼는 사람이라고?" 보람도 당황하고 있다.

"뭔지, 잘 모르겠네"

"그래. 무엇인지 구체적인 이미지를 모르겠어"

"자, 이와 같이 잘 해석할 수 없는 경우도 있는 것이 요인분석이야" 교수는 두 사람을 달래듯이 말했다.

"이것이 '요인의 해석 가능성'이라고 하는 것인가요?" 보람이 묻는다.

교수는 고개를 끄덕였다.

"그렇다네. 요인에 하나로 뭉친 항목으로부터 명확히 이미지를 파악할 수 있어서, 요인의 이름을 붙일 수 있느냐 어떠냐 하는 것이지. 이 제4요인과 같이 잘 모르는 통합이 되어 버리는 경우도 있는데, 요인을 너무 많이 추출했을 때에 일어날 걸로 보네"

"그렇다면 지금까지의 결과로부터 생각하면, 역시 2요인의 결과가 제일 낫다는 것인가…" 철수가 중얼거린다.

"그래. 해석도 '모르는 사람을 향한 사회적 행동에 대한 저항감'과 '친한 사람을 향한 사회적 행동에 대한 저항감'이라고 하는 형태로 명확히 나누어지고 있으므로, 그것이 가장 산뜻할지도 몰라"

"아직 결론을 내는 것은 빨라" 교수가 말했다.

"몇 개의 항목은 제1요인이나 제2요인이나 모두 낮은 부하량을 보이고 있기 때문에, 그들 항목을 분석에서 제외하고 최종적인 요인분석 결과를 보이는 편이 좋네"

"그러면 요인부하량이 0.35에 미치지 못하는 항목을 삭제하면 어떨까요? 항목 12, 13, 17, 23이네요" 보람이 결과를 가리켰다.

최종적인 요인분석

[SPSS의 처리 절차]

[순서 1] 분석 수법의 선택

메뉴에서 [분석]-[차원 축소]-[요인분석]을 선택한다.

[순서 2] 변수의 선택

[변수]에 'P01'에서 'P26'까지 지정한다. 거기에서 'P12', 'P13', 'P17', 'P23'을 제거한다.

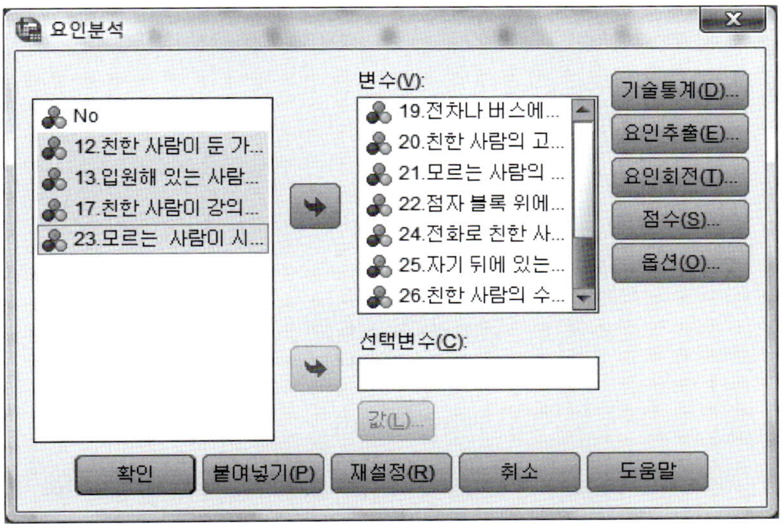

[순서 3] 요인추출의 선택

[방법]에서 [최대우도]를 선택한다. [스크리 도표]에 체크한다.

[추출]의 [고정된 요인 수]에 체크하고 [추출할 요인]은 '2'를 입력한다.

[계속]을 클릭한다. [요인회전]을 클릭한다.

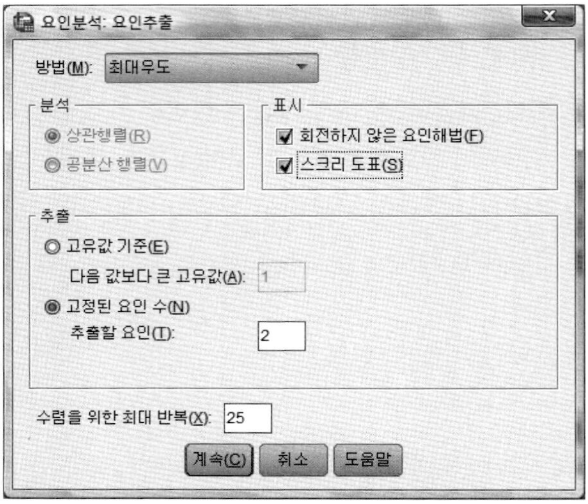

[순서 4] 요인회전의 선택

[방법]의 [프로멕스]를 선택하고 [계속]을 클릭한다.

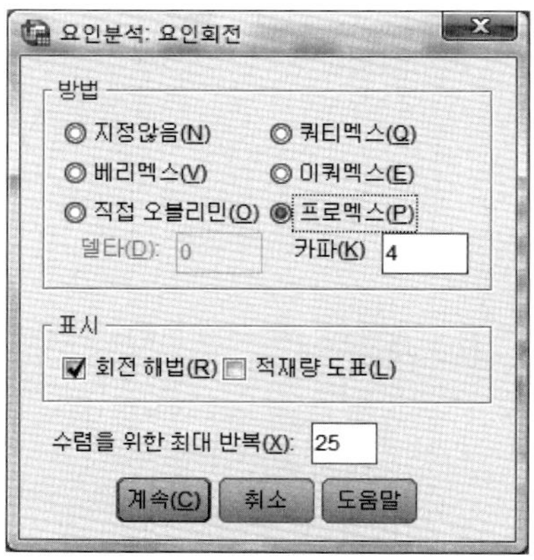

[순서 5] 옵션의 선택

[옵션]을 선택한다. [계수표시형식]에서 [크기순 정렬]에 체크하고 [계속]을 클릭한다.

[확인]을 클릭한다.

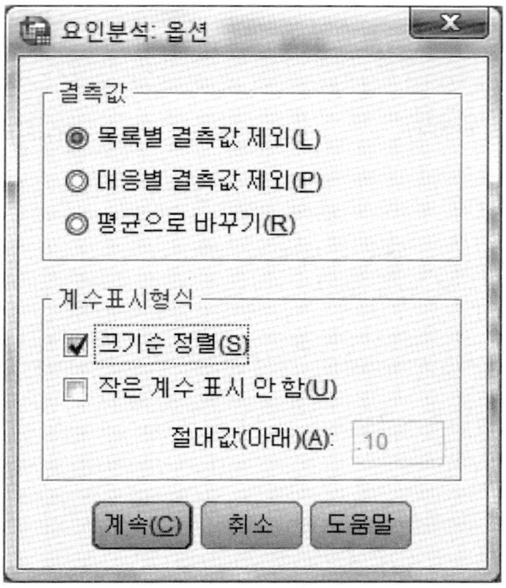

[분석결과]

설명된 총분산

요인	초기 고유값			추출 제곱합 적재량			회전 제곱합 적재량[a]
	전체	% 분산	누적 %	전체	% 분산	누적 %	전체
1	6.814	30.972	30.972	6.188	28.127	28.127	5.695
2	3.036	13.802	44.774	2.523	11.470	39.597	4.365
3	1.602	7.280	52.054				
4	1.261	5.733	57.787				
5	1.200	5.457	63.244				
6	1.098	4.993	68.236				
7	.956	4.347	72.584				
8	.782	3.552	76.136				
9	.754	3.428	79.564				
10	.668	3.035	82.599				
11	.568	2.584	85.182				
12	.539	2.449	87.631				
13	.462	2.102	89.733				
14	.420	1.910	91.643				
15	.371	1.685	93.328				
16	.309	1.406	94.733				
17	.300	1.361	96.095				
18	.229	1.040	97.135				
19	.205	.933	98.068				
20	.171	.776	98.844				
21	.147	.667	99.511				
22	.108	.489	100.000				

추출 방법: 최대우도.

a. 요인이 상관된 경우 전체 분산을 구할 때 제곱합 적재량이 추가될 수 없습니다.

- 설명된 총분산

항목을 삭제하기 전의 2요인 결과보다도 누적설명률이 높아지고 있다.

2요인의 누적설명률 … 초기에 44.774%, 추출 후에 39.597%.

패턴 행렬[a]

	요인	
	1	2
22.점자 블록 위에 있는 것을 치운다	.852	-.221
19.전차나 버스에서 모르는 사람에게 자리를 양보한다	.770	-.067
09.파출소에 분실물을 신고한다	.767	-.047
08.길가의 휴지를 줍는다	.742	-.070
10.낯선 사람이 쓰러져 있으면 구급차를 부른다	.722	.095
15.자전거 보관소에 쓰러져 있는 자전거를 세워 놓는다	.717	-.165
21.모르는 사람의 무거운 짐을 거들어 준다	.638	.094
18.모금을 한다	.603	.091
04.미아를 경찰서에 데리고 간다	.561	.178
14.모르는 사람을 위해서 엘리베이터 버튼을 대신 누른다	.406	.325
11.친한 사람에게 과제의 오류를 가르쳐 준다	-.119	.795
06.부재중인 친한 사람의 집에 온 짐을 보관한다	-.199	.699
05.감기로 쉬고 있는 친한 사람에게 전화로 중대한 연락을 한다	-.221	.617
07.친한 사람을 위해서 프린트를 받아 둔다	.139	.527
24.전화로 친한 사람에게 부탁을 받으면 그에 응한다	.137	.527
26.친한 사람의 수업 과제를 도와 준다	-.074	.489
02.친한 사람에게 샤프펜을 빌려 준다	.092	.481
16.친한 사람이 잔돈이 없을 때 빌려 준다	.213	.426
03.친한 사람에게 강의 노트를 보여 준다	.289	.407
20.친한 사람의 고민상담에 응한다	.251	.379
25.자기 뒤에 있는 모르는 사람을 위해서 문을 열어 준다	.118	.376
01.공중화장실이나 공원 등의 수도물을 잠근다	-.052	.365

추출 방법: 최대우도.
회전 방법: Kaiser 정규화가 있는 프로멕스.[a]

a. 3 반복계산에서 요인회전이 수렴되었습니다.

- 패턴 행렬

모든 항목이 제1요인 혹은 제2요인에 0.365 이상의 부하량을 보이고 있다.

항목 14는 제2요인에도 0.325의 부하량을 보이고 있는데, 그것은 제2요인에 포함되어 있고 또한 가장 낮은 부하량을 보인 항목 01의 부하량(0.365)보다도 낮다.

→ 단순구조를 보이고 있다.

[주] **단순구조**란 전체적으로 보아 모든 변수가 어떤 요인에 높은 부하량을 보이고, 그 밖의 요인에 대한 부하량은 0에 가까운 구조를 말한다. 요인분석에서는 단순구조를 목표로 해서 분석을 실시한다.

▶ 결과를 보고

"이것으로 제1요인이 '모르는 사람을 향한 사회적 행동에 대한 저항감', 제2요인이 '친한 사람을 향한 사회적 행동에 대한 저항감'이라고 말할 수 있을 것 같네요"

결과를 확인한 철수가 말했다.

"제1요인은 '모르는 사람'이라고 하기보다는, 공공이라든가 사회라고 하는 편이 좋을지도 모르겠어"

"아마 그 부분은 이름을 잘 생각해 보기 바라네" 교수가 말했다. "최종적인 이름은 분석자가 붙이는 것이니까"

"네"

"교수님, 처음 문제로 되돌아가서 말씀입니다만 …" 보람이 말한다.

"뭔가?"

"점수분포의 치우침이라고 하는 문제입니다"

"아, 그랬지. 하지만 지금까지 분석해 보고 어떻게 생각해? 점수분포가 치우쳐 있기 때문에 8항목으로 요인분석을 해야 한다고 생각하나"

두 사람 모두 머리를 가로 젓는다.

"생각하지 않습니다"

"아무리 점수분포가 치우쳐 있더라도 여기에서 찾아내고자 하는 두 개의 요인이 발견되면 항목을 삭제하지 않고 요인분석을 진척시킬 가치는 있는 게 아닐까"

"하지만 교수님, 이상치의 문제는 어떻게 됩니까" 보람이 묻는다.

"그렇습니다, 교수님. 이상치가 있으면, 상관계수가 본래의 값과는 크게 달라지는 경우가 있거든요. 그것에 기초해서 요인분석을 하면 결과가 변해 버립니다"

"그렇다네. 하지만 몇 가지의 차선책이 있지"

두 사람은 얼굴을 마주 보았다.

"차선책이라고 … ?"

"먼저 사용하고 있는 변수가 연속적이라고 할 수 있는지 어떤지 하는 것이네. 이것은 실제의 데이터가, 그보다는 이론적으로 말일세"

"이론적으로, 말입니까?" 철수가 중얼거렸다.

"그렇지. 이번에 다루고 있는 변수는 '저항감'이잖아. 아마 틀림없이 '있다', '없다' 뿐만 아니라 '전혀 없다'에서 '대단히 있다'까지 연속적으로 변화하는 양을 상정하고 있겠지"

"그렇습니다"

"원래 연속적인 양을 가정할 수 없다면, 요인분석이 아니라 범주형 변수를 정리하는 수법을 적용하는 편이 좋네"

"범주형 변수를 정리하는 수법?" 보람이 고개를 갸우뚱거렸다.

"그래. 대응분석(correspondence analysis)이라든가 쌍대척도법(dual scaling) 같은 수법이네. 이것들은 모두 복수의 범주형 데이터를 요인분석처럼 정리하기 위해서 쓰이는 수법이지. 조사해 보면 좋다고 생각하네"

"알겠습니다"

"다음의 문제는 가정된 연속적인 양에 대해서 어떠한 척도를 적용할 것인가 하는 것이 되네"

"척도 … 입니까?"

"직접 눈으로 볼 수는 없지만, 연속적인 저항감이 있다고 가정하자. 그 때 저항감이 '없다', '있다'의 2가(價)로 측정할 수도 있고, '전혀 없다'에서 '대단히 있다'까지의 5단계나 7단계로 측정할 수도 있지. 이것이 측정할 때의 척도라는 것이네"

"촘촘한 편이 좋은 것은 아닐까요" 보람이 말한다.

"문제는 질문을 해서 주관적으로 회답해 받을 수밖에 없다고 하는 데에 있네. 예를 들면, 심리적인 저항감을 100점 만점으로 회답해 받고자 해서 '58점'과 '59점'의 차이를 회답자가 확실히 인식할 수 있을까"

"사람에 따라 다를 것 같네요" 철수가 말한다.

"자, '전혀 저항이 없다', '별로 저항이 없다', '약간 저항이 있다', '대단히 저항이 있다'의 4단계라면?"

"그렇다면, 어딘가에 답할 수 있을 것 같고, 같은 정도의 저항감을 갖고 있는 다른 사람도 같은 선택지에 답할 것 같은데요" 보람이 말한다.

"다음은 회답할 때의 수고라네. 선택지가 많으면 수많은 질문에 답하는 것은 피곤해 지쳐 버리지만, '아니오', '어느 쪽도 아니다', '예' 정도라면 많은 질문에도 척척 답해 줄지도 모르지"

"자, 이번에 사용한 척도인 4단계의 회답이라고 하는 것은 그다지 틀린 것은 아니네요"

"하지만 결과적으로는 점수가 치우쳐 버리고 있잖은가"

두 사람은 다시 한 번 결과를 응시했다.

"그런데 본조사의 전에 예비조사는 했는가?"

교수가 철수에게 말했다.

"아니오. 항목을 만들어 바로 조사를 했습니다"

"그런가. 가능하면 몇 명이라도 좋으니 예비조사를 해보는 것이 좋아"

"예비조사를 하면, 무엇을 알 수 있나요"

"예를 들면, 사전에 10명에게 예비조사를 해서 모두 같은 선택지를 고르고 있다면, 그대로 본조사를 해서는 틀림없이 점수가 치우친 분포가 된다고 생각하네"

"만일 예비조사에서 점수분포가 치우쳐 있다는 것을 알았다면, 어떻게 하면 좋을까요"

"예를 들면, 항목의 의미는 바꾸지 않고 표현의 강도만을 바꿀 수 있을지도 모르지"

"표현의 강도?"

"그래. 예를 들면, '나는 자신의 생활에 만족하고 있다'라고 하는 항목의 점수가 매우 높은 쪽으로 치우쳐 버렸을 때에는 선택지를 바꾸지 않고 '나는 자신의 생활에 대단히 만족하고 있다'고 하면 점수분포가 낮은 방향으로 기울어 갈지도 모르지"

"표현의 강도를 바꾼다고 하는 것은 그런 것인가요?"

"선택지를 바꾸는 방법도 있네. 이번과 같은 경우, '느끼지 않는다'에서 '대단히 느낀다'까지의 4단계로 회답을 구하고 있잖은가"

"그렇습니다" 철수가 답했다.

"그래서 많은 사람이 '느끼지 않는다'에 회답해 버렸다면, 그 밑에 더 느끼지 않는 듯한 선택지, 예를 들면 '전혀 느끼지 않는다'라든가 '절대로 느끼지 않는다'고 하는 선택지를 준비하면, '느끼지 않는다'에 회답한 사람 중에서 더 극단적인 사람이 그 쪽으로 회답을 바꿀지도 모르지"

"그것이 '어떠한 척도를 적용할 것인가'라고 하는 문제이군요"

"그렇다네. 측정하고 싶은 것은 심리적인 양이므로, 상정하고 있는 점수분포를 잘 파악하려면 어떻게 하면 좋을까를 견실하게 생각해서, 예비조사로 시험해 보면서 시행착오해 보는 것이 좋네"

"예비조사라는 게 중요하군요"

두 사람은 계속해서 머리를 끄덕이고 있다.

"다음으로 중요한 것은, 준비하고 있지 않은 질문항목을 요인분석할 수는 없다는 것이네"

"네?"

"점수분포가 치우친 항목을 삭제한 8항목으로 요인분석을 하면, 항목 17만이 제2요인이 되어 있잖은가"

"네. 그래서 항목을 삭제하지 않았더니 분명히 제2요인이 결과에 나왔습니다"

"그거야 그렇지. 친한 사람을 원조하는 데에 저항감을 강하게 느끼는 사람이 그렇게 많이 있다고는 생각할 수 없기 때문이지. 그러한 내용으로 점수분포가 치우친 항목을 삭제해 가면,

점점 항목이 없어져 버릴거야. 그렇게 생각하지 않아?"

"글세. 그렇네요 …"

철수는 맥이 빠진 기색이다.

"아냐, 대부분의 사람이 '느끼지 않는다'고 답하는 중에서 조금이라도 '느낀다'는 사람을 발견하고자 하는 질문항목이라면, 이것으로 괜찮아"

"그것도 목적 나름이라고 하는 것인가요" 보람이 말한다.

"그렇다고 할 수 있겠지"

교수는 그렇게 말하고 웃었다.

CHAPTER

8

인과관계의 표현

CHAPTER 8

인과관계의 표현

8.1 | 분석의 배경

컴퓨터실에서

"음, 이것은 역시 중회귀분석이네 …"

컴퓨터 화면 앞에서 중얼거리고 있는 보람의 옆 자리에 철수가 찾아왔다.

"뭔데?"

"우리 팀에서 조사를 했거든. 그래서 역시 이 데이터를 분석하려면 중회귀분석이 아닌가 하고 …"

"어떤 조사?"

"친구를 사귀는 방법에 대한 조사야. 어떠한 친구관계의 패턴이 인터넷상의 메시지 교환의 사용빈도에 영향을 미치는가 하는 것이지"

"와, 재미있겠네"

"그렇지. 대학생 100명에게 조사를 했기 때문에, 제법 본격적인 조사인거야"

"질문항목은?"

"친구관계의 항목 (A)는 이거 여섯 개야"

보람은 메모를 철수에게 보였다.

"이들 항목에 적합한지 어떤지 (B)는 5점 척도법으로 대답해 받기로 하고, 메시지에 대해서는 과거 1주일 간의 교환은 하루 평균 몇 통 정도인가 (C), 그 빈도를 5단계로 대답해 받은 거지"

"연구의 목적은 어떤 친구관계의 패턴이 메시지의 사용빈도에 영향을 미치는가 하는 것이네. 어떠한 분석을 계획하고 있는데?"

"글쎄. 우선은 친구관계의 6항목과 메시지 수의 기술통계량을 산출하려고 생각해. 그리고 상관계수지"

"친구관계의 6항목과 메시지 수의 상관계수를 검토한다는 거 아냐"

"그래. 그리고 중회귀분석을 하려고 생각하고 있어"

"좀 전에 '중회귀분석'이라고 말했나?"

"그렇다니까. 중회귀분석은 어떤 복수의 변수로 다른 변수를 예측하는 분석수법이니까"

"그 변수라고 하는 것은 연속량이겠지"

"그야 뭐, 예측하는 측의 변수가 여러 개 있고, 범주라면 분산분석. 연속량일 때는 중회귀분석 아냐?"

"친구관계의 6항목으로 메시지 수를 예측하는 중회귀분석을 실시한다, 이거네" 확인하듯이 철수가 말한다.

"함께 해 주겠어?"

"물론이지"

두 사람은 PC의 화면으로 얼굴을 돌렸다.

[예제 8-1]

표 8-1 데이터표

번호	F1	F2	F3	F4	F5	F6	MOB
1	2	2	2	4	3	4	2
2	2	3	4	3	3	4	5
3	2	3	3	2	2	2	4
4	4	4	5	4	3	4	4
5	1	1	1	2	2	2	1
6	3	2	4	3	3	4	5
7	3	4	4	2	2	3	3
8	1	2	2	4	4	4	1
9	4	4	5	3	3	4	2
10	1	1	1	5	5	5	3
⋮	⋮	⋮	⋮	⋮	⋮	⋮	⋮
91	1	1	1	3	3	3	2
92	2	2	2	1	1	2	1
93	2	3	2	2	2	2	4
94	4	4	3	4	3	4	5
95	4	4	5	4	4	4	4
96	3	4	4	1	2	2	2
97	4	4	3	1	1	2	2
98	2	2	2	4	3	4	3
99	2	3	3	4	4	4	3
100	3	4	4	2	2	3	3

(데이터는 첨부 CD에 수록되어 있음)

▶ 조사항목

(A) 친구관계의 항목

F1 : 친구관계가 넓다

F2 : 친구가 많다

F3 : 얼굴이 넓다

F4 : 신경을 쓴다

F5 : 빠지지 않는다

F6 : 일선을 긋는다(분명하게 구별을 짓는다)

(B) 선택지

적합하지 않다	(1점)
조금 적합하지 않다	(2점)
어느 쪽도 아니다	(3점)
조금 적합하다	(4점)
적합하다	(5점)

(C) MOB : 메시지 수

0~1통	(1점)
2~3통	(2점)
4~6통	(3점)
7~9통	(4점)
10통 이상	(5점)

8.2 | 분석순서

■ 각 변수의 도수분포와 기술통계량

[SPSS의 처리 절차]

[순서 1] 데이터의 입력

(1) 먼저 [변수 보기]에서 다음과 같이 변수를 입력하고 정의한다.

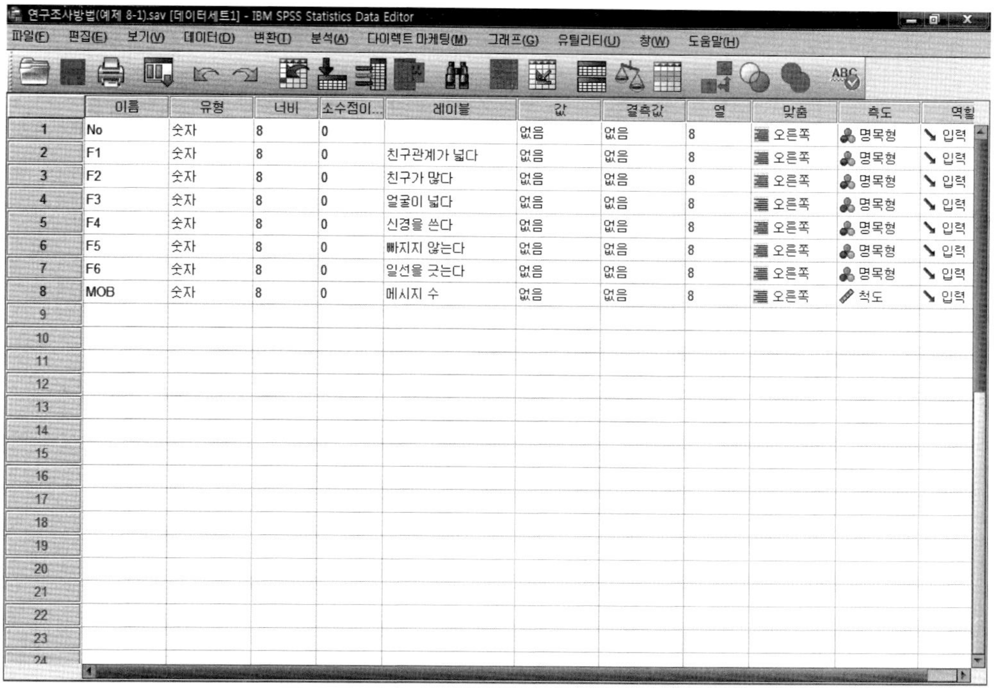

연구조사방법(예제 8-1).sav [데이터세트1] - IBM SPSS Statistics Data Editor

	이름	유형	너비	소수점이...	레이블	값	결측값	열	맞춤	측도	역할
1	No	숫자	8	0		없음	없음	8	오른쪽	명목형	입력
2	F1	숫자	8	0	친구관계가 넓다	없음	없음	8	오른쪽	명목형	입력
3	F2	숫자	8	0	친구가 많다	없음	없음	8	오른쪽	명목형	입력
4	F3	숫자	8	0	얼굴이 넓다	없음	없음	8	오른쪽	명목형	입력
5	F4	숫자	8	0	신경을 쓴다	없음	없음	8	오른쪽	명목형	입력
6	F5	숫자	8	0	빠지지 않는다	없음	없음	8	오른쪽	명목형	입력
7	F6	숫자	8	0	일선을 긋는다	없음	없음	8	오른쪽	명목형	입력
8	MOB	숫자	8	0	메시지 수	없음	없음	8	오른쪽	척도	입력

(2) [데이터 보기]를 열어 <표 8-1>의 데이터를 입력한다.

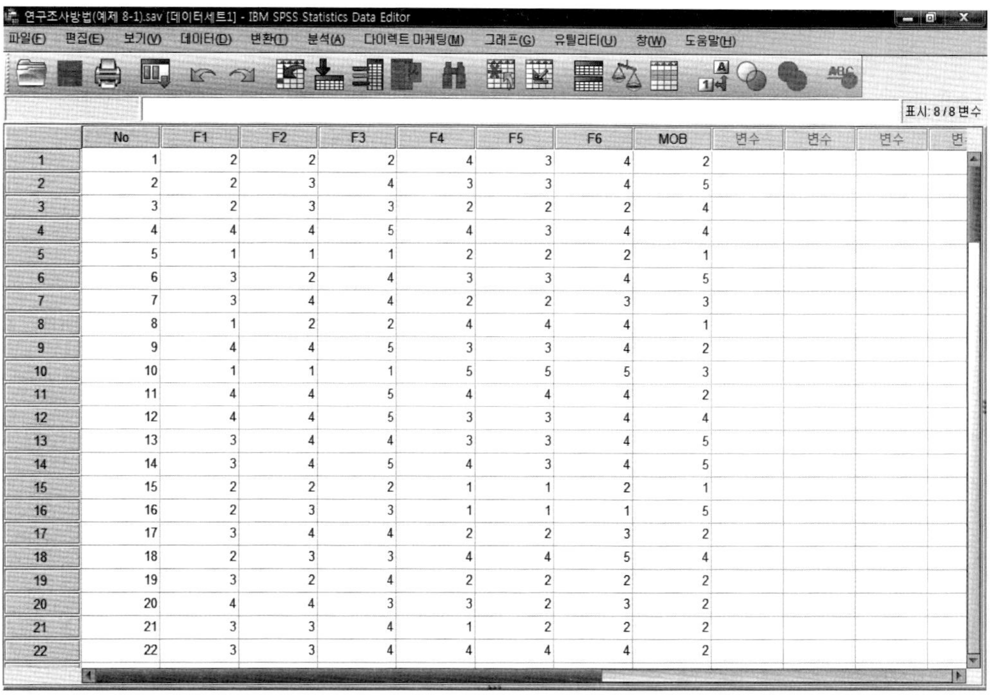

연구조사방법(예제 8-1).sav [데이터세트1] - IBM SPSS Statistics Data Editor

	No	F1	F2	F3	F4	F5	F6	MOB
1	1	2	2	2	4	3	4	2
2	2	2	3	4	3	3	4	5
3	3	2	3	3	2	2	2	4
4	4	4	4	5	4	3	4	4
5	5	1	1	1	2	2	2	1
6	6	3	2	4	3	3	4	5
7	7	3	4	4	2	2	3	3
8	8	1	2	2	4	4	4	1
9	9	4	4	5	3	3	4	2
10	10	1	1	1	5	5	5	3
11	11	4	4	5	4	4	4	2
12	12	4	4	5	3	3	4	4
13	13	3	4	4	3	3	4	5
14	14	3	4	5	4	3	4	5
15	15	2	2	2	1	1	2	1
16	16	2	3	3	1	1	1	5
17	17	3	4	4	2	2	3	2
18	18	2	3	3	4	4	5	4
19	19	3	2	4	2	2	2	2
20	20	4	4	3	3	2	3	2
21	21	3	3	4	1	2	2	2
22	22	3	3	4	4	4	4	2

[순서 2] 분석 수법의 선택

메뉴에서 [분석]-[기술통계량]-[빈도분석]을 선택한다.

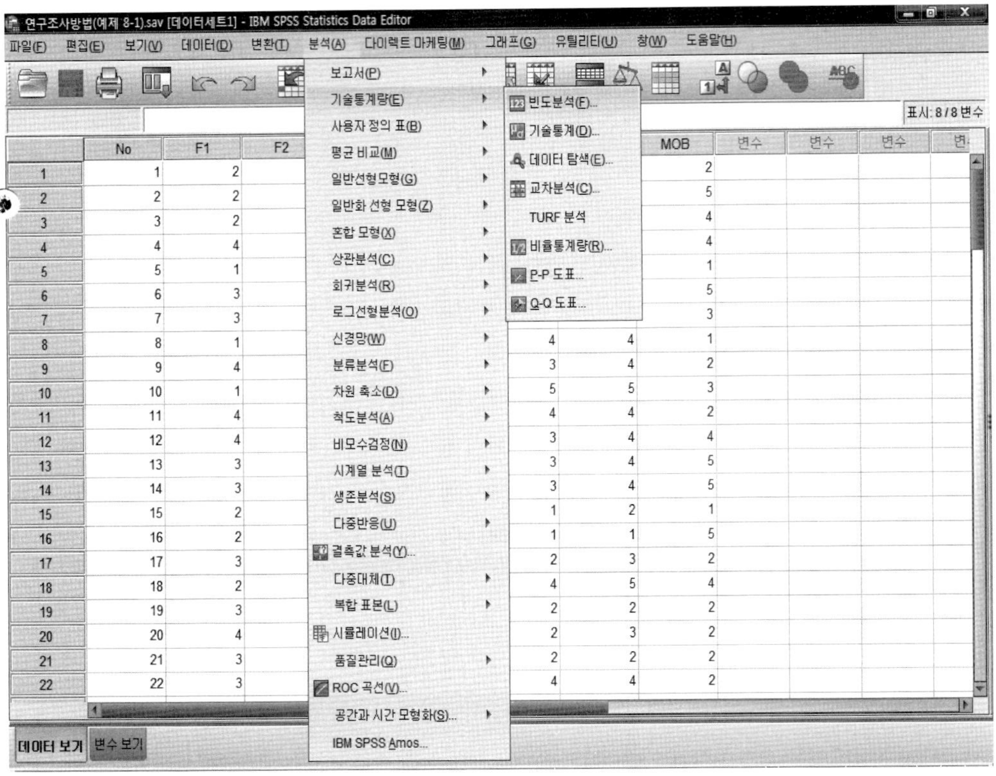

[순서 3] 변수의 선택

[변수]에 ‘F1’에서 ‘F6’, ‘MOB’를 지정한다. [통계량]을 클릭한다.

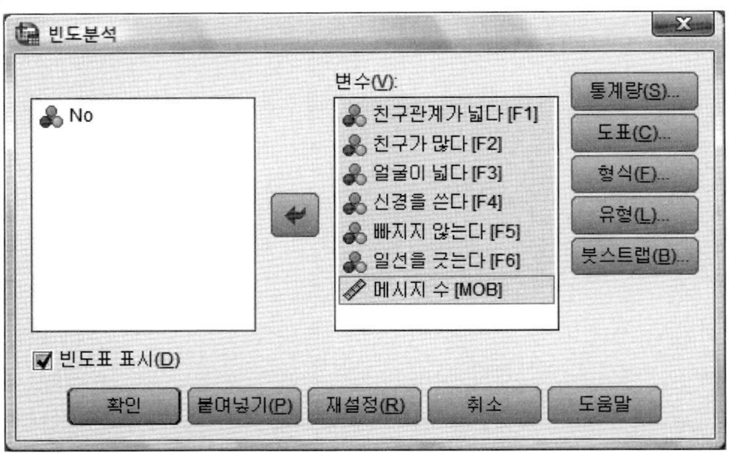

[순서 4] 통계량의 선택

다음과 같은 항목을 선택하고 [계속]을 클릭한다. 이어서 [확인]을 클릭한다.

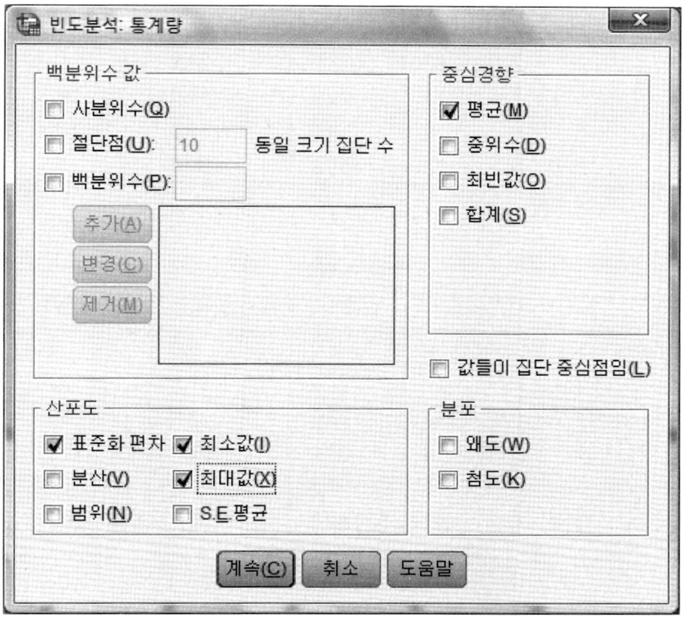

[분석결과]

통계량

		친구관계가 넓다	친구가 많다	얼굴이 넓다	신경을 쓴다	빠지지 않는다	일선을 긋는다	메시지 수
N	유효	100	100	100	100	100	100	100
	결측	0	0	0	0	0	0	0
평균		2.83	3.15	3.24	3.15	2.99	3.45	3.11
표준편차		1.129	1.058	1.120	1.132	1.040	1.038	1.180
최소값		1	1	1	1	1	1	1
최대값		5	5	5	5	5	5	5

- 통계량

  각 변수의 평균, 표준편차, 최소값, 최대값이 산출된다.

  어느 변수도 평균은 대략 3 전후, 표준편차는 1에서 1.2 정도로 되어 있다.

친구관계가 넓다

		빈도	퍼센트	유효 퍼센트	누적 퍼센트
유효	1	10	10.0	10.0	10.0
	2	34	34.0	34.0	44.0
	3	28	28.0	28.0	72.0
	4	19	19.0	19.0	91.0
	5	9	9.0	9.0	100.0
	전체	100	100.0	100.0	

친구가 많다

		빈도	퍼센트	유효 퍼센트	누적 퍼센트
유효	1	5	5.0	5.0	5.0
	2	27	27.0	27.0	32.0
	3	23	23.0	23.0	55.0
	4	38	38.0	38.0	93.0
	5	7	7.0	7.0	100.0
	전체	100	100.0	100.0	

얼굴이 넓다

		빈도	퍼센트	유효 퍼센트	누적 퍼센트
유효	1	5	5.0	5.0	5.0
	2	27	27.0	27.0	32.0
	3	18	18.0	18.0	50.0
	4	39	39.0	39.0	89.0
	5	11	11.0	11.0	100.0
	전체	100	100.0	100.0	

신경을 쓴다

		빈도	퍼센트	유효 퍼센트	누적 퍼센트
유효	1	10	10.0	10.0	10.0
	2	21	21.0	21.0	31.0
	3	19	19.0	19.0	50.0
	4	44	44.0	44.0	94.0
	5	6	6.0	6.0	100.0
	전체	100	100.0	100.0	

빠지지 않는다

		빈도	퍼센트	유효 퍼센트	누적 퍼센트
유효	1	6	6.0	6.0	6.0
	2	29	29.0	29.0	35.0
	3	32	32.0	32.0	67.0
	4	26	26.0	26.0	93.0
	5	7	7.0	7.0	100.0
	전체	100	100.0	100.0	

일선을 긋는다

		빈도	퍼센트	유효 퍼센트	누적 퍼센트
유효	1	3	3.0	3.0	3.0
	2	20	20.0	20.0	23.0
	3	18	18.0	18.0	41.0
	4	47	47.0	47.0	88.0
	5	12	12.0	12.0	100.0
	전체	100	100.0	100.0	

메시지 수

		빈도	퍼센트	유효 퍼센트	누적 퍼센트
유효	1	6	6.0	6.0	6.0
	2	31	31.0	31.0	37.0
	3	24	24.0	24.0	61.0
	4	24	24.0	24.0	85.0
	5	15	15.0	15.0	100.0
	전체	100	100.0	100.0	

- 빈도표

각 변수, 각 점수의 빈도와 비율이 표시된다.

극단적으로 도수분포가 치우친 변수(1이나 5에 회답자가 집중한 것)는 보이지 않는다.

■ 친구관계와 메시지 수의 상관계수

[SPSS의 처리 절차]

[순서 1] 데이터의 입력

[순서 2] 분석 수법의 선택

메뉴에서 [분석]-[상관분석]-[이변량 상관]을 선택한다.

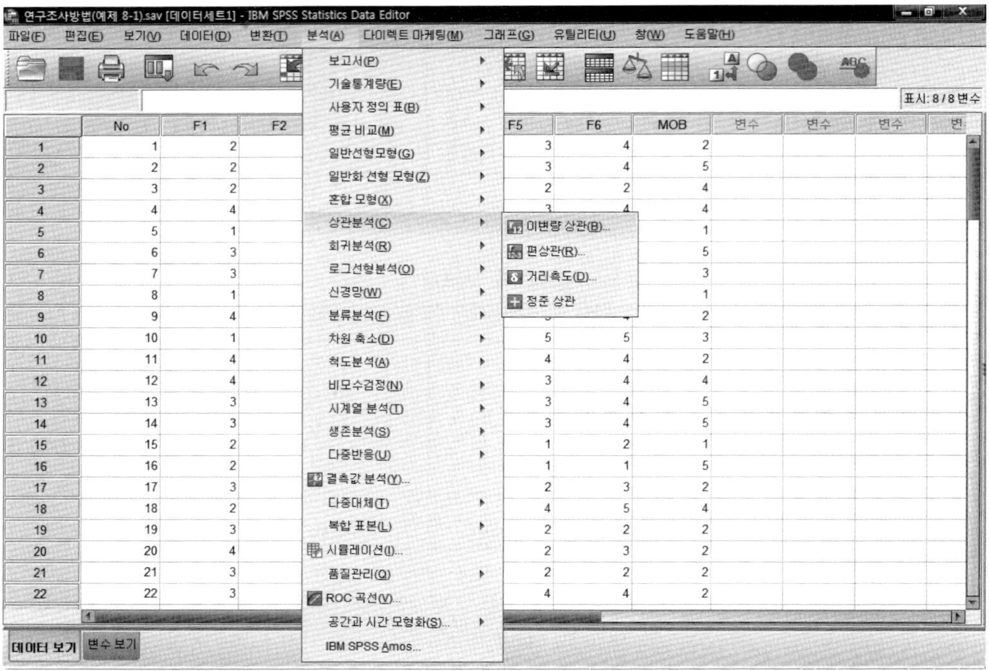

[순서 3] 변수의 선택

[변수]에 'F1'에서 'F6', 'MOB'를 지정한다. [확인]을 클릭한다.

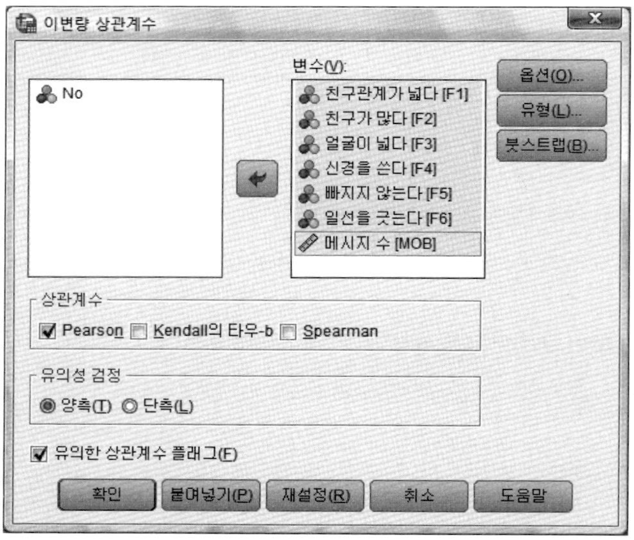

상관관계

		친구관계가 넓다	친구가 많다	얼굴이 넓다	신경을 쓴다	빠지지 않는다	일선을 긋는다	메시지 수
친구관계가 넓다	Pearson 상관	1	.842**	.656**	-.106	-.199*	-.132	.120
	유의확률 (양측)		.000	.000	.292	.047	.189	.233
	N	100	100	100	100	100	100	100
친구가 많다	Pearson 상관	.842**	1	.702**	-.137	-.182	-.145	.229*
	유의확률 (양측)	.000		.000	.174	.069	.150	.022
	N	100	100	100	100	100	100	100
얼굴이 넓다	Pearson 상관	.656**	.702**	1	-.077	-.015	.010	.201*
	유의확률 (양측)	.000	.000		.449	.880	.918	.044
	N	100	100	100	100	100	100	100
신경을 쓴다	Pearson 상관	-.106	-.137	-.077	1	.869**	.853**	.320**
	유의확률 (양측)	.292	.174	.449		.000	.000	.001
	N	100	100	100	100	100	100	100
빠지지 않는다	Pearson 상관	-.199*	-.182	-.015	.869**	1	.884**	.273**
	유의확률 (양측)	.047	.069	.880	.000		.000	.006
	N	100	100	100	100	100	100	100
일선을 긋는다	Pearson 상관	-.132	-.145	.010	.853**	.884**	1	.297**
	유의확률 (양측)	.189	.150	.918	.000	.000		.003
	N	100	100	100	100	100	100	100
메시지 수	Pearson 상관	.120	.229*	.201*	.320**	.273**	.297**	1
	유의확률 (양측)	.233	.022	.044	.001	.006	.003	
	N	100	100	100	100	100	100	100

**. 상관관계가 0.01 수준에서 유의합니다(양측).

*. 상관관계가 0.05 수준에서 유의합니다(양측).

[분석결과]

- 상관관계

  메시지 수와 친구관계의 상관계수에 주목한다.

  메시지 수와 친구관계가 넓다(F1) : $r = 0.120, p = 0.233 > 0.05, n.s.$

  메시지 수와 친구가 많다(F2) : $r = 0.229, p = 0.022 < 0.05$

  메시지 수와 얼굴이 넓다(F3) : $r = 0.201, p = 0.044 < 0.05$

  메시지 수와 신경을 쓴다(F4) : $r = 0.320, p = 0.001 < 0.01$

  메시지 수와 빠지지 않는다(F5) : $r = 0.273, p = 0.006 < 0.01$

  메시지 수와 일선을 긋는다(F6) : $r = 0.297, p = 0.003 < 0.01$

친구관계의 6변수로 메시지 수를 예측하는 중회귀분석

[SPSS의 처리 절차]

[순서 1] 분석 수법의 선택

메뉴에서 [분석]-[회귀분석]-[선형]을 선택한다.

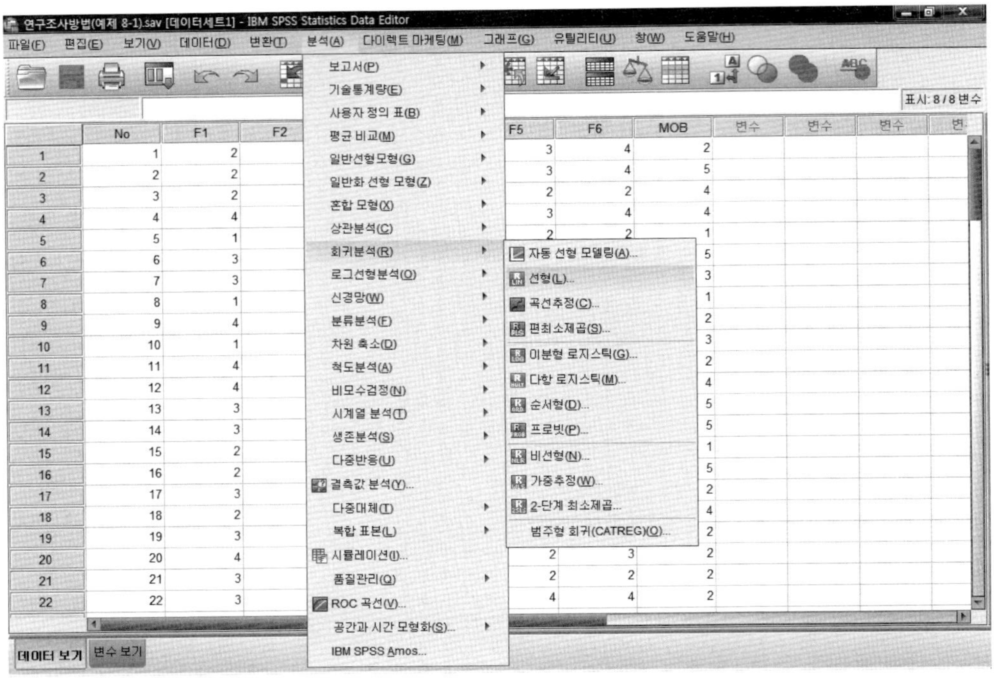

[순서 2] 변수의 선택

[종속변수]에 'MOB', [독립변수]에 'F1'에서 'F6'를 지정한다. [확인]을 클릭한다.

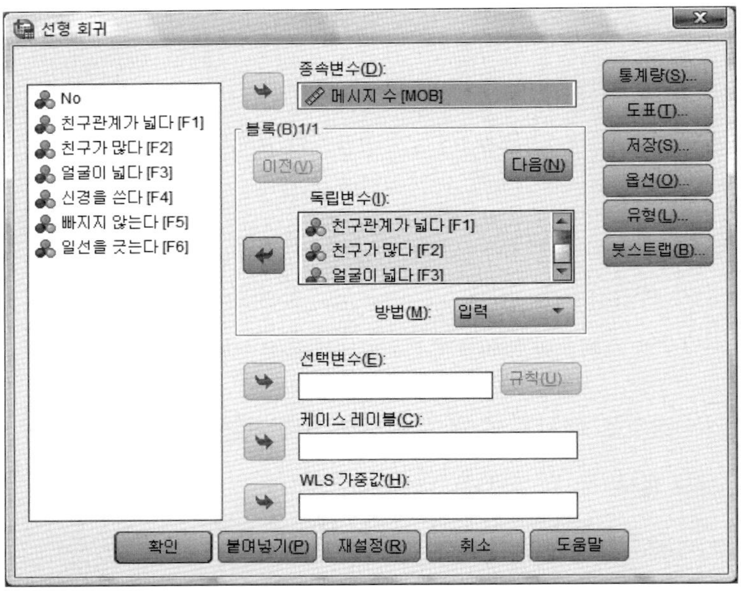

[분석결과]

모형 요약

모형	R	R 제곱	수정된 R 제곱	추정값의 표준 오차
1	.456[a]	.208	.157	1.083

a. 예측자: (상수), 일선을 긋는다, 얼굴이 넓다, 친구관계가 넓다, 신경을 쓴다, 친구가 많다, 빠지지 않는다

ANOVA[a]

모형		제곱합	자유도	평균제곱	F	유의확률
1	회귀	28.645	6	4.774	4.068	.001[b]
	잔차	109.145	93	1.174		
	전체	137.790	99			

a. 종속변수: 메시지 수

b. 예측자: (상수), 일선을 긋는다, 얼굴이 넓다, 친구관계가 넓다, 신경을 쓴다, 친구가 많다, 빠지지 않는다

계수[a]

모형		비표준화 계수		표준화 계수	t	유의확률
		B	표준오차	베타		
1	(상수)	.799	.540		1.479	.142
	친구관계가 넓다	-.316	.188	-.302	-1.679	.096
	친구가 많다	.507	.207	.455	2.450	.016
	얼굴이 넓다	.110	.147	.105	.749	.456
	신경을 쓴다	.381	.221	.365	1.721	.089
	빠지지 않는다	-.153	.267	-.135	-.574	.567
	일선을 긋는다	.147	.243	.130	.604	.547

a. 종속변수: 메시지 수

- 모형 요약

모형 전체의 평가지표가 되는 결정계수가 출력된다.

결정계수 : $R^2 = 0.208$

수정된 결정계수 : Adjusted $R^2 = 0.157$

- ANOVA(분산분석) 표

  모형 전체의 평가에 대한 유의확률

  1% 수준에서 유의하다 : $p = 0.001 < 0.01$

- 계수

  회귀계수와 유의확률이 출력된다.

  메시지 수에 대해서 비표준화계수(B)와 표준화계수(β)가 출력된다.

친구관계가 넓다(F1) : $B = -0.316, \beta = -0.302, p = 0.096 > 0.05, n.s.$

친구가 많다(F2) : $B = 0.507, \beta = 0.455, p = 0.016 < 0.05$, 유의하다

얼굴이 넓다(F3) : $B = 0.110, \beta = 0.105, p = 0.456 > 0.05$, $n.s.$

신경을 쓴다(F4) : $B = 0.381, \beta = 0.365, p = 0.089 > 0.05$, $n.s.$

빠지지 않는다(F5) : $B = -0.153, \beta = -0.135, p = 0.567 > 0.05, n.s.$

일선을 긋는다(F6) : $B = 0.147, \beta = 0.130, p = 0.547 > 0.05$, $n.s.$

절편(상수) : $B = 0.799$, $p = 0.142 > 0.05$, $n.s.$

→ 메시지 수에 대해서 유의한 예측력을 가진 것은 '친구가 많다(F2)'뿐이다.

▶ **결과를 보고**

"심하게 치우친 변수는 없는 것 같네" 보람은 결과를 보면서 말했다.

"응. 최소값이 1이고 최대값이 5, 평균도 3 정도, 점수분포를 보더라도 1이나 5의 점수에 회답자가 집중하는 경우는 없는 것 같아"

"상관계수를 보면, F1의 '친구관계가 넓다'만 메시지 수와 유의한 상관이 보이지 않고, 나머지 다섯 항목은 모두 플러스의 상관이 보이는데"

"이것은 예상대로인가"

"음. 친구가 많고 얼굴이 넓어도, 신경을 쓴다거나 상대와 일선을 긋는 학생일수록 메시지의 교환이 많다고 하는 셈이네"

"그러한 친구관계의 패턴이 메시지 수에 반영하고 있다고 하는 것이네. 하지만 중회귀분석의 결과는 어때?"

"글쎄. 중회귀분석에서 유의한 영향이 보인 것은 F2의 '친구가 많다'뿐이었거든"

"상관은 유의한데, 중회귀분석의 결과에서는 유의하지 않다. 어디에선가 들었던 바와 같은 …"

두 사람은 얼굴을 마주 보았다.

"분명히 들었던 적이 있는데 …"

"혹시 유사상관?"

"그래, 확실히 그랬어. 보람의 언니 데이터를 분석했을 때에 그랬잖아"

"그것과 같은 것일지 몰라" 보람도 다시 한 번 결과를 가리켰다.

"F3 '얼굴이 넓다'라든가 F4 '신경을 쓴다'라든가 F5 '빠지지 않는다'와 메시지 수의 유의한 상관계수는, F2 '친구가 많다'가 메시지 수에 영향을 미치는 것으로 보이는 가짜 상관이라고 하는 사실 …"

"정말로 관련이 있는 것은 F2 '친구가 많다'와 메시지 수인 셈이네"

"그거 참, 재미있는 결과네"

"응. 나도 그리 생각해"

"고마워. 자, 이것으로 결과를 써볼까" 보람은 워드 작업 준비를 했다.

▶ 결과에 대한 기술

1. 상관관계

메시지 수의 평균은 3.11(표준편차 1.180)이며, 평균해서 4~6통의 메시지 교환을 하고 있다는 것이 밝혀졌다. 여섯 가지 친구와의 교제방식 항목의 평균 및 표준편차는 Table 1에 보이는 바와 같다. 메시지 수와 친구와의 교제방식 간 관련을 검토하기 위해서 상관계수를 산출했다. 그 결과를 Table 1에 보인다. '1. 친구관계가 넓다' 이외의 다섯 항목에서 메시지 수와 친구와의 교제방식 간에 플러스의 유의한 상관계수가 보였다.

Table 1 메시지 수와 친구와의 교제방식 간 상관계수

	메시지 수		
	상관계수	평균	표준편차
1. 친구관계가 넓다	0.120	2.83	1.129
2. 친구가 많다	0.229*	3.15	1.058
3. 얼굴이 넓다	0.201*	3.24	1.120
4. 신경을 쓴다	0.320**	3.15	1.132
5. 빠지지 않는다	0.273**	2.99	1.040
6. 일선을 긋는다	0.297**	3.45	1.038

$*p<0.05$ $**p<0.01$

2. 인과관계

다음에 메시지 수를 종속변수, 여섯 개 친구와의 교제방식을 독립변수로 한 중회귀분석을 실시했다. Table 2에 중회귀분석의 결과를 보인다. 결정계수는 $R^2 = 0.208\,(p < 0.01)$이며, 모형 전체로서 유의한 영향이 인정되었다. 친구와의 교제방식으로부터 메시지 수에 대한 편회귀계수를 보면, '2. 친구가 많다'가 유의한 영향을 미치고 있다는 것이 보였다. 따라서 친구가 많은 학생일수록 메시지 수가 많은 경향에 있다는 것이 밝혀졌다.

Table 2 친구와의 교제방식을 독립변수, 메시지 수를 종속변수로 한 중회귀분석의 결과

	B	표준오차	β	R^2
1. 친구관계가 넓다	−0.316	0.188	−0.302	0.208**
2. 친구가 많다	0.507	0.207	0.455*	
3. 얼굴이 넓다	0.110	0.147	0.105	
4. 신경을 쓴다	0.381	0.221	0.365	
5. 빠지지 않는다	−0.153	0.267	−0.135	
6. 일선을 긋는다	0.147	0.243	0.130	

$^*p<0.05$ $^{**}p<0.01$

8.3 | 연구대상

■ 연구실에서

"어떻습니까, 교수님? 상당히 재미있는 결과가 되었다고 생각합니다" 보람이 자신을 가지고 말했다.

"중회귀분석으로 '친구가 많다'의 편회귀계수 B의 크기가 0.507이라고 하는 것은, 이 항목이 1 늘어나면 메시지 수의 선택지 회답이 평균해서 0.507 상승한다고 하는 것이 되지요" 철수도 자신 만만한 모습이다.

"중회귀분석의 편회귀계수는 실제로 얼마만큼 종속변수를 오르고 내리게 하는가를 나타내고 있고, 표준편회귀계수는 상관계수와 마찬가지로 0에서 1의 크기로 표현됩니다"

두 사람의 설명을 들으면서 교수는 출력결과를 보고 있다.

"오, 과연. 친구의 많고 적음이 메시지 수에 영향을 미친다고 하는 결과가 되었구먼. 음, 이것은 이대로 재미있을지도 모르겠네 …"

그러나 조금 납득이 안 된다는 표정을 짓고 있다.

“교수님, 어딘가 이상한 곳이라도 … ?” 보람은 불안한 모양이다.

“글쎄다. 마음에 걸리는 것은 친구와의 교제방식 항목끼리의 상관계수야”

“친구와의 교제방식 항목끼리, 말씀이십니까?”

“예를 들면, ‘친구관계가 넓다’는 사람과 ‘친구가 많다’는 사람은 겹침이 클까, 작을까, 어느 쪽이라고 생각하나?”

“친구관계가 넓은 사람은 친구도 많을 것으로 생각합니다” 철수가 말한다.

“음. 자, 친구관계가 넓음에도 불구하고 친구가 적은 사람은 어떤가?”

“그러한 사람은 별로 없을 것으로 생각합니다만 …”

“친구관계가 넓으면 친구가 많은 경향에 있고, 친구관계가 좁으면 친구는 적은 경향에 있다고 하는 셈이지요”

“그렇다는 것이지. 그러한 사람들은 많을 것이겠지만, 친구관계가 넓은데 친구가 적다든가, 친구관계가 좁은데 친구는 많다든가, 그러한 사람은 별로 없다”

“무엇이 문제가 될까요” 철수도 불안한 표정이다.

“이 두 항목을 조합하기만 해도 사람 수가 매우 불균형하게 될 거야. 그러면 이 불균형한 사람 수로 무엇을 예측하고자 한다면, 예측에 무리가 생길 가능성이 있겠지”

“무리 … 겠습니까?”

“예를 들면, 여성이 38명이고 남성이 2명만으로 여성이 압도적으로 많은 조사를 했다고 하세. 여기에서 여성의 시험 평균점이 80점, 남성의 평균점이 60점이었다고 하자 말이야”

“여성이 높고 남성이 낮네요” 보람이 말한다.

“이 표본에 대해서는 그렇게 말할 수 있지만, 모집단에 대해서 그렇게 말할 수 있을까. 두 사람의 남성 점수가 100점과 20점으로 평균 60점이었다면?”

“이 사람들 이외에 대해서도 남성 쪽이 여성보다도 점수가 낮다고는 말할 수 없게 되겠는데요” 철수도 대답한다.

“이것과 같은 사항이 상관이 높은 독립변수를 조합함으로써 생기는 거야. 알겠나?”

“친구관계가 넓고 친구가 적은 사람은 거의 없다고 하는 문제가 지금 시험의 예에서 남성 그룹과 같은 문제가 된다, 라고 하는 것입니까 …” 보람이 혼잣말처럼 중얼거리고 있다.

“교수님, 이러한 때는 어떻게 하면 좋을까요” 철수가 묻는다.

“하나의 방법은 독립변수를 선택하는 것이네. 또 하나의 방법은 독립변수를 통합하는 것이지”

"선택하느냐, 통합하느냐 …?"

"먼저, 이것저것 독립변수로 해 버리는 게 아니라, 선행연구나 이론에 기초해서 예측에 도움이 될 듯한 변수를 견실하게 선택하는 것이 중요하다고 생각하네"

"하지만 교수님, 무엇을 설명하고 할 때에는 무심코 이것도 예측에 도움이 되지 않을까, 저것도 도움이 되지 않을까 하고 생각하게 됩니다"

"그런 기분 알 만하네. 게다가 생각조차 할 수 없는 변수가 뭔가의 예측에 도움이 된다고 하는 발견이 있는 것도, 연구의 재미 중 하나라는 사실은 틀림이 없네"

"보물찾기 같네요"

"그렇지만, 보물찾기야 마구 땅을 파거나 하지는 않잖아. 지도나 문헌을 조사한다거나 금속탐지기로 탐색한다거나 하지 않겠어. 독립변수도 마찬가지야. 지금까지의 연구나 이론, 연구결과의 축적으로부터 생각해 가는 것이지"

"과연 …"

"중회귀분석을 했다고 했지. 그 때에 다중공선성이 생기고 있는지 어떤지를 확인해 보지 않았나?"

"다중공선성?"

"자, 그 수치를 내 보세"

다중공선성의 확인

[SPSS의 처리 절차]

[순서 1] 데이터의 입력

<표 8-1>의 데이터를 입력한다.

[순서 2] 분석 수법의 선택

메뉴에서 [분석]-[회귀분석]-[선형]을 선택한다.

[순서 3] 변수의 선택

[종속변수]에 'MOB', [독립변수]에 'F1'에서 'F6'를 지정한다. [통계량]을 클릭한다.

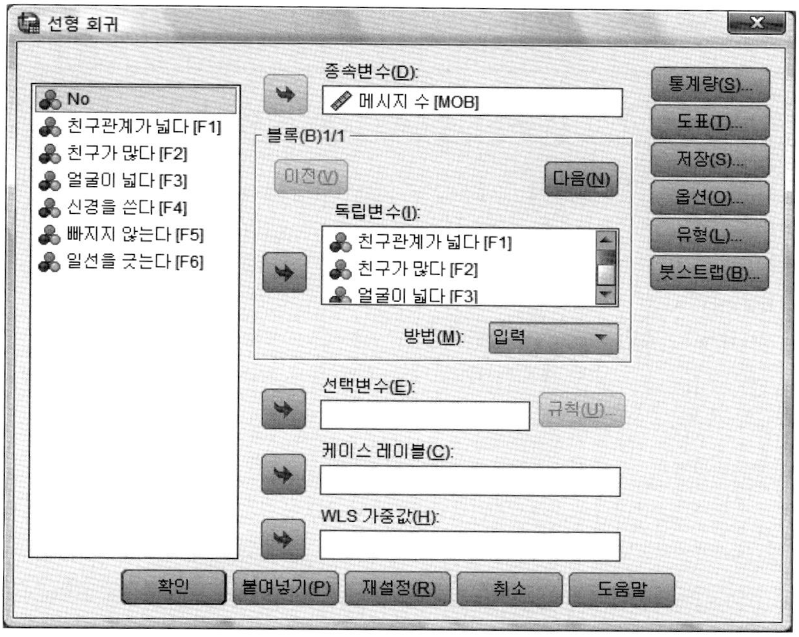

[순서 4] 통계량의 선택

[공선성 진단]을 체크하고 [계속]을 클릭한다. [확인]을 클릭한다.

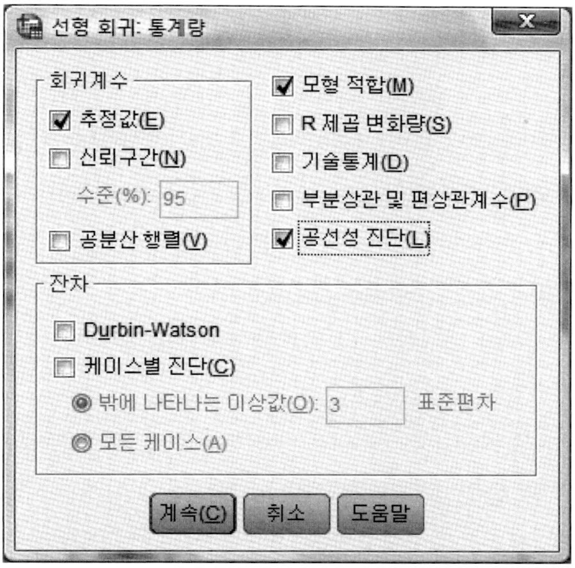

[분석결과]

계수[a]

모형		비표준화 계수		표준화 계수	t	유의확률	공선성 통계량	
		B	표준오차	베타			공차	VIF
1	(상수)	.799	.540		1.479	.142		
	친구관계가 넓다	-.316	.188	-.302	-1.679	.096	.263	3.806
	친구가 많다	.507	.207	.455	2.450	.016	.247	4.047
	얼굴이 넓다	.110	.147	.105	.749	.456	.435	2.296
	신경을 쓴다	.381	.221	.365	1.721	.089	.189	5.288
	빠지지 않는다	-.153	.267	-.135	-.574	.567	.154	6.479
	일선을 긋는다	.147	.243	.130	.604	.547	.186	5.390

a. 종속변수: 메시지 수

- 계수

  공선성 통계량에 VIF(Variance Inflation Factor)가 출력된다. 이 값이 크면 다중공선성의 의심이 있는데, 10을 초과하면 명확히 다중공선성이 있는 것으로 판정한다. 명확한 기준이 있는 것은 아니지만, 5를 초과하는 값이 보일 경우는 주의를 요한다.

▶ 결과를 보고

"다중공선성의 유무는 VIF의 값을 보는 거야" 교수는 화면을 손가락으로 가리키며 말했다.

"VIF의 값을 보면, '빠지지 않는다'가 6.479, '일선을 긋는다'가 5.390, '신경을 쓴다'가 5.288로 되어 있네. 독립변수 사이의 상관이 높음으로써 어떤 문제가 생긴다고 하는 다중공선성의 가능성이 높아지면, 이 VIF의 값이 높아져 가는 거야. 명확한 기준이 있는 것은 아니지만, VIF의 값이 5를 초과하는 경우는 주의하는 편이 좋아"

"이 결과에서는 VIF가 6을 초월하는 것도 있네요"

"그 사실은 다중공선성의 의심이 있다고 하는 것이군요"

교수는 고개를 끄덕였다.

"그렇게 말하면, 친구관계와 메시지 수의 상관계수를 산출했을 때에 친구관계 6항목끼리의 상관계수도 산출하지 않았던가"

"네, 그 때의 결과도 프린트해서 갖고 있습니다" 보람은 가방에서 상관계수의 결과를 끄집어냈다.

"'친구관계가 넓다', '친구가 많다', '얼굴이 넓다'의 세 항목 간의 상관계수는 $r = 0.656$에서 $r = 0.842$이고, '신경을 쓴다', '빠지지 않는다', '일선을 긋는다'의 세 항목 간의 상관계수는 $r = 0.853$에서 $r = 0.884$의 범위입니다"

F1 : 친구관계가 넓다 F2 : 친구가 많다 F3 : 얼굴이 넓다	세 항목 간의 상관계수는 $r = 0.656$에서 $r = 0.842$의 범위
F4 : 신경을 쓴다 F5 : 빠지지 않는다 F6 : 일선을 긋는다	세 항목 간의 상관계수는 $r = 0.853$에서 $r = 0.884$의 범위

"상관계수로부터는 세 개씩 두 그룹으로 되어 있는 것처럼 보입니다" 철수도 출력결과를 확인하고 있다.

"그러네. 그러한 두 개의 그룹으로 되어 있는 것 같이 보이는구먼"

"네"

두 사람은 고개를 끄덕였다.

"자, 정말로 이 여섯 항목이 그 두 개의 그룹으로 나누어지는지 어떤지, 친구의 교제방식 여섯 항목을 요인분석해 보세"

친구관계 6변수의 요인분석(요인 수의 확정)

[SPSS의 처리 절차]

[순서 1] 데이터의 입력

<표 8-1>의 데이터를 입력한다.

[순서 2] 분석 수법의 선택

메뉴에서 [분석]-[차원 축소]-[요인분석]을 선택한다.

[순서 3] 변수의 선택

[변수]에 'F1'에서 [F6]까지를 지정한다. [요인추출]을 클릭한다.

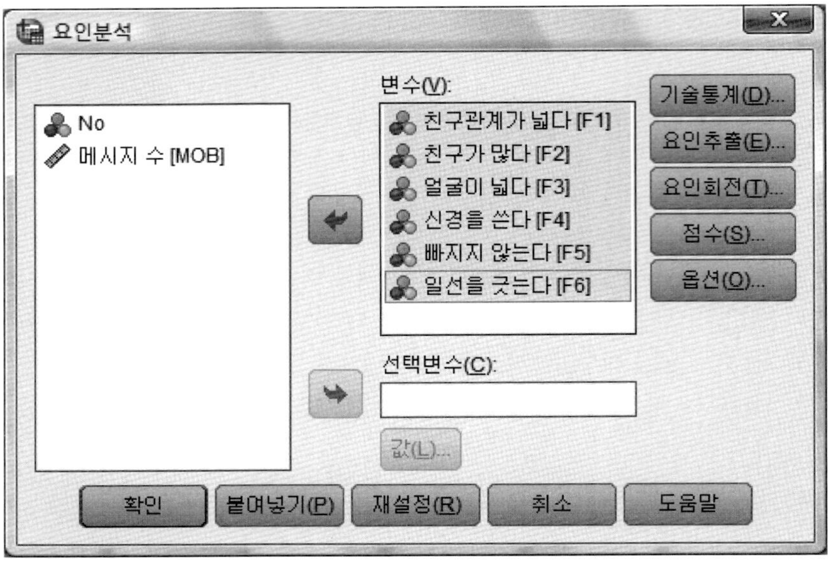

[순서 4] 요인추출의 선택

[방법]을 [최대우도]로 한다. 나머지는 디폴트 상태를 그대로 유지한다.

[계속]을 클릭한다.

이어서 [확인]을 클릭한다.

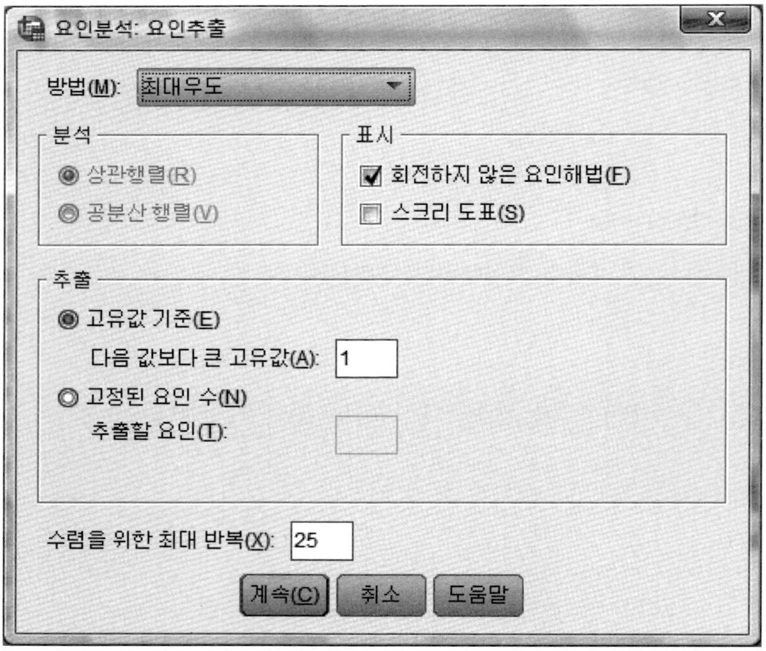

[분석결과]

설명된 총분산

요인	초기 고유값			추출 제곱합 적재량		
	전체	% 분산	누적 %	전체	% 분산	누적 %
1	2.971	49.516	49.516	2.783	46.385	46.385
2	2.249	37.480	86.996	2.073	34.552	80.937
3	.391	6.517	93.513			
4	.158	2.636	96.149			
5	.131	2.191	98.340			
6	.100	1.660	100.000			

추출 방법: 최대우도.

- 설명된 총분산

  초기 고유값의 전체를 보면, 고유값은 제1요인이 2.971, 제2요인이 2.249이다. 2요인의 누적설명률은 초기에 86.996%, 추출 후에 80.937로 충분한 값이다.

  → 2요인으로 문제는 없어 보인다.

친구관계 6변수의 요인분석(2요인 · 프로맥스 회전)

[SPSS의 처리 절차]

[순서 1] 데이터의 입력

<표 8-1>의 데이터를 입력한다.

[순서 2] 분석 수법의 선택

메뉴에서 [분석]-[차원 축소]-[요인분석]을 선택한다.

[순서 3] 변수의 선택

[변수]에 'F1'에서 'F6'까지를 지정한다. [요인추출]을 클릭한다.

[순서 4] 요인추출의 선택

[방법]을 [최대우도]로 한다. [고정된 요인 수]를 선택하고 [추출할 요인]에 '2'를 입력한다. [계속]을 클릭한다. [요인회전]을 클릭한다.

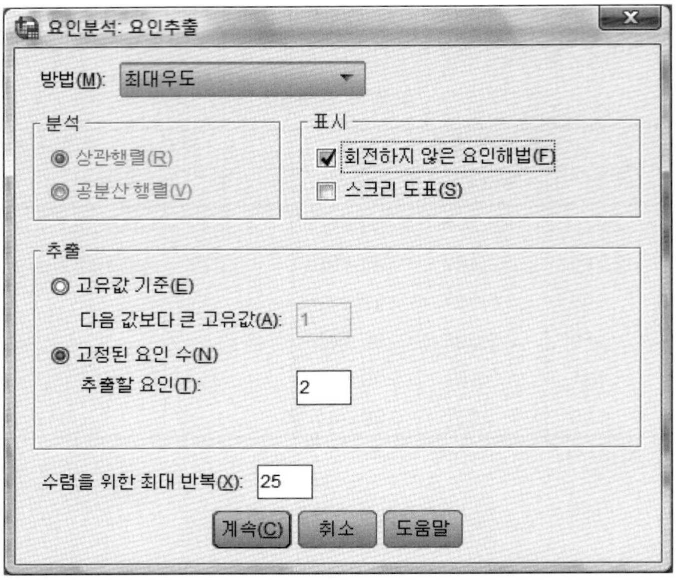

[순서 5] 요인회전의 선택

[방법]에서 [프로멕스]를 선택한다.

[계속]을 클릭한다. 이어서 [옵션]을 클릭한다.

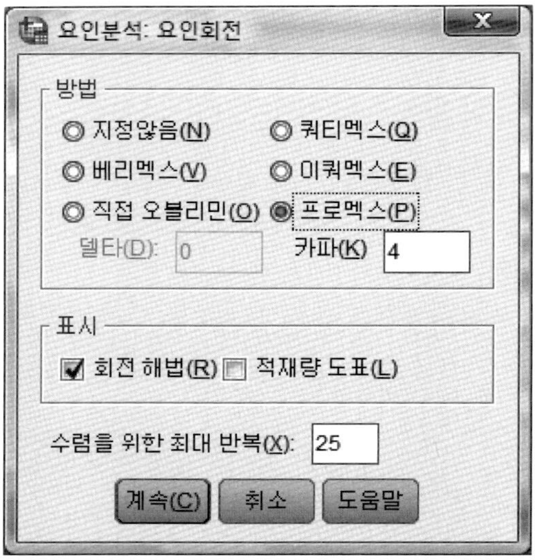

[순서 6] 옵션의 선택

[계수표시형식]의 [크기순 정렬]에 체크하고 [계속]을 클릭한다. [확인]을 클릭한다.

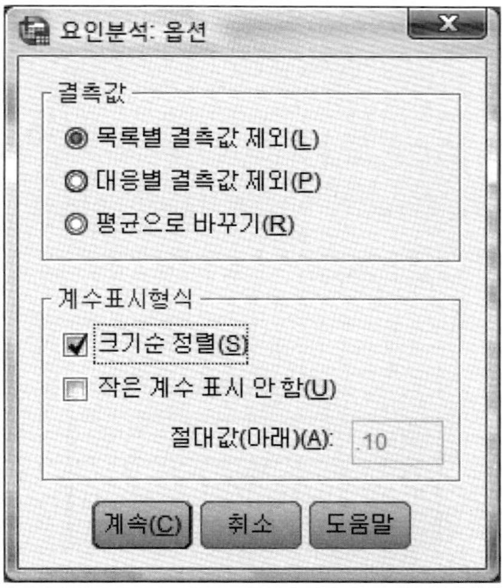

[분석결과]

설명된 총분산

요인	초기 고유값			추출 제곱합 적재량			회전 제곱합 적재량[a]
	전체	% 분산	누적 %	전체	% 분산	누적 %	전체
1	2.971	49.516	49.516	2.783	46.385	46.385	2.664
2	2.249	37.480	86.996	2.073	34.552	80.937	2.292
3	.391	6.517	93.513				
4	.158	2.636	96.149				
5	.131	2.191	98.340				
6	.100	1.660	100.000				

추출 방법: 최대우도.

a. 요인이 상관된 경우 전체 분산을 구할 때 제곱합 적재량이 추가될 수 없습니다.

패턴 행렬[a]

	요인	
	1	2
빠지지 않는다	.947	-.026
밑선을 긋는다	.935	.021
신경을 쓴다	.916	.021
친구가 많다	-.033	.941
친구관계가 넓다	-.037	.885
얼굴이 넓다	.086	.756

추출 방법: 최대우도.
회전 방법: Kaiser 정규화가 있는 프로멕스.

a. 3 반복계산에서 요인회전이 수렴되었습니다.

- 설명된 총분산

회전 후의 부하량 제곱합(회전 제곱합 적재량)이 표에 추가된다.

- 패턴 행렬

제1요인에 높은 부하량을 보인 것은 … '빠지지 않는다', '일선을 긋는다', '신경을 쓴다'

제2요인에 높은 부하량을 보인 것은 … '친구가 많다', '친구관계가 넓다', '얼굴이 넓다'

요인 상관행렬

요인	1	2
1	1.000	-.146
2	-.146	1.000

추출 방법: 최대우도.
회전 방법: Kaiser 정규화가 있는 프로멕스.

- 요인 상관행렬

제1요인과 제2요인 사이의 상관계수는 $r = -0.146$

→ 그다지 높은 상관계수는 아니다.

▶ 결과를 보고

"예상대로 멋진 두 개의 요인으로 나누어졌습니다" 철수는 만족스러운 듯이 말했다.

"정말로. 요인 간 상관이 높지 않다고 하는 것은 두 개의 요인이 그다지 관계가 없는 내용으로 되어 있다고 하는 것이네요, 교수님"

"그렇다네. 비교적 독립적인 두 개의 요인으로 되어 있다고 하는 것을 의미하네"

교수는 두 사람을 향해 바로 섰다.

"요인분석을 했다면, 다음은 요인에 이름을 붙이는 것이었지요"

"그렇지. 어떤 이름을 붙이면 좋다고 생각하나"

보람과 철수도 다시 한 번 결과를 들여다보았다.

"제1요인은 상대에게 빠지지 않고 일선을 긋고 신경을 쓰는 것과 같은 친구관계의 패턴을 의미하고 있기 때문에 …"

"자, '낮은 친구관계'라고 하면 어떨까. 점수가 높을수록 상대와의 관계가 친밀하지 않고 표면적인 느낌이 드네" 철수는 말한다.

"좋아. 다음에 제2요인은 친구가 많고 친구관계가 넓으며 얼굴이 넓은 친구관계를 의미하고 있으니 …”

“이쪽은 ‘넓은 친구관계’라면 좋지 않을까. 항목의 내용도 바로 그러한 이미지잖아”

F1 : 친구관계가 넓다 F2 : 친구가 많다 F3 : 얼굴이 넓다	넓은 친구관계
F4 : 신경을 쓴다 F5 : 빠지지 않는다 F6 : 일선을 긋는다	낮은 친구관계

“친구관계의 두 요소로서 넓음과 낮음이라고 하는 차원이 있다는 것은, 지금까지의 심리학 연구에서도 가끔 지적되고 있는 것이잖아. 그러므로 선행연구로부터도 이 두 요인이 발견되고 있다는 것은 납득할 수 있는 결과가 됐네”

“다행이다, 보람아”

“교수님, 다음은 무엇을 하면 좋을까요?”

“다음은 친구와의 교제방식에 대해서 세 항목씩 두 개의 하위척도를 구성한다고 하고, 각각의 신뢰성을 확인하는 거야”

“신뢰성 말씀입니까?”

“신뢰성이라고 하는 것은 측정의 일관성을 문제로 하는 것이지. 어느 정도 개인의 점수가 일관해 있는가 하는 것이네. 신뢰성에는 크게 나누어서 재검사신뢰성과 내적정합성이라고 하는 것이 있지”

“재검사신뢰성과 내적정합성?”

“그래. 재검사신뢰성은 시간을 거쳐 측정해도 개인의 점수가 어느 정도 일관해 있는지 어떤지를 문제로 하는 사고방식이네. 하지만 이번 데이터는 같은 사람에게 시간을 두고 반복해서 측정하고 있는 게 아니잖아. 그렇지”

“네”

“그러므로 여기에서는 신뢰성에 대한 하나의 관점으로서 내적정합성에 주목하기로 하세. 내적정합성은 같은 복수의 지표에 대해서 개인이 어느 정도 일관되게 회답하고 있는지 어떤지를 문제로 하네. α(알파)계수라고 하는 지표가 자주 이용되지”

“알파 계수인가요. 그러고 보니 논문을 읽었을 때에 본 적이 있습니다”

철수가 그렇게 말하자, 보람도 고개를 끄덕였다.

"자, 서둘러 해 볼까"

■ 낮은 친구관계 세 항목의 알파 계수

[SPSS의 처리 절차]

[순서 1] 분석 수법의 선택

메뉴에서 [분석]-[척도분석]-[신뢰도분석]을 선택한다.

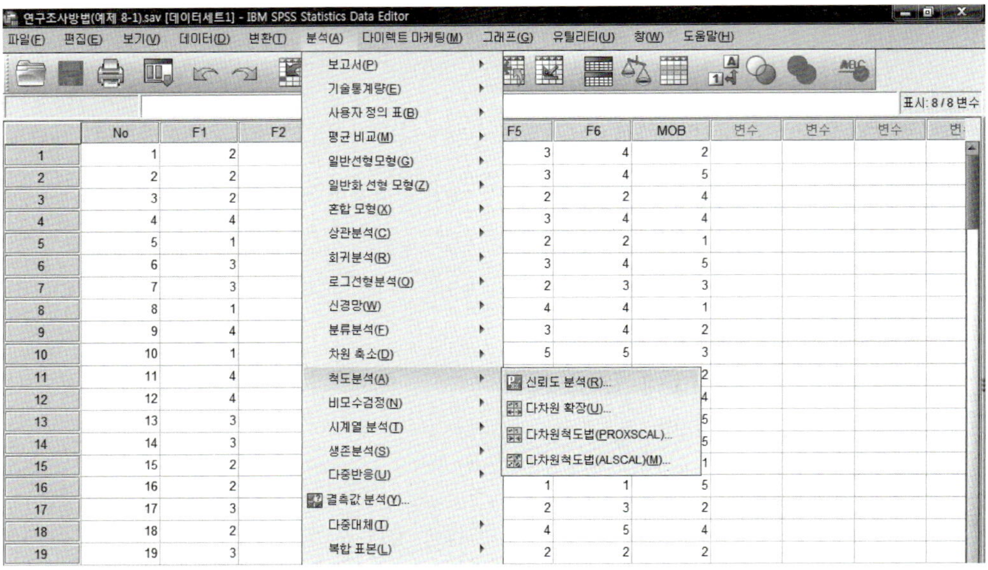

[순서 2] 변수의 선택

[항목]에 'F4', 'F5', 'F6'을 지정한다. [통계량]을 클릭한다.

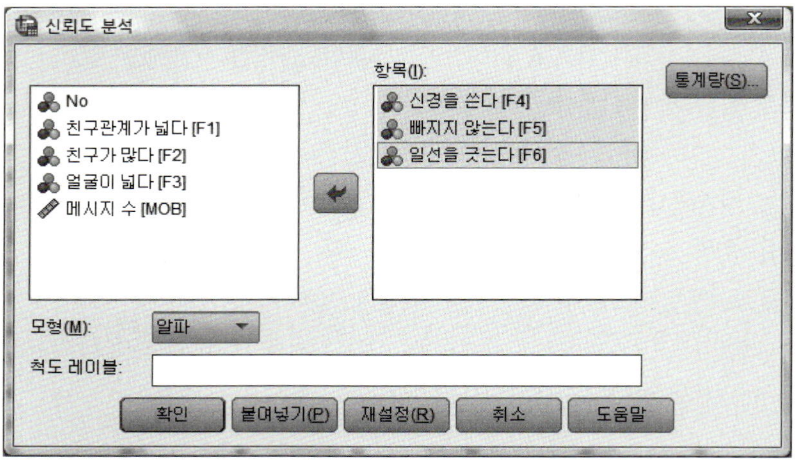

[순서 3] 통계량의 선택

[항목제거시 척도]를 최소한 체크한다. → 항목 - 전체 간 상관계수가 출력되므로, 항목의 확인이 가능하다. [계속]을 클릭한다. 이어서 [확인]을 클릭한다.

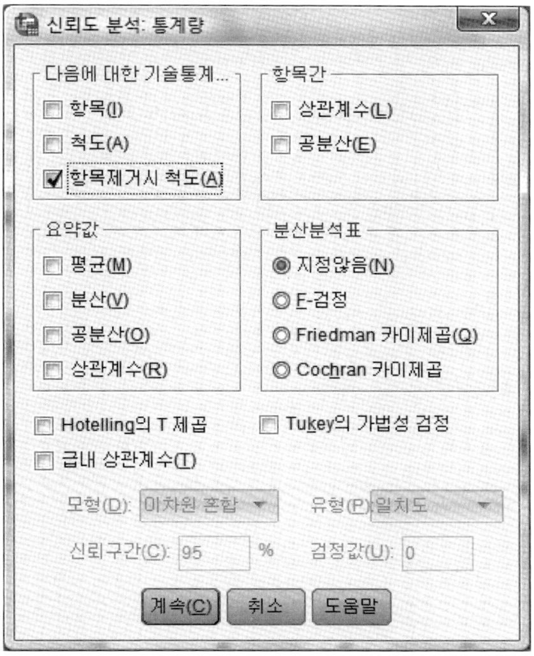

[분석결과]

신뢰도 통계량

Cronbach의 알파	항목 수
.951	3

항목 총계 통계량

	항목이 삭제된 경우 척도 평균	항목이 삭제된 경우 척도 분산	수정된 항목-전체 상관계수	항목이 삭제된 경우 Cronbach 알파
신경을 쓴다	6.44	4.067	.887	.938
빠지지 않는다	6.60	4.364	.910	.919
일선을 긋는다	6.14	4.404	.898	.928

- 신뢰도 통계량

  α 계수가 출력된다 : $\alpha = 0.951$

- 항목 총계 통계량

  수정된 항목 - 전체 상관계수를 확인해 두고 싶다.

  → 그 항목과 그 밖의 항목 전체와의 상관계수이므로, 이 값이 극단적으로 낮다거나 마이너스의 값을 보이는 항목이 있는 경우에는, α 계수를 끌어내리는 요인이 되므로 주의를 요한다.

  항목이 삭제된 경우 Cronbach 알파도 체크

  → 신뢰도 통계량에서 보인 Cronbach 알파보다도, 여기에서 보이는 알파가 대단히 높아지는 경우에는 주의를 요한다.

넓은 친구관계 세 항목의 알파 계수

[SPSS의 처리 절차]

[순서 1] 분석 수법의 선택

메뉴에서 [분석]-[척도분석]-[신뢰도분석]을 선택한다.

[순서 2] 변수의 선택

[항목]에 'F1', 'F2', 'F3'을 지정한다. [통계량]을 클릭한다.

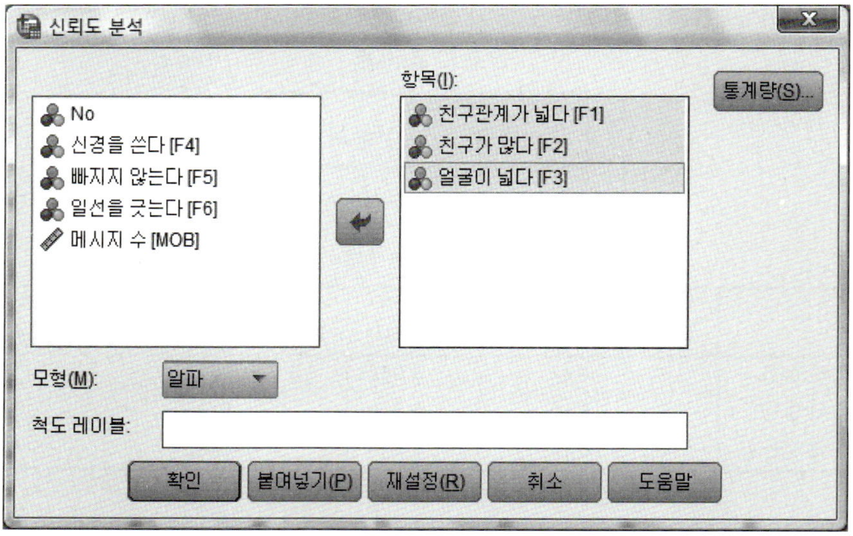

[순서 3] 통계량의 선택

[항목제거시 척도]를 최소한 체크한다. → 항목 - 전체 간 상관계수가 출력되므로, 항목의 확인이 가능하다. [계속]을 클릭한다. 이어서 [확인]을 클릭한다.

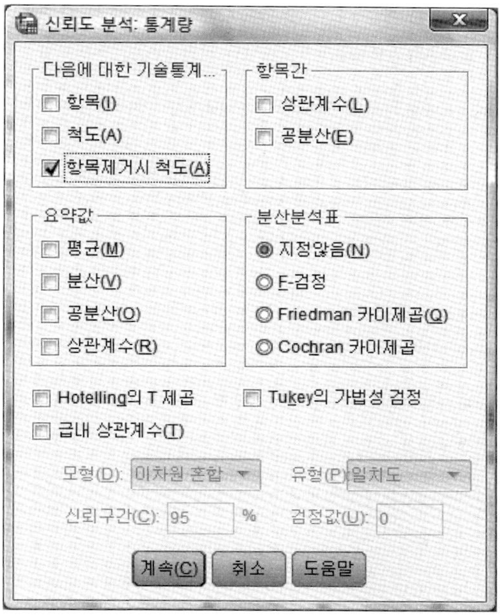

[분석결과]

신뢰도 통계량

Cronbach의 알파	항목 수
.891	3

항목 총계 통계량

	항목이 삭제된 경우 척도 평균	항목이 삭제된 경우 척도 분산	수정된 항목-전체 상관계수	항목이 삭제된 경우 Cronbach 알파
친구관계가 넓다	6.39	4.038	.809	.824
친구가 많다	6.07	4.187	.849	.792
얼굴이 넓다	5.98	4.404	.707	.913

- 신뢰도 통계량

  α 계수가 출력된다 : $\alpha = 0.891$

- 항목 총계 통계량

  'F3 얼굴이 넓다'의 수정된 항목 - 전체 상관계수가 $r = 0.707$로 다른 것보다 조금 낮고, 항목이 삭제된 경우 Cronbach 알파를 보면 0.913으로 전체의 α 계수(0.891)보다도 약간 높아지고 있다. 이것은 F3를 삭제하면 α 계수가 향상하는 것을 의미한다.

▶ 결과를 보고

"낮은 친구관계 세 항목의 α 계수가 0.951, 넓은 친구관계 세 항목의 α 계수가 0.891이었습니다"

화면을 보면서 철수가 말한다.

"교수님, α 계수는 어느 정도의 값이 좋을까요"

"0.8 정도면 좋지. 0.7이라면 조금 낮을까"

"자 이번 결과는 충분한 값이네요"

"그렇지, 아, 잠깐 기다리게"

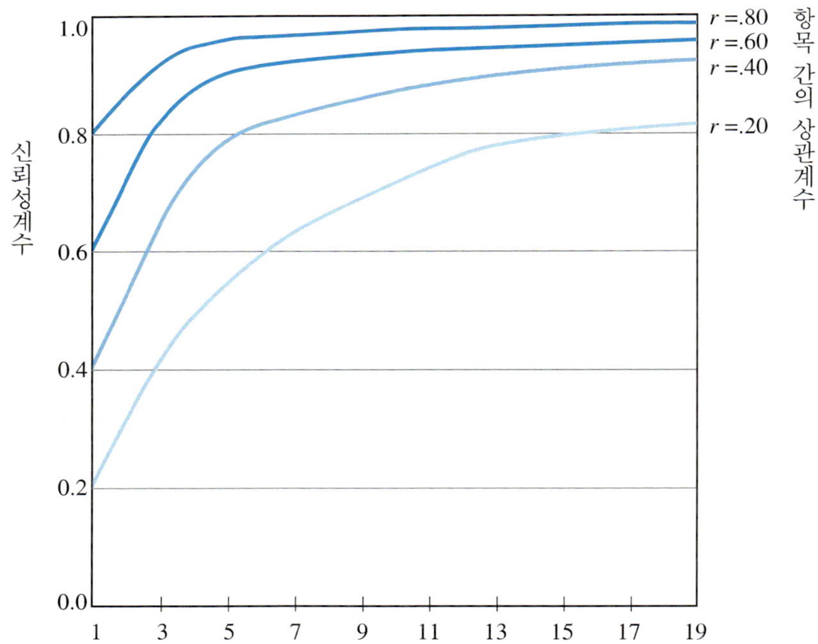

교수는 그렇게 말하고, 책꽂이에서 한 권의 책[1]을 끄집어내어 페이지를 넘겼다.

"아아, 여기 있다. 이 그래프를 한 번 보겠나"

"이 그래프의 세로축은 α계수이고 가로축은 항목 수를 나타내고 있네"

"네 개의 선은 무엇을 나타내고 있는 겁니까?"

"항목끼리의 상관계수를 나타내고 있지. $r = 0.20$의 선을 더듬어 가면, 가로축이 16 정도에서 신뢰성계수가 0.8에 도달하지. 이것은 서로의 상관계수가 0.2 정도의 항목이 16항목 모이면 α계수가 0.8 정도가 된다는 것을 의미하고 있네. 그것에 비해서 $r = 0.60$의 선을 더듬어 가면, 가로축이 3 정도에서 신뢰성계수가 0.8이 되지. 다시 말하면, 서로 0.6 정도의 상관계수로 되어 있는 항목이 세 항목 모이면 α계수는 0.8이 된다고 하는 것을 말하네"

"서로 상관이 높으면 적은 항목으로 α계수는 높아지고, 서로 상관이 높지 않더라도 항목이 많이 모이면 α계수는 높아져 간다고 하는 것이네요" 보람이 말한다.

"점점 α계수를 높이려면, 어떻게 하면 좋다고 생각하나?"

교수는 철수에게 물었다.

"음, 하나의 척도의 항목을 늘려 가든가 …"

"항목끼리의 상관계수를 높여 가든가, 입니다"

보람이 뒤를 받아서 대답했다.

"먼저 하나의 척도의 항목을 늘려 가면, 요인분석을 해도 하나의 요인으로 수렴해 가지 않을 가능성이 높지. 항목을 늘리면 늘릴수록 회답자도 그 안에 복수의 의미를 찾아내서 회답해 갈 것이고, 결과적으로 항목 중에 복수 의미의 집합이 발생하게 되지. 그러면 요인분석을 했을 때에 복수의 요인이 도출될 가능성이 높아지네"

"단순히 항목을 늘리면 α계수가 높아진다고 하는 것은 아니라는 것이군요" 철수가 말한다.

"그리고 항목끼리의 상관을 최고로 높이려면, 같은 항목을 복수 준비하면 되지"

교수의 그 말에 두 사람은 놀란 표정을 보였다.

"하기는 그럴 것이야. '친구가 많다', '친구가 많다', '친구가 많다'라고 세 개의 항목에 차례로 답하게 하면, 상관계수는 1.0이 되기 때문이지. 뭐 그렇지만, 회답자의 누군가가 실수를 해서 완전히 1.0은 되지 않을지도 모르지만"

---

1 John, O.P. & Benet-Martinez, V., Measurement : Reliability, Constructvalidation, and Scale Construction. In Reis, H.T. and Judd, C.M., *Handbook of Research Methods in Social and Personality Psychology*. Cambridge University Press. 2000, pp.339-369.에 기초해서 작성.

"그것은 확실히 그렇지만요 …"

보람은 기가 막힌 듯한 얼굴을 하고 있다.

"거기까지는 아니더라도 거의 같은 의미를 바꾸어 말하는 듯한 항목을 복수 준비하면, 당연히 상관계수는 높아지지. 그렇게 하면 α계수는 매우 높아지네"

"α계수가 높아지는 것은 좋은 것이 아닌가요" 철수가 말한다.

"어떤 개념에는 '범위'가 있지. 하나의 항목으로 그 개념을 모두 커버하는 것은 어렵네"

"…"

두 사람은 이해할 수 없는 듯한 얼굴을 했다.

"예를 들어 설명을 할까. 수학의 학력을 측정할 목적으로 시험문제를 만들게 되었다고 하세. 이 시험이 계산문제만으로 만들어져 있다면 어떻게 생각하나?"

"계산문제만으로는 수학의 학력을 측정하는 데에 문제가 있을 것으로 생각합니다. 계산문제 외의 문제도 준비하지 않으면 …" 철수가 말한다.

"수학의 학력을 측정하는 데는 내용이 부족한 느낌이 들지. 하지만 틀림없이 내적정합성은 매우 높네. 어떤 계산문제가 풀리면 다른 계산문제도 풀 수 있을 가능성은 높을 것이기 때문이지"

"교수님, 그것이 너무 높은 α계수의 문제라고 하는 것인가요"

"항목이 적은데 α계수가 높다고 하는 것은, 거의 같은 항목으로 되어 있다고 하는 것이네. 다시 말하면 대단히 한정된 범위의 내용만을 측정하게 되지. 하지만 그것은 정말로 측정하고 싶은 개념의 범위를 전체적으로 커버할 수 없을 가능성이 있는 것이야"

"그것이 수학의 시험을 계산문제만으로 만들려고 하는 것이라고 할 수 있겠지요"

보람이 납득한 듯이 말한다.

"이러한 문제를 대역폭(帶域幅)과 충실도의 딜레마(bandwidth-firelity trade off)라고 하는 경우도 있네. 측정되는 내용의 넓이와 내용의 집합과의 균형을 취하는 것이 중요하지"

두 사람은 고개를 끄덕였다.

"자, 낮은 친구관계와 넓은 친구관계의 점수를 산출해 보세. 그리고 상관분석, 중회귀분석을 추진해서 결과를 살펴볼까"

■ '낮은 친구관계' 점수의 산출

[SPSS의 처리 절차]

[순서 1] 분석 수법의 선택

메뉴에서 [변환]-[변수 계산]을 선택한다.

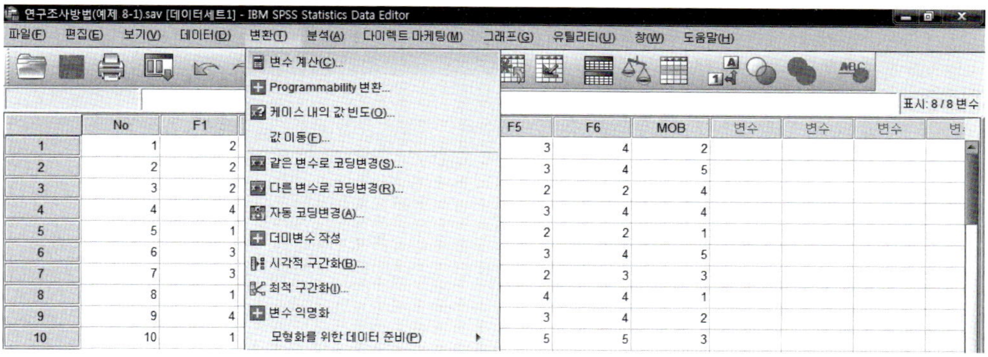

[순서 2] 변수 계산의 선택

[목표변수]에 '낮은친구관계'라고 입력한다. [숫자표현식]에 '(F4+F5+F6)/3'이라고 입력한다. [확인]을 클릭한다.

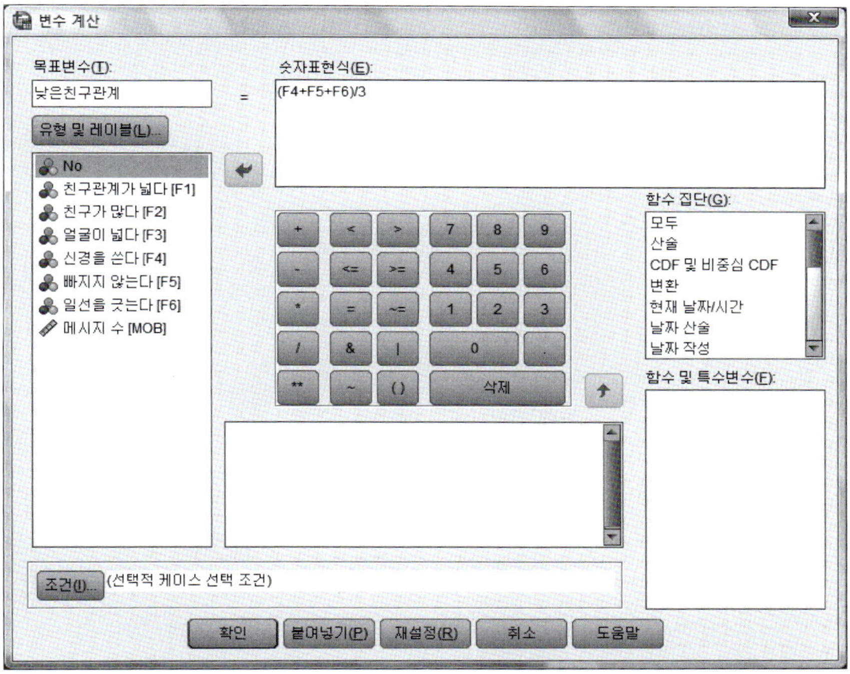

■ '넓은 친구관계' 점수의 산출

[SPSS의 처리 절차]

[순서 1] 분석 수법의 선택

메뉴에서 [변환]-[변수 계산]을 선택한다.

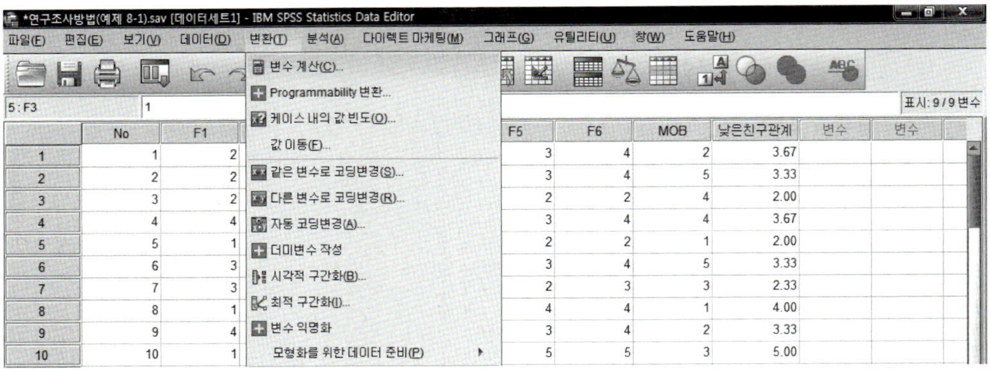

[순서 2] 변수 계산의 선택

[목표변수]에 '넓은친구관계'라고 입력한다. [숫자표현식]에 '(F1+F2+F3)/3'이라고 입력한다. [확인]을 클릭한다.

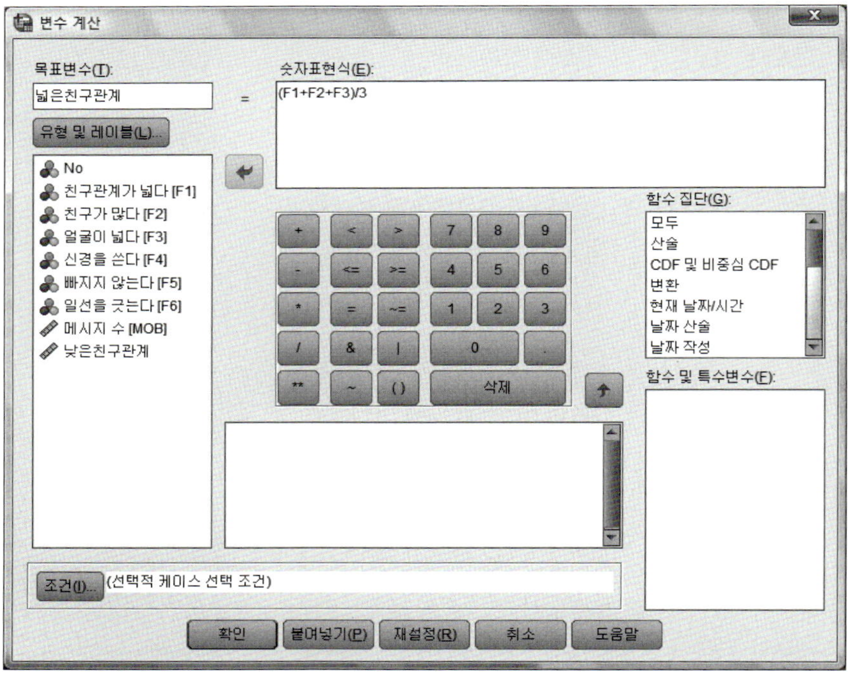

'낮은 친구관계' 점수와 '넓은 친구관계' 점수가 [데이터 보기]에 추가되어 있음을 확인한다.

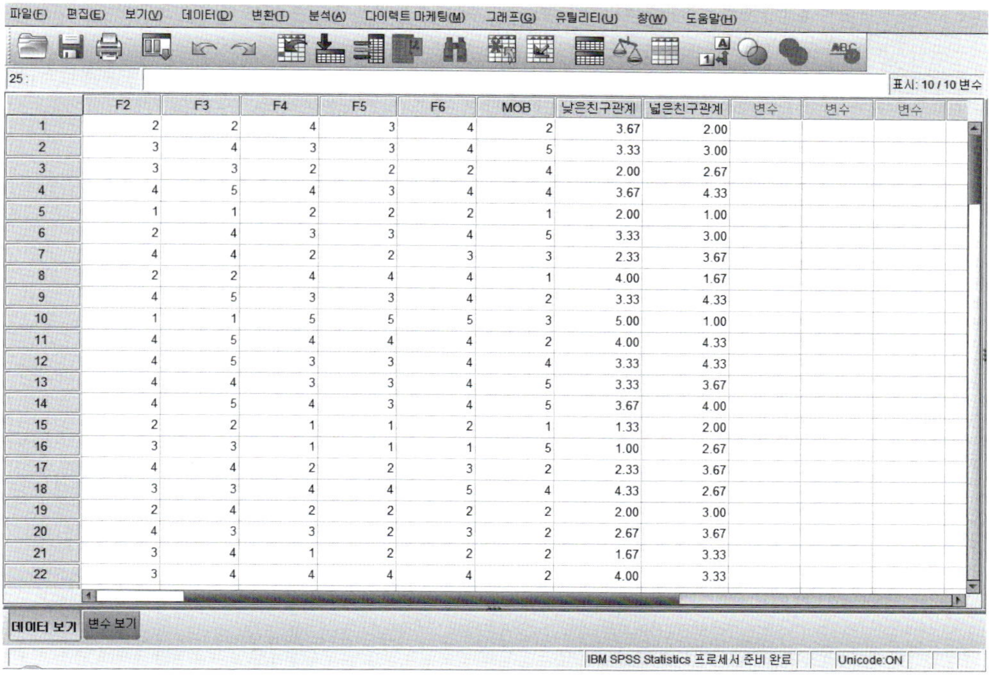

	F2	F3	F4	F5	F6	MOB	낮은친구관계	넓은친구관계	변수	변수	변수
1	2	2	4	3	4	2	3.67	2.00			
2	3	4	3	3	4	5	3.33	3.00			
3	3	3	2	2	2	4	2.00	2.67			
4	4	5	4	3	4	4	3.67	4.33			
5	1	1	2	2	2	1	2.00	1.00			
6	2	4	3	3	4	5	3.33	3.00			
7	4	4	2	2	3	3	2.33	3.67			
8	2	2	4	4	4	1	4.00	1.67			
9	4	5	3	3	4	2	3.33	4.33			
10	1	1	5	5	5	3	5.00	1.00			
11	4	5	4	4	4	2	4.00	4.33			
12	4	5	3	3	4	4	3.33	4.33			
13	4	4	3	3	4	5	3.33	3.67			
14	4	5	4	3	4	5	3.67	4.00			
15	2	2	1	1	2	1	1.33	2.00			
16	3	3	1	1	1	5	1.00	2.67			
17	4	4	2	2	3	2	2.33	3.67			
18	3	3	4	4	5	4	4.33	2.67			
19	2	4	2	2	2	2	2.00	3.00			
20	4	3	3	2	3	2	2.67	3.67			
21	3	4	1	2	2	2	1.67	3.33			
22	3	4	4	4	4	2	4.00	3.33			

■ 메시지 수와 낮은 친구관계, 넓은 친구관계의 상관계수 산출

[SPSS의 처리 절차]

[순서 1] 분석 수법의 선택

메뉴에서 [분석]-[상관분석]-[이변량 상관]을 선택한다.

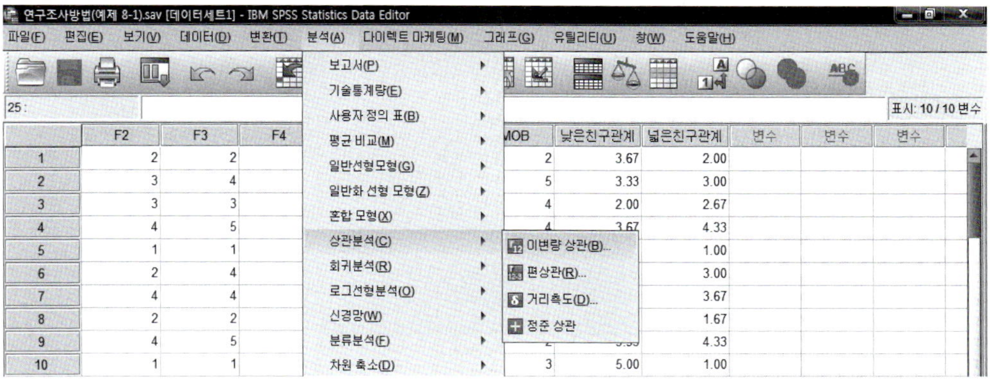

[순서 2] 변수의 선택

[변수]에 '메시지 수', '낮은 친구관계', '넓은 친구관계'를 지정한다.

[옵션]을 클릭한다.

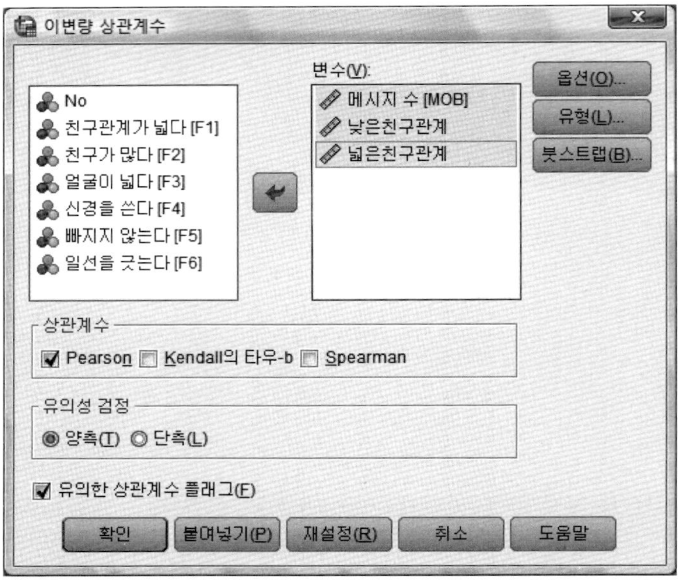

[순서 3] 옵션의 선택

[통계량]의 [평균과 표준편차]에 체크한다. [결측값]을 [목록별 결측값 제외]로 한다.

[계속]을 클릭한다. 이어서 [확인]을 클릭한다.

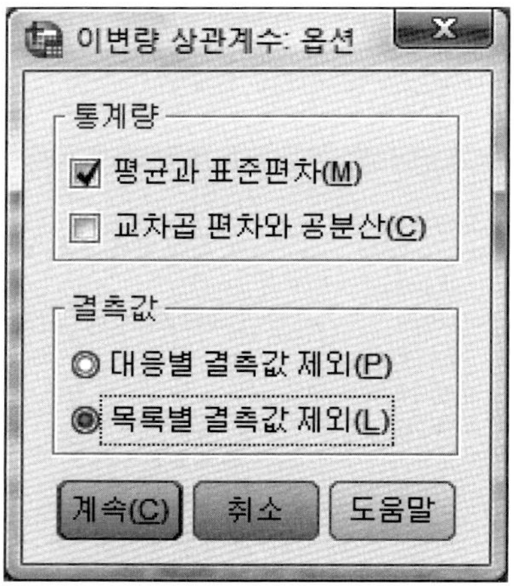

[분석결과]

기술통계량

	평균	표준편차	N
메시지 수	3.11	1.180	100
낮은친구관계	3.1967	1.02176	100
넓은친구관계	3.0733	.99897	100

상관관계[c]

		메시지 수	낮은친구관계	넓은친구관계
메시지 수	Pearson 상관	1	.311**	.202*
	유의확률 (양측)		.002	.044
낮은친구관계	Pearson 상관	.311**	1	-.125
	유의확률 (양측)	.002		.214
넓은친구관계	Pearson 상관	.202*	-.125	1
	유의확률 (양측)	.044	.214	

**. 상관관계가 0.01 수준에서 유의합니다(양측).

*. 상관관계가 0.05 수준에서 유의합니다(양측).

c. 목록별 N=100

- 기술통계량

  세 가지 점수의 평균과 표준편차가 출력된다. 결측값은 없으므로 모두 빈도는 100으로 되어 있다.

- 상관관계

  메시지 수와 낮은 친구관계 : $r = 0.311, p < 0.01$

  메시지 수와 넓은 친구관계 : $r = 0.202, p < 0.05$

  낮은 친구관계와 넓은 친구관계 : $r = -0.125, p = 0.214 > 0.05, n.s.$

친구관계를 독립변수, 메시지 수를 종속변수로 한 중회귀분석

[SPSS의 처리 절차]

[순서 1] 분석 수법의 선택

메뉴에서 [분석]-[회귀분석]-[선형]을 선택한다.

[순서 2] 변수의 선택

[종속변수]에 '메시지 수'를 지정한다.

[독립변수]에 '낮은 친구관계', '넓은 친구관계'를 지정한다. [통계량]을 클릭한다.

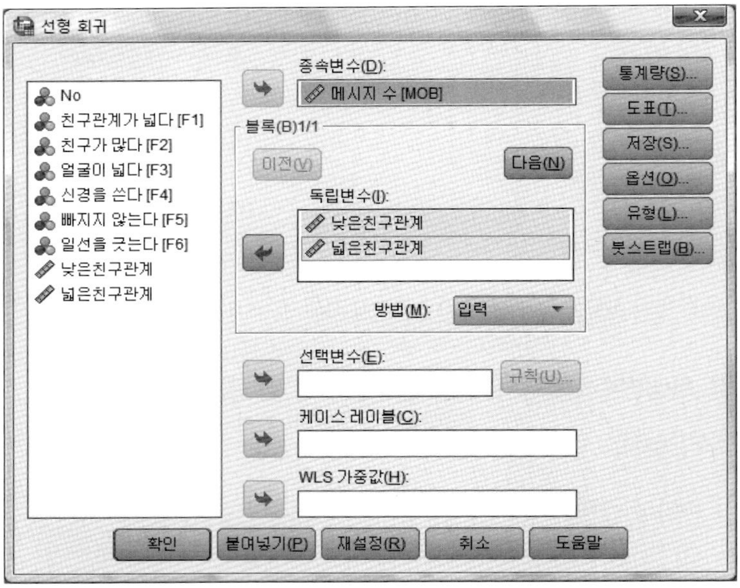

[순서 3] 통계량의 선택

[회귀계수]의 [신뢰구간]에 체크한다. [수준(%)]은 [95]를 그대로 유지한다. [공선성 진단]에 체크한다. [계속]을 클릭한다. 이어서 [확인]을 클릭한다.

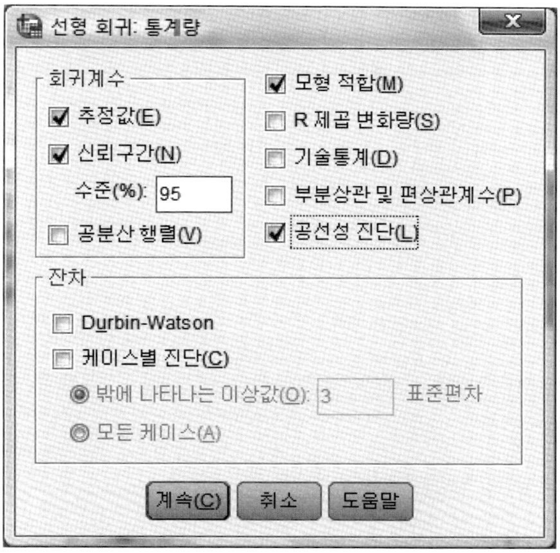

[분석결과]

모형 요약

모형	R	R 제곱	수정된 R 제곱	추정값의 표준오차
1	.395[a]	.156	.138	1.095

a. 예측자: (상수), 넓은친구관계, 낮은친구관계

ANOVA[a]

모형		제곱합	자유도	평균제곱	F	유의확률
1	회귀	21.477	2	10.738	8.955	.000[b]
	잔차	116.313	97	1.199		
	전체	137.790	99			

a. 종속변수: 메시지 수

b. 예측자: (상수), 넓은친구관계, 낮은친구관계

계수[a]

모형		비표준화 계수 B	비표준화 계수 표준오차	표준화 계수 베타	t	유의확률	B에 대한 95.0% 신뢰구간 하한	B에 대한 95.0% 신뢰구간 상한	공선성 통계량 공차	공선성 통계량 VIF
1	(상수)	.960	.528		1.818	.072	-.088	2.007		
	낮은친구관계	.395	.109	.342	3.638	.000	.180	.610	.984	1.016
	넓은친구관계	.289	.111	.245	2.601	.011	.068	.509	.984	1.016

a. 종속변수: 메시지 수

▶ 결과를 보고

"먼저 척도의 점수화를 해서 그로부터 상관계수, 그리고 중회귀분석을 실시한다고 하는 순서네요"

보람이 SPSS의 분석순서를 확인한다.

"결과를 보면, 낮은 친구관계나 넓은 친구관계나 모두 메시지 수에 플러스의 유의한 영향을 미치고 있습니다"

철수가 결과를 확인하고 말했다.

"교수님, B와 β는 표준화 전과 표준화 후라고 하는 차이인 것이지요"

"그렇다네. 메시지 수를 평균 3.11, 표준편차 1.180인 채, 그 값을 예측할 것을 생각할 때에는 B의 값을 이용하지. 평균 0, 분산(표준편차) 1로 표준화한 값을 예측할 것을 생각할 때에는 β의 값을 생각하면 되네"

"표준오차라든가 95% 신뢰구간이란 무엇인가요"

"이번 결과는 대학생 100명에 대한 표본으로부터 얻은 것이잖은가. 대학생 전체를 모집단으로 한다면, 그 밖에도 100명의 다른 표본을 취할 수가 있겠지"

"이 대학에서도 취할 수 있고, 다른 대학에서도 취할 수 있다고 하는 것입니까"

"그뿐만 아니라 '대학생이란'이라고 할 때에 현재의 대학생만을 가리킨다고는 할 수 없지. 과거의 대학생으로부터 미래의 대학생까지, 시간에 대해서도 어느 단계에서 표본을 취하는지는 모르지 않는가"

"네, 확실히 그렇습니다"

두 사람은 고개를 끄덕였다.

"표본의 조합이 몇 가지 있을 때에, 뽑는 조합에 따라서 통계치가 어느 정도 산포하는지를 표현한 값이 표준오차라네. SE라고도 하지. 그 산포가 95%의 확률에서 수습되는 범위가 95% 신뢰구간이네"

"그 말씀은 중회귀분석의 결과에서 낮은 친구관계의 B는 0.395인데, 표준오차가 0.109라고 하는 것은 표본에 의해서 ±0.109 정도는 흔들릴 가능성이 있다. 그래서 95%의 확률로 0.180에서 0.610의 범위에 수습된다고 하는 것을 의미하고 있군요" 보람이 말한다.

"정확하게는, 표본을 100회 취하면 그 범위에 95회 정도는 모집단의 값이 들어 있다고 하는 것이지만 말일세"

"… ?"

"뭐 괜찮아. 이 쯤에서도. 여러 가지 책을 읽으면서 공부하면 돼. 특히 B의 표준오차와 95% 신뢰구간이 표시되어 있다고 하는 것은 기억해 두세. 최근의 논문에서는 자주 기재되니까"

"네"

"교수님, VIF는 1.016으로 아까보다 대단히 작은 값이 되었네요" 보람이 말한다.

"그렇군. 독립변수인 친구관계의 낮음과 넓음의 상관은 $r=-0.125$로 작은 값이기 때문에, 다중공선성의 걱정을 할 필요는 없는 것 같네"

"자 교수님, 이것으로 다중공선성의 문제는 한 건 낙착입니다요"

"그렇지만, …"

교수는 짓궂게 웃었다.

"모처럼 왔으니 이 데이터를 구조방정식모형으로도 분석해 볼까?"

보람과 철수는 얼굴을 마주 보았다.

친구관계(관측변수)로부터 메시지 수(관측변수)에 대한 인과관계 모형

구조방정식모형분석을 위한 소프트웨어는 Amos, LISREL 등 여러 가지가 개발되어 있지만 여기에서는 가장 널리 쓰이고 있는 Amos를 사용하기로 한다.

[Amos의 처리 절차]

[순서 1] 데이터의 입력

SPSS에 <표 8-1>의 데이터를 입력한다.

[순서 2] 분석 수법의 선택

메뉴에서 [분석]-[IBM SPSS Amos]를 선택한다.

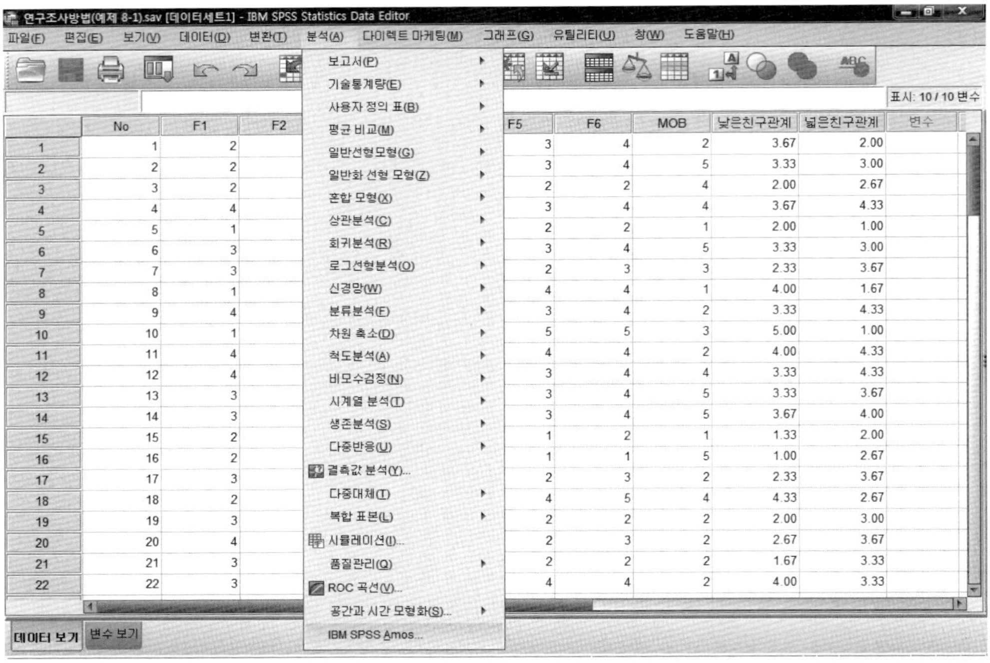

[순서 3] 모형의 작성

(1) 다음과 같이 Amos의 화면이 나타난다.

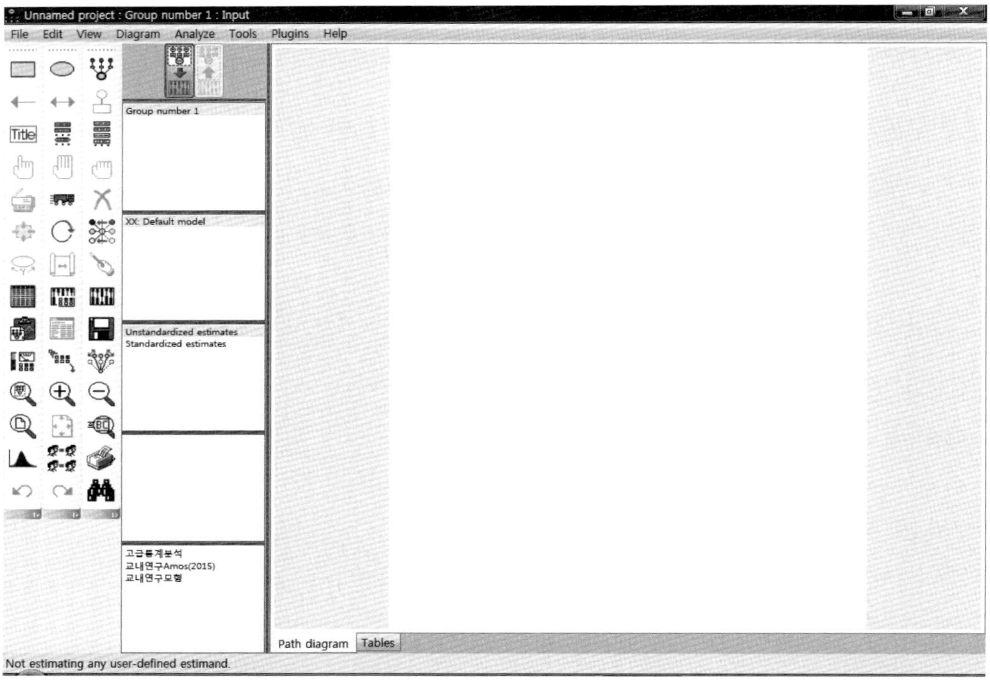

(2) 메뉴에서 [View]-[Interface Properties]를 선택한다.

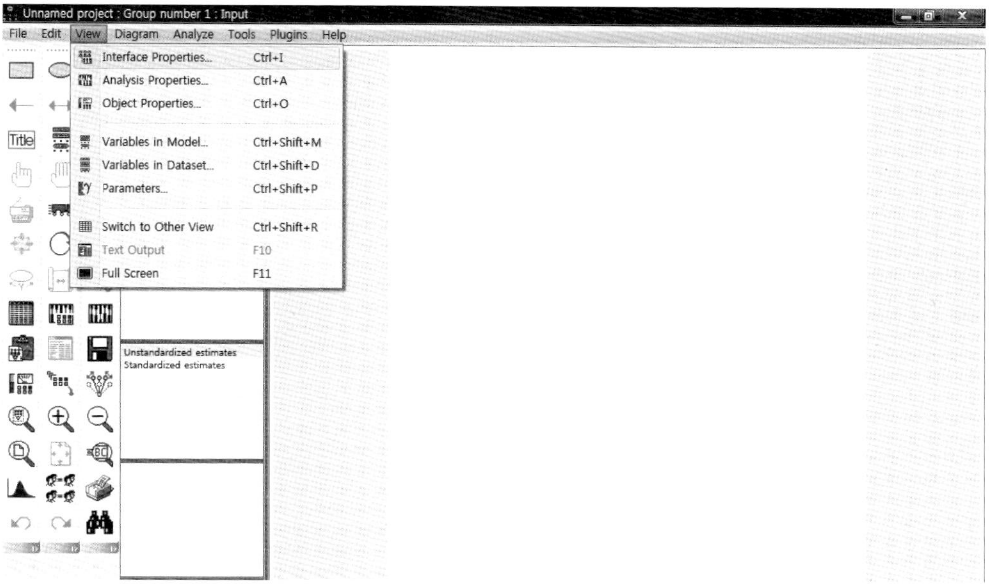

(3) 다음 화면에서 [Paper Size]의 [Landscape-Legal]을 선택하고 [Apply]를 클릭한다.

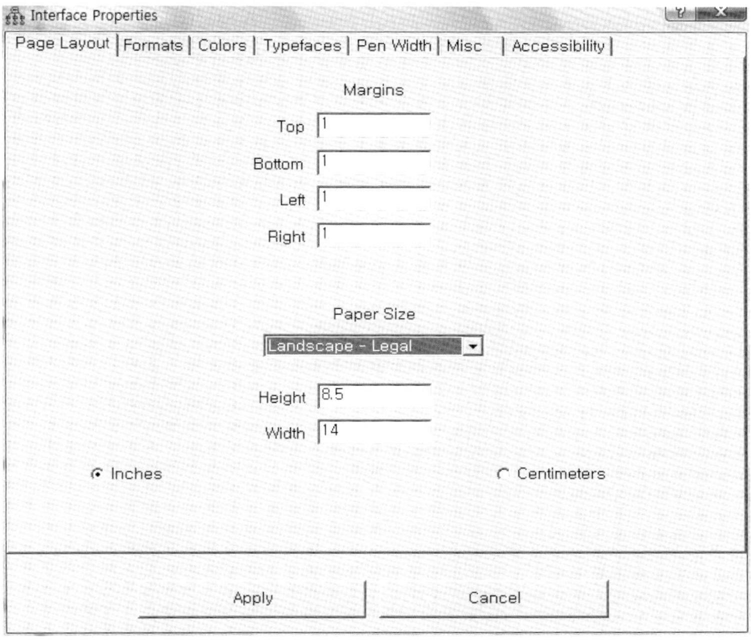

(4) 확대된 화면에 다음과 같이 도구상자를 이용하여 모형을 작성한다.

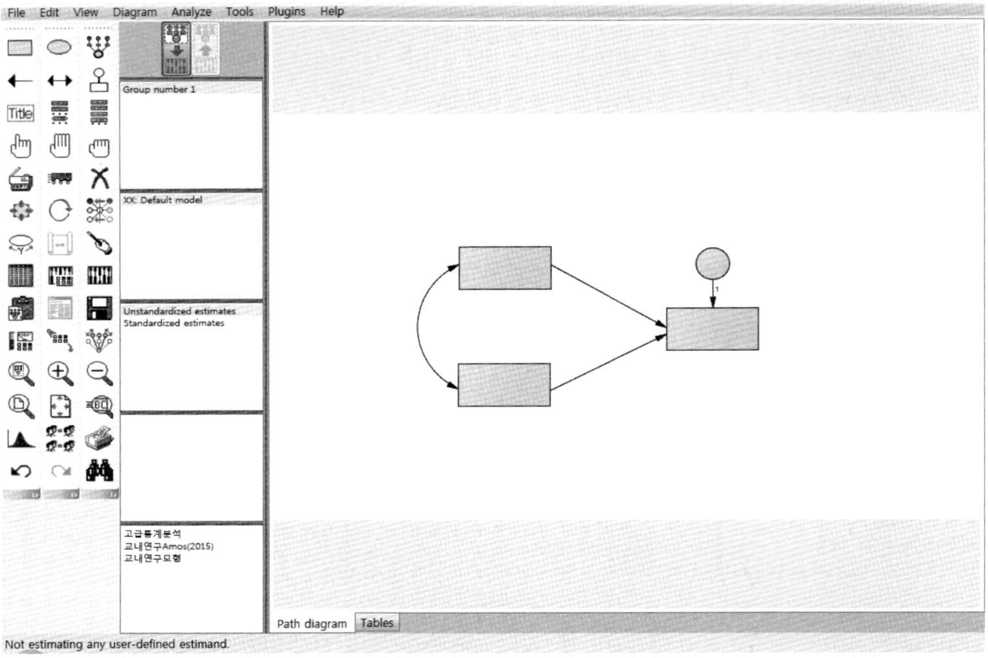

(5) 메뉴에서 [File]-[Data Files]를 선택한다.

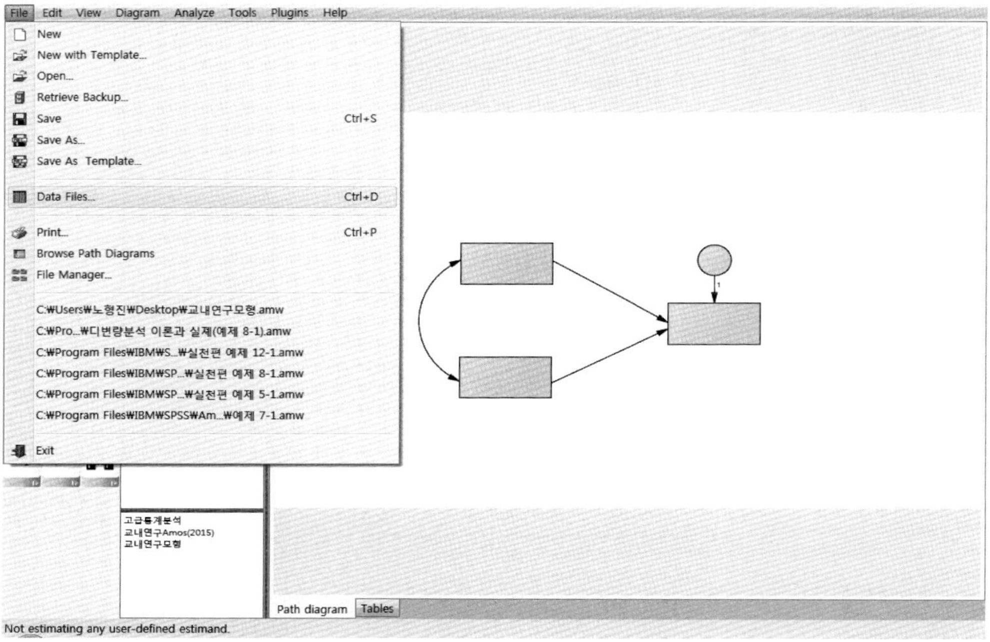

(6) 다음 화면에서 [File Name]을 클릭한다.

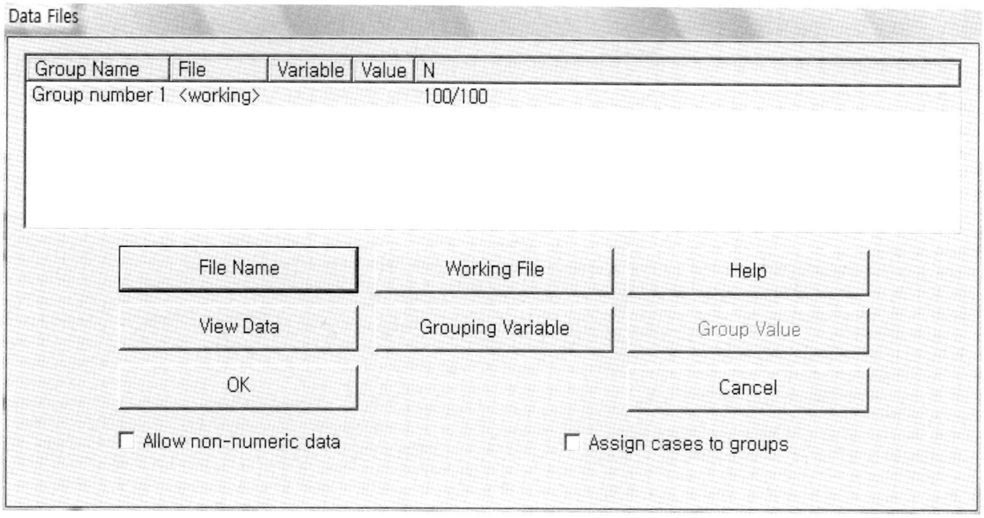

(7) 다음 화면에서 데이터 파일이 저장되어 있는 곳을 찾아 선택하고 [열기]를 클릭한다.

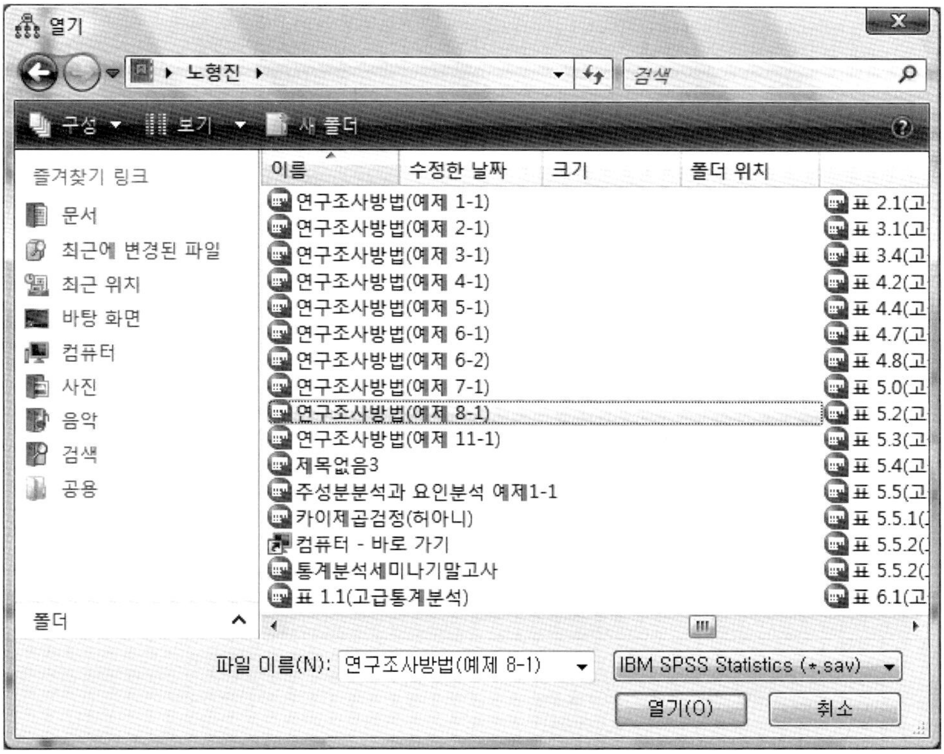

(8) 다음과 같이 되어 있는 것을 확인하고 [OK]를 클릭한다.

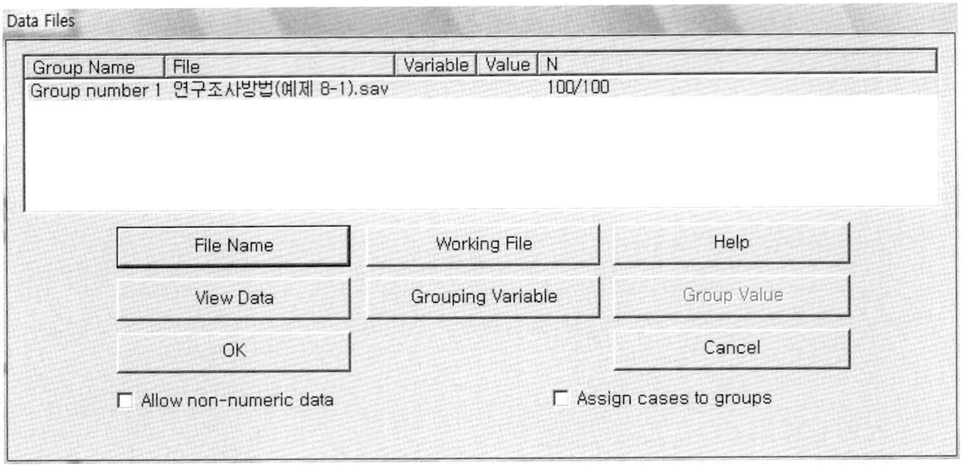

(9) 도구상자의 (List variables in data set) 아이콘을 클릭하면 다음과 같이 변수가 입력된 상자가 나타난다.

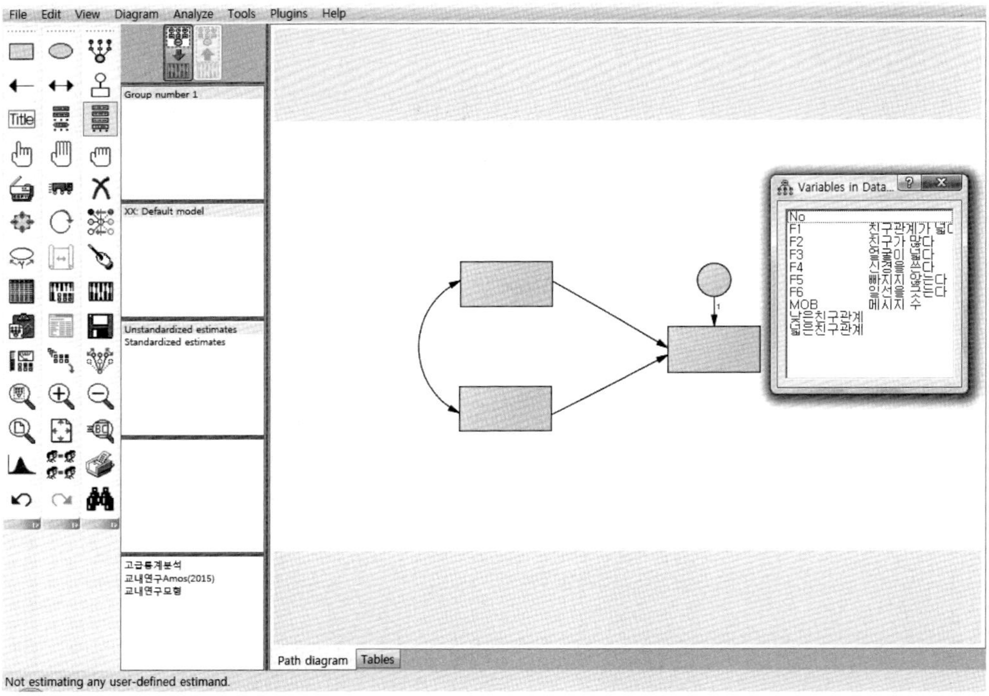

(10) 변수 입력상자에서 변수를 끌어다 경로도형에 입력한다.

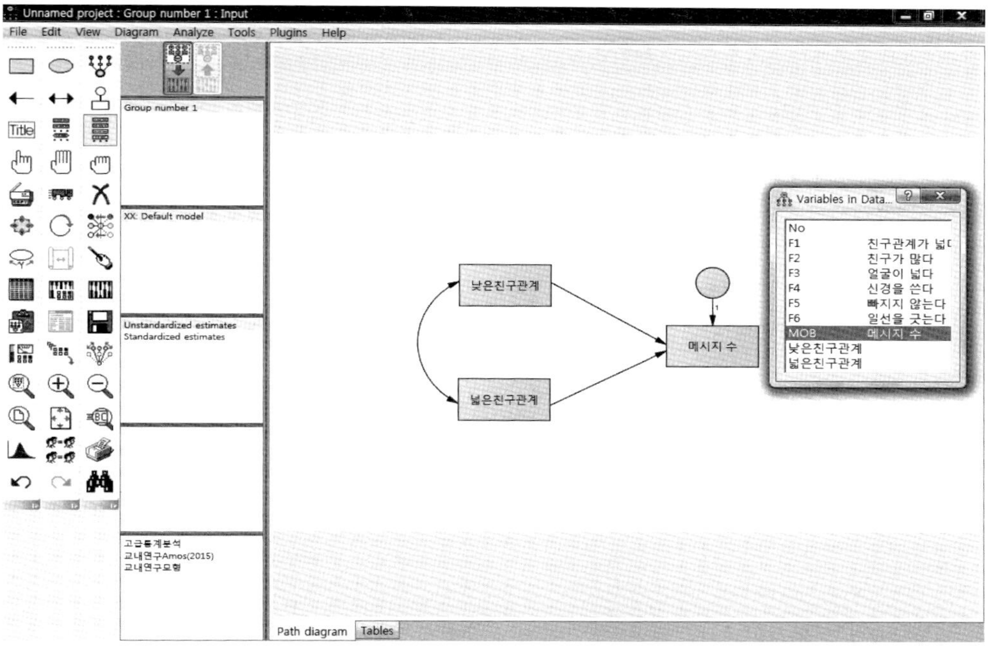

(11) 오차변수를 더블클릭하여 [Object Properties] 대화상자에서 'e'를 입력한다.

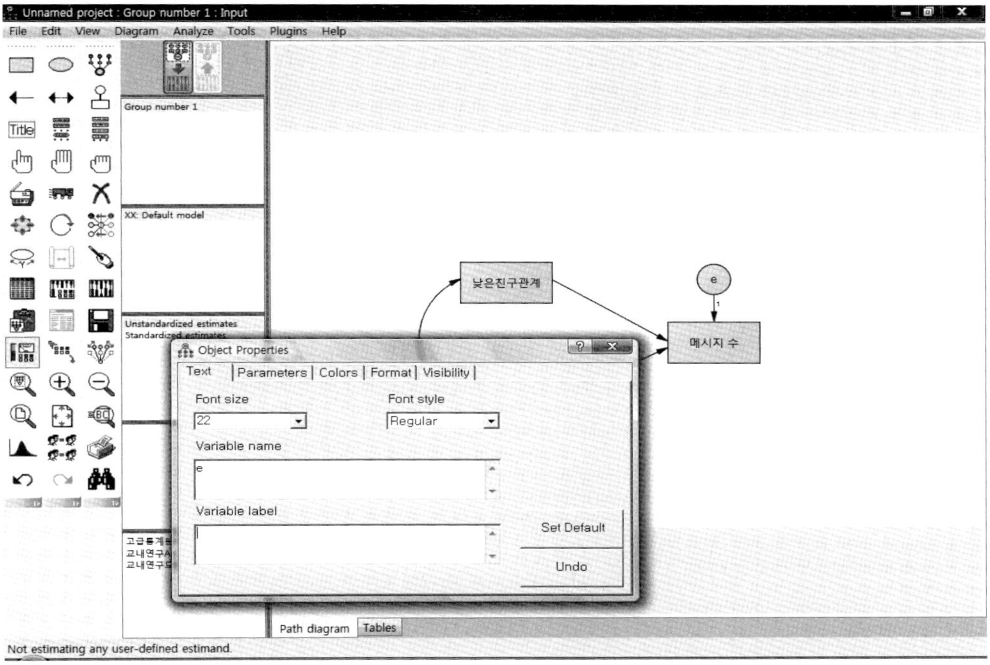

[순서 4] Amos의 실행

(1) 경로도형이 완성되면 메뉴에서 [View]-[Analysis Properties]를 클릭한다.

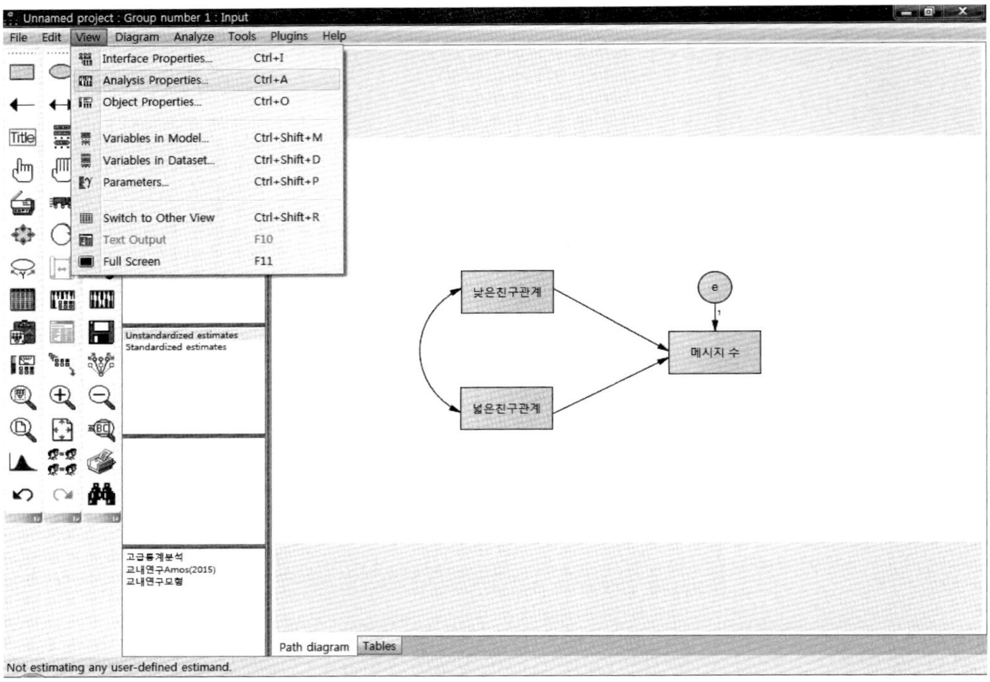

(2) [Output] 탭에서 다음과 같이 선택하고 화면을 닫는다.

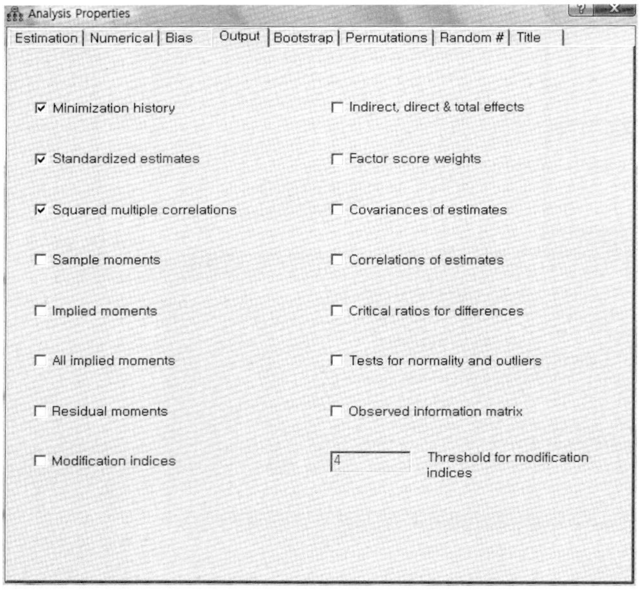

(3) 도구상자의 (Calculate estimates) 아이콘을 클릭한다.

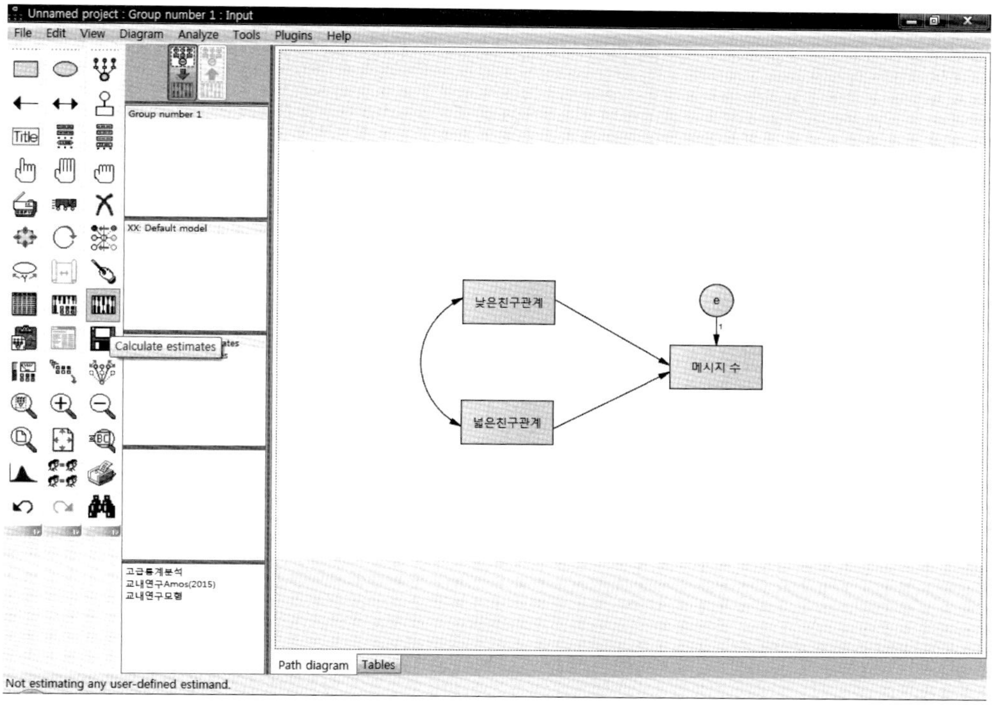

(4) [파일 이름]에 '예제 8-1'이라고 입력하고 [저장]을 클릭한다.

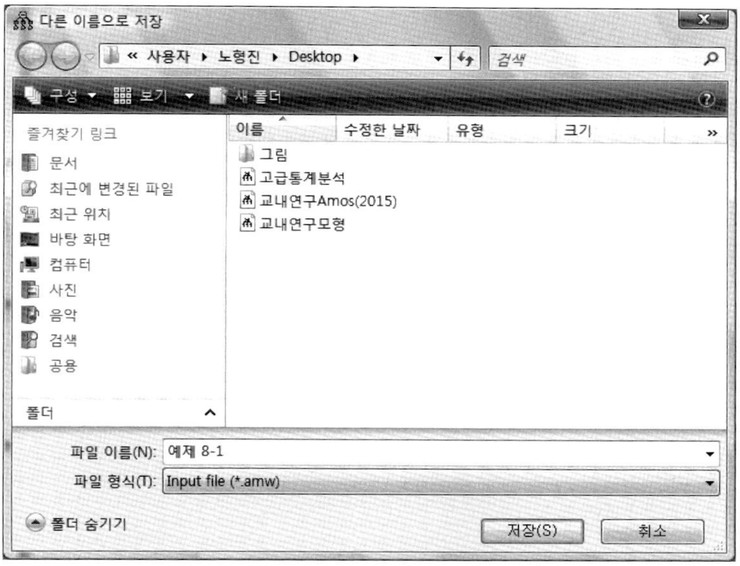

(5) 도구상자에서 (View the output path diagram) 아이콘의 오른쪽을 클릭한다. 다음과 같이 표준화 추정치가 출력된다.

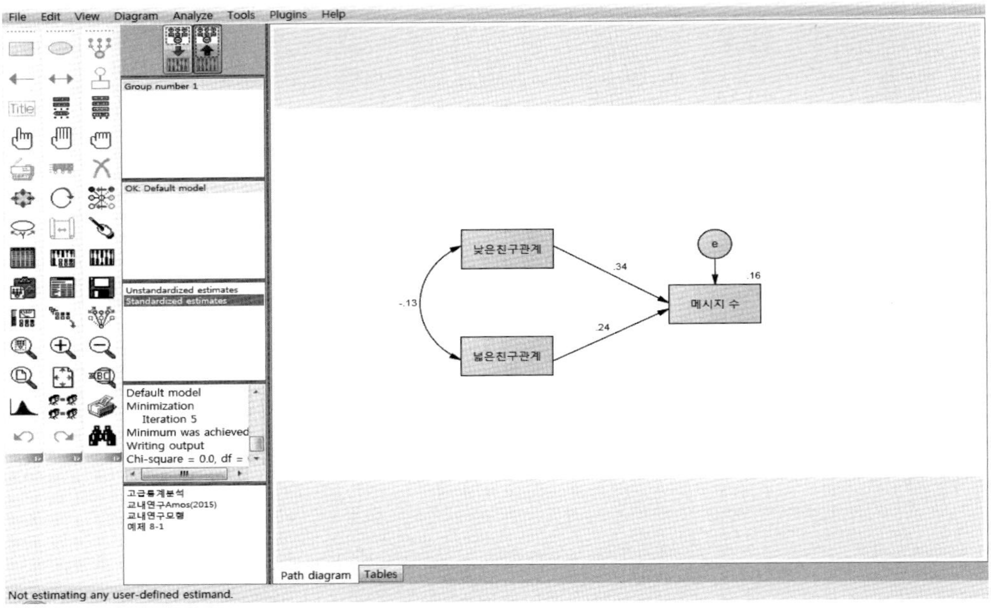

(6) 비표준화 추정치(Unstandardized estimates)를 선택하면 다음과 같다.

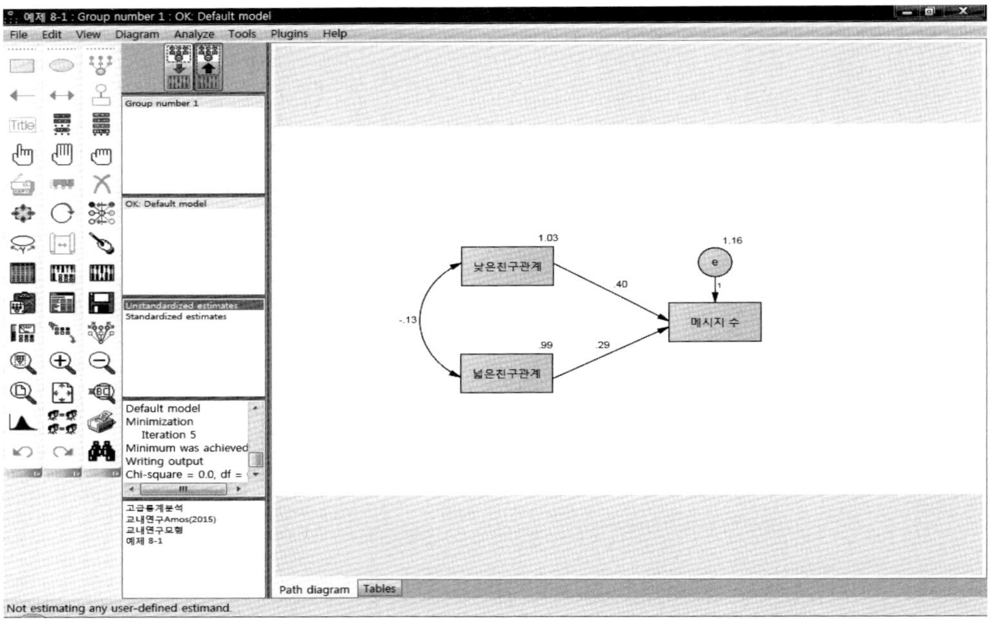

(7) 도구상자의 [View Text]를 클릭한다.

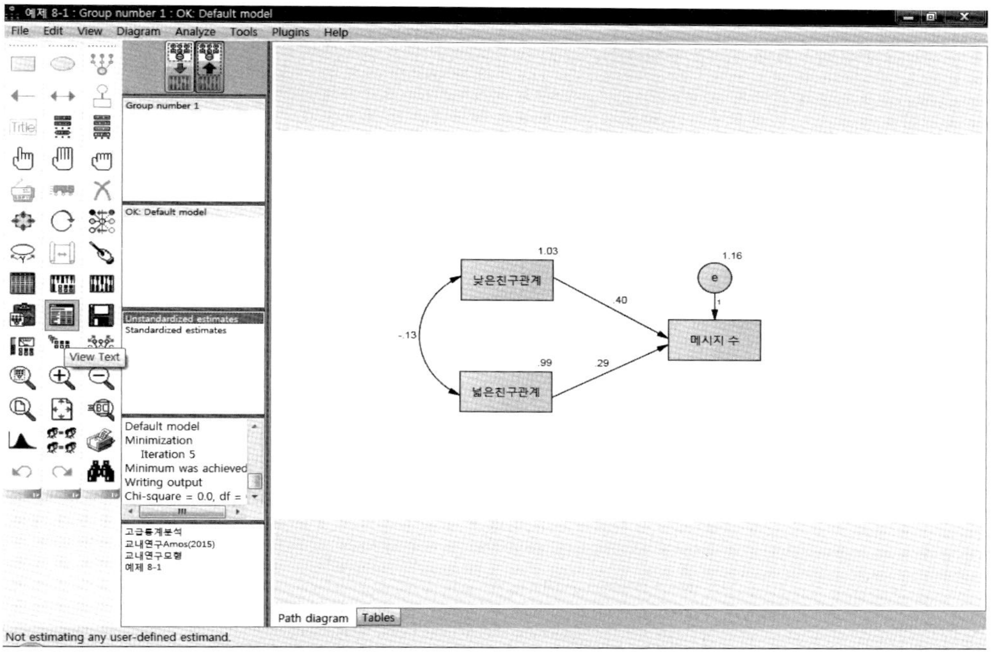

[분석결과]

(1) 모형에 대한 주석(註釋)

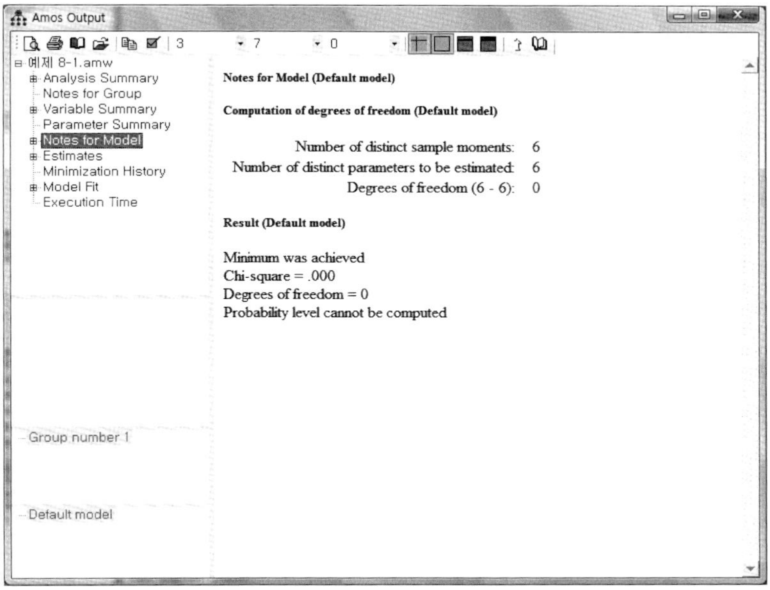

- 자유도의 계산

  이 모형의 자유도는 0

  → 자유도가 0인 모형을 포화모형이라고 한다.

- 결과

  "최소값에 달했다"고 표시되어 있으면 분석은 성공. 카이제곱 값이 표시된다.

(2) 추정치(Estimates)

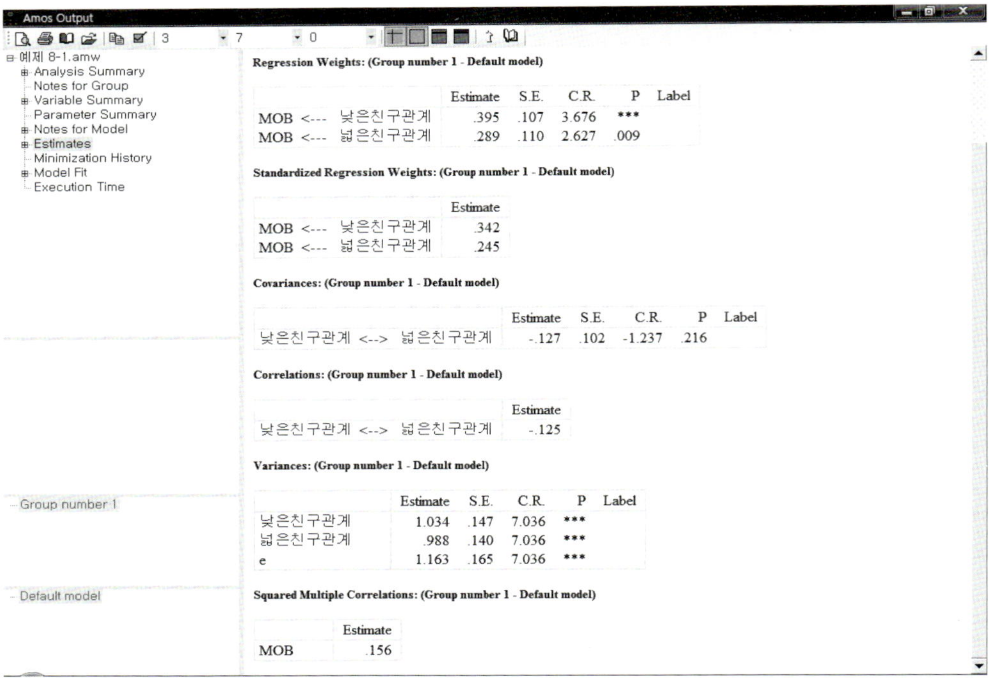

Regression Weights: (Group number 1 - Default model)

			Estimate	S.E.	C.R.	P	Label
MOB	<---	낮은친구관계	.395	.107	3.676	***	
MOB	<---	넓은친구관계	.289	.110	2.627	.009	

Standardized Regression Weights: (Group number 1 - Default model)

			Estimate
MOB	<---	낮은친구관계	.342
MOB	<---	넓은친구관계	.245

Covariances: (Group number 1 - Default model)

			Estimate	S.E.	C.R.	P	Label
낮은친구관계	<-->	넓은친구관계	-.127	.102	-1.237	.216	

Correlations: (Group number 1 - Default model)

			Estimate
낮은친구관계	<-->	넓은친구관계	-.125

Variances: (Group number 1 - Default model)

	Estimate	S.E.	C.R.	P	Label
낮은친구관계	1.034	.147	7.036	***	
넓은친구관계	.988	.140	7.036	***	
e	1.163	.165	7.036	***	

Squared Multiple Correlations: (Group number 1 - Default model)

	Estimate
MOB	.156

- 경로계수(Regression Weights)

  표준화되어 있지 않은 경로계수와 유의확률. 낮은 친구관계로부터 메시지 수(MOB)의 경로 계수는 0.395($p < 0.001$), 넓은 친구관계로부터 메시지 수의 경로계수는 0.289 ($p < 0.01$).

- 표준화 경로계수

  표준화된 경로계수. 낮은 친구관계로부터 메시지 수(MOB)의 경로계수는 0.342, 넓은 친구관계로부터 메시지 수의 경로계수는 0.245.

- 공분산

  쌍방향 화살표의 공분산. 두 가지 친구관계의 공분산은 $-0.127,\ p = 0.216 > 0.05, n.s.$

- 상관계수

  두 가지 친구관계의 상관계수는 −0.125

- 분산

  모형의 안에서 추정된 분산과 유의확률

- 중상관계수의 제곱

  중회귀분석의 R^2에 상당. 이번의 결과는 0.156.

(3) 모형적합(Model Fit)

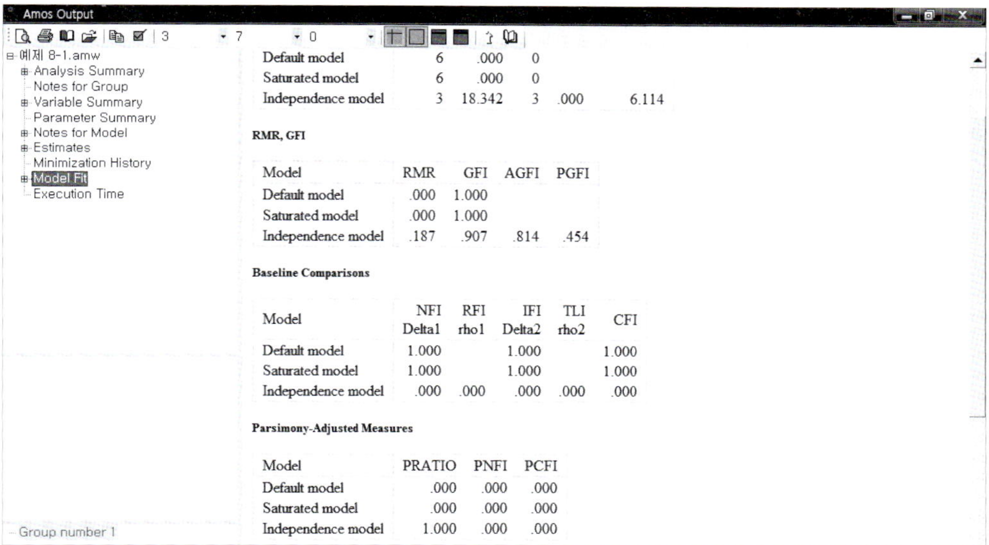

Default model	6	.000	0		
Saturated model	6	.000	0		
Independence model	3	18.342	3	.000	6.114

RMR, GFI

Model	RMR	GFI	AGFI	PGFI
Default model	.000	1.000		
Saturated model	.000	1.000		
Independence model	.187	.907	.814	.454

Baseline Comparisons

Model	NFI Delta1	RFI rho1	IFI Delta2	TLI rho2	CFI
Default model	1.000		1.000		1.000
Saturated model	1.000		1.000		1.000
Independence model	.000	.000	.000	.000	.000

Parsimony-Adjusted Measures

Model	PRATIO	PNFI	PCFI
Default model	.000	.000	.000
Saturated model	.000	.000	.000
Independence model	1.000	.000	.000

화면 좌측의 모형적합(Model Fit)을 클릭하면 모형의 적합도가 출력되는데, 이번 모형은 자유도 0의 포화모형이므로 적합도는 출력되지 않는다.

▶ 결과를 보고

"두 개의 관측변수로부터 하나의 관측변수에 영향을 미친다고 하는 모형이군요. 이것은 중회귀분석과 같다고 하는 셈일까요?" 보람이 묻는다.

"그렇다고 할 수 있지. 결과를 비교해 보면 어떨까"

교수는 그렇게 말하고, Amos의 화면을 두 사람에게 보였다.

"중회귀분석의 β와 Amos 분석결과의 표준화계수를 비교해 보겠습니다"

보람은 아까의 결과를 확인했다.

"중회귀분석의 결과를 보면, 메시지에 대한 낮은 친구관계의 β는 0.342, 넓은 친구관계의 β는 0.245입니다. 아, Amos의 표준화계수와 같네요"

계수[a]

모형		비표준화 계수		표준화 계수	t	유의확률	B에 대한 95.0% 신뢰구간		공선성 통계량	
		B	표준오차	베타			하한	상한	공차	VIF
1	(상수)	.960	.528		1.818	.072	-.088	2.007		
	낮은친구관계	.395	.109	.342	3.638	.000	.180	.610	.984	1.016
	넓은친구관계	.289	.111	.245	2.601	.011	.068	.509	.984	1.016

a. 종속변수: 메시지 수

"중회귀분석의 결정계수 R^2은 0.156이고, Amos 결과에 대한 중상관계수의 제곱과 같은 값으로 되어 있습니다"

철수도 화면과 결과를 비교해서 확인하고 있다.

모형 요약

모형	R	R 제곱	수정된 R 제곱	추정값의 표준오차
1	.395[a]	.156	.138	1.095

a. 예측자: (상수), 넓은친구관계, 낮은친구관계

"SPSS의 결과와 Amos의 결과가 같다고 하는 것은, 어느 쪽으로 분석해도 같다고 하는 것이네요"

"이 분석방법이라면 그렇게 되지. 자, 다음은 친구관계를 잠재변수로 그리는 분석에 도전해 볼까"

두 사람은 다시 얼굴을 마주 보았다.

친구관계(잠재변수)로부터 메시지 수(관측변수)에 대한 인과관계 모형

앞에서와 같은 방법으로 모형을 작성해서 실행해 본다.

[순서 1] 모형의 작성

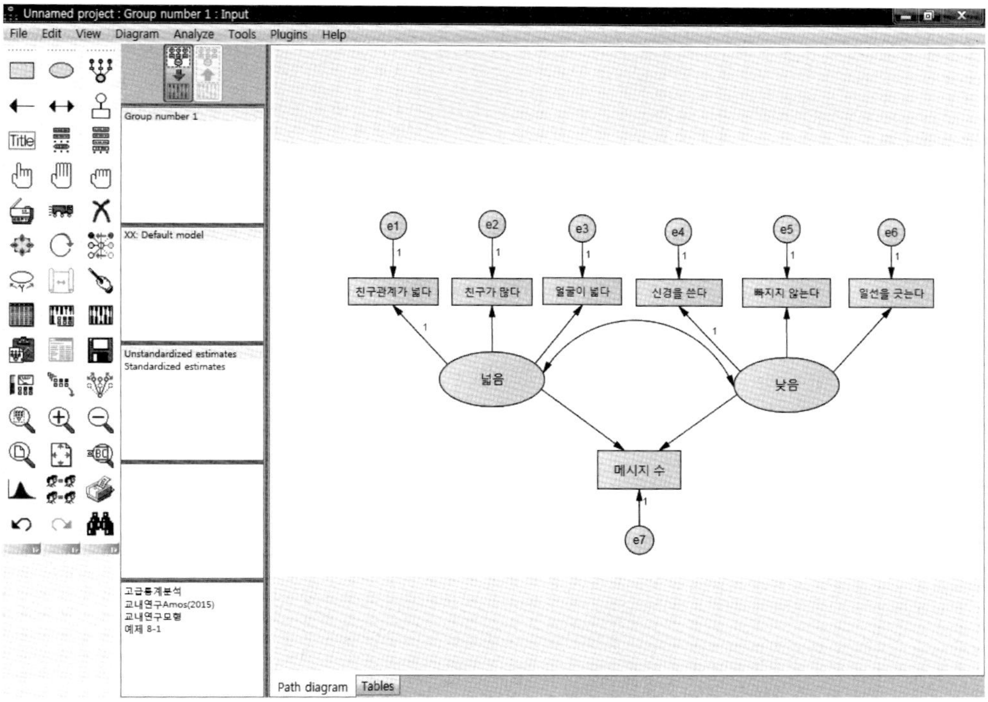

[순서 2] Amos의 실행

(1) 파일 저장

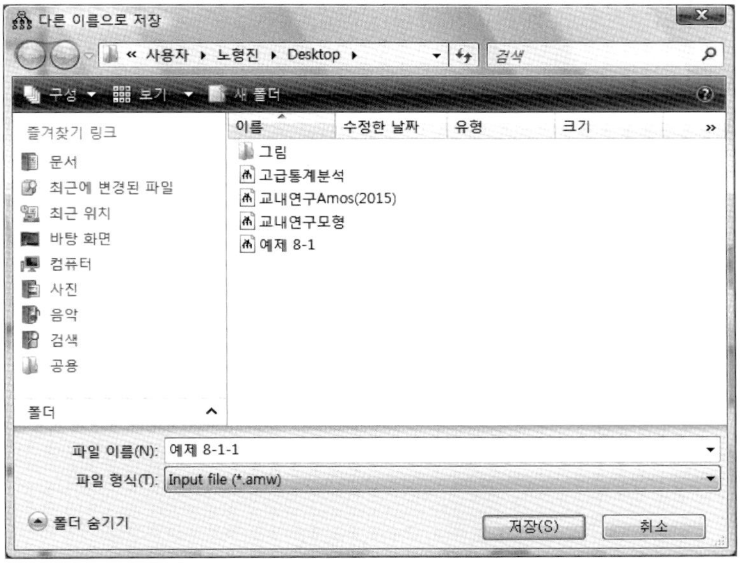

(2) 표준화 추정치

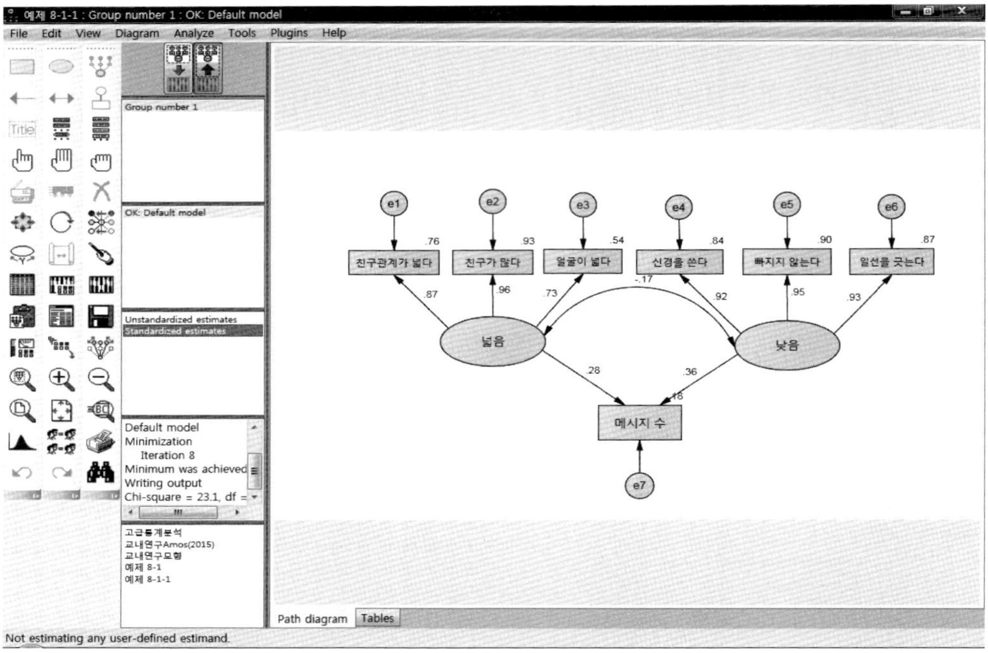

(3) 비표준화 추정치

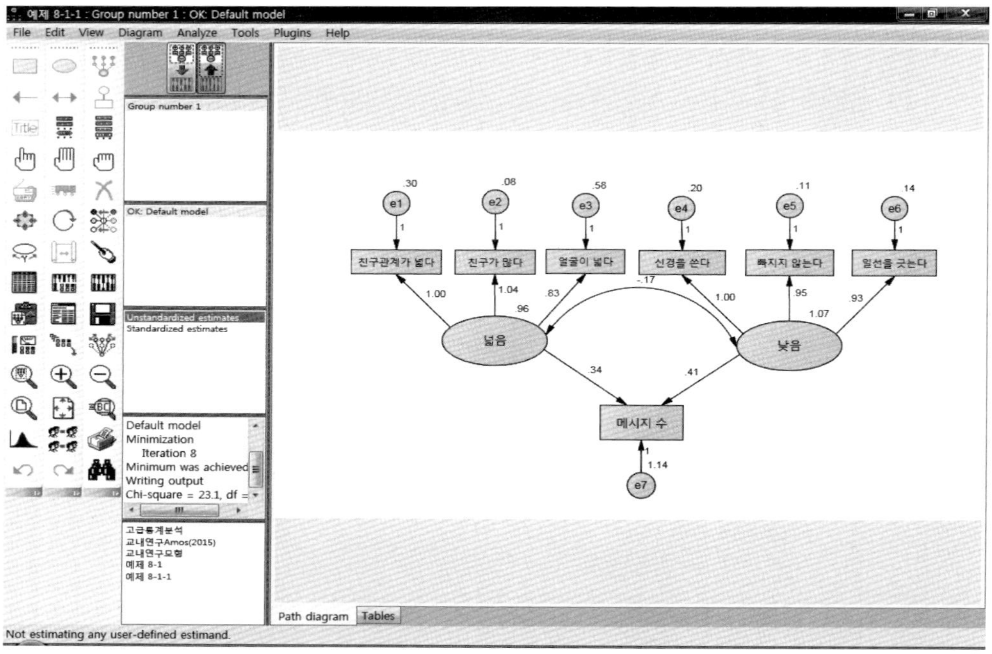

[분석결과]

(1) 모형에 대한 주석(註釋)

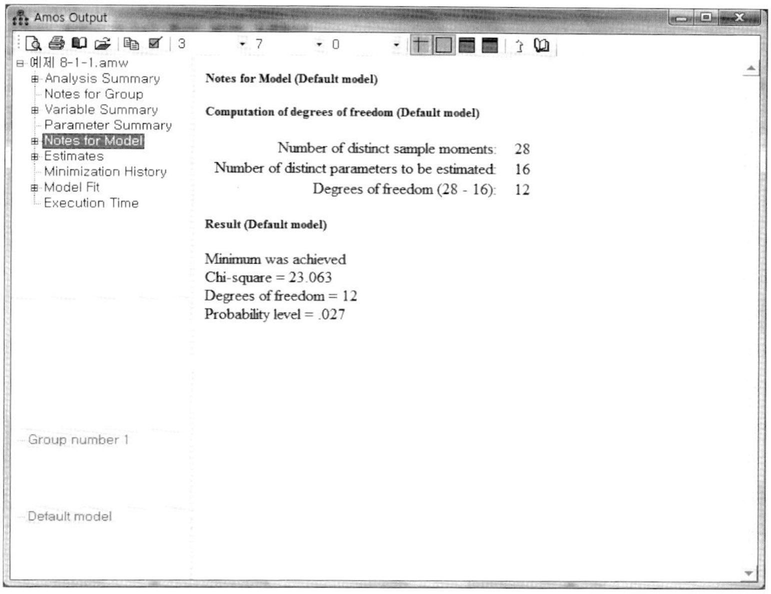

자유도가 12로 되어 있다고 하는 것, 카이제곱 값이 23.063으로 계산되어 있다고 하는 것에 주목하기 바란다.

(2) 추정치(Estimates)

Regression Weights: (Group number 1 - Default model)

			Estimate	S.E.	C.R.	P	Label
F1	<---	넓음	1.000				
F2	<---	넓음	1.035	.086	12.044	***	
F3	<---	넓음	.831	.094	8.845	***	
F4	<---	낮음	1.000				
F5	<---	낮음	.950	.056	16.875	***	
F6	<---	낮음	.933	.058	16.142	***	
MOB	<---	넓음	.339	.116	2.919	.004	
MOB	<---	낮음	.411	.110	3.739	***	

- 경로계수(Regression Weights)

모든 경로가 유의하게 되어 있다는 것을 알 수 있다.

Standardized Regression Weights: (Group number 1 - Default model)

			Estimate
F1	<---	넓음	.873
F2	<---	넓음	.965
F3	<---	넓음	.732
F4	<---	낮음	.917
F5	<---	낮음	.948
F6	<---	낮음	.932
MOB	<---	넓음	.283
MOB	<---	낮음	.361

- 표준화 경로계수

넓음에서 메시지 수로 가는 표준화 경로계수는 0.283, 낮음에서 메시지 수로 가는 표준화 경로계수는 0.361.

Covariances: (Group number 1 - Default model)

			Estimate	S.E.	C.R.	P	Label
넓음	<-->	낮음	-.171	.109	-1.567	.117	

Correlations: (Group number 1 - Default model)

			Estimate
넓음	<-->	낮음	-.169

Squared Multiple Correlations: (Group number 1 - Default model)

	Estimate
MOB	.176
F6	.868
F5	.898
F4	.840
F3	.535
F2	.931
F1	.763

- 공분산

넓음과 낮음의 공분산은 유의하지 않다($p = 0.117$).

- 상관계수

넓음과 낮음의 상관계수는 $r = -0.169$로 유의하지 않다.

- 중상관계수의 제곱

두 가지의 친구관계로부터 메시지의 수에 대한 R^2은 0.176으로 되어 있다.

(3) 모형적합(Model Fit)

CMIN

Model	NPAR	CMIN	DF	P	CMIN/DF
Default model	16	23.063	12	.027	1.922
Saturated model	28	.000	0		
Independence model	7	539.793	21	.000	25.704

RMR, GFI

Model	RMR	GFI	AGFI	PGFI
Default model	.046	.946	.873	.405
Saturated model	.000	1.000		
Independence model	.464	.442	.256	.332

Baseline Comparisons

Model	NFI Delta1	RFI rho1	IFI Delta2	TLI rho2	CFI
Default model	.957	.925	.979	.963	.979
Saturated model	1.000		1.000		1.000
Independence model	.000	.000	.000	.000	.000

- CMIN(카이제곱 값)

이 값은 작고 유의하지 않을수록 모형이 데이터에 적합하다. 단, 이 값은 바로 유의하다.

- CMIN/DF

카이제곱 값을 자유도로 나눈 값. 작을수록 적합하다.

- GFI, AGFI

모두 1에 가까울수록 적합하다. 0.90 이상이 바람직하다. GFI보다 AGFI 쪽이 작은 값이 된다.

→ GFI는 0.946으로 충분한 값이지만, AGFI는 0.873으로 약간 낮다.

- NFI, CFI

  모두 1에 가까울수록 적합하다. 0.90 이상이 바람직하다.

  → 모두 충분한 값으로 되어 있다.

RMSEA

Model	RMSEA	LO 90	HI 90	PCLOSE
Default model	.096	.032	.155	.098
Independence model	.500	.464	.536	.000

- RMSEA

  0.05를 밑돌면 좋은 모형이다. 0.10을 상회하면 바람직하지 않다.

  → 간신히 0.10을 밑돌고 있다.

▶ 결과를 보고

교수는 두 사람을 향해 바로 섰다.

"잠재변수를 그리는 것의 장점 중 하나는 자유도가 크게 되어서 적합도를 산출할 수 있다는 데 있지"

"메시지 수에 대해서 넓음으로부터의 표준화된 경로계수는 0.28, 낮음으로부터의 표준화된 경로계수는 0.36이네요. SPSS의 중회귀분석이나 관측변수만의 모형과는 다른 값이 되어 있습니다만, 대개 같은 값이라고 할 수 있을 것 같아요" 보람이 말한다.

"잠재변수를 그리는 모형은 언뜻 보아 어려워 보이지만 몇 번 그려보면 이내 익숙해지니까, 틈틈이 연습해 두게. 리포트나 논문에 게재해도 손색이 없는 멋진 그림을 그릴 수 있게 될 것이야"

"네, 열심히 연습하겠습니다"

두 사람은 고개를 끄덕였다.

"그리고 같은 데이터에 대해서 몇 가지 다른 분석방법이 있다는 것도 알아두는 것이 좋겠네"

"네. 분석방법끼리의 관련도 이해하지 않으면 안 된다는 것도 잘 알았습니다"

보람이 말했다.

"두 개의 잠재변수는 SPSS에서 2요인 요인분석을 실시한 부분에 상당하지. 그리고 SPSS

에서는 척도점수를 산출하지만, Amos에서는 그대로 인과관계를 그릴 수 있네. 하지만 하고자 하는 분석의 의도는 같네"

"친구와의 교제방식 패턴으로 메시지 수를 예측한다고 하는 목적이지요"

철수가 확인하듯이 말했다.

"그렇지. 어느 분석이 절대로 옳다고 하는 것은 아니라고 생각하네. 어느 분석방법도 경우에 따라서 자유자재로 구사할 수 있도록 하는 것이 중요하지 않겠나"

CHAPTER

9

직접효과와 간접효과

CHAPTER 9 **직접효과와 간접효과**

9.1 | 분석의 배경

■ 컴퓨터실에서

연말이 되자 컴퓨터실은 졸업논문에 몰두하는 4학년, 대학원생들로 가득 차서 그 전까지와는 다른 분위가 된다.

"어이 정보람, 오늘도 뭔가 분석하고 있는 거야?"

보람을 발견한 철수가 가만히 말을 걸었다.

"그래. 나도 내년에는 졸업논문에 몰두해야 하니 공부 삼아 선배의 데이터 분석을 도와주려고"

"음, 그런 생각을 했다고. 착실하네. 하지만 재미있을 것 같지 않아. 그런데 어떤 데이터인데?"

철수는 화면을 응시했다.

"중학생 1학년 100명을 대상으로 한 조사라네"

"그래, 조사내용은?"

"원인귀속이라고 배웠잖아"

"심리학 시간에 들은 것 같은데"

"응. 사물의 원인이 무엇인지를 생각한다거나 추측하다거나 하는 거지. 시험성적이 나쁜 결과였을 때에 '머리가 나쁘기 때문에'라고 원인귀속하는 것과 '노력이 부족했기 때문에'라고 원인귀속하는 것은, 다음에 무엇을 할 것인지가 달라질 것 같지 않아?"

"머리가 나쁘기 때문에, 라고 대답하는 학생보다 노력이 부족했기 때문에, 라고 대답하는 학생 쪽이 열심히 공부할 것 같은데"

"그렇지. 그래서 그 노력에 대한 원인귀속이 통제감에 영향을 미친다고 생각해"

"통제감이라고?"

"세상의 여러 가지 사물을 컨트롤할 수 있을 것이라고 생각하는 것. 사건이 다른 사람이나 운·불운에 의해서 정해지는 것이 아니라, 자신이 그 사건에 관여하고 있다고 하는 감각 말이야"

"공부의 결과도, 인생의 결과도 자기나름이라고 생각하는 경향이네. 조금은 알겠어"

"이 연구에서는 그렇게 느끼는 경향을 통제감이라고 부르고 있어"

"아, 과연. 그리고?"

"다음에 자기긍정감이지. 이것은 자기 자신을 어느 정도 긍정적으로 받아들이고 있느냐 하는 것이야"

"이것은 말 그대로의 느낌이네. 자신의 일을 좋게 생각하고 있으면, 자기긍정감이 높다고 하는 것이잖아"

"그렇지. 그래서 이러한 것들이 학업성적에 영향을 미칠 것이라고 예상하고 있는 거야"

"노력귀속과 통제감 그리고 자기긍정감은 같은 곳에 위치한다고 생각하고 있는 거야?"

"그렇지 않고, 이 연구에서는 원인과 결과가 연결되어 있다고 가정하고 있어. 잠깐 기다려 봐"

보람은 그렇게 말하고, 노트와 펜을 끄집어냈다.

"이런 거야"

노력귀속 → 통제감 → 자기긍정감 → 학업성적

"오, 과연. 자, 이 연속적인 인과관계가 성립하는지 어떤지를 데이터로 보이는 것이네. 어떤 분석을 할 예정인데?"

"먼저 SPSS로 각각의 척도에 대한 내적정합성을 조사해 보려고 생각하고 있어"

"그럼 α계수네. 0.8 정도면 괜찮다고 했지, 아마"

"각각의 척도는 3항목이나 4항목으로 조금 항목 수가 적기 때문에, 좀더 낮아도 좋을지도 몰라"

"그렇지. 이전에 그러한 이야기를 들은 적 있어. 그리고는?"

"노력귀속, 통제감, 자기긍정감, 학업성적의 점수를 계산하지"

"그것도 SPSS로 가능하잖아"

"그 다음은 Amos를 사용해서 이 인과관계의 연속이 옳은지 어떤지를 확인해 보려고 생각하고 있어"

"아, 드디어 Amos의 등장이네"

"나 혼자 사용해 보는 것은 처음이기 때문에, 앞으로를 위해서라도 해 보려고 생각해. 함께 분석해 보지 않을 거야?"

"오케이, 해 보자고"

[예제 9-1]

표 9-1 데이터표

No	A01	A02	A03	A04	C01	C02	C03	C04	S01	S02	S03	국어	수학	과학	사회
1	3	3	3	3	2	2	1	3	5	3	4	3	4	4	4
2	4	4	4	3	3	3	3	4	3	3	2	3	3	3	3
3	3	4	2	4	3	3	3	3	2	2	1	3	2	2	5
4	3	3	3	2	3	3	3	3	2	2	2	3	4	4	5
5	3	4	4	4	2	3	3	2	1	1	1	3	2	2	4
6	3	3	2	2	2	3	2	2	2	2	2	2	2	2	3
7	4	3	5	3	2	3	2	3	3	3	4	3	4	3	4
8	1	1	5	1	1	3	1	1	1	1	1	2	5	1	5
9	5	3	5	5	3	3	1	2	5	2	2	4	3	5	5
10	3	4	4	4	3	4	3	3	3	3	2	3	2	3	3
⋮	⋮	⋮	⋮	⋮	⋮	⋮	⋮	⋮	⋮	⋮	⋮	⋮	⋮	⋮	⋮
91	2	2	3	1	2	1	1	1	1	1	1	2	1	2	2
92	5	5	5	5	1	2	3	2	3	4	3	3	4	4	3
93	4	4	4	4	2	2	2	2	2	2	2	4	4	4	3
94	2	3	4	2	1	3	1	3	1	1	1	2	2	2	2
95	5	5	5	3	1	2	1	2	4	1	2	1	2	1	3
96	4	3	4	4	3	2	3	2	2	2	3	2	2	2	5
97	3	3	4	2	3	2	3	3	2	2	2	4	4	3	3
98	5	5	5	4	2	2	2	3	1	1	3	3	3	2	3
99	4	4	4	4	3	3	2	3	2	2	2	3	3	4	3
100	3	4	4	3	3	3	3	3	4	3	2	2	4	3	3

(데이터는 첨부 CD에 수록되어 있음)

▶ 데이터 내용

노력귀속 척도(5점 척도)

A01 : 열심히 한다면

A02 : 분발해서 한다면

A03 : 노력한다면

A04 : 최후까지 하고자 한다면

통제감 척도(5점 척도)

C01 : 일은 자신의 방식대로 한다고 생각한다

C02 : 사건에는 반드시 원인이 있다고 생각한다

C03 : 해서 안 되는 일은 없다고 생각한다

C04 : 결과는 어느 정도 통제할 수 있다

자기긍정감 척도(5점 척도)

S01 : 자신에게 만족하고 있다

S02 : 자신에게는 장점이 있다고 생각한다

S03 : 자신의 일을 발전적으로 생각하고 있다

학업성적 : 국어, 수학, 과학, 사회의 네 과목 성적(각 5단계)

조사는 중학교 1학년 100명을 대상으로 실시했다.

9.2 ı 분석순서

■ 노력귀속 척도의 알파 계수 산출

[SPSS의 처리 절차]

[순서 1] 데이터의 입력

(1) 먼저 [변수 보기]에서 다음과 같이 변수를 입력하고 정의한다.

연구조사방법(예제 9-1).sav [데이터세트1] - IBM SPSS Statistics Data Editor

파일(F) 편집(E) 보기(V) 데이터(D) 변환(T) 분석(A) 다이렉트 마케팅(M) 그래프(G) 유틸리티(U) 창(W) 도움말(H)

	이름	유형	너비	소수점이...	레이블	값	결측값	열	맞춤	측도
1	No	숫자	8	0		없음	없음	8	오른쪽	명목형
2	A01	숫자	8	0	열심히 한다면	없음	없음	8	오른쪽	명목형
3	A02	숫자	8	0	분발해서 한다면	없음	없음	8	오른쪽	명목형
4	A03	숫자	8	0	노력한다면	없음	없음	8	오른쪽	명목형
5	A04	숫자	8	0	최후까지 하고자 한다면	없음	없음	8	오른쪽	명목형
6	C01	숫자	8	0	일은 자신의 방식대로 한다고 생각한다	없음	없음	8	오른쪽	명목형
7	C02	숫자	8	0	사건에는 반드시 원인이 있다고 생각한다	없음	없음	8	오른쪽	명목형
8	C03	숫자	8	0	해서 안 되는 일은 없다고 생각한다	없음	없음	8	오른쪽	명목형
9	C04	숫자	8	0	결과는 어느 정도 통제할 수 있다	없음	없음	8	오른쪽	명목형
10	S01	숫자	8	0	자신에게 만족하고 있다	없음	없음	8	오른쪽	명목형
11	S02	숫자	8	0	자신에게는 장점이 있다고 생각한다	없음	없음	8	오른쪽	명목형
12	S03	숫자	8	0	자신의 일을 발전적으로 생각하고 있다	없음	없음	8	오른쪽	명목형
13	국어	숫자	8	0		없음	없음	8	오른쪽	명목형
14	수학	숫자	8	0		없음	없음	8	오른쪽	명목형
15	과학	숫자	8	0		없음	없음	8	오른쪽	명목형
16	사회	숫자	8	0		없음	없음	8	오른쪽	명목형
17										
18										
19										
20										

(2) [데이터 보기]를 열어 <표 9-1>의 데이터를 입력한다.

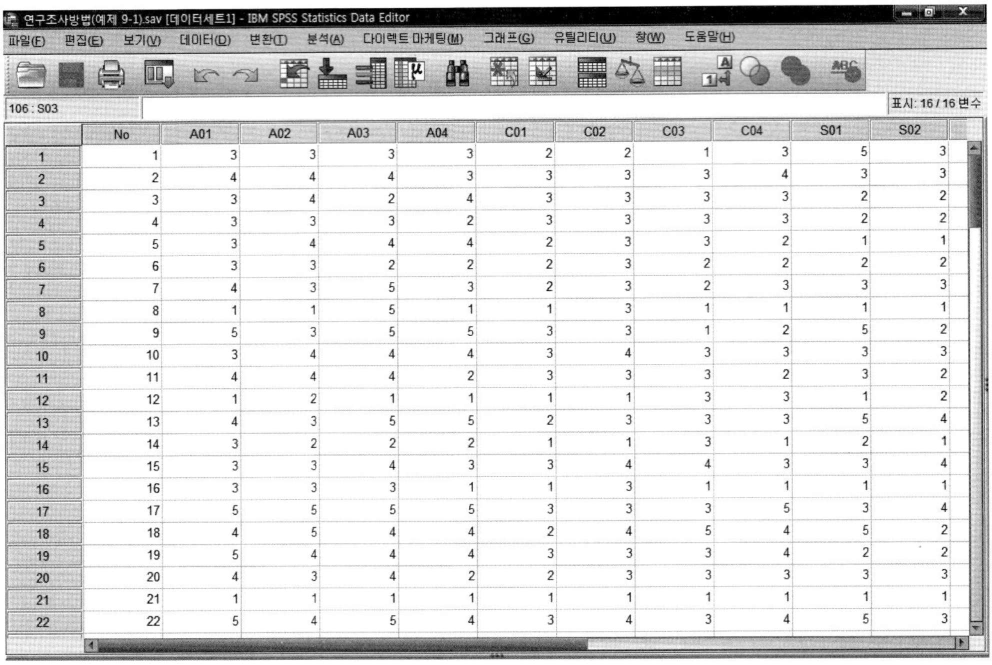

연구조사방법(예제 9-1).sav [데이터세트1] - IBM SPSS Statistics Data Editor

	No	A01	A02	A03	A04	C01	C02	C03	C04	S01	S02
1	1	3	3	3	3	2	2	1	3	5	3
2	2	4	4	4	3	3	3	3	4	3	3
3	3	3	4	2	4	3	3	3	3	2	2
4	4	3	3	3	2	3	3	3	3	2	2
5	5	3	4	4	4	2	3	3	2	1	1
6	6	3	3	2	2	2	3	2	2	2	2
7	7	4	3	5	3	2	3	2	3	3	3
8	8	1	1	5	1	1	3	1	1	1	1
9	9	5	3	5	5	3	3	1	2	5	2
10	10	3	4	4	4	3	4	3	3	3	3
11	11	4	4	4	2	3	3	3	2	3	2
12	12	1	2	1	1	1	1	3	3	1	2
13	13	4	3	5	5	2	3	3	3	5	4
14	14	3	2	2	2	1	1	3	1	2	1
15	15	3	3	4	3	3	4	4	3	3	4
16	16	3	3	3	1	1	3	1	1	1	1
17	17	5	5	5	5	3	3	3	5	3	4
18	18	4	5	4	4	2	4	5	4	5	2
19	19	5	4	4	4	3	3	3	4	2	2
20	20	4	3	4	2	2	3	3	3	3	3
21	21	1	1	1	1	1	1	1	1	1	1
22	22	5	4	5	4	3	4	3	4	5	3

[순서 2] 분석 수법의 선택

메뉴에서 [분석]-[척도분석]-[신뢰도분석]을 선택한다.

[순서 3] 변수의 선택

[항목]에 노력귀속 척도의 4항목 'A01', 'A02', 'A03', 'A04'를 지정한다.

[통계량]을 클릭한다.

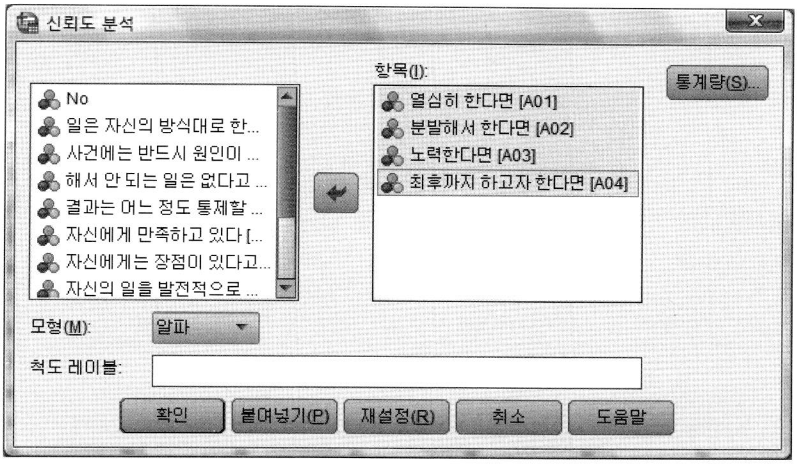

[순서 4] 통계량의 선택

[다음에 대한 기술통계]의 [항목제거시 척도]에 체크한다.

[계속]을 클릭하고 이어서 [확인]을 클릭한다.

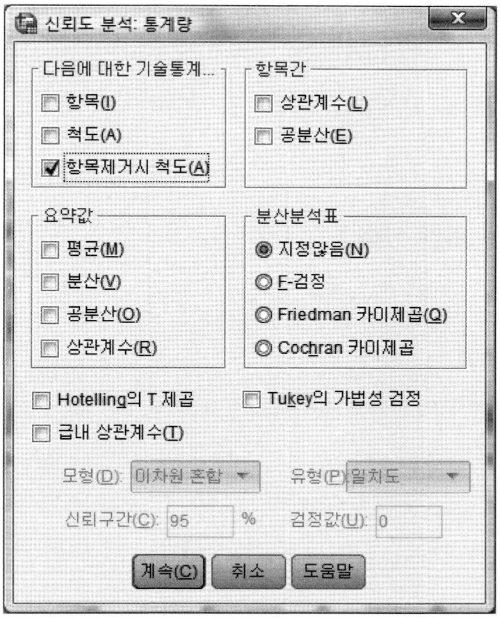

[분석결과]

신뢰도 통계량

Cronbach의 알파	항목 수
.857	4

항목 총계 통계량

	항목이 삭제된 경우 척도 평균	항목이 삭제된 경우 척도 분산	수정된 항목-전체 상관계수	항목이 삭제된 경우 Cronbach 알파
열심히 한다면	9.49	9.323	.792	.778
분발해서 한다면	9.27	10.704	.708	.816
노력한다면	9.09	10.568	.676	.828
최후까지 하고자 한다면	9.62	10.905	.634	.845

- 신뢰도 통계량

  4항목의 α 계수는 0.857로 충분한 값이다.

- 항목 총계 통계량

  수정된 항목-전체 상관계수는 $r = 0.634$ 이상으로 되어 있어, 각 항목과 전체의 상관계 수는 충분히 높다고 할 수 있다.

  항목이 삭제된 경우 Cronbach 알파도 체크한다.

  → 신뢰도 통계량에서 보인 Cronbach 알파보다도 여기에서 보인 알파가 높은 값은 하나도 없다. 그러므로 이 4항목 전체를 하나의 척도로서 통합하는 데 문제는 없다고 생각한다.

통제감 척도의 알파 계수 산출

[SPSS의 처리 절차]

[순서 1] 분석 수법의 선택

메뉴에서 [분석]-[척도분석]-[신뢰도분석]을 선택한다.

[순서 2] 변수의 선택

[항목]에 통제감 척도의 4항목 'C01', 'C02', 'C03', 'C04'를 지정한다.

[통계량]을 클릭한다.

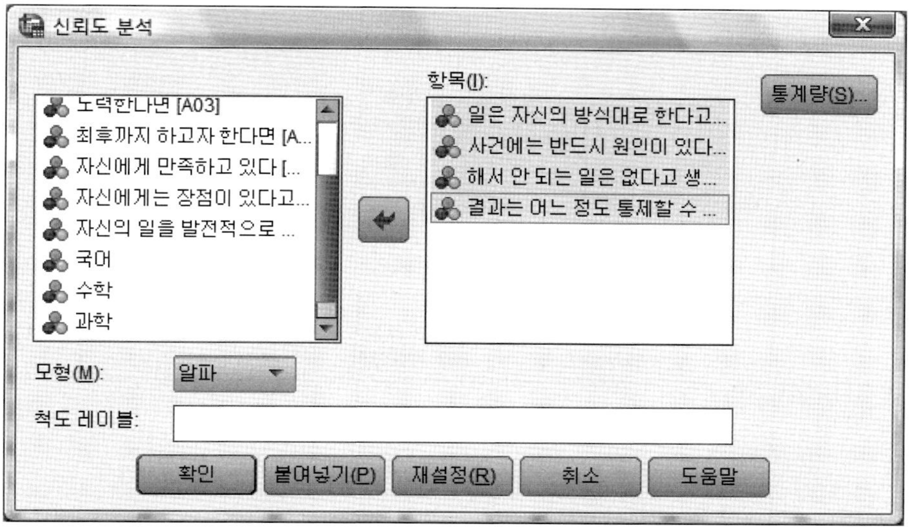

[순서 4] 통계량의 선택

[다음에 대한 기술통계]의 [항목제거시 척도]에 체크한다.

[계속]을 클릭하고 이어서 [확인]을 클릭한다.

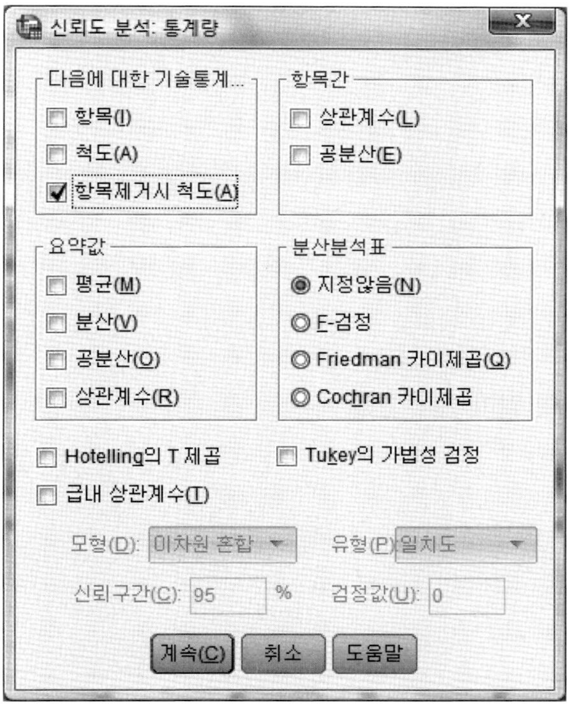

[분석결과]

신뢰도 통계량

Cronbach의 알파	항목 수
.766	4

항목 총계 통계량

	항목이 삭제된 경우 척도 평균	항목이 삭제된 경우 척도 분산	수정된 항목-전체 상관계수	항목이 삭제된 경우 Cronbach 알파
일은 자신의 방식대로 한다고 생각한다	7.74	4.861	.613	.687
사건에는 반드시 원인이 있다고 생각한다	7.53	4.938	.517	.738
해서 안 되는 일은 없다고 생각한다	7.60	4.909	.510	.742
결과는 어느 정도 통제할 수 있다	7.52	4.676	.634	.675

- 신뢰도 통계량

  4항목의 α 계수는 0.766이다.

- 항목 총계 통계량

  수정된 항목-전체 상관계수를 보면, C02(사건에는 반드시 원인이 있다고 생각한다)와 C03(해서 안 되는 일은 없다고 생각한다)의 상관계수가 $r=0.517$과 $r=0.510$으로 다른 두 항목에 비해서 약간 낮다. 그러나 항목이 삭제된 경우 Cronbach 알파 난을 보면, 모두 전체의 알파 계수인 0.766을 상회하고는 있지 않으므로, 이 4항목 전체를 하나의 척도로서 통합하는 데 문제는 없다고 생각한다.

■ 자기긍정감 척도의 알파 계수 산출

[SPSS의 처리 절차]

[순서 1] 분석 수법의 선택

메뉴에서 [분석]-[척도분석]-[신뢰도분석]을 선택한다.

[순서 2] 변수의 선택

[항목]에 자기긍정감 척도의 3항목 'S01', 'S02', 'S03'을 지정한다.

[통계량]을 클릭한다.

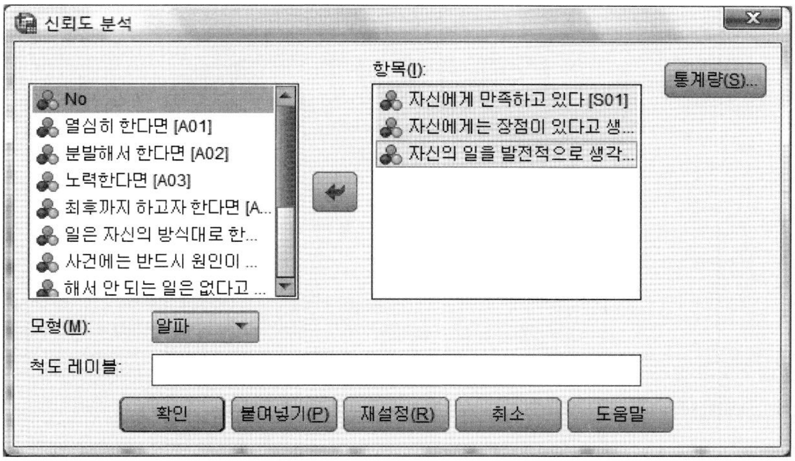

[순서 4] 통계량의 선택

[다음에 대한 기술통계]의 [항목제거시 척도]에 체크한다.

[계속]을 클릭하고 이어서 [확인]을 클릭한다.

[분석결과]

신뢰도 통계량

Cronbach의 알파	항목 수
.803	3

항목 총계 통계량

	항목이 삭제된 경우 척도 평균	항목이 삭제된 경우 척도 분산	수정된 항목-전체 상관계수	항목이 삭제된 경우 Cronbach 알파
자신에게 만족하고 있다	4.53	3.504	.605	.785
자신에게는 장점이 있다고 생각한다	4.68	3.735	.682	.700
자신의 일을 발전적으로 생각하고 있다	4.63	3.670	.668	.712

- 신뢰도 통계량

  3항목의 α 계수는 0.803이다.

- 항목 총계 통계량

  수정된 항목-전체 상관계수는 $r = 0.605$ 이상으로 되어 있고, 항목이 삭제된 경우 Cronbach 알파 난을 보면, 모두 전체의 알파 계수인 0.803을 상회하고는 있지 않으므로, 이 3항목 전체를 하나의 척도로서 통합하는 데 문제는 없다고 생각한다.

■ 학업성적의 알파 계수 산출

[SPSS의 처리 절차]

[순서 1] 분석 수법의 선택

메뉴에서 [분석]-[척도분석]-[신뢰도분석]을 선택한다.

[순서 2] 변수의 선택

[항목]에 학업성적의 4과목 '국어', '수학', '과학', '사회'를 지정한다.

[통계량]을 클릭한다.

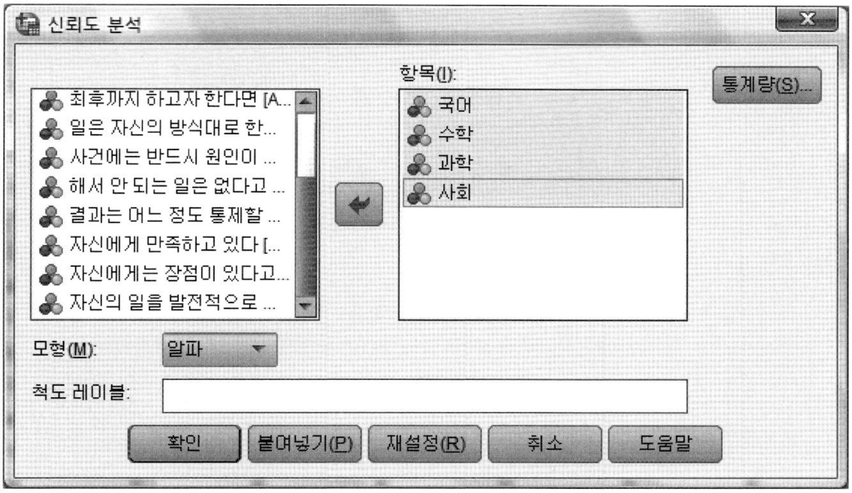

[순서 4] 통계량의 선택

[다음에 대한 기술통계]의 [항목제거시 척도]에 체크한다.

[계속]을 클릭하고 이어서 [확인]을 클릭한다.

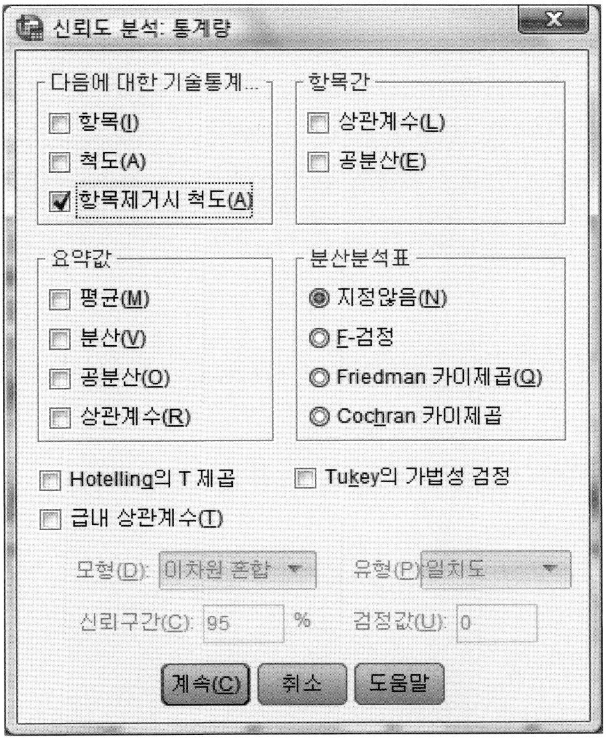

[분석결과]

신뢰도 통계량

Cronbach의 알파	항목 수
.737	4

항목 총계 통계량

	항목이 삭제된 경우 척도 평균	항목이 삭제된 경우 척도 분산	수정된 항목-전체 상관계수	항목이 삭제된 경우 Cronbach 알파
국어	9.56	6.491	.668	.594
수학	9.60	7.192	.465	.715
과학	9.38	7.127	.533	.674
사회	9.05	7.644	.459	.715

- 신뢰도 통계량

  4과목의 α계수는 0.737이다.

- 항목 총계 통계량

  수정된 항목-전체 상관계수는 $r=0.459$에서 $r=0.668$로, 다른 척도에 비하면 약간 낮은 값을 보이고 있다. 그러나 항목이 삭제된 경우 Cronbach 알파 난을 보면, 모두 전체의 알파 계수인 0.737을 상회하고는 있지 않으므로, 이 4과목 전체를 하나의 지표로서 통합하는 데 문제는 없다고 생각한다.

각 점수의 산출

이번은 항목 수로 나눈 항목평균이 아니라 합계치를 산출한다.

[SPSS의 처리 절차]

[순서 1] 분석 수법의 선택

메뉴에서 [변환]-[변수 계산]을 선택한다.

[순서 2] 변수 계산의 선택

[목표변수]에 '노력귀속'을 입력한다.

[숫자표현식]에 'A01+A02+A03+A04'라고 입력한다. [확인]으로 클릭한다.

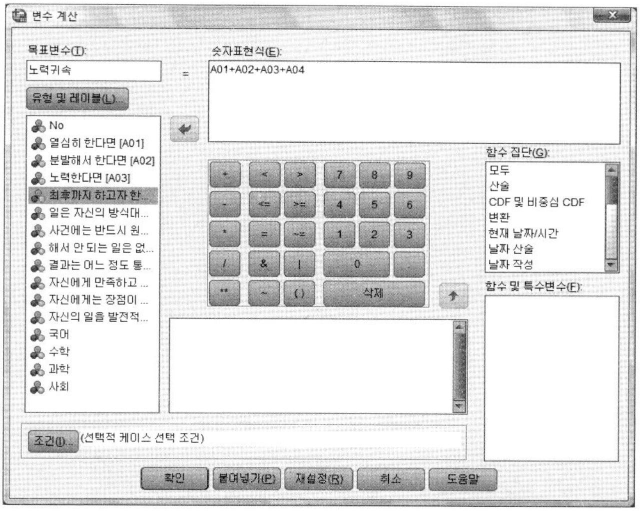

[순서 3] 분석 수법의 선택

메뉴에서 [변환]-[변수 계산]을 선택한다.

[순서 4] 변수 계산의 선택

[목표변수]에 '통제감'을 입력한다.

[숫자표현식]에 'C01+C02+C03+C04'라고 입력한다. [확인]으로 클릭한다.

[순서 5] 분석 수법의 선택

메뉴에서 [변환]-[변수 계산]을 선택한다.

[순서 6] 변수 계산의 선택

[목표변수]에 '자기긍정감'을 입력한다.

[숫자표현식]에 'S01+S02+S03'이라고 입력한다.

[확인]으로 클릭한다.

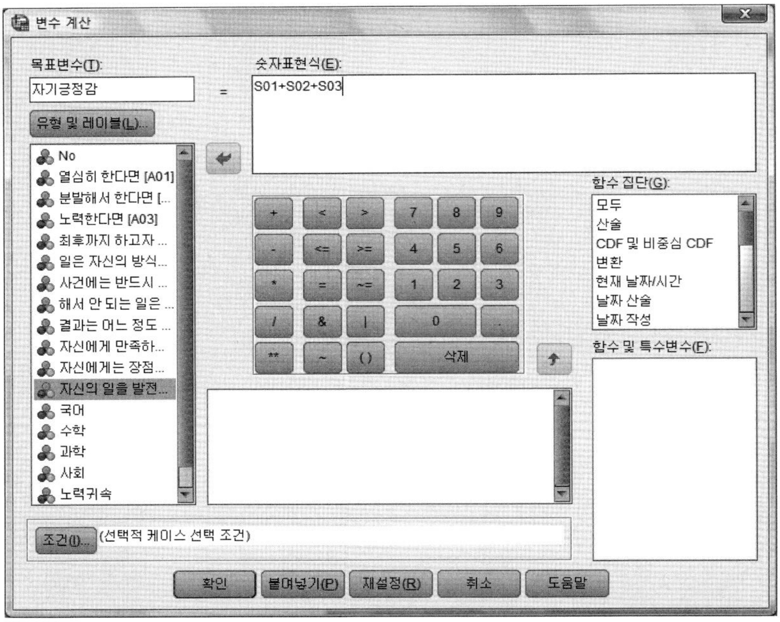

[순서 7] 분석 수법의 선택

메뉴에서 [변환]-[변수 계산]을 선택한다.

[순서 8] 변수 계산의 선택

[목표변수]에 '학업성적'을 입력한다.

[숫자표현식]에 '국어+수학+과학+사회'라고 입력한다.

[확인]으로 클릭한다.

[순서 9] 데이터 편집기(Data Editor)를 열어 합계점수가 데이터에 추가되어 있는지 어떤지를 확인한다.

(변수 보기)

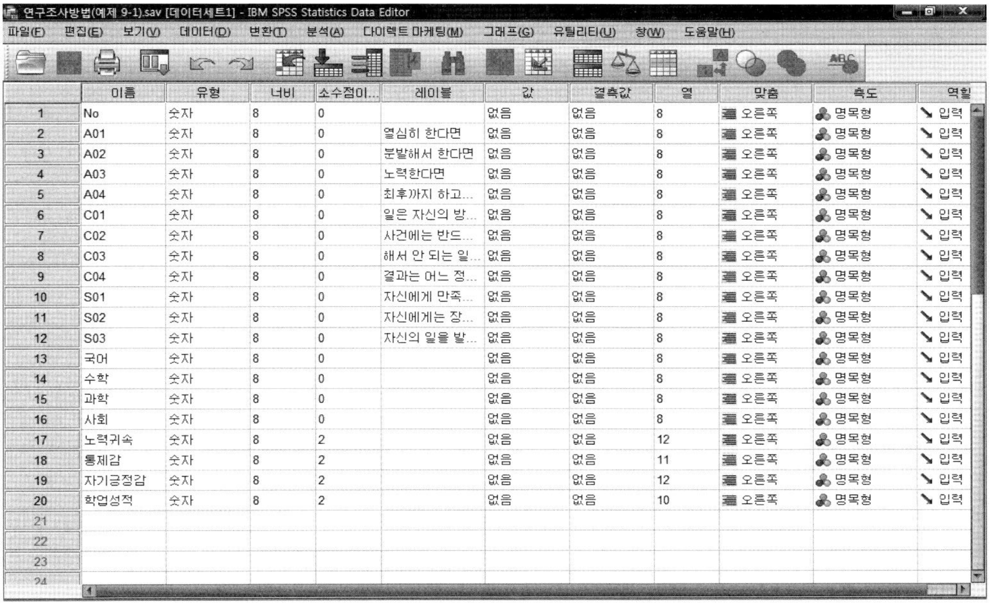

(데이터 보기)

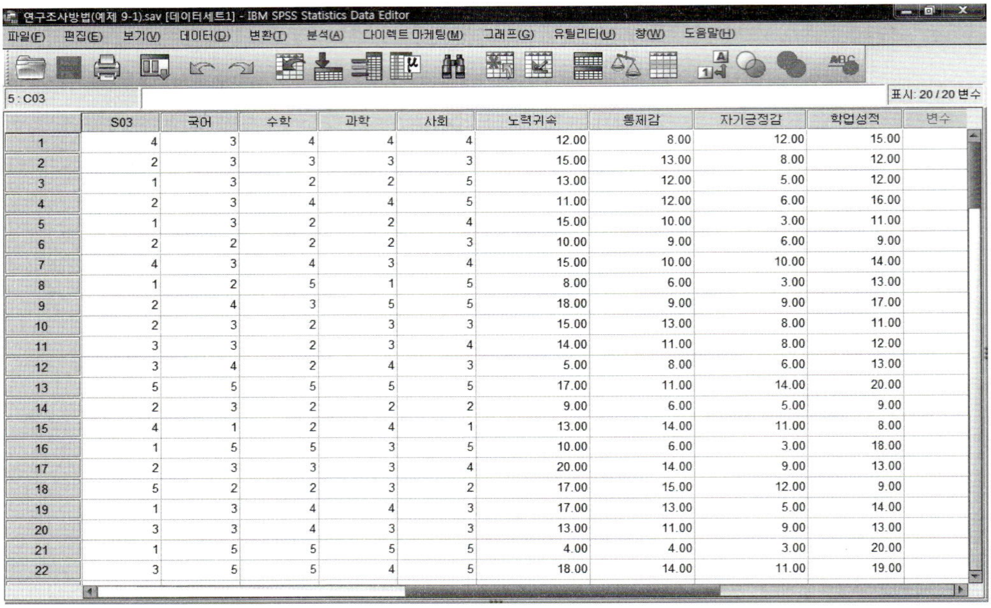

	S03	국어	수학	과학	사회	노력귀속	통제감	자기긍정감	학업성적	변수
1	4	3	4	4	4	12.00	8.00	12.00	15.00	
2	2	3	3	3	3	15.00	13.00	8.00	12.00	
3	1	3	2	2	5	13.00	12.00	5.00	12.00	
4	2	3	4	4	5	11.00	12.00	6.00	16.00	
5	1	3	2	2	4	15.00	10.00	3.00	11.00	
6	2	2	2	2	3	10.00	9.00	6.00	9.00	
7	4	3	4	3	4	15.00	10.00	10.00	14.00	
8	1	2	5	1	5	8.00	6.00	3.00	13.00	
9	2	4	3	5	5	18.00	9.00	9.00	17.00	
10	2	3	2	3	3	15.00	13.00	8.00	11.00	
11	3	3	2	3	4	14.00	11.00	8.00	12.00	
12	3	4	2	4	3	5.00	8.00	6.00	13.00	
13	5	5	5	5	5	17.00	11.00	14.00	20.00	
14	2	3	2	2	2	9.00	6.00	5.00	9.00	
15	4	1	2	4	1	13.00	14.00	11.00	8.00	
16	1	5	5	3	5	10.00	6.00	3.00	18.00	
17	2	3	3	3	4	20.00	14.00	9.00	13.00	
18	5	2	2	3	2	17.00	15.00	12.00	9.00	
19	1	3	4	4	3	17.00	13.00	5.00	14.00	
20	3	3	4	3	3	13.00	11.00	9.00	13.00	
21	1	5	5	5	5	4.00	4.00	3.00	20.00	
22	3	5	5	4	5	18.00	14.00	11.00	19.00	

■ 척도 간의 평균 · 표준편차와 상관계수의 산출

[SPSS의 처리 절차]

[순서 1] 분석 수법의 선택

메뉴에서 [분석]-[상관분석]-[이변량 상관]을 선택한다.

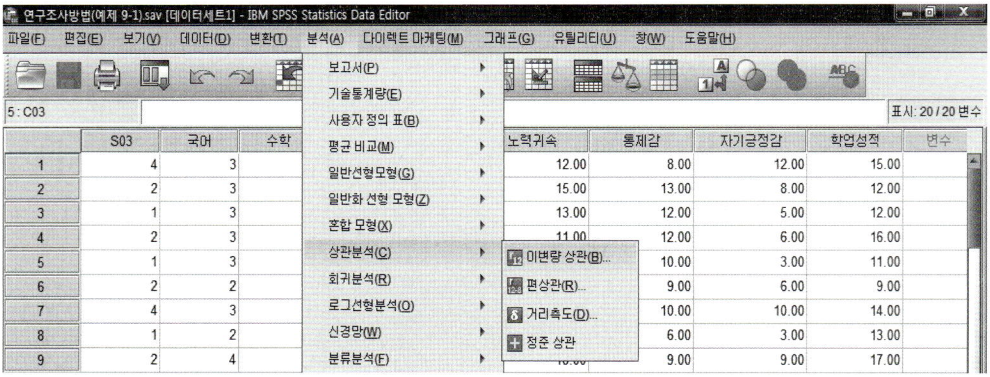

[순서 2] 변수의 선택

[변수]에 앞에서 계산한 '노력귀속', '통제감', '자기긍정감', '학업성적'을 지정한다.

[옵션]을 클릭한다.

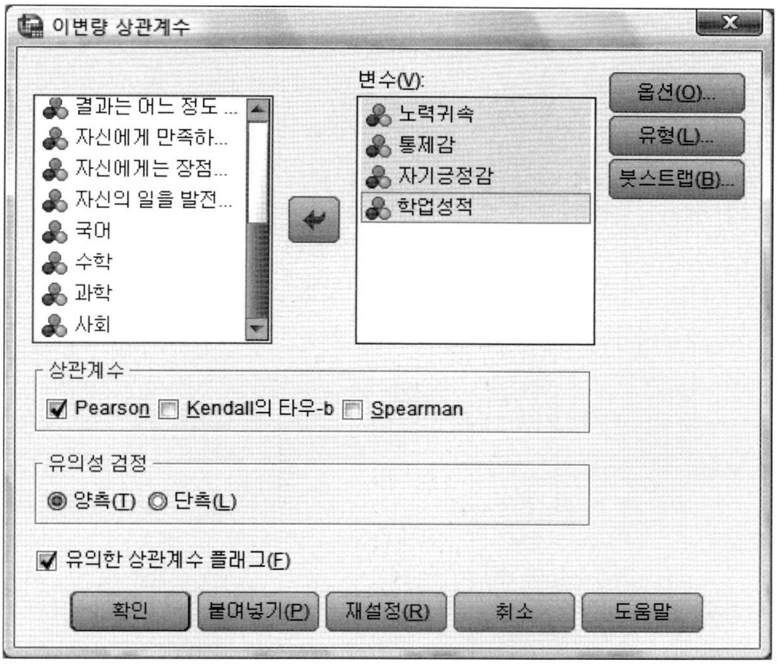

[순서 3] 옵션의 선택

[통계량]의 [평균과 표준편차]를 체크한다.

[결측값]은 [목록별 결측값 제외]를 선택한다(결측값이 없기 때문).

[계속]을 클릭한다. 이어서 [확인]을 클릭한다.

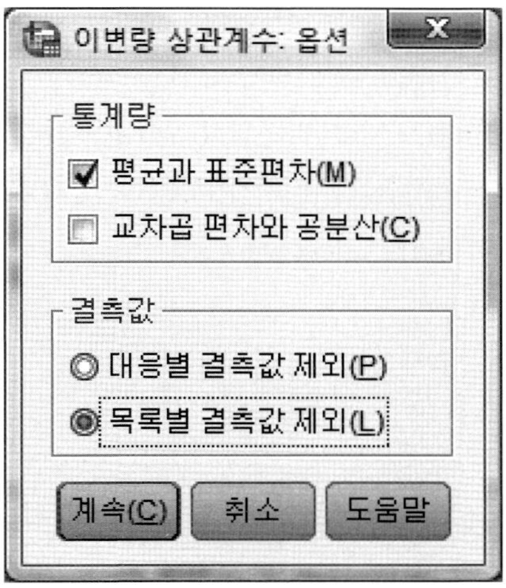

[분석결과]

기술통계량

	평균	표준편차	N
노력귀속	12.4900	4.19595	100
통제감	10.1300	2.82719	100
자기긍정감	6.9200	2.72912	100
학업성적	12.5300	3.40960	100

상관관계[b]

		노력귀속	통제감	자기긍정감	학업성적
노력귀속	Pearson 상관	1	.306**	.445**	.106
	유의확률 (양측)		.002	.000	.294
통제감	Pearson 상관	.306**	1	.614**	.191
	유의확률 (양측)	.002		.000	.057
자기긍정감	Pearson 상관	.445**	.614**	1	.305**
	유의확률 (양측)	.000	.000		.002
학업성적	Pearson 상관	.106	.191	.305**	1
	유의확률 (양측)	.294	.057	.002	

**. 상관관계가 0.01 수준에서 유의합니다(양측).

b. 목록별 N=100

- 기술통계량

  각 척도의 평균과 표준편차, 빈도가 출력된다.

  자기긍정감의 평균이 다른 것에 비해서 낮은 것은 항목 수가 적기(3항목) 때문이다.

- 상관계수를 보면, 노력귀속과 통제감($r = 0.306, p < 0.01$), 노력귀속과 자기긍정감($r = 0.445, p < 0.001$), 통제감과 자기긍정감($r = 0.614, p < 0.001$), 자기긍정감과 학업성적($r = 0.305, p < 0.01$) 사이에서 플러스의 유의한 상관이 인정된다.

■ Amos로 인과관계 검토

[SPSS의 처리 절차]

[순서 1] 분석 수법의 선택

메뉴에서 [분석]-[IBM SPSS Amos]를 선택한다.

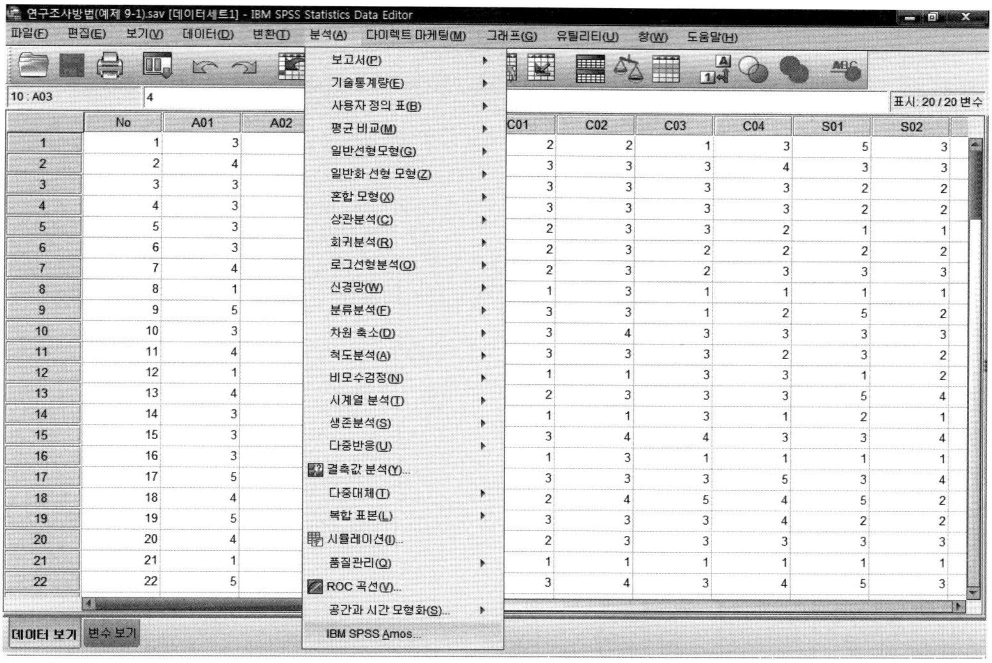

[순서 2] 모형의 작성

(1) 다음과 같이 Amos의 화면이 나타난다.

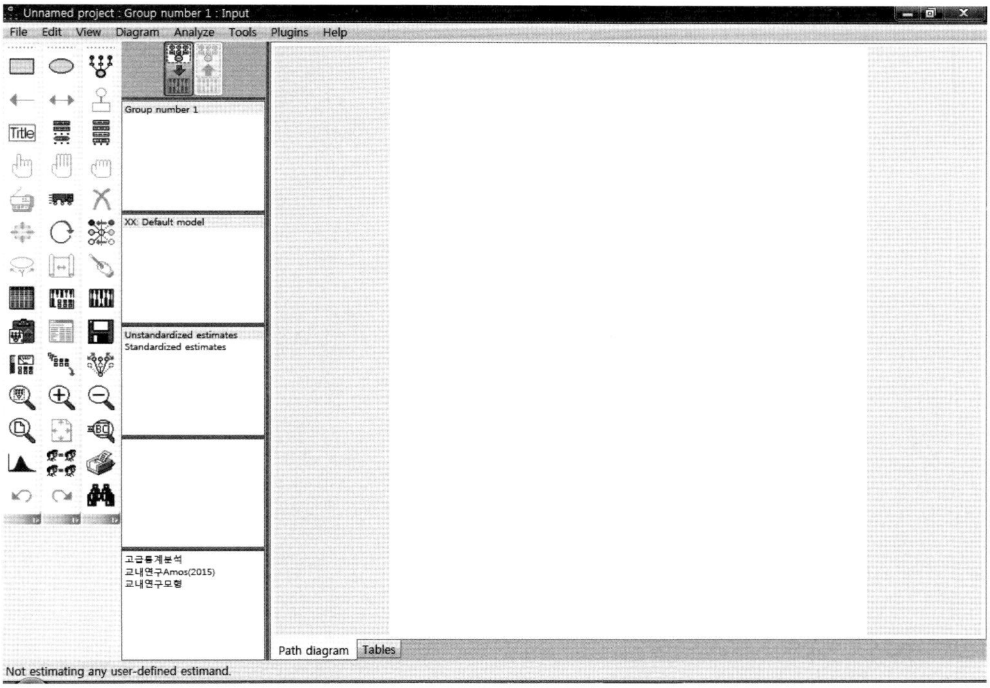

(2) 메뉴에서 [View]-[Interface Properties]를 선택한다.

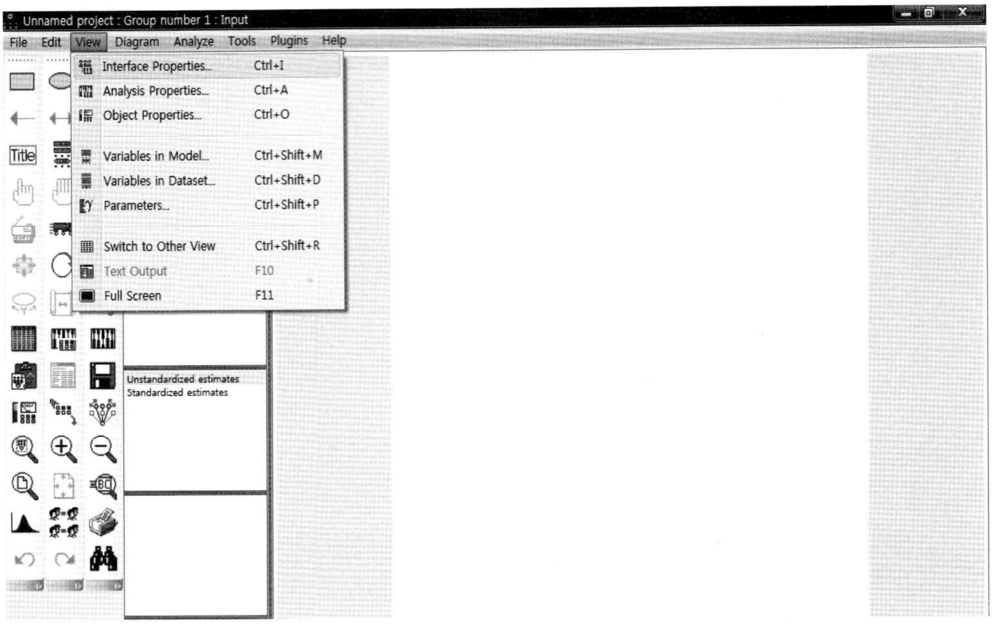

(3) 다음 화면에서 [Paper Size]의 [Landscape-Legal]을 선택하고 [Apply]를 클릭한다.

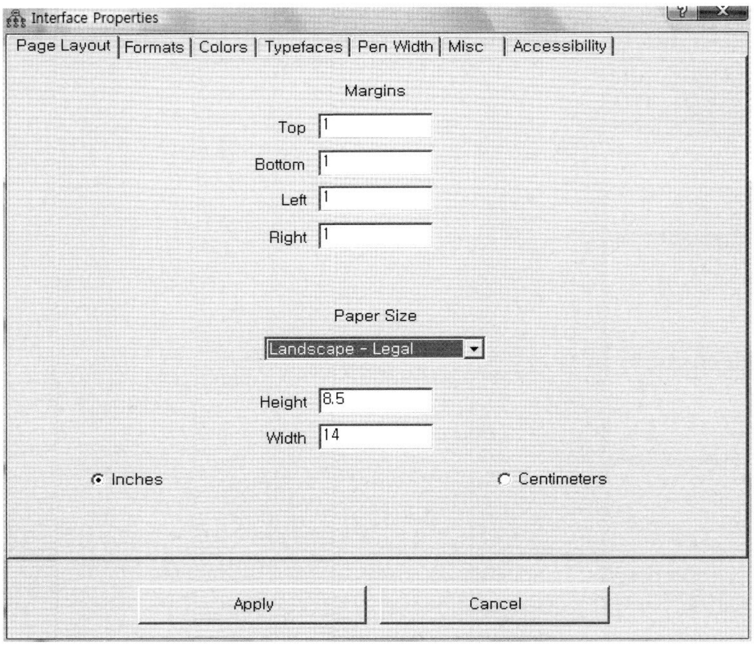

(4) 확대된 화면에 다음과 같이 도구상자를 이용하여 모형을 작성한다.

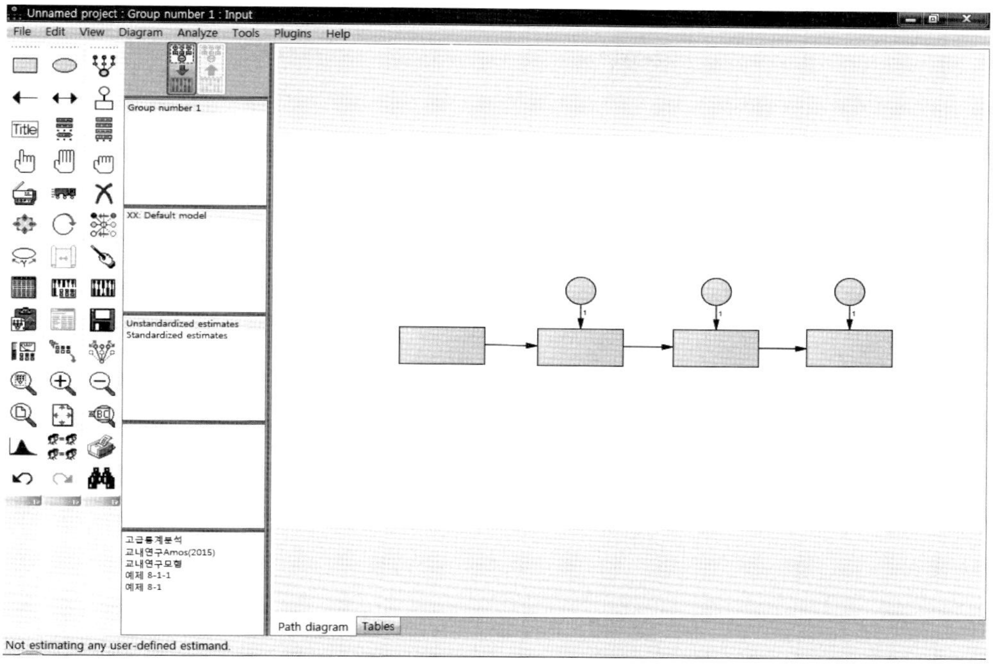

(5) 메뉴에서 [File]-[Data Files]를 선택한다.

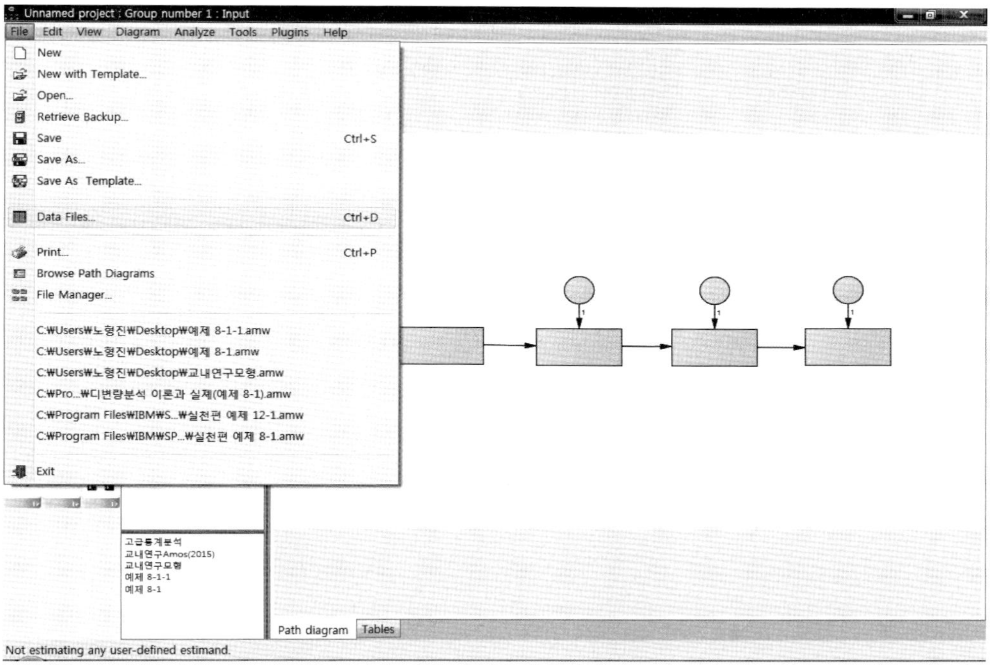

(6) 다음 화면에서 [File Name]을 클릭한다.

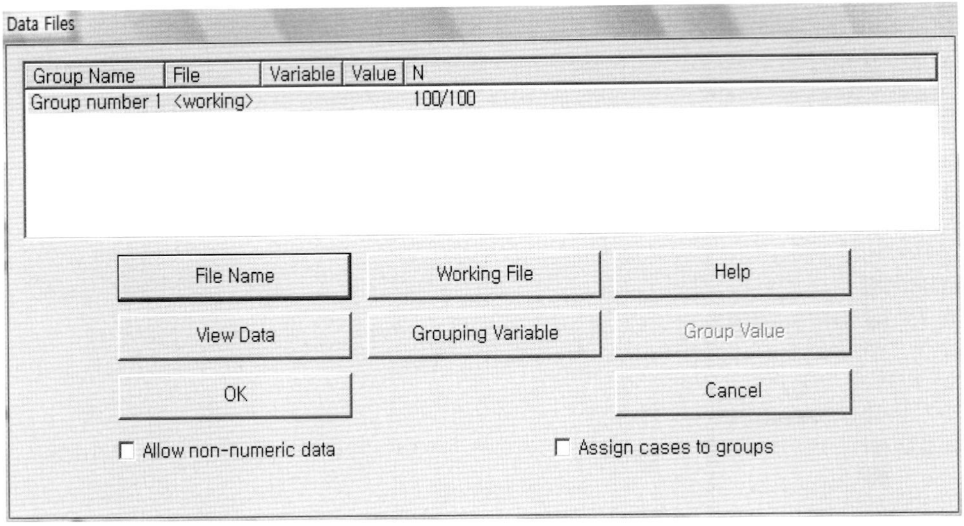

(7) 다음 화면에서 데이터 파일이 저장되어 있는 곳을 찾아 선택하고 [열기]를 클릭한다.

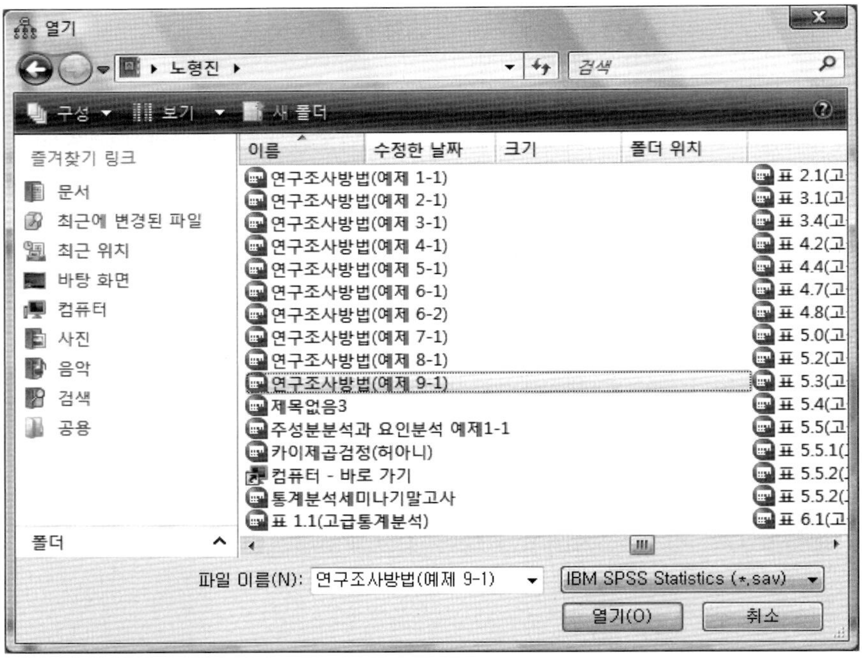

(8) 다음과 같이 되어 있는 것을 확인하고 [OK]를 클릭한다.

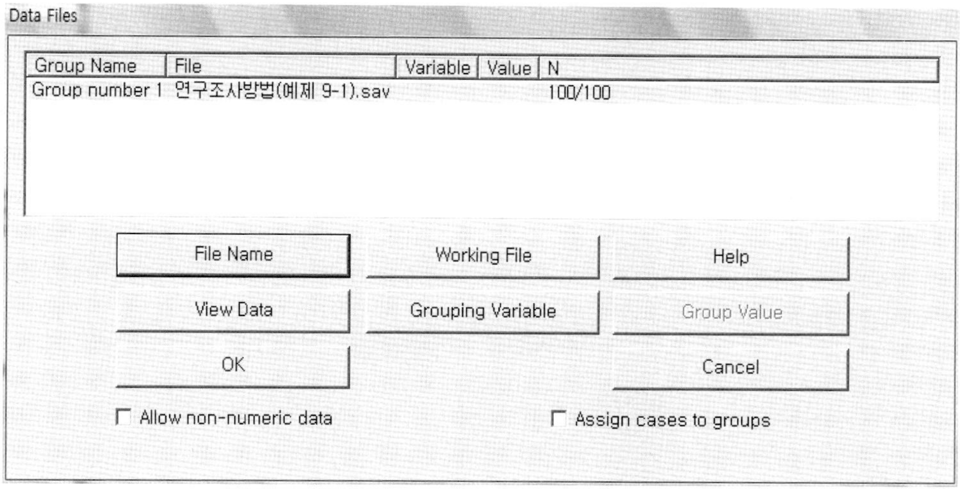

(9) 도구상자의 (List variables in data set) 아이콘을 클릭하면 다음과 같이 변수가 입력된 상자가 나타난다.

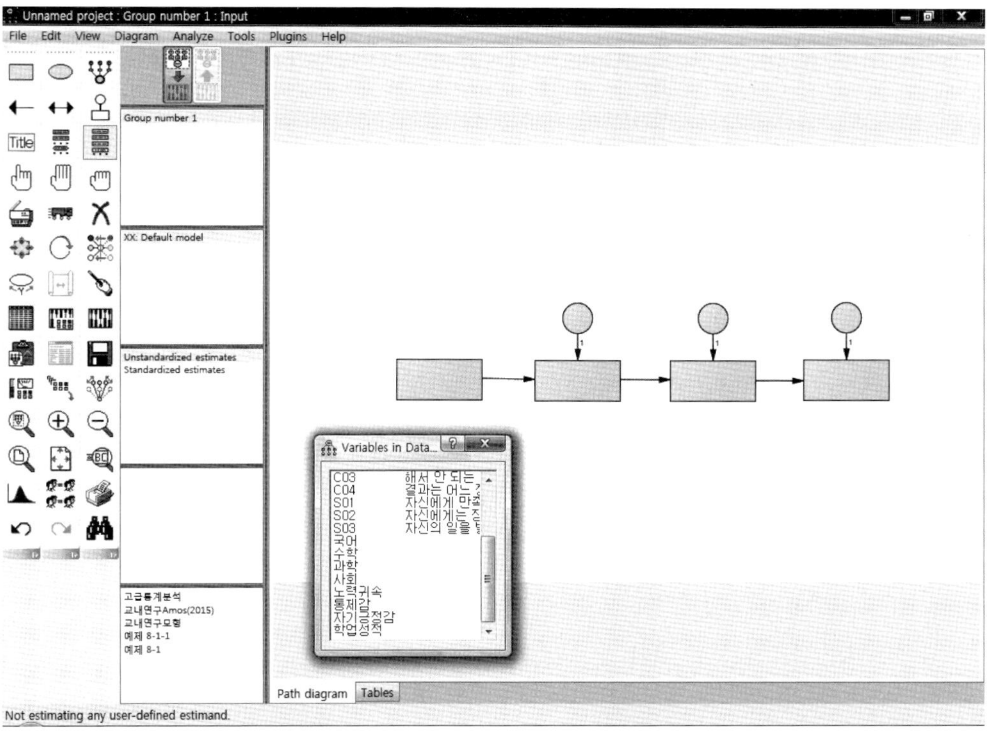

(10) 변수 입력상자에서 변수를 끌어다 경로도형에 입력한다.

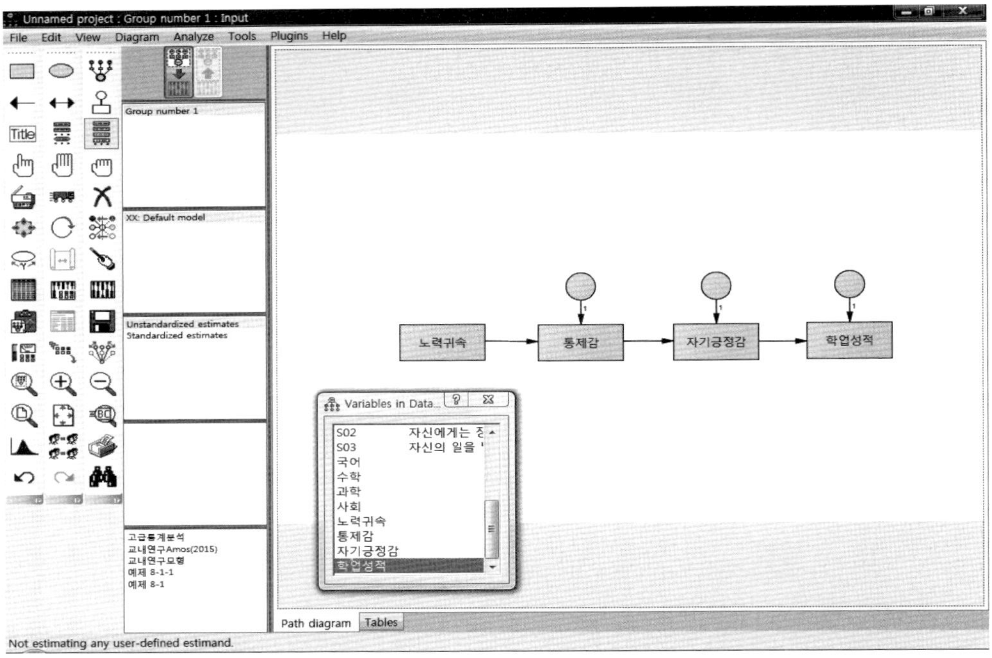

(11) 오차변수를 더블클릭하여 [Object Properties] 화면에서 'e1', 'e2', 'e3'를 입력한다.

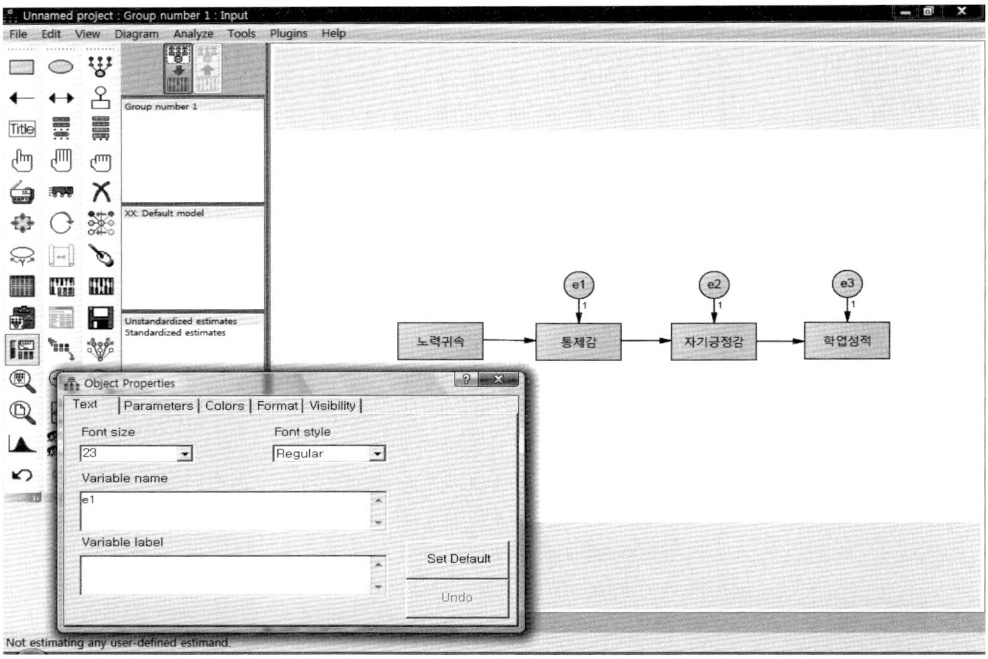

[순서 3] Amos의 실행

(1) 경로도형이 완성되면 메뉴에서 [View]-[Analysis Properties]를 클릭한다.

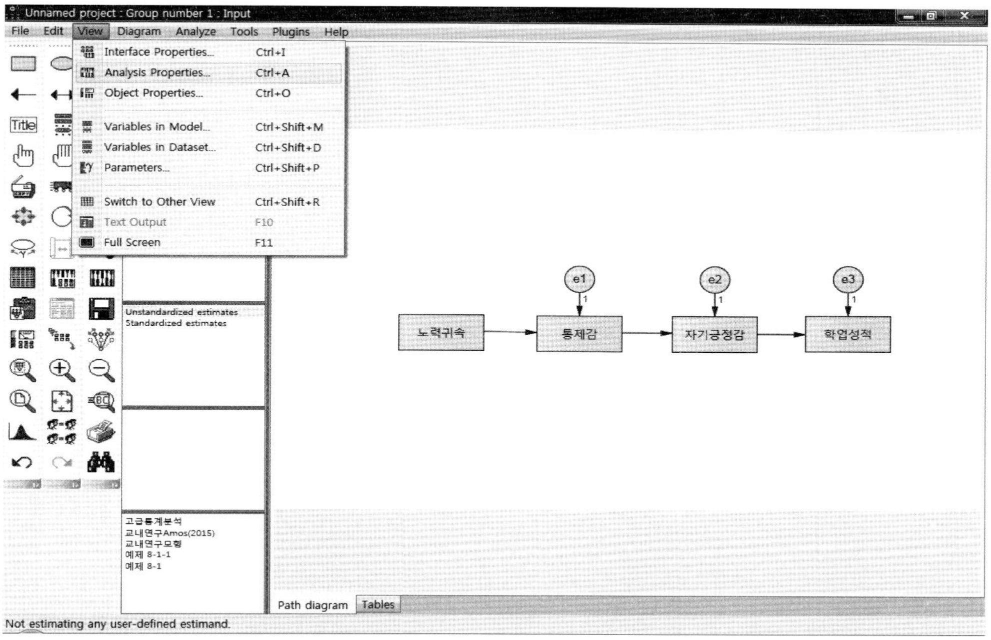

(2) [Output] 탭에서 다음과 같이 선택하고 화면을 닫는다.

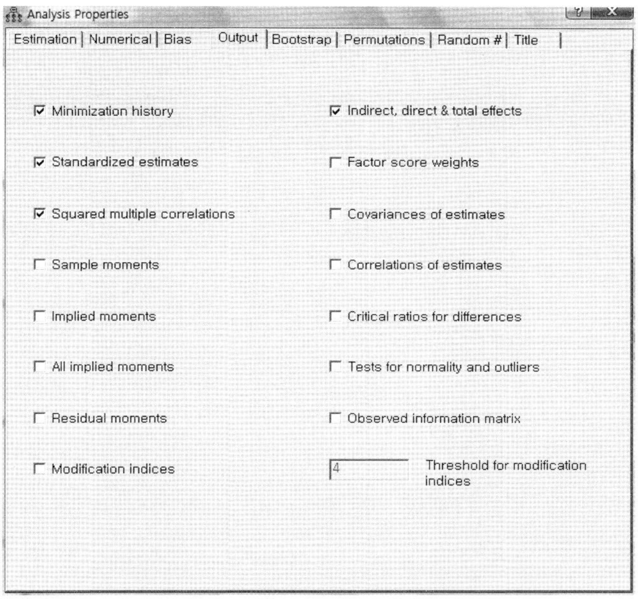

(3) 도구상자의 (Calculate estimates) 아이콘을 클릭한다.

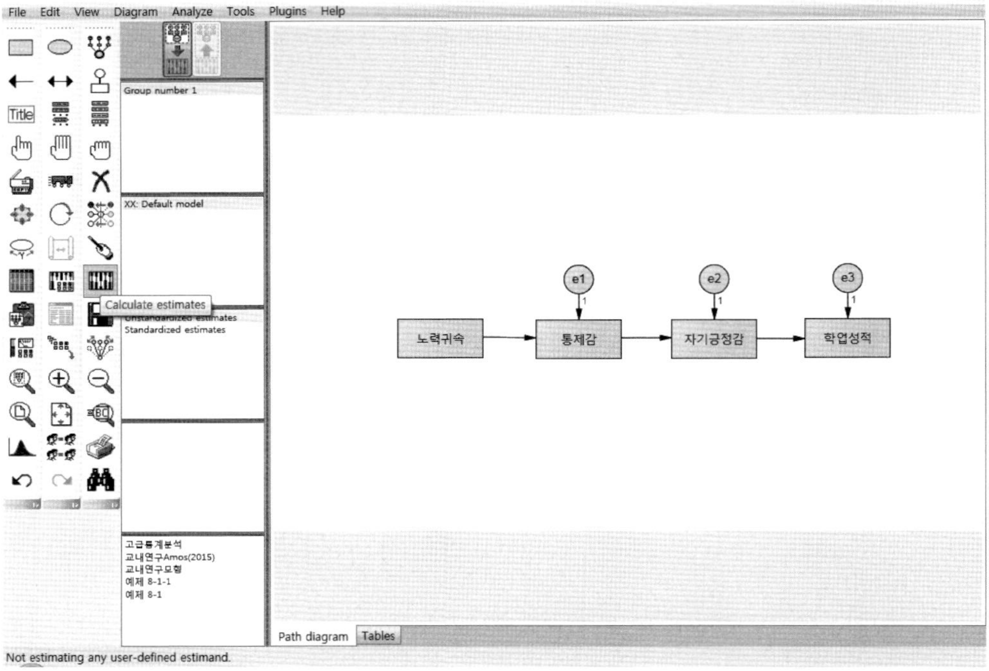

(4) [파일 이름]에 '예제 9-1'이라고 입력하고 [저장]을 클릭한다.

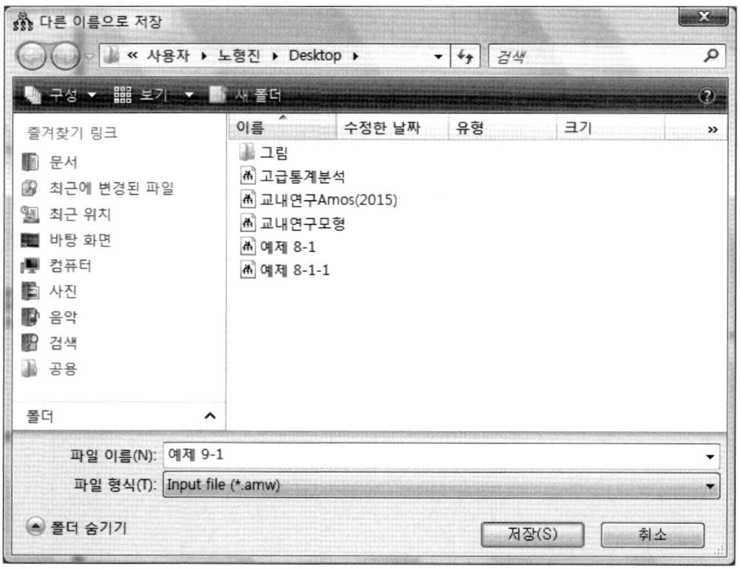

(5) 도구상자에서 (View the output path diagram) 아이콘의 오른쪽을 클릭한다. 다음과 같이 표준화 추정치가 출력된다.

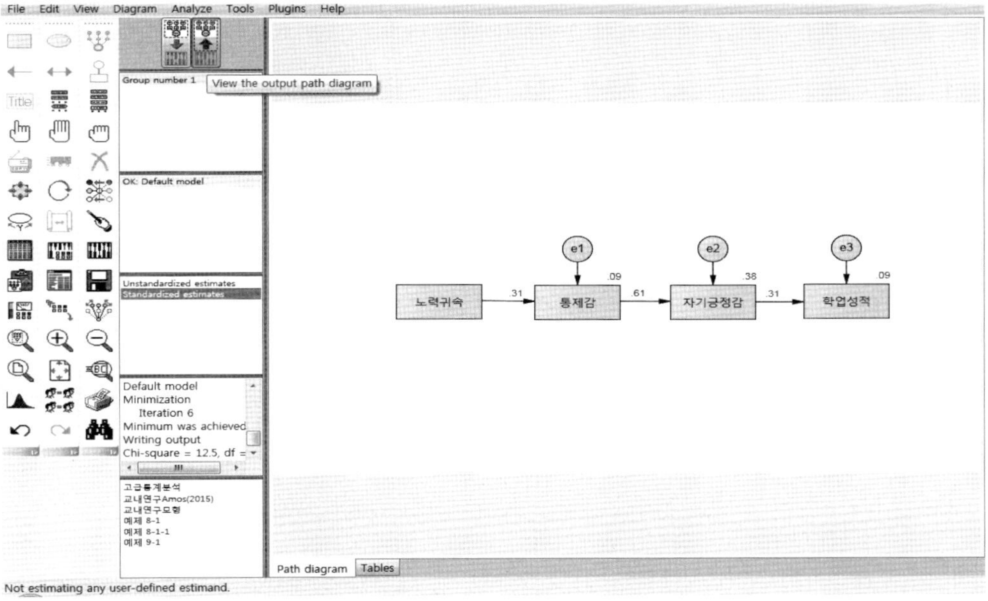

(6) 비표준화 추정치(Unstandardized estimates)를 선택하면 다음과 같다.

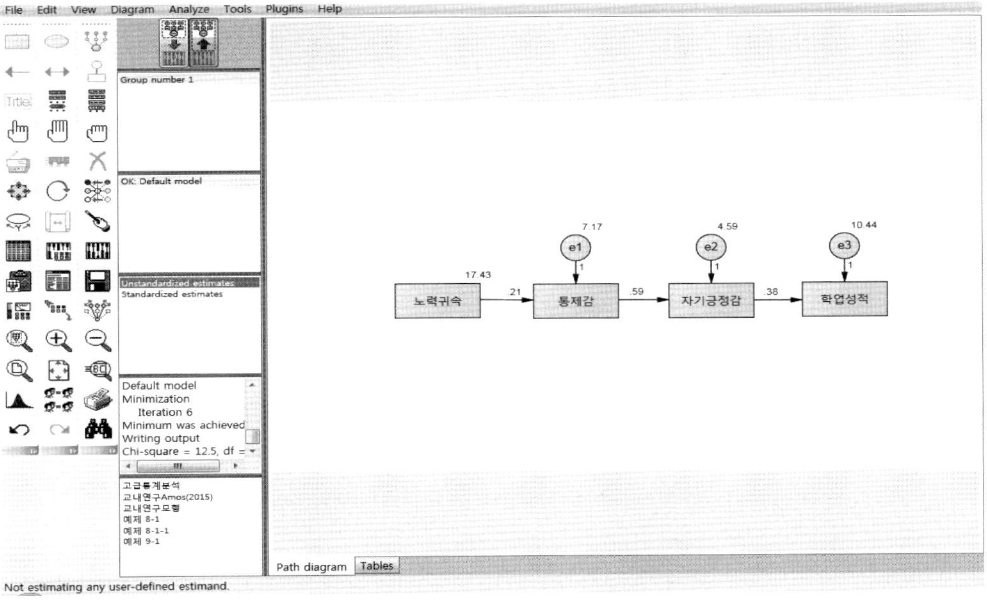

(7) 도구상자의 [View Text]를 클릭한다.

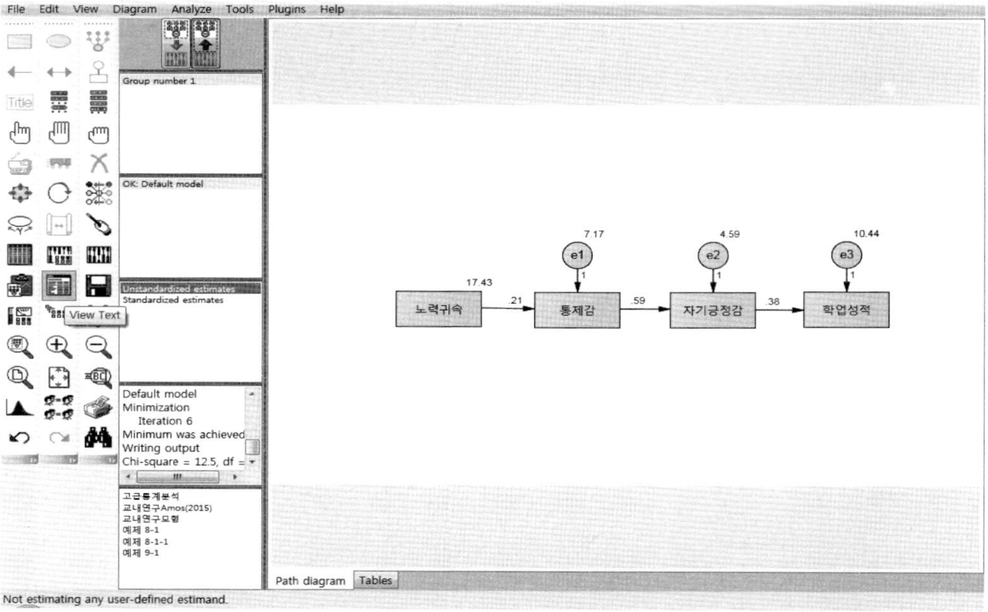

[분석결과]

(1) 모형에 대한 주석(註釋)

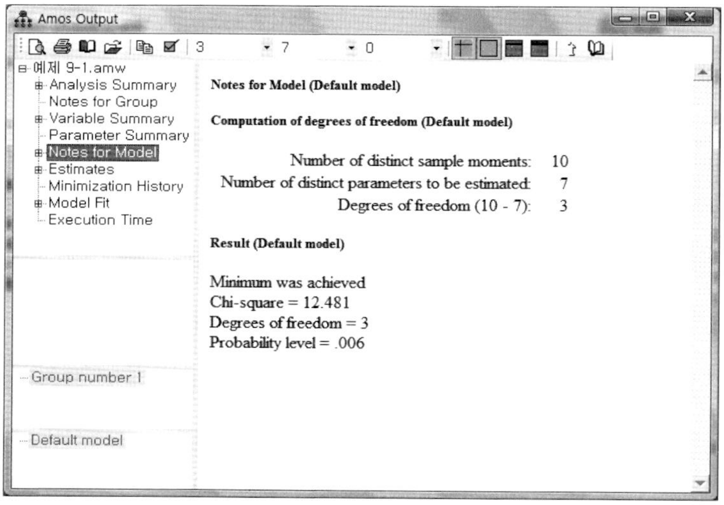

이 모형의 자유도가 3으로 되어 있는 것을 확인한다.

(2) 추정치(Estimates)

Regression Weights: (Group number 1 - Default model)

			Estimate	S.E.	C.R.	P	Label
통제감	<---	노력귀속	.206	.064	3.201	.001	
자기긍정감	<---	통제감	.593	.077	7.741	***	
학업성적	<---	자기긍정감	.381	.120	3.190	.001	

Standardized Regression Weights: (Group number 1 - Default model)

			Estimate
통제감	<---	노력귀속	.306
자기긍정감	<---	통제감	.614
학업성적	<---	자기긍정감	.305

Variances: (Group number 1 - Default model)

	Estimate	S.E.	C.R.	P	Label
노력귀속	17.430	2.477	7.036	***	
e1	7.171	1.019	7.036	***	
e2	4.593	.653	7.036	***	
e3	10.436	1.483	7.036	***	

Squared Multiple Correlations: (Group number 1 - Default model)

	Estimate
통제감	.094
자기긍정감	.377
학업성적	.093

- 경로계수(Regression Weights)

  비표준화 경로계수는 모두 유의한다.

- 표준화 경로계수

  노력귀속에서 통제감으로 0.306, 통제감에서 자기긍정감으로 0.614, 자기긍정감에서 학업성적으로 0.305로 되어 있다.

- 중상관계수의 제곱

  통제감 0.094, 자기긍정감 0.377, 학업성적 0.093이라고 하는 결과다.

(3) 행렬(Matrices)

[Analysis Properties]에서 [Output]의 [Indirect, direct & total effects]에 체크했으므로, [Matrices]라고 하는 출력이 추가된다.

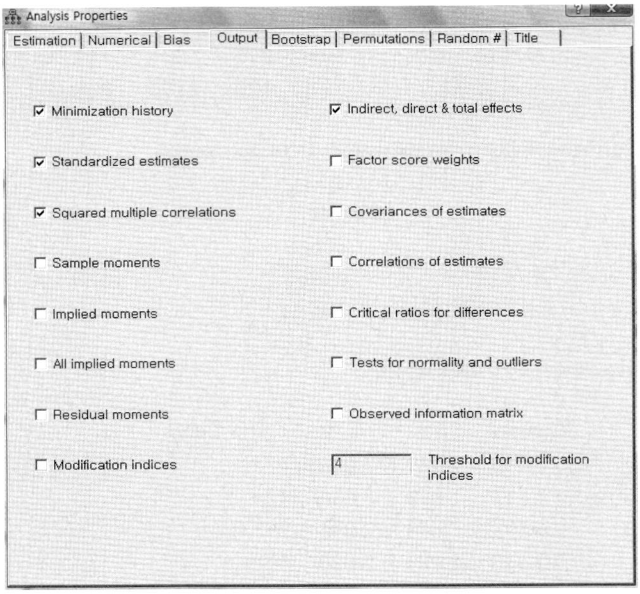

Matrices (Group number 1 - Default model)

Total Effects (Group number 1 - Default model)

	노력귀속	통제감	자기긍정감
통제감	.206	.000	.000
자기긍정감	.122	.593	.000
학업성적	.047	.226	.381

Standardized Total Effects (Group number 1 - Default model)

	노력귀속	통제감	자기긍정감
통제감	.306	.000	.000
자기긍정감	.188	.614	.000
학업성적	.057	.187	.305

- 종합효과(Total Effects)

종합효과는 직접효과와 간접효과의 결과를 합친 것으로 되어 있다는 것을 알 수 있다.

Direct Effects (Group number 1 - Default model)

	노력귀속	통제감	자기긍정감
통제감	.206	.000	.000
자기긍정감	.000	.593	.000
학업성적	.000	.000	.381

Standardized Direct Effects (Group number 1 - Default model)

	노력귀속	통제감	자기긍정감
통제감	.306	.000	.000
자기긍정감	.000	.614	.000
학업성적	.000	.000	.305

Indirect Effects (Group number 1 - Default model)

	노력귀속	통제감	자기긍정감
통제감	.000	.000	.000
자기긍정감	.122	.000	.000
학업성적	.047	.226	.000

Standardized Indirect Effects (Group number 1 - Default model)

	노력귀속	통제감	자기긍정감
통제감	.000	.000	.000
자기긍정감	.188	.000	.000
학업성적	.057	.187	.000

- 직접효과(Direct Effects)

노력귀속에서 통제감으로의 직접효과는 0.206(비표준화계수)과 0.306(표준화계수)으로 되어 있다. 이것은 전술한 경로계수의 출력과 같다는 것을 알 수 있다.

- 간접효과(Indirect Effects)

노력귀속에서 자기긍정감으로의 간접효과는 0.122(비표준화계수)와 0.188(표준화계수)로 되어 있다. 표준화계수에 대한 이 값은 노력귀속에서 통제감으로의 직접효과(0.306)와 통제감에서 자기긍정감으로의 직접효과(0.614)의 곱(0.306×0.614=0.1878⋯)과 같다.

이와 같이 간접효과는 다른 변수를 경유해서 영향을 미치는 정도를 나타내고 있다.

직접효과 : A에서 B로 가는 직접적인 인과관계의 크기

간접효과 : A → B → C와 다른 변수를 경유했을 때의 A에서 C로 가는 영향의 크기

종합효과 : 직접효과와 간접효과를 합친 전체 영향의 크기

(4) 모형적합(Model Fit)

CMIN

Model	NPAR	CMIN	DF	P	CMIN/DF
Default model	7	12.481	3	.006	4.160
Saturated model	10	.000	0		
Independence model	4	78.770	6	.000	13.128

RMR, GFI

Model	RMR	GFI	AGFI	PGFI
Default model	.948	.944	.814	.283
Saturated model	.000	1.000		
Independence model	2.719	.712	.520	.427

Baseline Comparisons

Model	NFI Delta1	RFI rho1	IFI Delta2	TLI rho2	CFI
Default model	.842	.683	.875	.739	.870
Saturated model	1.000		1.000		1.000
Independence model	.000	.000	.000	.000	.000

RMSEA

Model	RMSEA	LO 90	HI 90	PCLOSE
Default model	.179	.084	.286	.017
Independence model	.350	.284	.421	.000

CMIN(카이제곱 값)을 확인 : $\chi^2 = 12.481, df = 3, p = 0.006 < 0.01$

GFI와 AGFI를 확인 : GFI = 0.944, AGFI = 0.814

CFI를 확인 : CFI = 0.870

RMSEA를 확인 : RMSEA = 0.179로 0.1을 상회하고 있다. RMSEA는 일반적으로 0.05 이하이면 적합도가 좋고 0.1 이상이면 적합도가 나쁘다고 판단한다.

→ 전체적으로 적합도지표는 조금 부족한 값 같다.

▶ 결과를 보고

"여기까지 분석하는 것도 매우 힘드네" 철수가 말한다.

"정말이야. α계수를 확인하고 척도점수를 산출, 상관계수를 산출하고, 그리고 Amos로 인과관계의 분석이라고 하는 순서야. 상당히 시간이 걸리네"

"하지만, 이

노력귀속 → 통제감 → 자기긍정감 → 학업성적

이라고 하는 인과관계의 경로계수는 모두 유의하게 되지 않았어?"

"그래. 표준화된 경로계수를 보면, 노력귀속에서 통제감이 0.31, 통제감에서 자기긍정감이 0.61, 자기긍정감에서 학업성적이 0.31이지. 분명하게 인과관계가 이어져 있는 것 같아"

"다만 적합도는 조금 부족한 것 같지만 말이야"

"그래 맞아 …"하고, 보람은 한숨을 쉬었다.

"그렇게 복잡한 모형이 아닌데 AGFI와 CFI가 0.9를 밑돌고 있잖아"

"특히 RMSEA가 문제야. 0.10을 초과해 버렸기 때문에, 별로 좋은 적합도라고는 할 수 없지. 하지만 이제부터 어떻게 하면 좀더 적합도가 올라갈지 그것을 잘 모르겠어"

"그래 맞아"

두 사람은 생각에 잠겼다.

"하지만 우선은 인과관계가 분명히 유의한 계수로 연결되어 있으므로, 이것으로 결과를 써 보면 어때?"

보람은 한 번 크게 한숨을 쉬었다.

"그래. 그렇게 하자고"

▶ 결과에 대한 기술

척도 간의 관련

노력귀속 척도, 통제감 척도, 자기긍정감 척도, 학업성적 각각에 대해서 내적정합성을 검토하기 위해서 α계수를 산출했다. 그 결과, Table 1에 보이는 바와 같이 0.74(학업성적)에서 0.86(노력귀속)으로 충분한 값이 얻어졌다. 그래서 각 척도에 상당하는 항목점수의 합계를 산출함으로써 노력귀속 점수, 통제감 점수, 자기긍정감 점수, 학업성적 점수를 산출했다. 각 점수의 평균 및 표준편차를 Table 1에 보인다. 또한 Table 1에 보이는 바와 같이 점수 사이의 상관계수를 검토했더니, 노력귀속과 통제감, 노력귀속과 자기긍정감, 통제감과 자기긍정감, 자기긍정감과 학업성적 사이에 플러스의 유의한 상관계수가 보였다.

Table 1 점수 사이의 상관계수와 각 점수의 평균, 표준편차, α 계수

	노력귀속	통제감	자기긍정감	학업성적	평균	표준편차	α
노력귀속	–	0.31**	0.45***	0.11	12.49	4.20	0.86
통제감		–	0.61***	0.19	10.13	2.83	0.77
자기긍정감			–	0.31**	6.92	2.73	0.80
학업성적				–	12.53	3.41	0.74

***$p<0.001$, **$p<0.01$

인과관계 모형의 검토

노력귀속에서 통제감, 통제감에서 자기긍정감, 자기긍정감에서 학업성적이라고 하는 일련의 인과관계의 가설이 성립하는지 어떤지를 검토하기 위해서, Amos에 의한 구조방정식모형분석을 실시했다. 네 개의 점수를 관측변수로 지정하고, 가설에 따라서 인과모형을 구성했다. 그리고 이 인과모형에 대해서 분석을 실시했더니, Figure 1에 보이는 바와 같이 모든 경로가 유의했다. 그리고 이 모형의 적합도는 다음과 같다. $\chi^2 = 12.481, df = 3, p < 0.01$, GFI = 0.944, AGFI = 0.814, CFI = 0.870, RMSEA = 0.179.

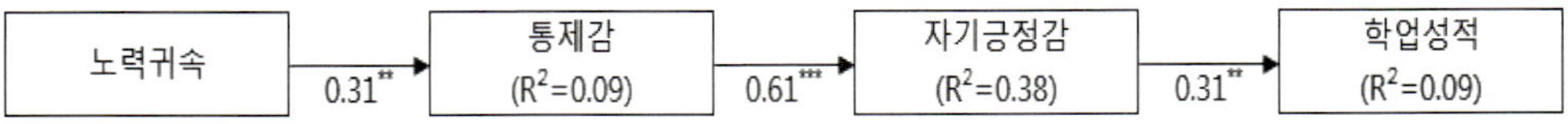

**$p<0.01$, ***$p<0.001$

Figure 1 구조방정식모형분석의 결과

9.3 | 연구대상

■ 연구실에서

"… 이런 이유로, 선배의 졸업논문을 위한 데이터를 빌려서 처음으로 Amos를 사용해 분석해 보았던 겁니다"

박유식 교수 연구실에 찾아온 보람과 철수가 교수에게 보고하고 있다.

"저도 함께 분석했습니다만, 분명히 인과관계가 연결되는 것 같았습니다"

교수는 출력결과를 보면서 듣고 있다.

"처음으로 한 것 치고는 훌륭한 성과 아닌가. 정확히 가설에 따라서 모형을 만들고 분석하고 있으니 말이야"

"네"

"… 하지만, 적합도가 좀 부족한 게 유감이네"

"그렇습니다. 교수님, 그러나 저희들은 이 이상 어떻게 하면 좋을지 잘 모르겠어서 …"

"그렇군 …. 어쩌면 가설 이외의 장소에도 인과관계를 가정할 수 있는 부분이 있을지도 모르지"

"가설 이외의 장소라고요? 그것은 어디입니까?" 철수가 묻는다.

"상관관계의 결과를 보게. 인과관계의 모형에 상당하는 상관계수의 장소는, 노력귀속과 통제감, 통제감과 자기긍정감, 자기긍정감과 학업성적이지. 그 이외에도 유의한 상관계수는 어디에 있을까"

"에 …" 철수는 상관의 Table을 확인하고 있다. "노력귀속과 자기긍정감의 상관계수입니다."

"어쩌면 여기에도 인과관계를 가정할 수 있을지 모르겠네. 자, 우선 이 인과모형에 대해서 SPSS로 탐색적으로 검토해 볼까"

"Amos가 아니라 SPSS입니까?"

놀란 듯이 보람이 말했다.

"그렇다네. 중회귀분석을 이용해도 인과모형을 검토할 수가 있지"

"하지만 교수님, 이 모형은 간접적인 인과관계의 모형인데요"

보람은 납득이 안 가는 모양이다.

"그래. 이것은 매개모형이라고 하는 것이야. 사이에 껴 있는 두 개의 변수, 통제감과 자기긍정감을 '매개변수'라고 하는 것이지"

"변수와 변수의 사이를 연결하는 변수이므로, 매개변수라고 하는 이름이군요"

"그렇다네. 자, 중회귀분석을 사용해서 이 모형을 분석해 보세. 데이터는 가지고 있나?"

"네"

보람은 USB 메모리를 가방에서 끄집어냈다.

"하는 방식은 종속변수의 수만큼 중회귀분석을 반복하는 것이야"

"중회귀분석을 반복한다고요?"

"그렇다니까. 그리고 그보다도 앞에 있는 변수를 모두 독립변수로 투입하는 거야"

교수는 PC를 향해서 걸어가면서 말을 이었다.

"이번 모형의 경우에는 이러한 순서가 되지. 우선 처음에 통제감을 종속변수, 노력귀속을 독립변수로 한 회귀분석을 실시한다. 다음에 자기긍정감을 종속변수, 노력귀속과 통제감을 독립변수로 한 중회귀분석을 실시한다. 더욱이 학업성적을 종속변수, 노력귀속 · 통제감 · 자기긍정감을 독립변수로 한 중회귀분석을 실시하는 거야"

[분석 1] 회귀분석

종속변수 … 통제감

독립변수 … 노력귀속

[분석 2] 중회귀분석

종속변수 … 자기긍정감

독립변수 … 노력귀속 · 통제감

[분석 3] 중회귀분석

종속변수 … 학업성적

독립변수 … 노력귀속 · 통제감 · 자기긍정감

■ 통제감을 종속변수로 한 회귀분석

[SPSS의 처리 절차]

[순서 1] 데이터의 입력

<표 9-1>의 데이터를 입력한다.

[순서 2] 분석 수법의 선택

메뉴에서 [분석]-[회귀분석]-[선형]을 선택한다.

[순서 3] 변수의 선택

[종속변수]에 '통제감'을 지정한다.

[독립변수]에 '노력귀속'을 지정한다.

[통계량]을 클릭한다.

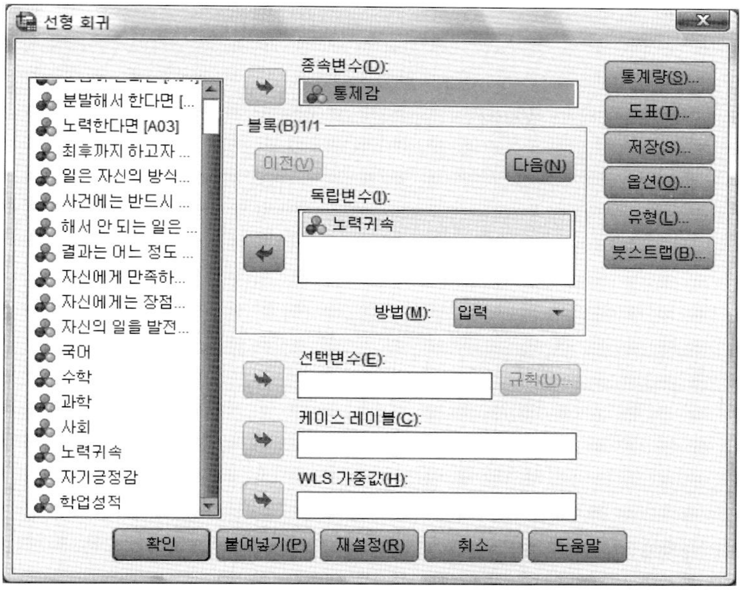

[순서 4] 통계량의 선택

[회귀계수]의 [추정값]과 [신뢰구간]에 체크한다.

[모형 적합]과 [공선성 진단]에 체크한다.

* 독립변수가 하나이므로 [공선성 진단]은 필요 없지만, 이 이후에도 같은 조작을 실시하므로 체크해 놓는다.

[계속]을 클릭한다. [확인]을 클릭한다.

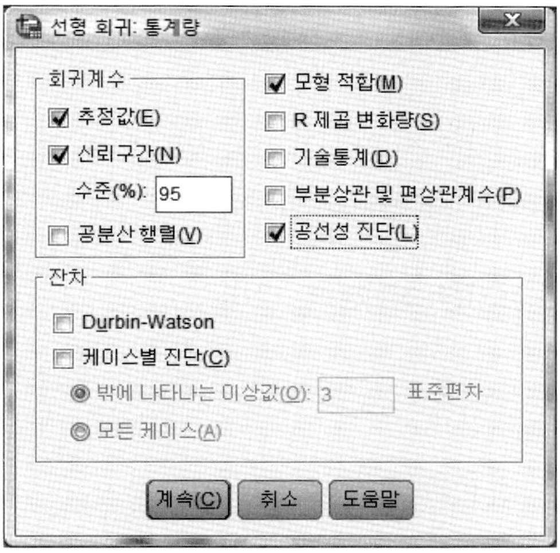

[분석결과]

모형 요약

모형	R	R 제곱	수정된 R 제곱	추정값의 표준오차
1	.306[a]	.094	.085	2.70507

a. 예측자: (상수), 노력귀속

ANOVA[a]

모형		제곱합	자유도	평균제곱	F	유의확률
1	회귀	74.202	1	74.202	10.140	.002[b]
	잔차	717.108	98	7.317		
	전체	791.310	99			

a. 종속변수: 통제감

b. 예측자: (상수), 노력귀속

계수[a]

모형		비표준화 계수		표준화 계수	t	유의확률	B에 대한 95.0% 신뢰구간		공선성 통계량	
		B	표준오차	베타			하한	상한	공차	VIF
1	(상수)	7.553	.853		8.852	.000	5.860	9.246		
	노력귀속	.206	.065	.306	3.184	.002	.078	.335	1.000	1.000

a. 종속변수: 통제감

- 모형 요약 및 ANOVA

결정계수는 $R^2 = 0.094$, 유의확률은 $p = 0.002 < 0.01$ 이므로 1% 수준에서 유의하다.

- 계수

노력귀속에서 통제감으로의 영향의 정도는 다음과 같다.

회귀계수 $B = 0.206$, 표준오차 $SE = 0.065$, 95% 신뢰구간 [0.078, 0.335], 표준화계수 $\beta = 0.306$, 유의확률 $p = 0.002 < 0.01$.

자기긍정감을 종속변수로 한 회귀분석

[SPSS의 처리 절차]

[순서 1] 분석 수법의 선택

메뉴에서 [분석]-[회귀분석]-[선형]을 선택한다.

[순서 2] 변수의 선택

[종속변수]에 '자기긍정감'을 지정한다. [독립변수]에 '노력귀속'과 '통제감'을 지정한다. [통계량]을 클릭한다.

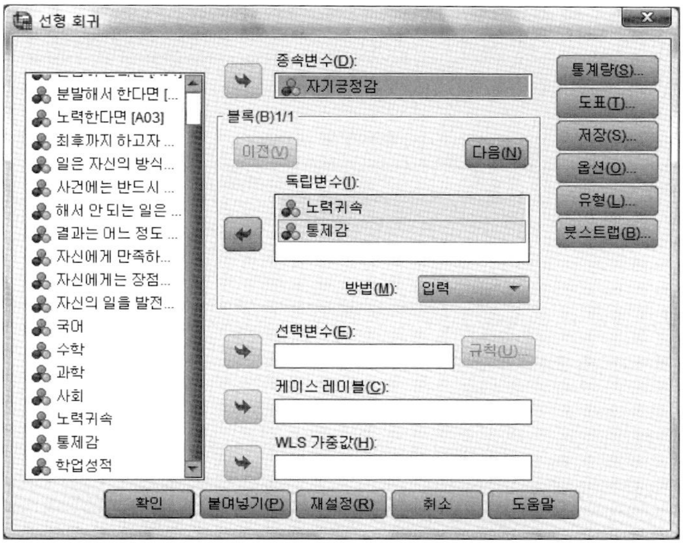

[순서 3] 통계량의 선택

[회귀계수]의 [추정값]과 [신뢰구간]에 체크, [모형 적합]과 [공선성 진단]에 체크한다. [계속]을 클릭한다. [확인]을 클릭한다.

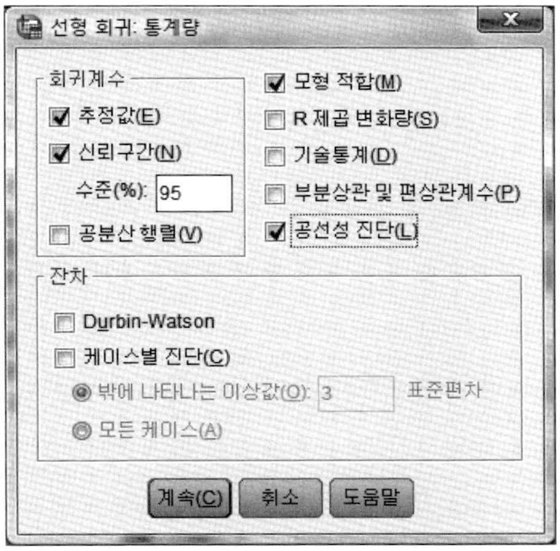

[분석결과]

모형 요약

모형	R	R 제곱	수정된 R 제곱	추정값의 표준 오차
1	.671[a]	.450	.439	2.04449

a. 예측자: (상수), 통제감, 노력귀속

ANOVA[a]

모형		제곱합	자유도	평균제곱	F	유의확률
1	회귀	331.907	2	165.954	39.702	.000[b]
	잔차	405.453	97	4.180		
	전체	737.360	99			

a. 종속변수: 자기긍정감

b. 예측자: (상수), 통제감, 노력귀속

계수[a]

모형		비표준화 계수		표준화 계수	t	유의확률	B에 대한 95.0% 신뢰구간		공선성 통계량	
		B	표준오차	베타			하한	상한	공차	VIF
1	(상수)	-.541	.865		-.625	.533	-2.258	1.176		
	노력귀속	.185	.051	.284	3.591	.001	.083	.287	.906	1.103
	통제감	.509	.076	.527	6.664	.000	.357	.660	.906	1.103

a. 종속변수: 자기긍정감

- 모형 요약 및 ANOVA

  결정계수는 $R^2 = 0.450$, 유의확률은 $p = 0.000 < 0.001$이므로 0.1% 수준에서 유의하다.

- 계수

  노력귀속에서 자기긍정감으로 :

  $$B = 0.185, SE = 0.051, \beta = 0.284, p = 0.001 < 0.01$$

  통제감에서 자기긍정감으로 :

  $$B = 0.509, SE = 0.076, \beta = 0.527, p = 0.000 < 0.001$$

  따라서 노력귀속과 통제감에서 자기긍정감으로의 영향은 유의하다.

■ 학업성적을 종속변수로 한 회귀분석

[SPSS의 처리 절차]

[순서 1] 분석 수법의 선택

메뉴에서 [분석]-[회귀분석]-[선형]을 선택한다.

[순서 2] 변수의 선택

[종속변수]에 '학업성적'을, [독립변수]에 '노력귀속', '통제감', '자기긍정감'을 지정한다.
[통계량]을 클릭한다.

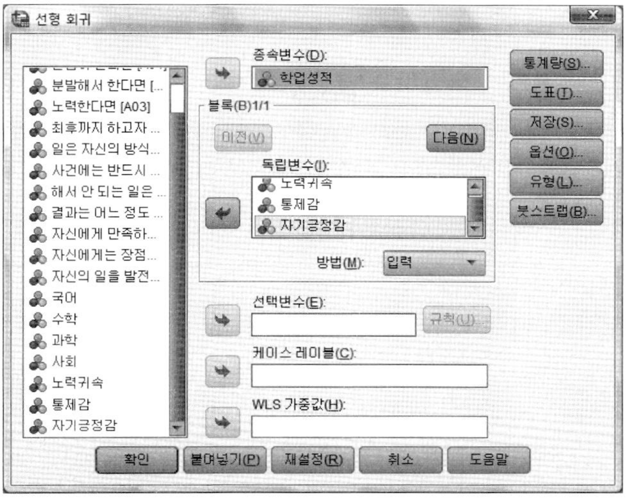

[순서 3] 통계량의 선택

[회귀계수]의 [추정값]과 [신뢰구간]에, [모형 적합]과 [공선성 진단]에 체크한다.
[계속]을 클릭한다. [확인]을 클릭한다.

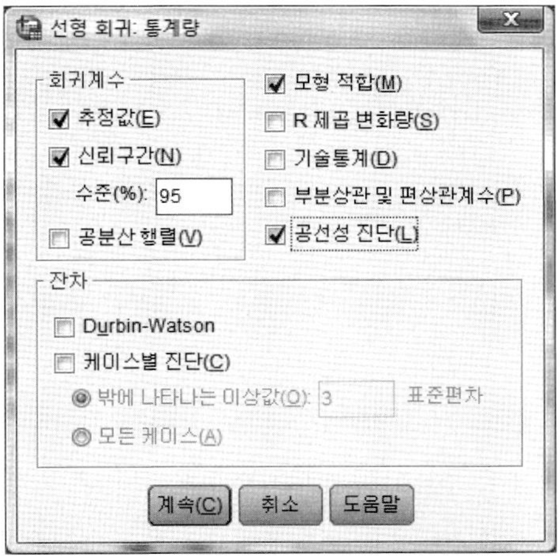

[분석결과]

모형 요약

모형	R	R 제곱	수정된 R 제곱	추정값의 표준 오차
1	.307[a]	.094	.066	3.29505

a. 예측자: (상수), 자기긍정감, 노력귀속, 통제감

ANOVA[a]

모형		제곱합	자유도	평균제곱	F	유의확률
1	회귀	108.604	3	36.201	3.334	.023[b]
	잔차	1042.306	96	10.857		
	전체	1150.910	99			

a. 종속변수: 학업성적

b. 예측자: (상수), 자기긍정감, 노력귀속, 통제감

계수[a]

모형		비표준화 계수		표준화 계수	t	유의확률	B에 대한 95.0% 신뢰구간		공선성 통계량	
		B	표준오차	베타			하한	상한	공차	VIF
1	(상수)	10.078	1.397		7.213	.000	7.304	12.851		
	노력귀속	-.031	.088	-.038	-.348	.729	-.206	.144	.800	1.250
	통제감	.009	.149	.007	.060	.952	-.286	.304	.622	1.609
	자기긍정감	.397	.164	.318	2.425	.017	.072	.722	.550	1.819

a. 종속변수: 학업성적

- 모형 요약 및 ANOVA

  결정계수는 $R^2 = 0.094$, 유의확률은 $p = 0.023 < 0.05$이므로 5% 수준에서 유의하다.

- 계수

  노력귀속에서 학업성적으로 :

  $$B = -0.031, SE = 0.088, \beta = -0.038, p = 0.729 > 0.05$$

  통제감에서 학업성적으로 :

  $$B = 0.009, SE = 0.149, \beta = 0.007, p = 0.060 > 0.05$$

  자기긍정감에서 학업성적으로 :

  $$B = 0.397, SE = 0.164, \beta = 0.318, p = 0.017 < 0.05$$

▶ 결과를 보고

교수는 두 사람을 향해 말했다.

"중회귀분석을 반복한 경로분석의 결과는 어떻게 되었나?"

"우선 노력귀속에서 통제감으로의 영향은 유의합니다. 그리고 마지막 학업성적 부분도 자기긍정감의 회귀계수만이 유의합니다. 그러므로 이 두 부분에 대해서는 가설대로입니다" 보람이 말한다.

"문제는 자기긍정감을 종속변수로 한 중회귀분석의 결과입니다. 가설에서는 통제감으로부터의 인과관계만이 가정되고 있지만, 노력귀속으로부터도 영향이 있는 것 같네요" 철수도 대답한다.

교수는 만족한 듯이 고개를 끄덕였다.

"어쩌면 노력귀속으로부터 자기긍정감에 인과관계를 가정해서 Amos로 분석하면, 좀더 좋은 적합도가 얻어질지도 모르지"

"이렇게 해서 탐색적으로 분석하면, 가설 이외의 인과관계가 보이는 경우도 있는 것이군요"

"그렇다네. 이렇게 아니면 안 된다고 생각하면, 그만 다른 가능성을 검토하지 않고 마는 경향이 있기 때문일세. 가능성을 조금 넓게 포착해 둘 필요가 있다네"

교수는 그렇게 말하고, 또 PC를 향해 걸어갔다.

"자, 중회귀분석에서 탐색적으로 발견된 가능성에 대해서 다시 한 번 Amos로 분석해 볼까"

노력귀속으로부터 자기긍정감에 대한 경로도 가정한 Amos 분석

[Amos의 처리 절차]

[순서 1] 데이터의 입력

SPSS에 <표 9-1>의 데이터를 입력한다.

[순서 2] 분석 수법의 선택

SPSS [데이터 보기] 화면 메뉴에서 [분석]-[IBM SPSS Amos]를 선택한다.

혹은 [시작]-[프로그램]-[IBM SPSS Statistics]-[IBM SPSS Amos 23]-[Amos Graphics]를 선택하는 방법도 있다.

[순서 3] 모형의 작성

(1) 다음과 같이 Amos의 화면이 나타난다.

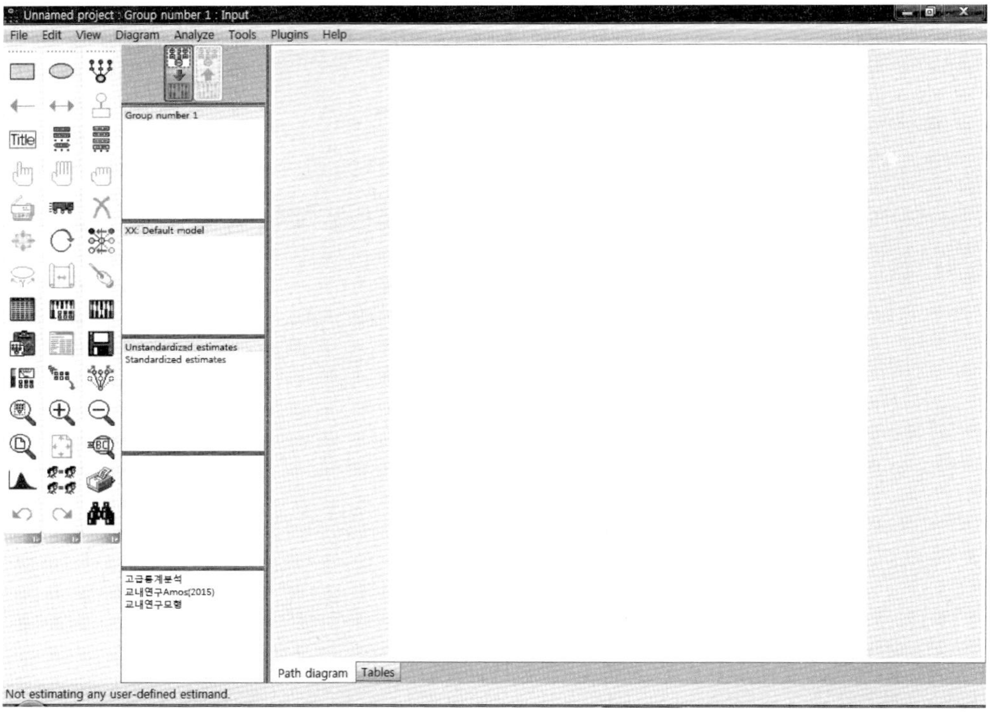

(2) 메뉴에서 [View]-[Interface Properties]를 선택한다.

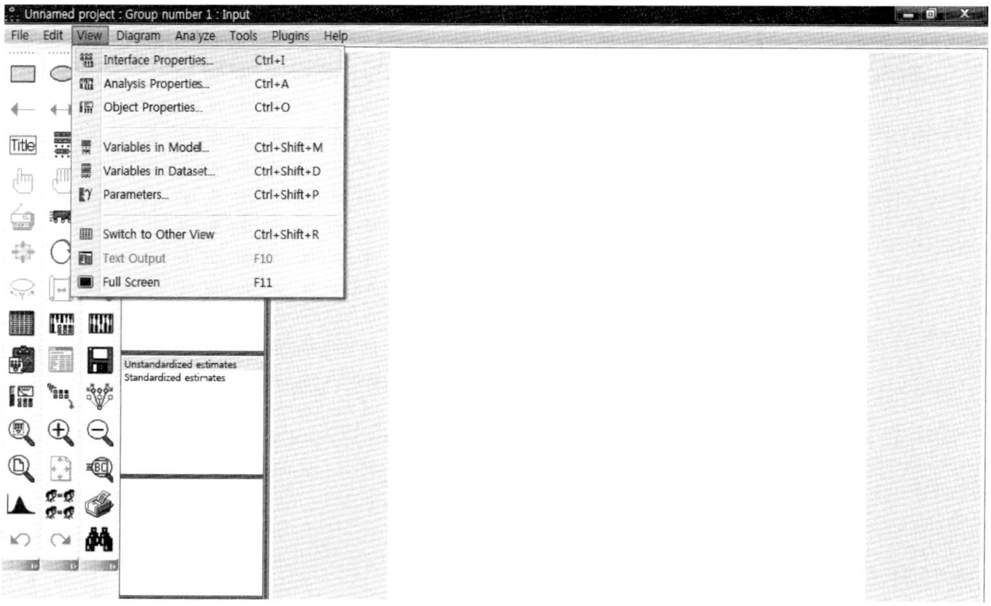

(3) 다음 화면에서 [Paper Size]의 [Landscape-Legal]을 선택하고 [Apply]를 클릭한다.

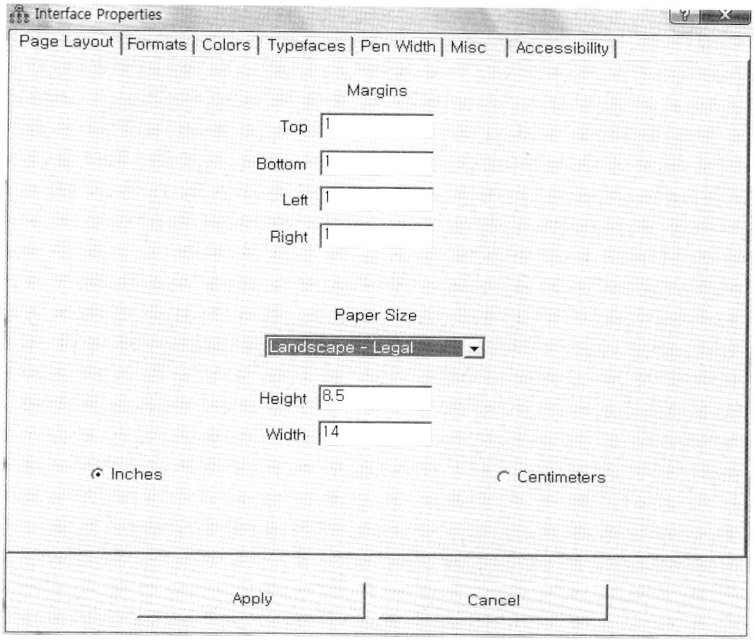

(4) 확대된 화면에 다음과 같이 도구상자를 이용하여 모형을 작성한다.

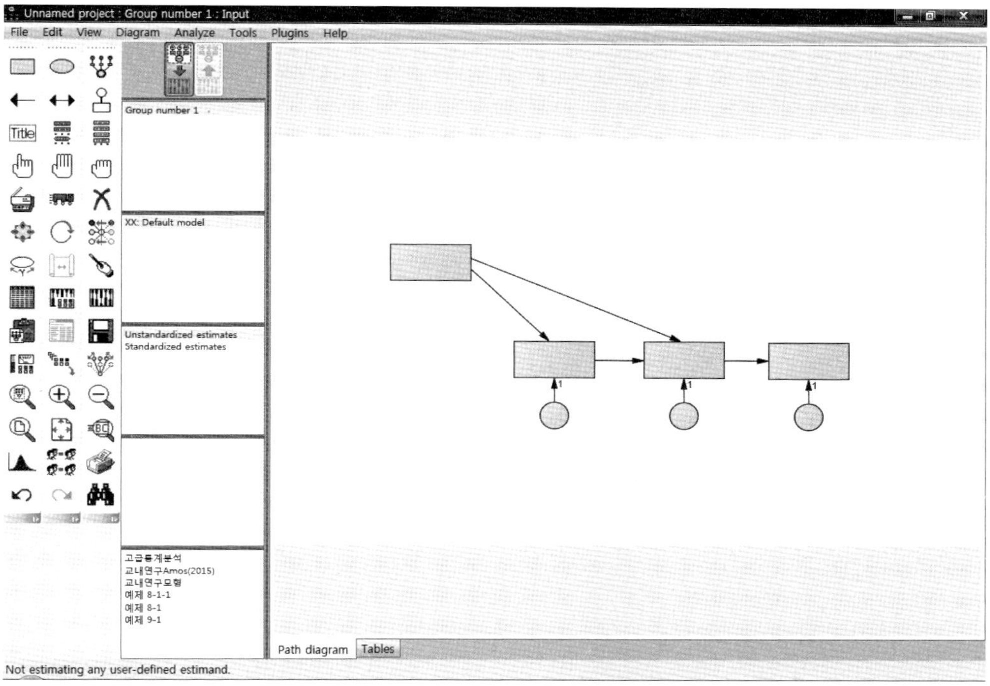

(5) 메뉴에서 [File]-[Data Files]를 선택한다.

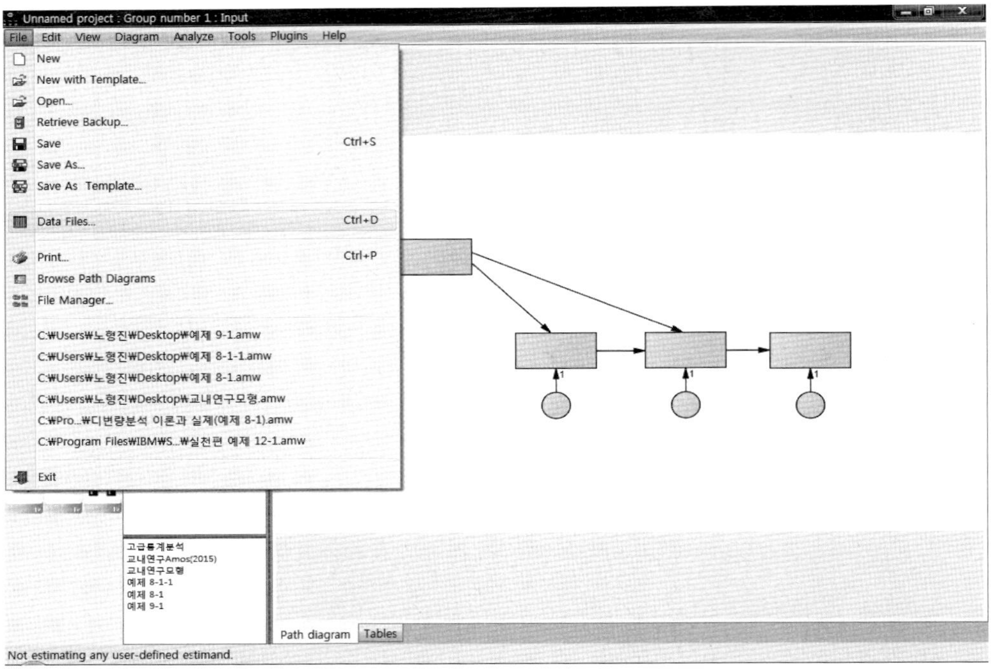

(6) 다음 화면에서 [File Name]을 클릭한다.

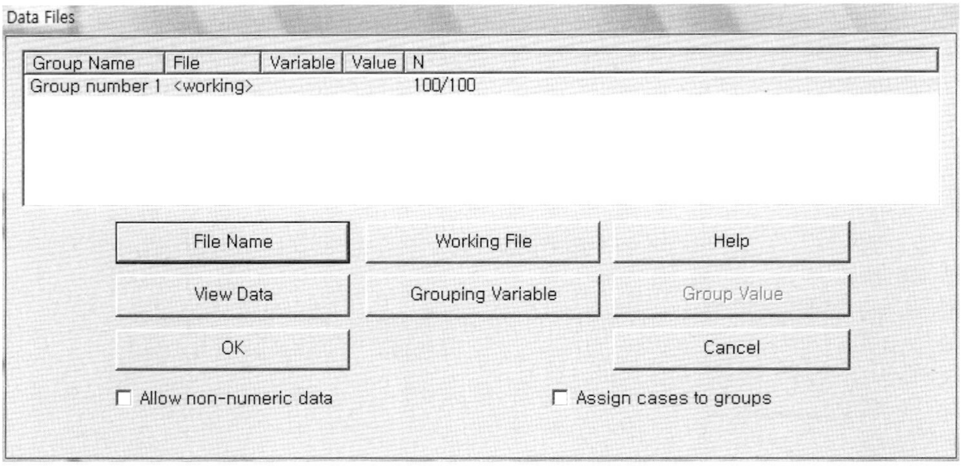

(7) 다음 화면에서 데이터 파일이 저장되어 있는 곳을 찾아 선택하고 [열기]를 클릭한다.

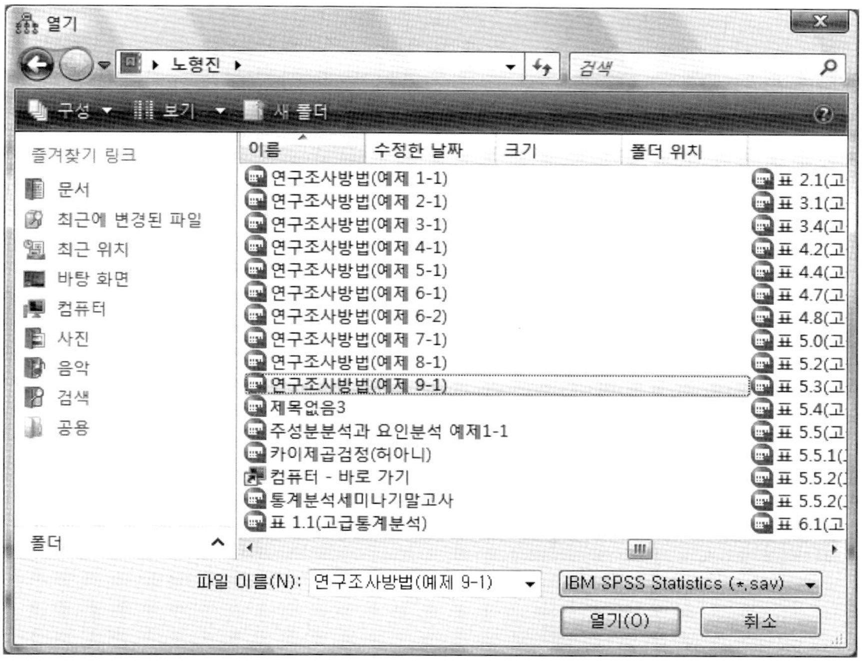

(8) 다음과 같이 되어 있는 것을 확인하고 [OK]를 클릭한다.

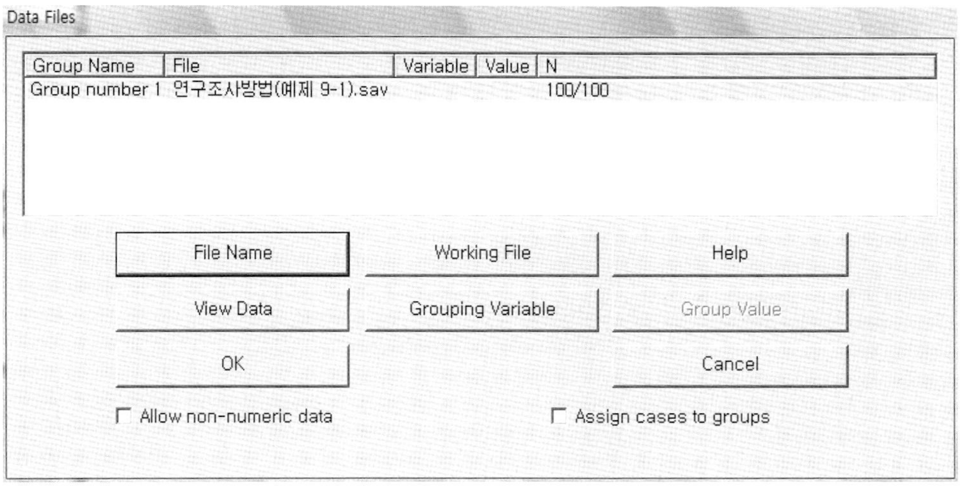

(9) 도구상자의 (List variables in data set) 아이콘을 클릭하면 다음과 같이 변수가 입력된 상자가 나타난다.

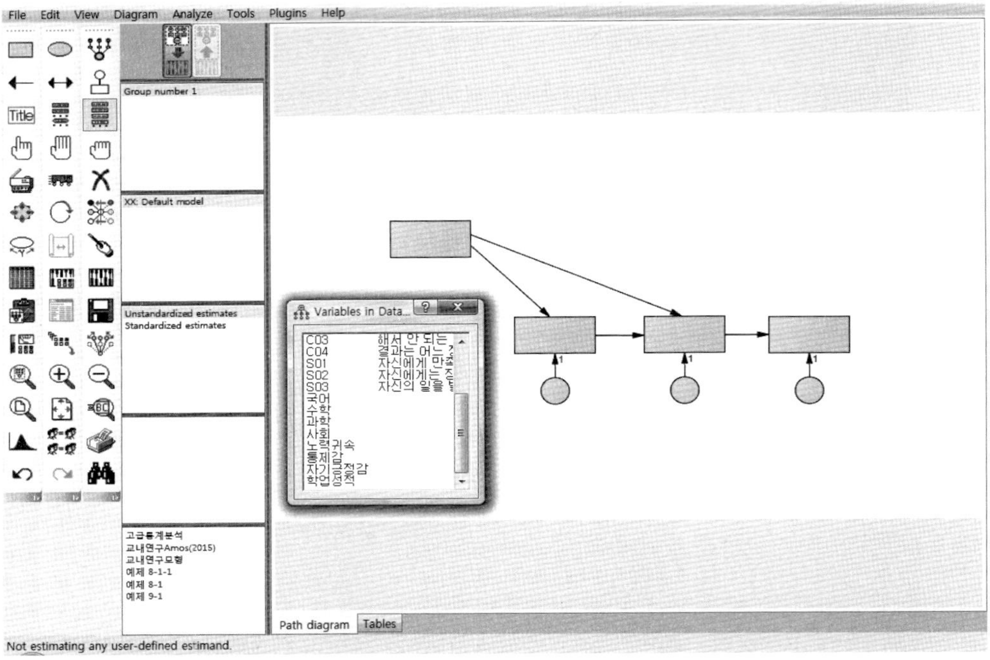

(10) 변수 입력상자에서 변수를 끌어다 경로도형에 입력한다.

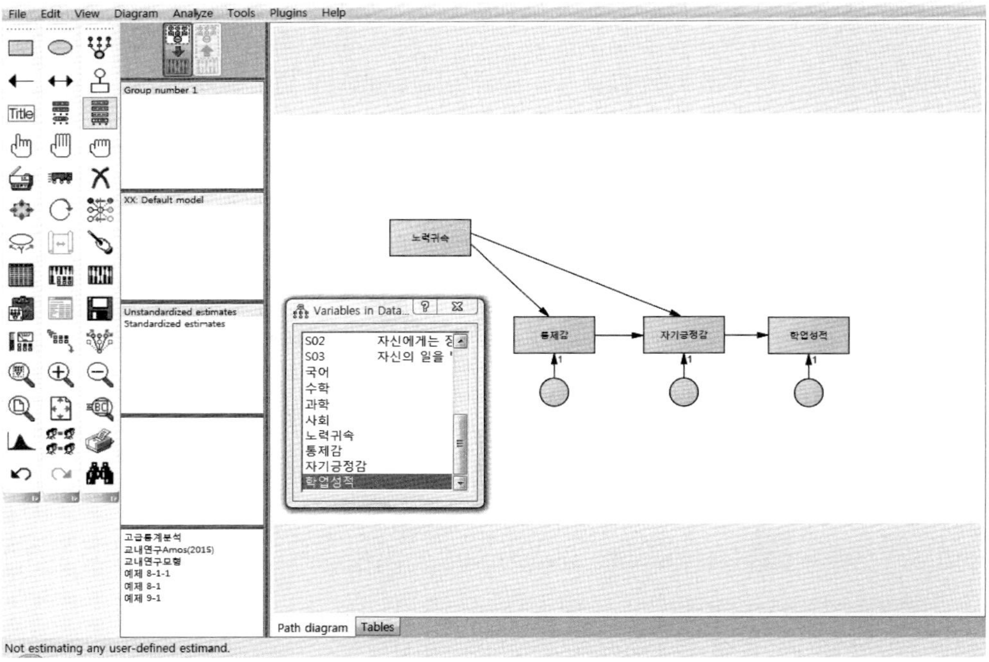

(11) 오차변수를 더블클릭하여 [Object Properties] 화면에서 'e1', 'e2', 'e3'를 입력한다.

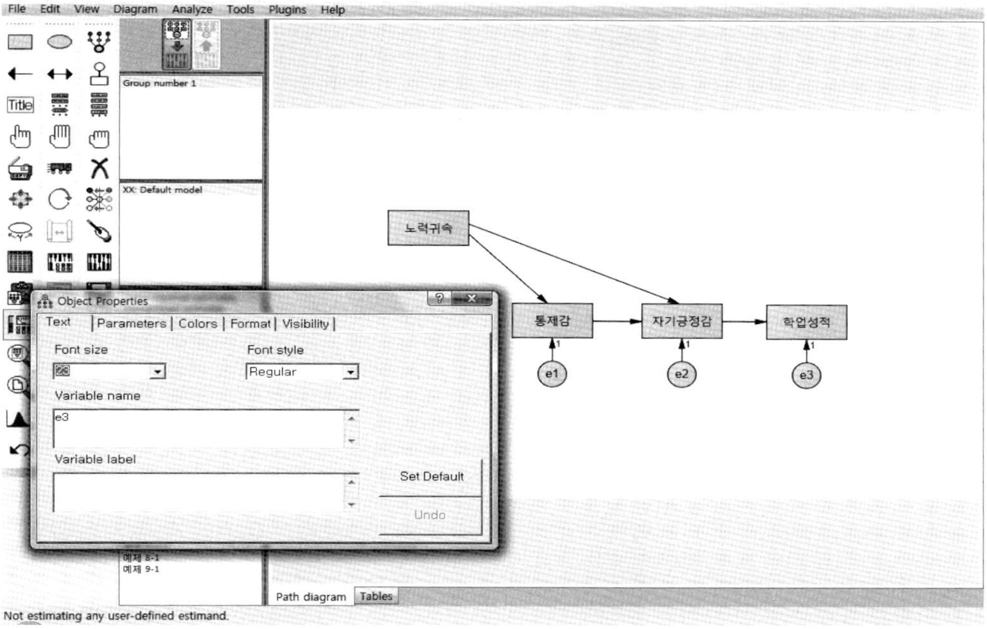

[순서 4] Amos의 실행

(1) 경로도형이 완성되면 메뉴에서 [View]-[Analysis Properties]를 클릭한다.

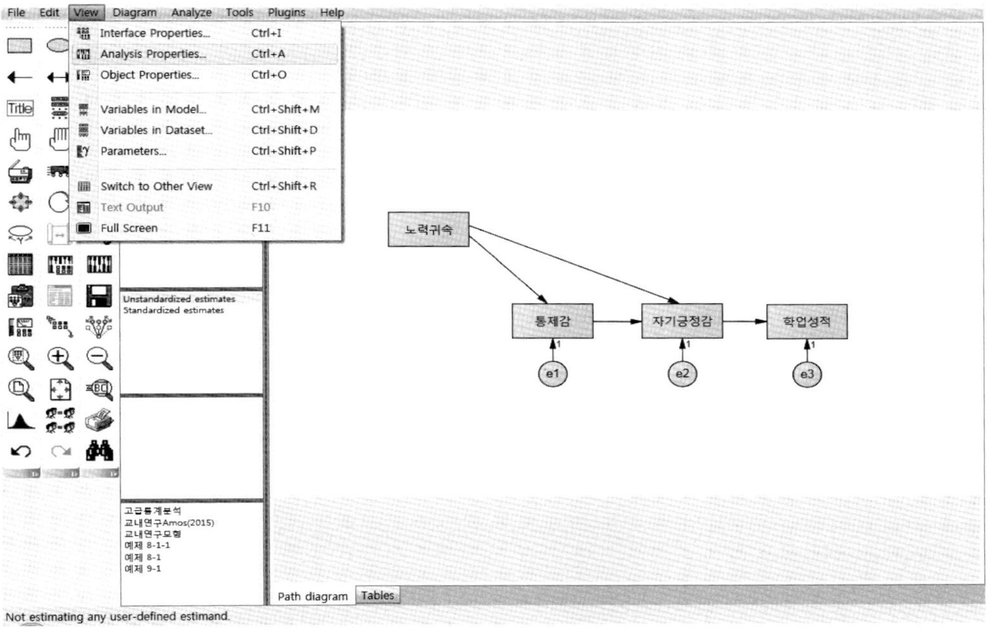

(2) [Output] 탭에서 다음과 같이 선택하고 화면을 닫는다.

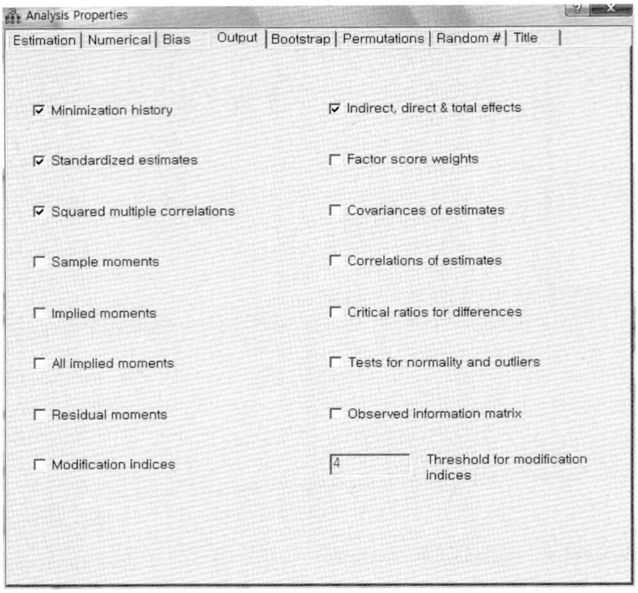

(3) 도구상자의 (Calculate estimates) 아이콘을 클릭한다.

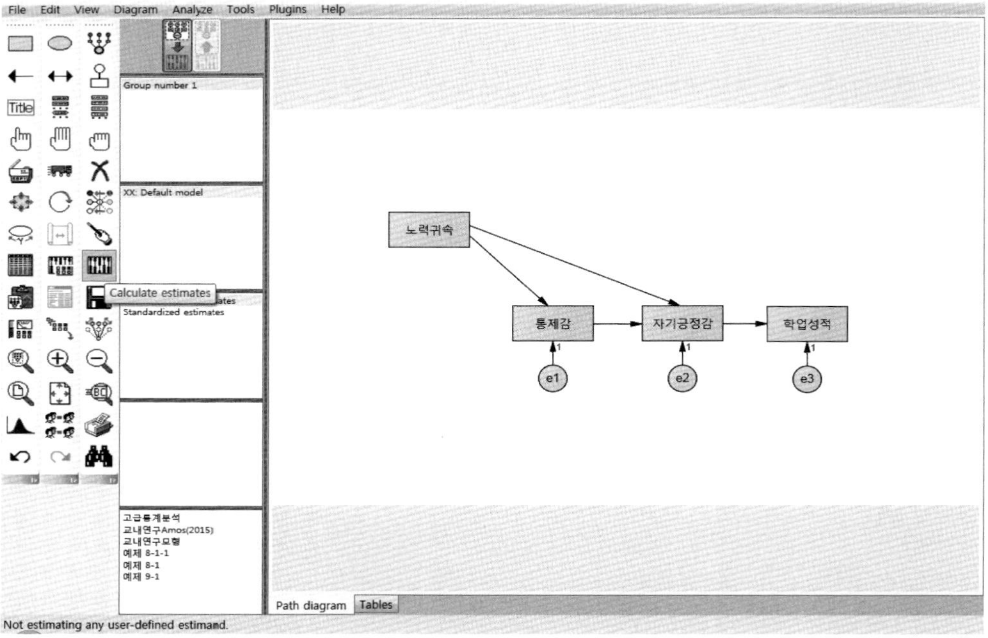

(4) [파일 이름]에 '예제 9-1-1'이라고 입력하고 [저장]을 클릭한다.

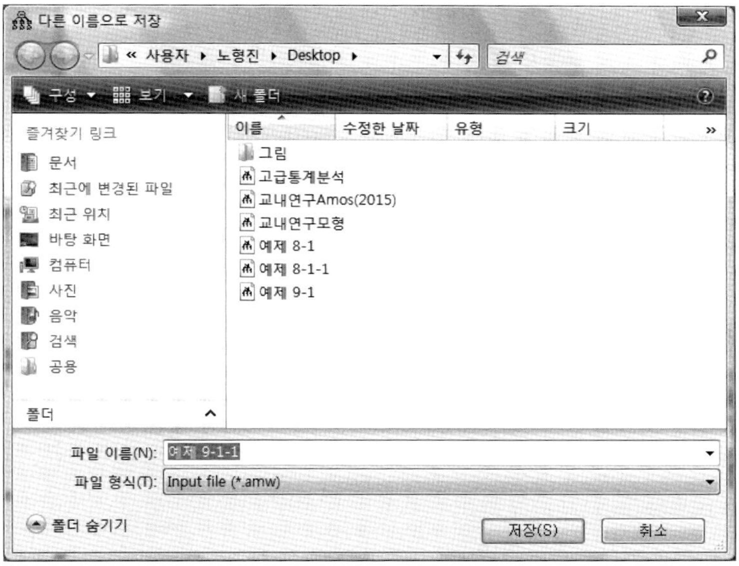

(5) 도구상자에서 (View the output path diagram) 아이콘의 오른쪽을 클릭한다. 다음과 같이 표준화 추정치가 출력된다.

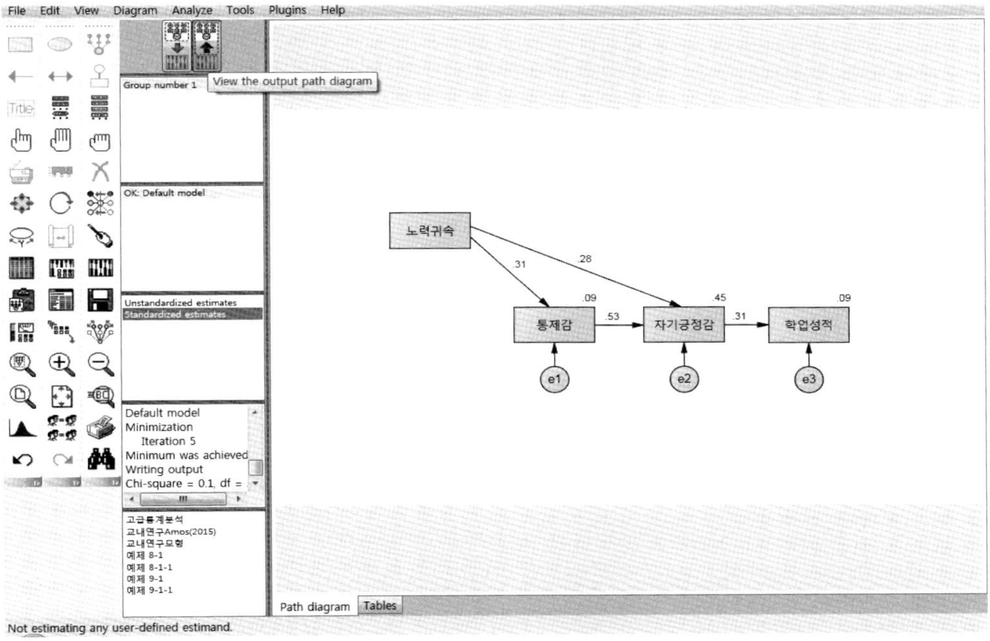

(6) 비표준화 추정치(Unstandardized estimates)를 선택하면 다음과 같다.

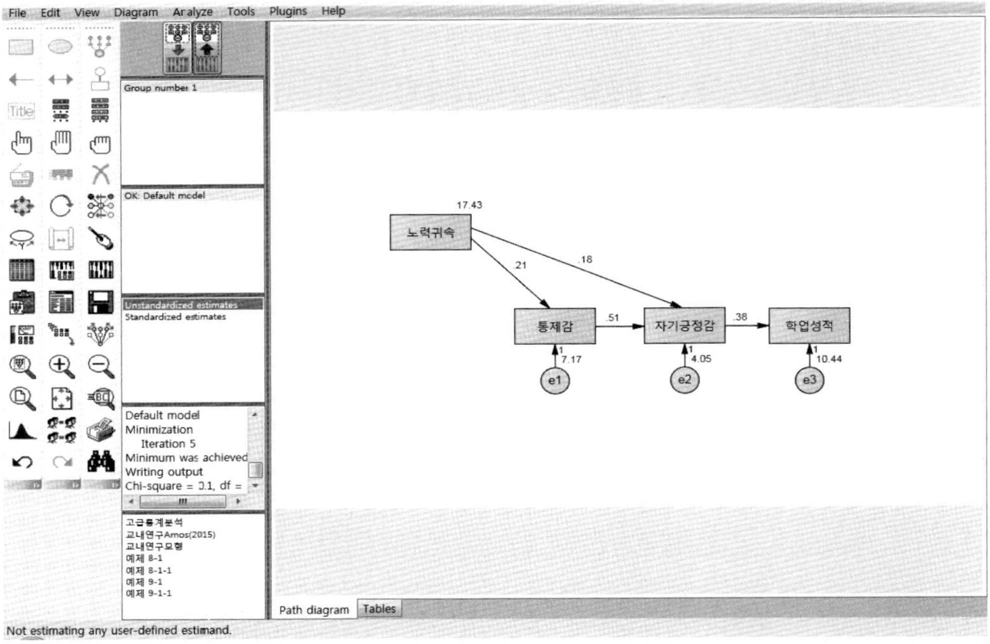

(7) 도구상자의 [View Text]를 클릭한다.

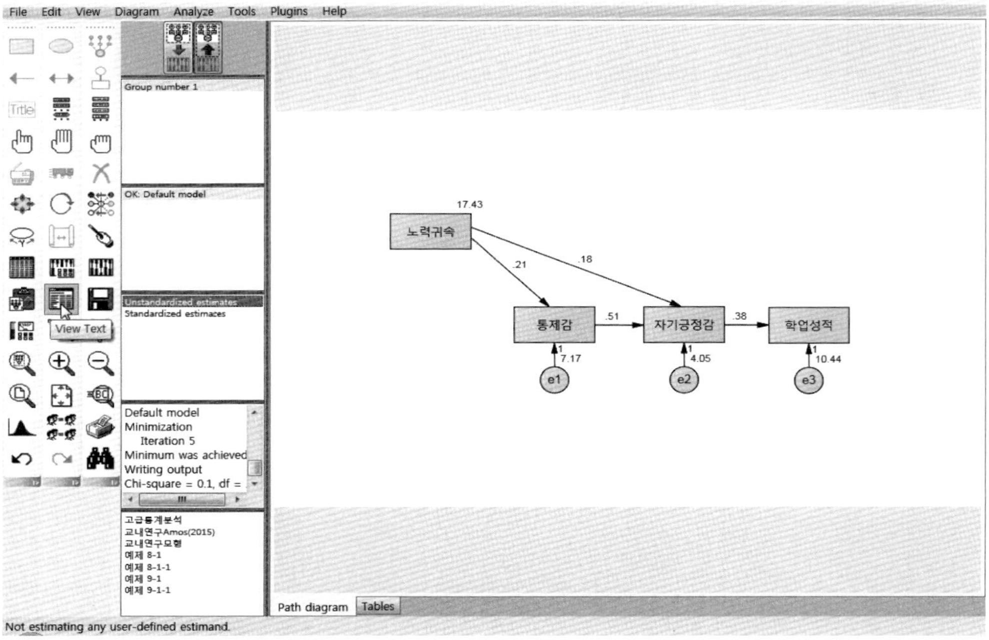

[분석결과]

(1) 모형에 대한 주석(註釋)

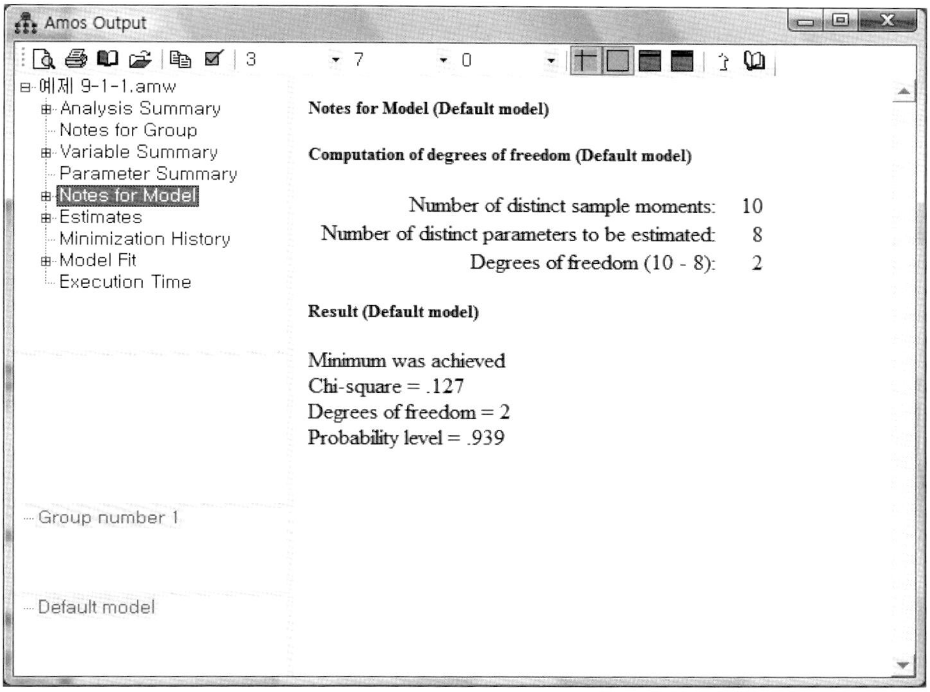

앞에서의 모형에서는 자유도가 3이었는데, 경로를 하나 늘린 이번 모형에서는 자유도가 2로 되어 있다는 것을 알 수 있다.

(2) 추정치(Estimates)

Maximum Likelihood Estimates

Regression Weights: (Group number 1 - Default model)

			Estimate	S.E.	C.R.	P	Label
통제감	<---	노력귀속	.206	.064	3.201	.001	
자기긍정감	<---	노력귀속	.185	.051	3.627	***	
자기긍정감	<---	통제감	.509	.076	6.733	***	
학업성적	<---	자기긍정감	.381	.120	3.190	.001	

Standardized Regression Weights: (Group number 1 - Default model)

			Estimate
통제감	<---	노력귀속	.306
자기긍정감	<---	노력귀속	.284
자기긍정감	<---	통제감	.527
학업성적	<---	자기긍정감	.305

노력귀속에서 통제감으로의 표준화 경로계수 : 0.306, $p < 0.01$

노력귀속에서 자기긍정감으로의 표준화 경로계수 : 0.284, $p < 0.001$

통제감에서 자기긍정감으로의 표준화 경로계수 : 0.527, $p < 0.001$

자기긍정감에서 학업성적으로의 표준 화경로계수 : 0.305, $p < 0.01$

(3) 중상관계수의 제곱

Squared Multiple Correlations: (Group number 1 - Default model)

	Estimate
통제감	.094
자기긍정감	.450
학업성적	.093

통제감 : $R^2 = 0.094$

자기긍정감 : $R^2 = 0.450$

학업성적 : $R^2 = 0.093$

(4) 행렬(Matrices)

Matrices (Group number 1 - Default model)

Total Effects (Group number 1 - Default model)

	노력귀속	통제감	자기긍정감
통제감	.206	.000	.000
자기긍정감	.290	.509	.000
학업성적	.110	.194	.381

Standardized Total Effects (Group number 1 - Default model)

	노력귀속	통제감	자기긍정감
통제감	.306	.000	.000
자기긍정감	.445	.527	.000
학업성적	.136	.161	.305

Direct Effects (Group number 1 - Default model)

	노력귀속	통제감	자기긍정감
통제감	.206	.000	.000
자기긍정감	.185	.509	.000
학업성적	.000	.000	.381

Standardized Direct Effects (Group number 1 - Default model)

	노력귀속	통제감	자기긍정감
통제감	.306	.000	.000
자기긍정감	.284	.527	.000
학업성적	.000	.000	.305

Indirect Effects (Group number 1 - Default model)

	노력귀속	통제감	자기긍정감
통제감	.000	.000	.000
자기긍정감	.105	.000	.000
학업성적	.110	.194	.000

Standardized Indirect Effects (Group number 1 - Default model)

	노력귀속	통제감	자기긍정감
통제감	.000	.000	.000
자기긍정감	.161	.000	.000
학업성적	.136	.161	.000

앞에서의 결과와 다른 것은 노력귀속에서 자기긍정감으로의 직접효과(0.185[비표준화]/0.284[표준화])가 결과에 추가되고 있는 점이다.

노력귀속에서 자기긍정감으로의 직접효과와 간접효과(0.105[비표준화]/0.161[표준화])를 비교할 수 있다. 두 효과를 비교하면, 직접효과 쪽이 크게 되어 있다.

(5) 모형적합(Model Fit)

CMIN

Model	NPAR	CMIN	DF	P	CMIN/DF
Default model	8	.127	2	.939	.063
Saturated model	10	.000	0		
Independence model	4	78.770	6	.000	13.128

RMR, GFI

Model	RMR	GFI	AGFI	PGFI
Default model	.135	.999	.997	.200
Saturated model	.000	1.000		
Independence model	2.719	.712	.520	.427

Baseline Comparisons

Model	NFI Delta1	RFI rho1	IFI Delta2	TLI rho2	CFI
Default model	.998	.995	1.024	1.077	1.000
Saturated model	1.000		1.000		1.000
Independence model	.000	.000	.000	.000	.000

RMSEA

Model	RMSEA	LO 90	HI 90	PCLOSE
Default model	.000	.000	.046	.952
Independence model	.350	.284	.421	.000

CMIN : $\chi^2 = 0.127, df = 2, p = 0.939$

GFI = 0.999, AGFI = 0.997

CFI = 1.000

RMSEA = 0.000

→ 앞에서의 결과로부터 적합도가 대폭으로 개선되고 있다(카이제곱 값은 유의하지 않을수록 적합).

전체적으로 이번 모형의 적합도는 충분한 것으로 생각한다.

참고로 앞에서의 결과를 보이면 다음과 같다.

$$\chi^2 = 12.481, df = 3, p = 0.006 < 0.01$$
GFI = 0.944, AGFI = 0.814
CFI = 0.870
RMSEA = 0.179

▶ 결과를 보고

"하나의 경로를 늘린 것만으로 적합도가 단숨에 좋은 값으로 되었습니다"

"이상하네. 정말로 조금 바꾸었을 뿐인데 …" 보람도 감동하고 있다.

교수는 두 사람의 말에 고개를 끄덕이면서 말했다.

"분석은 목적에 따라서 여러 가지 수법을 조합하면서 추진해 가는 것인 중요하다네. 때로는 탐색적으로 분석해 보면, 새로운 발견이 있을지도 모르지. 이번도 그에 해당되는 셈이지. 가설만을 생각하고 있으면, 좀더 경로를 그을 수 있는 것을 간과해 버릴지도 모르기 때문에"

"하지만, 교수님. 이번은 분명히 적합도가 개선되었지만, 적합도의 차가 미묘한 케이스도 있는 것은 아닐까요?"

대담하게도 보람이 말했다.

"아, 그것은 매우 좋은 관점이네. 모형이 확실히 개선되었는지 어떤지를 어떤 지표로 확인하고 싶다고 하는 기분은 잘 알겠네. 자, 하나의 해결방법을 볼까"

■ 적합도의 차 검정

[순서 1] 모형의 검토

저장되어 있는 파일에서 앞에서 분석한 모형을 잘 보고 이해한다.

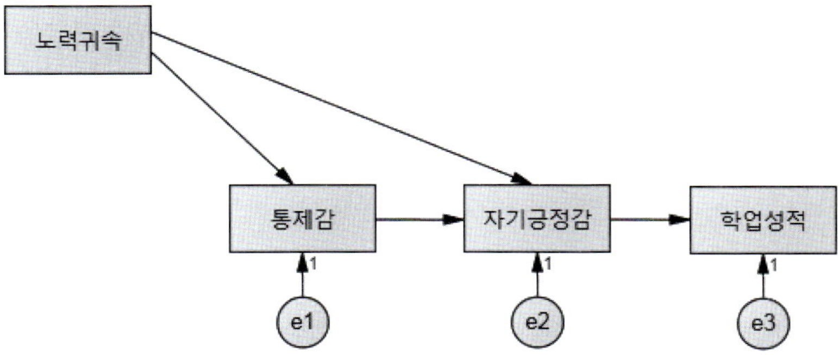

[순서 2] 모형의 수정

(1) '노력귀속'에서 '자기긍정감'으로의 한 쪽 방향 화살표를 더블클릭하고, [Object Properties]를 연다. [Regression weight]의 틀 안에 'a'라고 입력한다.

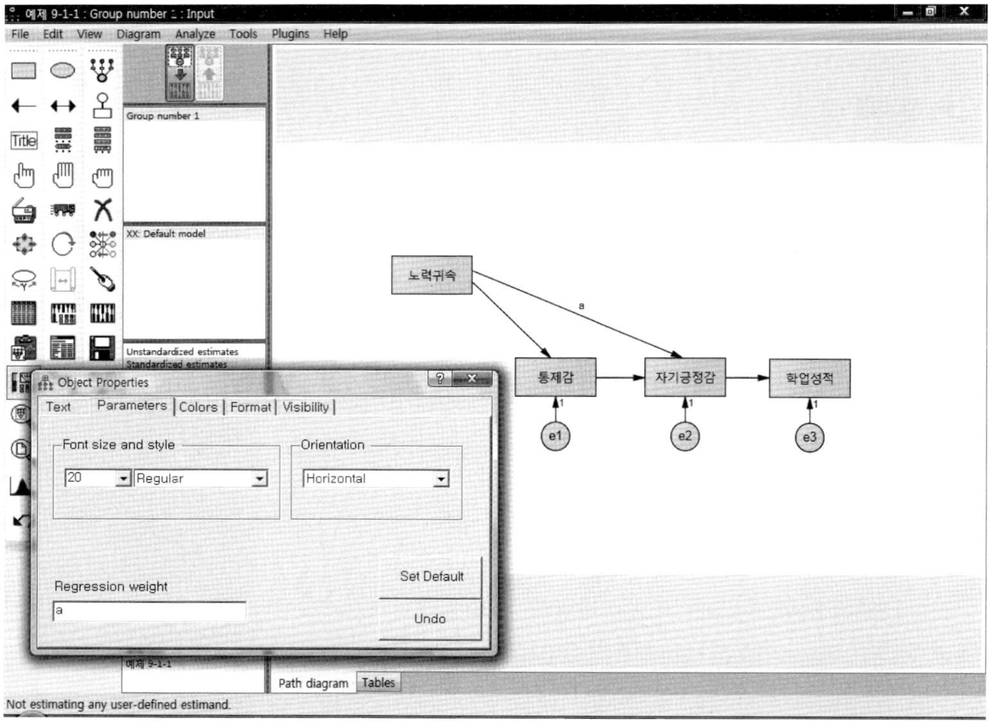

(2) 다음 상태에서 윈도우를 닫는다.

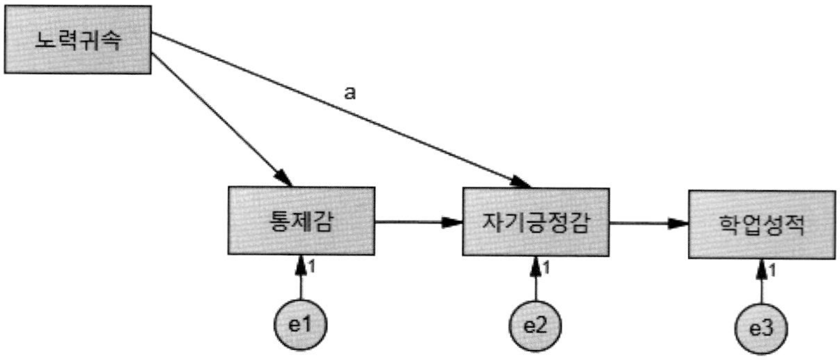

[순서 3] 모형의 관리

(1) 메뉴에서 [Analyze]-[Manage Models]를 선택한다.

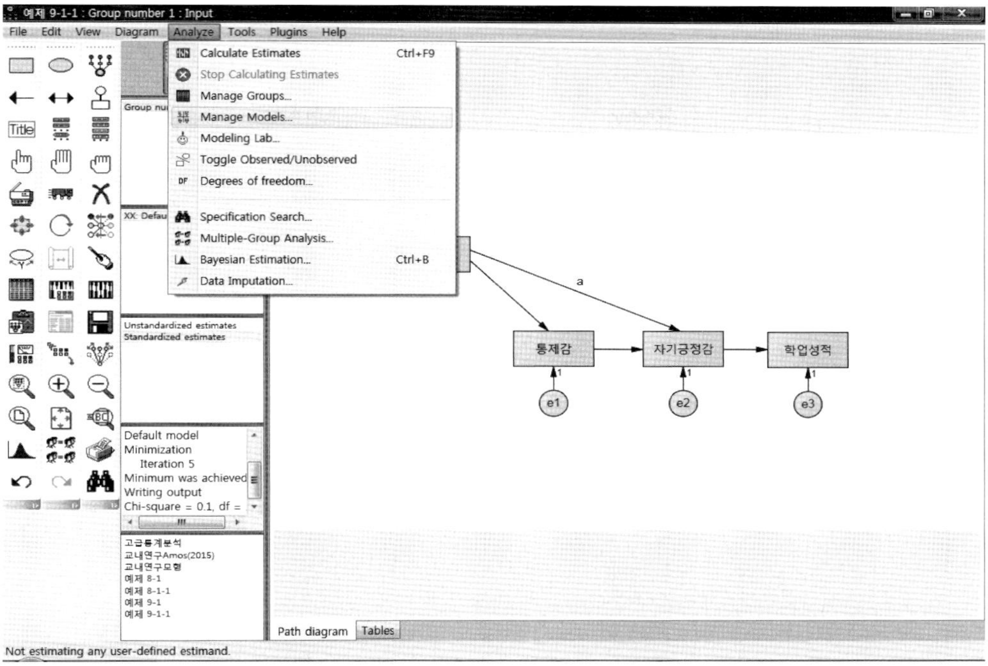

(2) 다음 화면에서 [Model Name] 틀 안에 'Model1'이라고 입력한다. [New]를 클릭한다.

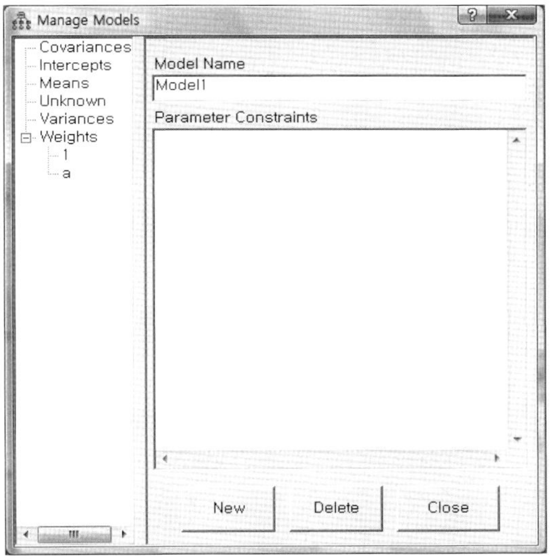

(3) [Model Name] 틀 안에 'Model2'라고 입력한다. [Parameter Constraints]의 틀 안에 'a=0'라고 입력한다. [Close]를 클릭한다.

* Mmodel1은 아무런 제약을 두지 않는 모형, Model2는 '노력귀속'에서 '자기긍정감'으로의 경로 [a]를 '0' 즉 '영향 없음'이라고 가정한 모형이라는 것을 의미한다.

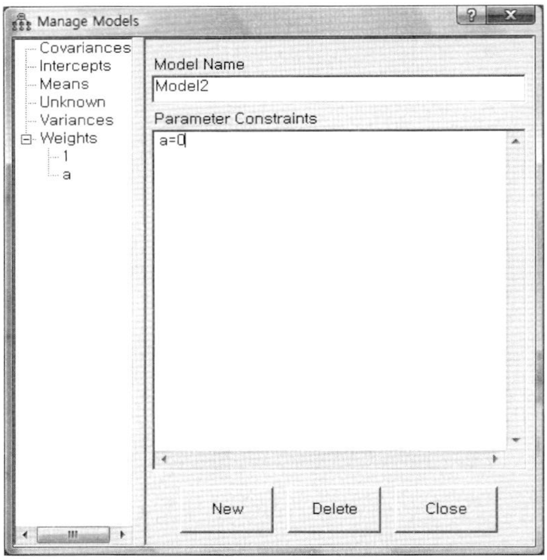

(4) 정보영역의 모형부분에도 'XX: Model1', 'XX: Model2'라고 표시되어 있다.

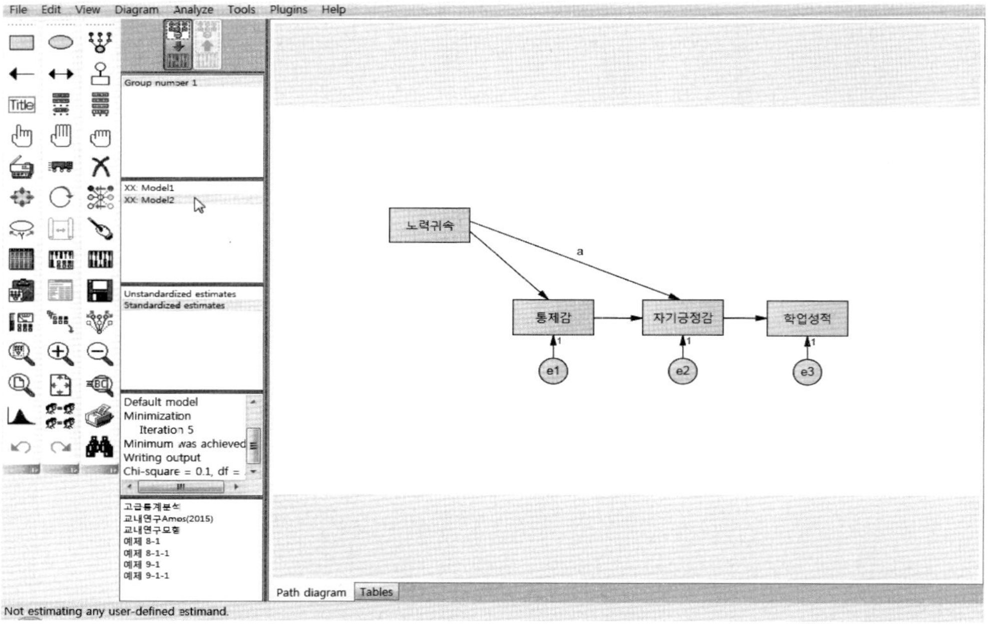

[순서 4] 출력 설계

(1) 메뉴에서 [View]-[Analysis Properties]를 선택한다.

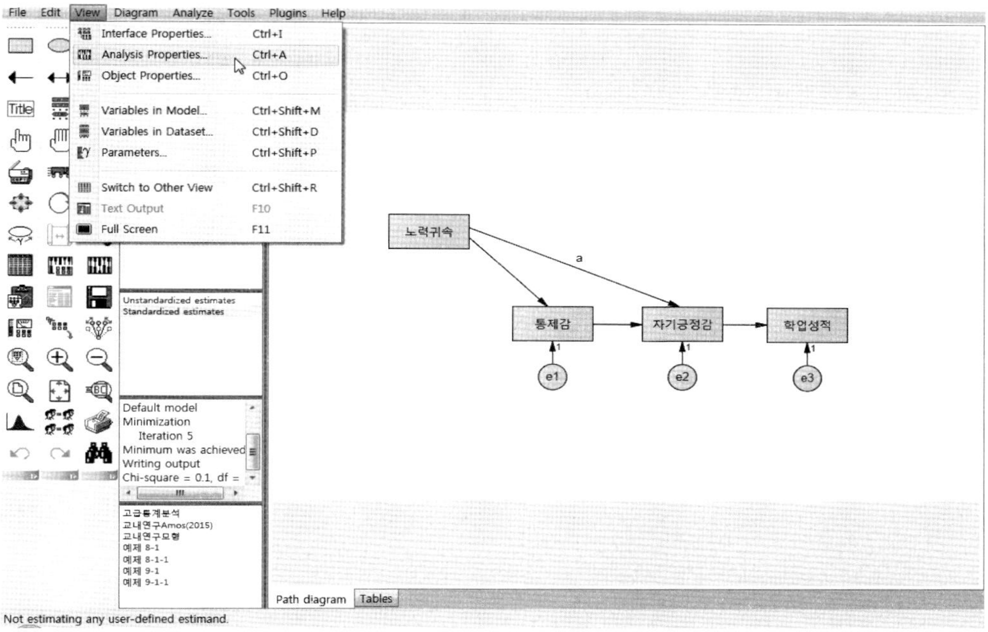

(2) [Output] 탭에서 다음과 같이 선택하고 화면을 닫는다.

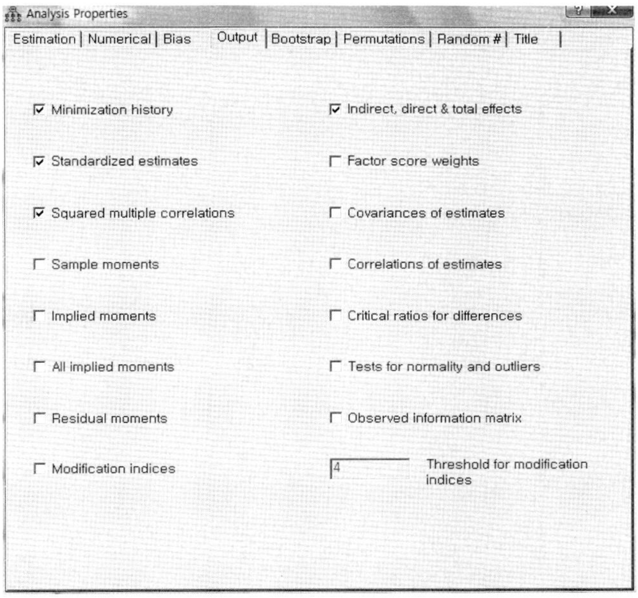

[순서 5] Amos의 실행

(1) 도구상자의 (Calculate estimates) 아이콘을 클릭한다.

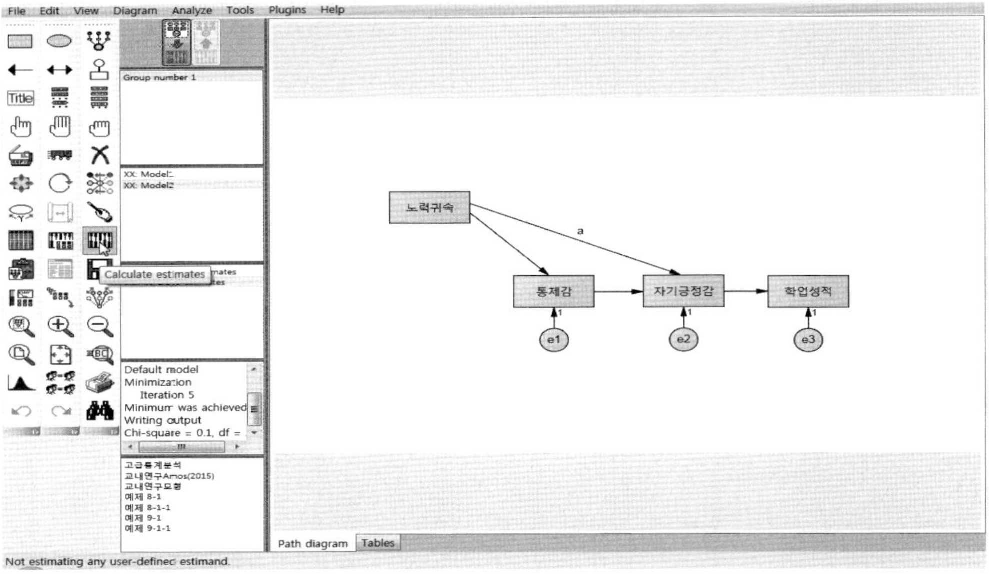

(2) 도구상자에서 (View the output path diagram) 아이콘의 오른쪽을 클릭한다. 'XX: Model2'를 선택하면 다음과 같이 표준화 추정치가 출력된다.

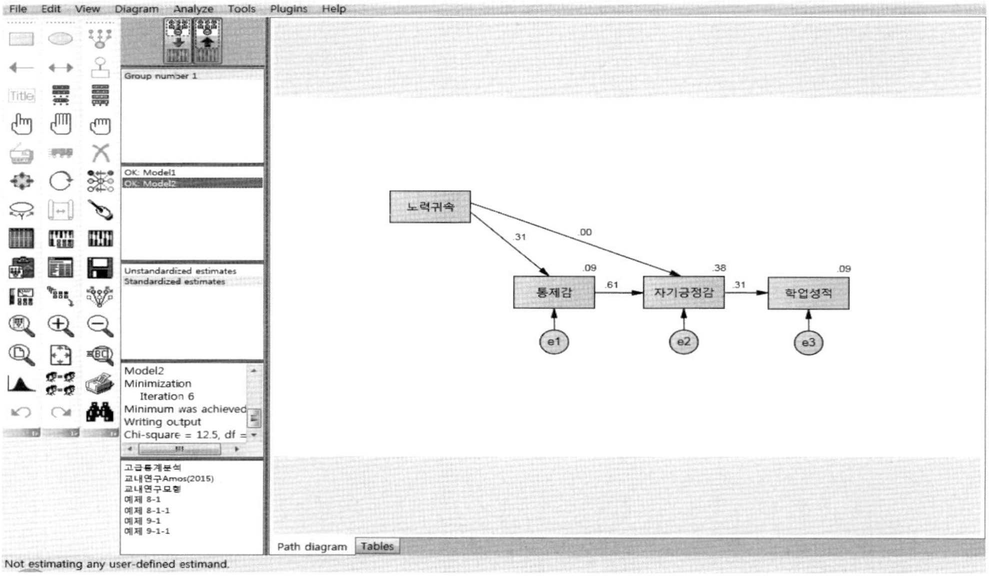

(3) 도구상자의 [View Text]를 클릭한다.

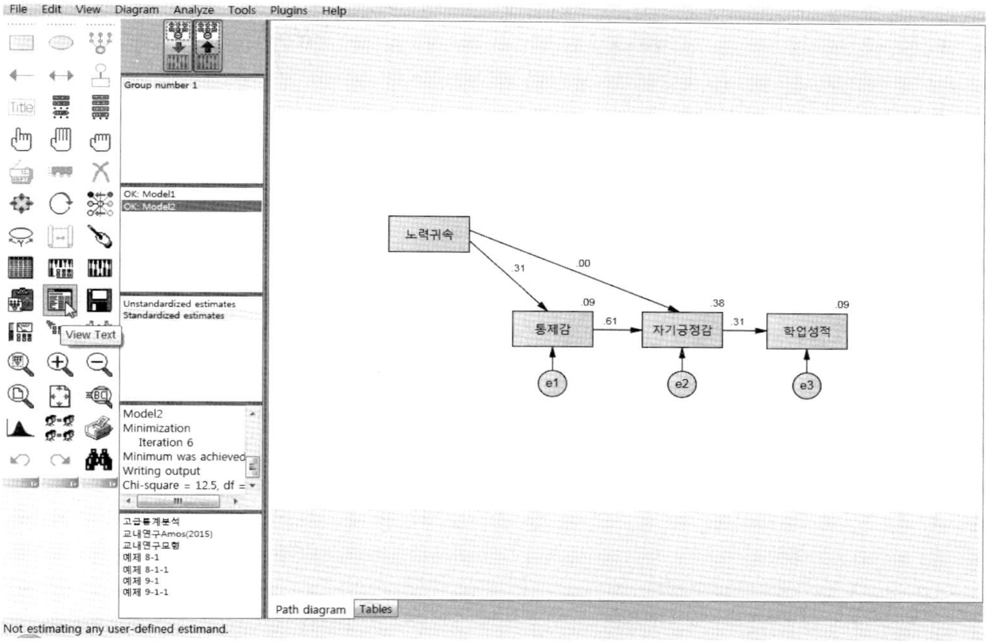

[분석결과]

(1) 모형 비교

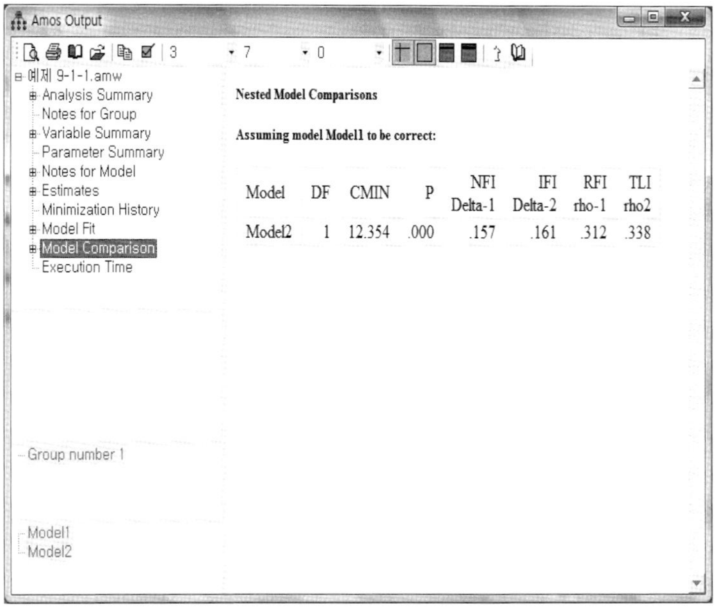

Nested Model Comparisons

Assuming model Model1 to be correct:

Model	DF	CMIN	P	NFI Delta-1	IFI Delta-2	RFI rho-1	TLI rho2
Model2	1	12.354	.000	.157	.161	.312	.338

[모형 비교]라고 하는 메뉴에 [Nested Model Comparisons]라고 하는 결과가 표시된다. 여기에서 표시되는 CMIN은 두 모형의 카이제곱 값의 차를 말한다. 그 차가 유의한지 어떤지가 확률로 표시된다. 하나의 경로에 제약을 두느냐 두지 않느냐의 차는 자유도 1의 차가 된다.

Model1(노력귀속에서 두 개의 경로가 있는 모형)과 Model2(노력귀속에서 자기긍정감으로의 경로를 0으로 한 모형)의 비교를 실시했을 때에, 카이제곱 값의 차가 유의($\Delta\chi^2 = 12.354, df = 1, p < 0.001$), 다시 말하면 모형이 유의하게 개선됐다는 것을 의미한다. 또한 모형의 개선을 실시함으로써 다른 적합도지표가 몇 개 개선되었는지도 표시된다.

CMIN

Model	NPAR	CMIN	DF	P	CMIN/DF
Model1	8	.127	2	.939	.063
Model2	7	12.481	3	.006	4.160
Saturated model	10	.000	0		
Independence model	4	78.770	6	.000	13.128

그리고 모형 적합의 CMIN의 결과가 위와 같다.

모형 비교에서 표시된 CMIN의 값은,

$$12.481 - 0.127 = 12.354$$

이며, 자유도 3과 자유도 2의 차로 자유도 1이 되어 있다는 것을 알 수 있다.

▶ 결과를 보고

"이렇게 해서 경로에 이름을 붙여서 복수의 모형을 한 번에 비교하면서 평가할 수 있는 것도 Amos의 재미있는 점이네" 교수는 결과를 보면서 말했다.

"네, 왠지 재미있네요. 다른 데도 시도해 보고 싶습니다"

보람은 매우 흥미진진한 모양이다.

"Amos에는 수많은 기능이 있으므로, 여러 가지 책이나 웹사이트를 보면서 시도해 보기 바라네"

"네"

"그런데, 교수님 …"

뭔가 눈치 챈 철수가 말했다.

“아까, 간접효과나 직접효과에는 유의확률이 붙어 있지 않았어요. 그 유의확률을 산출할 수는 없는 것인가요?”

교수는 좀 뜻밖이라는 표정을 지었다. 철수가 그렇게 말한 발언이 나오리라고는 예상하지 못했던 것 같다.

“좋은 곳에 착안했구먼. 실은 그것이 가능하다네. 예를 들면, 붓스트랩법이라고 하는 방법을 사용하면 되지”

“붓스트랩법 말씀입니까?”

“이번은 100명의 표본이 얻어져 있지만, 이 표본으로부터 더욱 표본을 얻는 것을 ‘리샘플링’이라고 하네. 표본의 중복을 허용해서 이것을 몇 번이고 반복하는 것이지. 그렇게 하면, 시뮬레이션과 같은 형태로 모집단의 성질을 추정할 수 있다고 하는 아이디어일세”

“실제로 몇 번이고 표본을 취하는 것은 아니므로, 시뮬레이션이군요”

“Amos로 그것이 가능합니까?”

“분석의 지정을 하는 것만으로. 한 번 해 볼까”

붓스트랩 추정치 산출

[순서 1] 모형의 검토

저장되어 있는 파일에서 앞에서 분석한 모형을 잘 보고 이해한다.

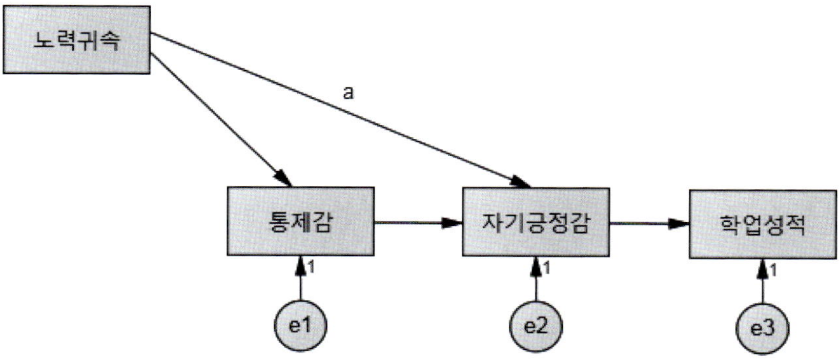

[순서 2] 붓스트랩법 실행 준비

(1) 메뉴에서 [View]-[Analysis Properties]를 선택한다.

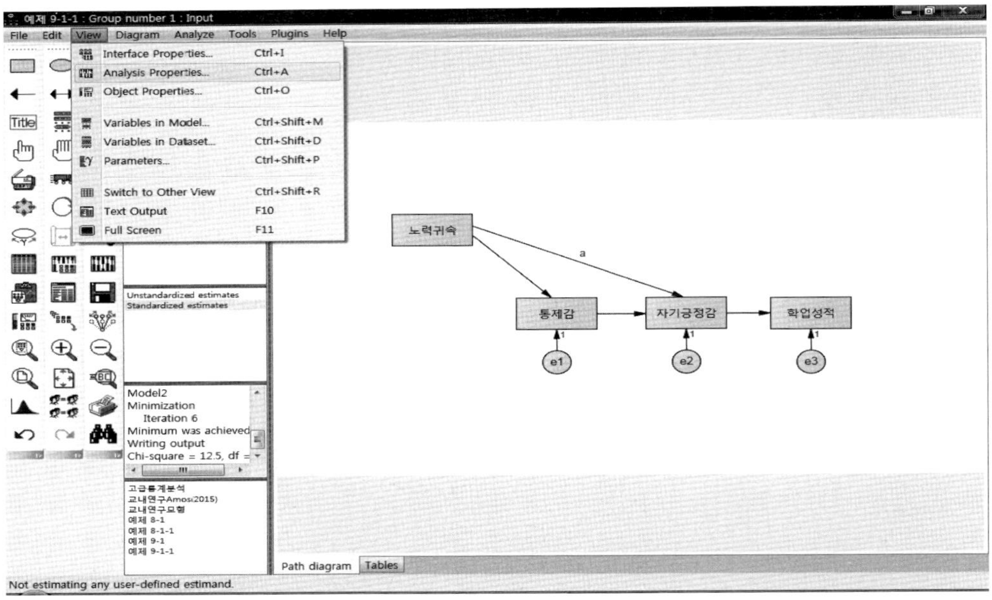

(2) [Bootstrap] 탭을 선택한다. [Perform Bootstrap]에 체크한다. [Number of bootstrap samples]에는 '1000'을 입력한다. [Percentile confidence intervals]에 체크한다. [PC confidence level] 틀 안에 '90'이라고 입력한 채 유지한다.

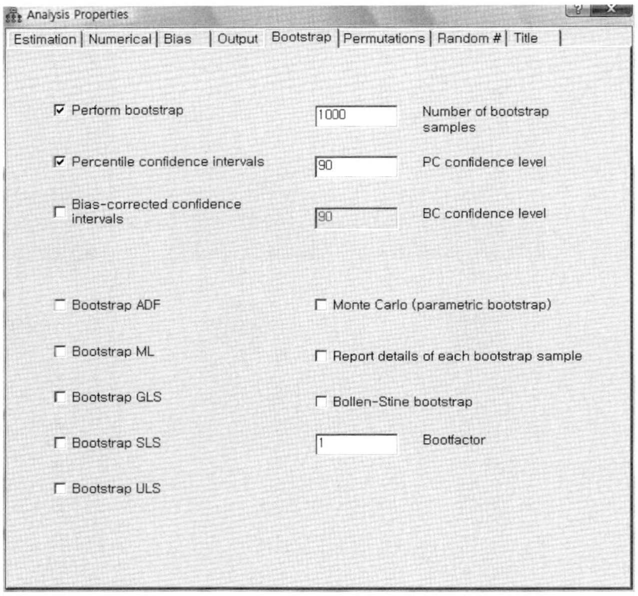

(3) [Output] 탭을 클릭하여 다음 사항을 지정하고 닫는다.

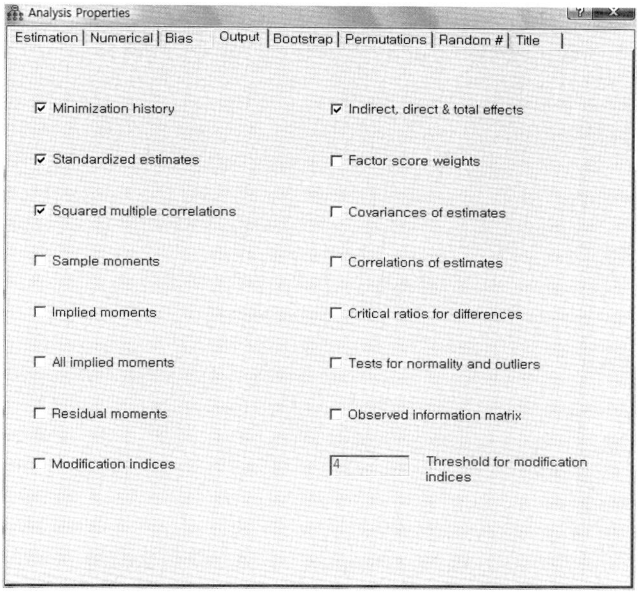

[순서 3] Amos의 실행

(1) 도구상자의 (Calculate estimates) 아이콘을 클릭한다.

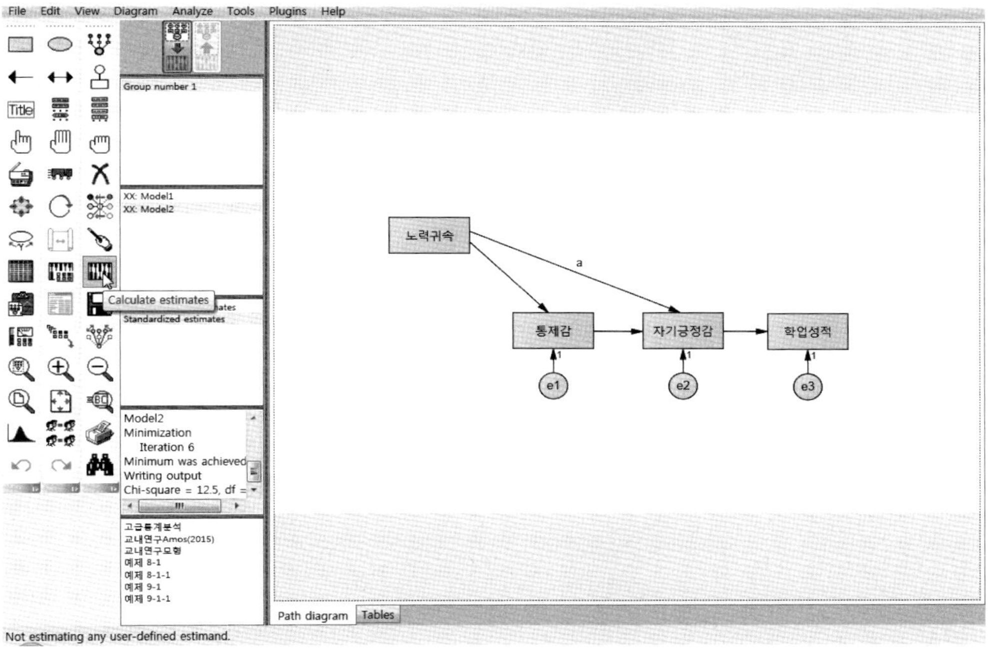

(2) 도구상자에서 (View the output path diagram) 아이콘의 오른쪽을 클릭한다. 다음과 같이 표준화 추정치가 출력된다.

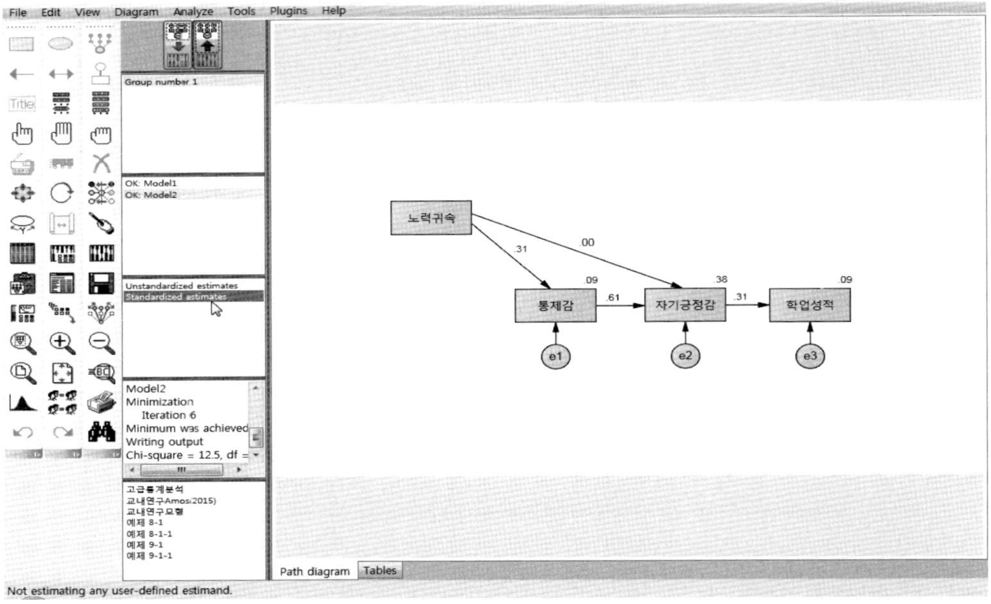

(3) 도구상자의 [View Text]를 클릭한다.

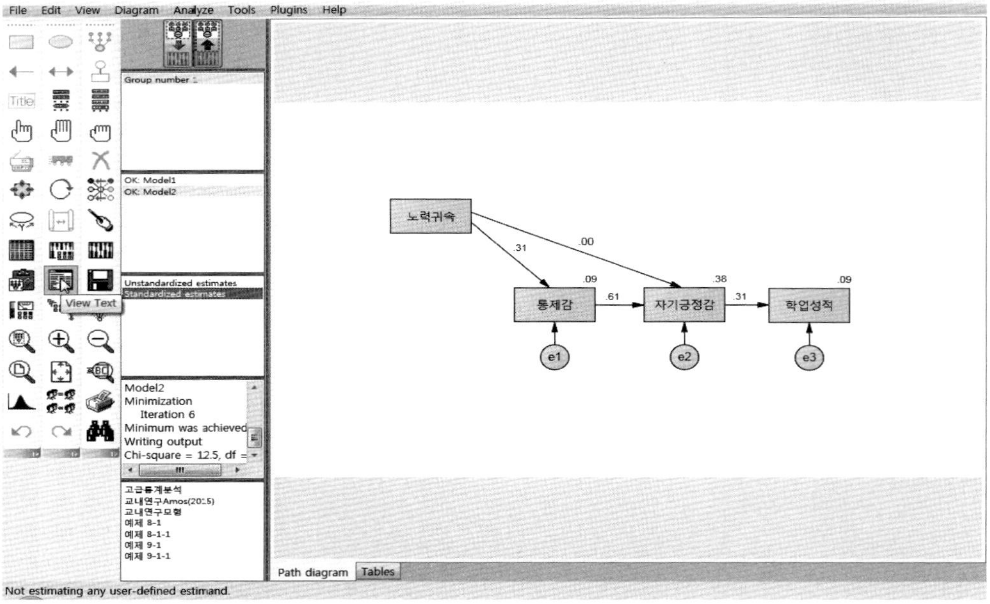

[분석결과]

- 붓스트랩 반복의 요약

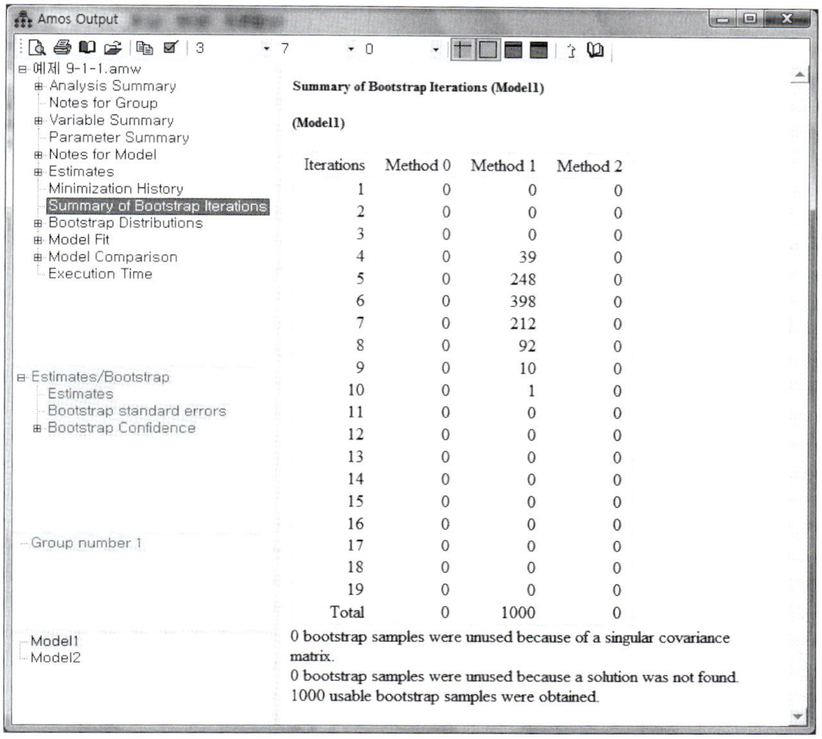

- 왼쪽 틀 안에 있는 [Estimates]의 왼쪽에 있는 [+]를 클릭하면, [Scalars], [Matrices] 라고 하는 문자가 나온다.

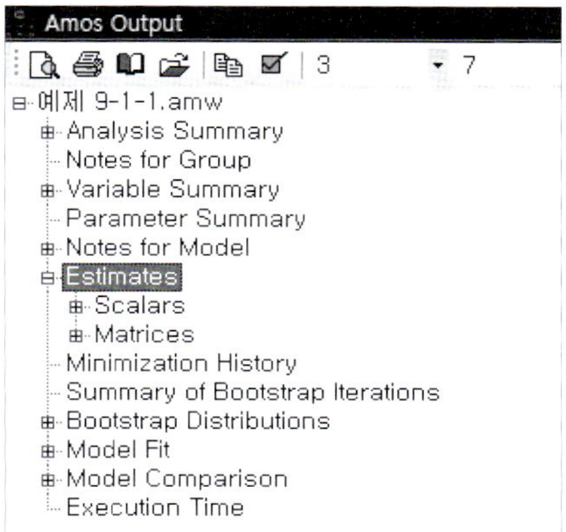

• 더욱이 [Scalars]의 왼쪽에 있는 [+]를 클릭하면, [Regression Weights:], [Standardized Regression Weights:], [Variances:], [Squared Multiple Correlations:]라고 하는 문자가 나온다.

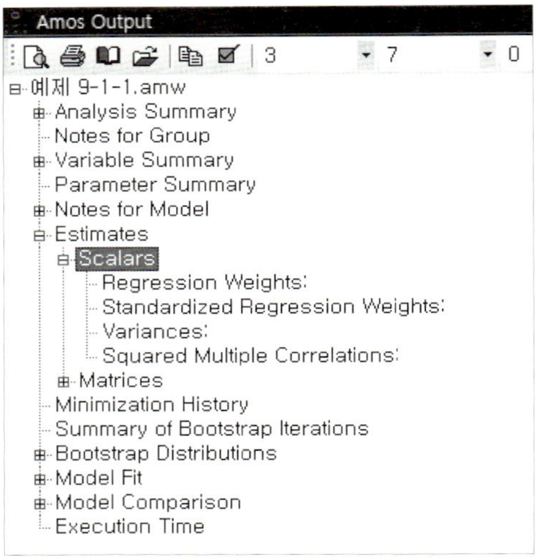

• [Regression Weights:]를 클릭한다.

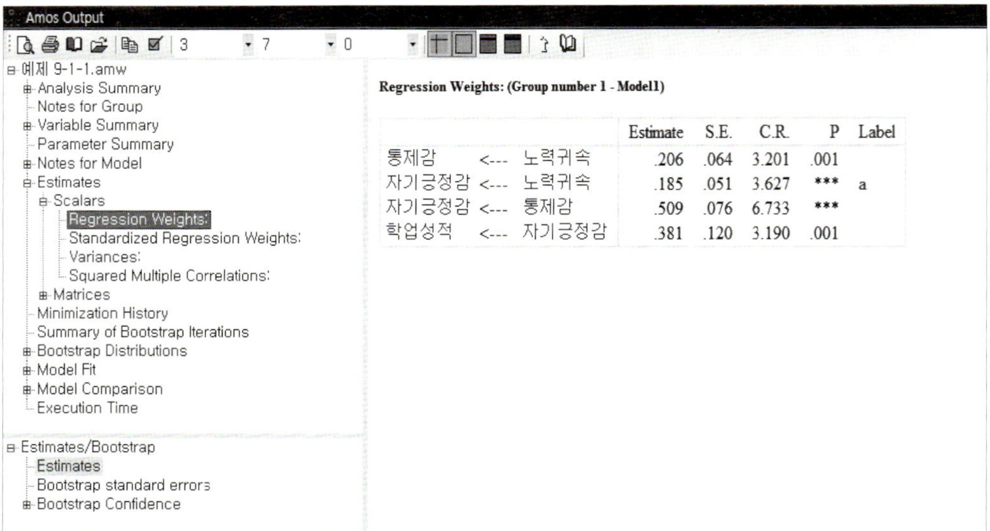

왼쪽 중앙 근처 틀 안에 [Estimates/Bootstrap]이라고 하는 문자가 선택 가능하게 되어 있다.

- [Estimates]를 선택한다.

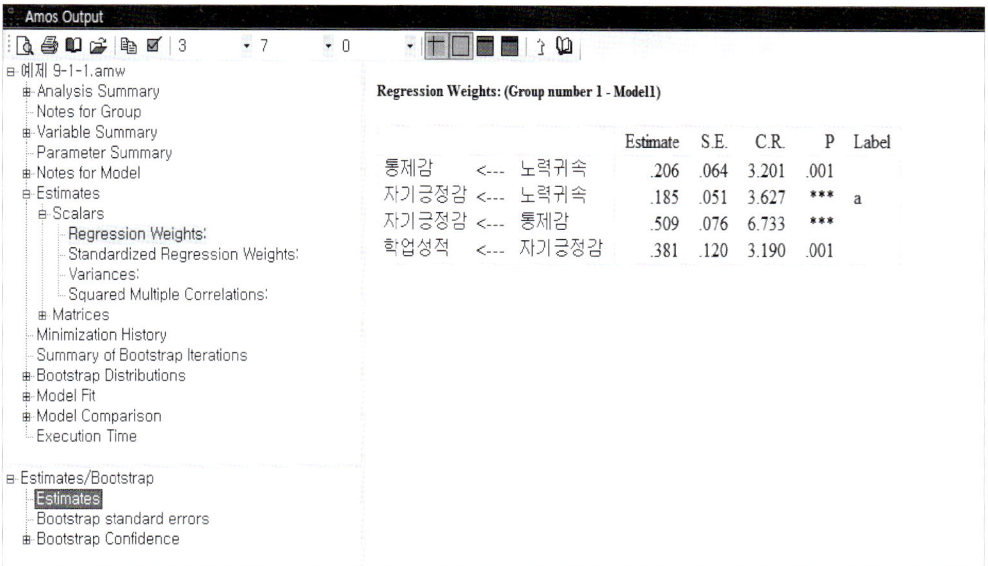

Regression Weights: (Group number 1 - Model1)

			Estimate	S.E.	C.R.	P	Label
통제감	<---	노력귀속	.206	.064	3.201	.001	
자기긍정감	<---	노력귀속	.185	.051	3.627	***	a
자기긍정감	<---	통제감	.509	.076	6.733	***	
학업성적	<---	자기긍정감	.381	.120	3.190	.001	

이 결과는 앞에서 붓스트랩법을 실시하지 않은 분석결과와 같다.

- [Bootstrap standard errors]를 선택한다.

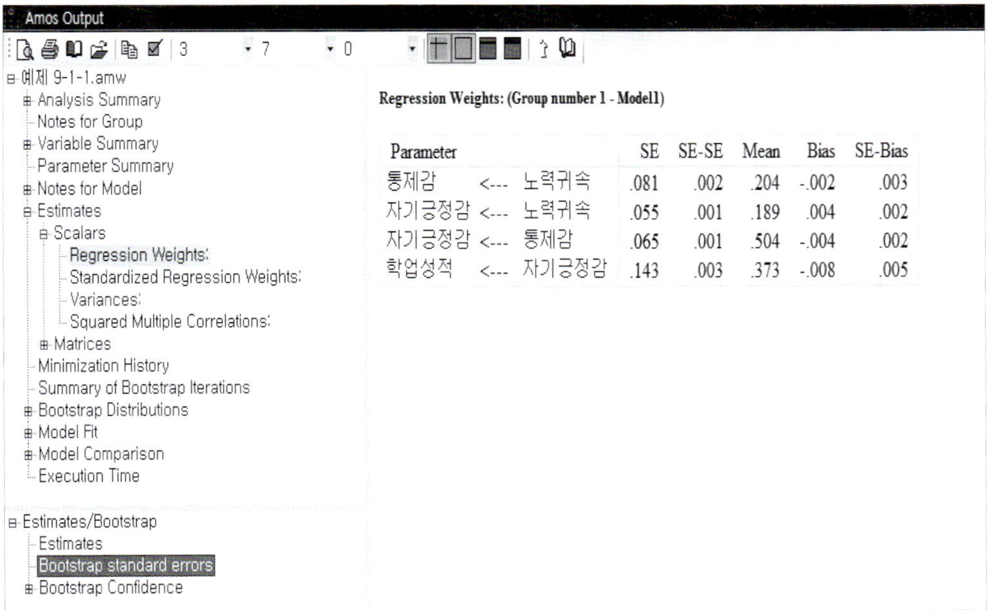

Regression Weights: (Group number 1 - Model1)

Parameter			SE	SE-SE	Mean	Bias	SE-Bias
통제감	<---	노력귀속	.081	.002	.204	-.002	.003
자기긍정감	<---	노력귀속	.055	.001	.189	.004	.002
자기긍정감	<---	통제감	.065	.001	.504	-.004	.002
학업성적	<---	자기긍정감	.143	.003	.373	-.008	.005

평균(Mean)의 열이 붓스트랩법에 의해서 추정된 경로계수의 평균이며, 표준오차(SE)의 열이 그 평균의 표준오차이다.

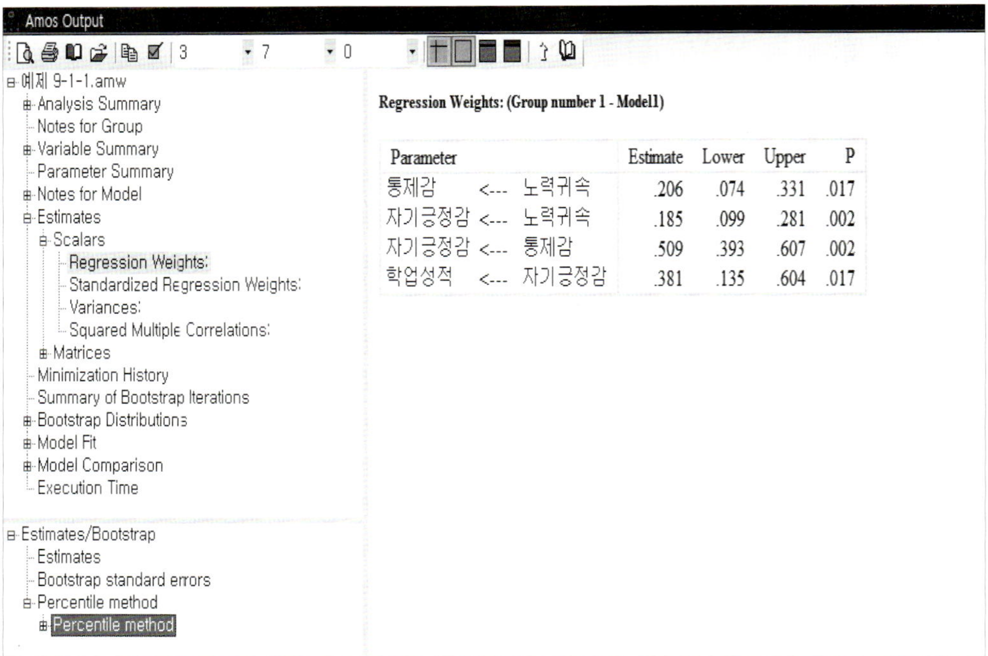

- [Estimates/Bootstrap]의 [Percentile method]를 클릭한다.
  90% 신뢰구간의 상한과 하한, 추정치의 유의확률이 표시된다.
- [Standardized Regression Weights:]에 대해서도 마찬가지로 출력할 수 있다.

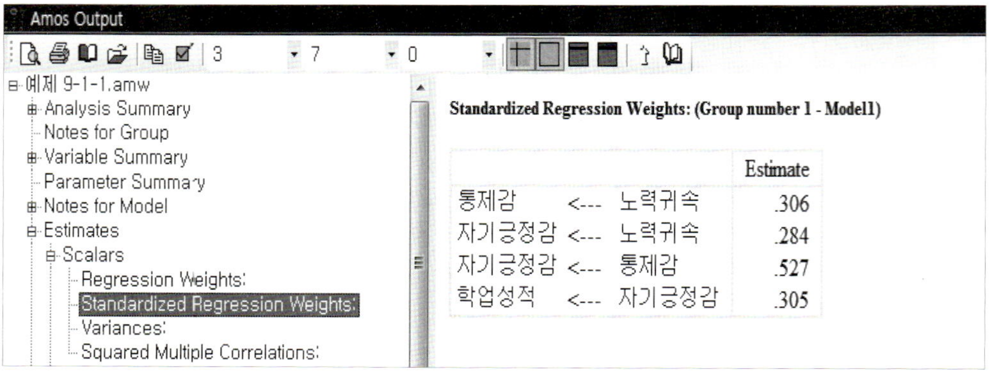

- [Estimates]의 [Matrices]를 연다.

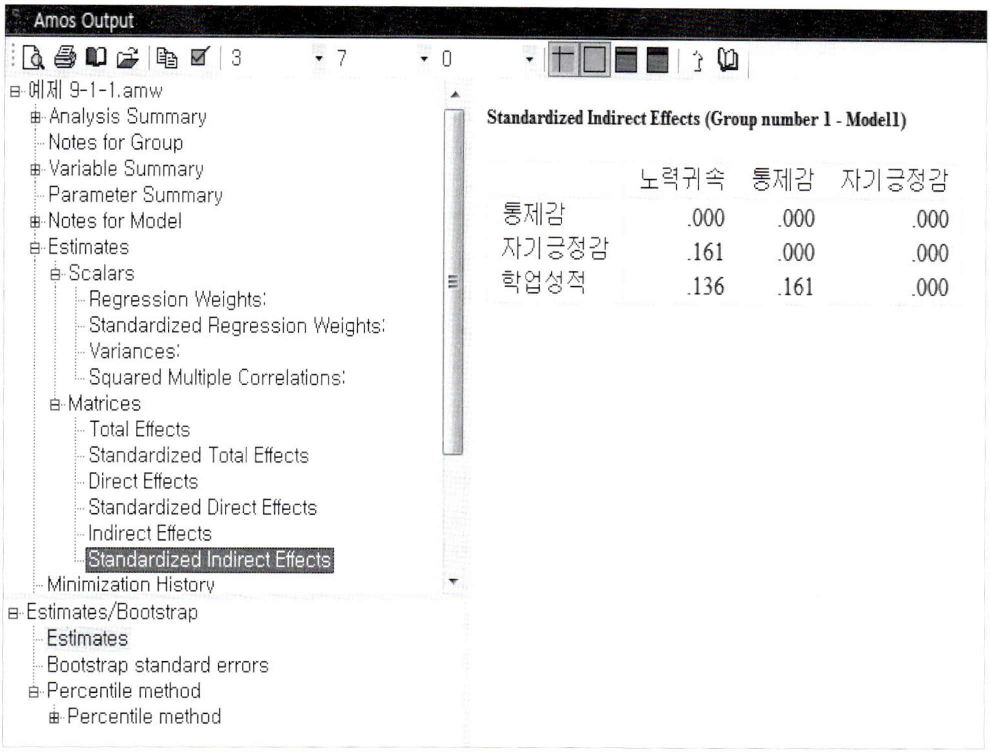

	노력귀속	통제감	자기긍정감
통제감	.000	.000	.000
자기긍정감	.161	.000	.000
학업성적	.136	.161	.000

- [Standardized Indirect Effects]를 선택한다.
- [Estimates/Bootstrap]의 [Estimates]를 클릭한다.

  이 부분은 앞에서의 결과와 같다.

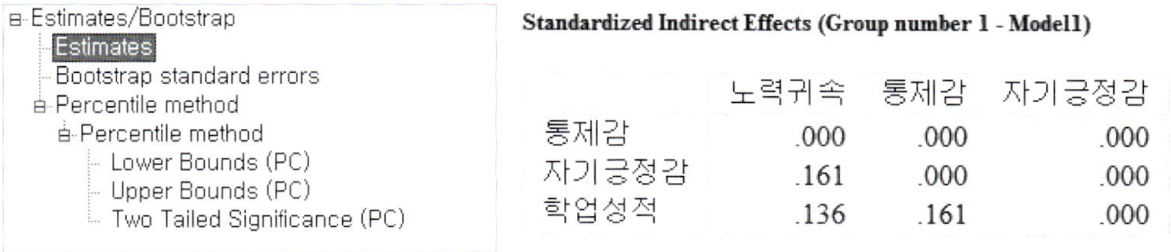

	노력귀속	통제감	자기긍정감
통제감	.000	.000	.000
자기긍정감	.161	.000	.000
학업성적	.136	.161	.000

- [Bootstrap standard errors]를 클릭한다.

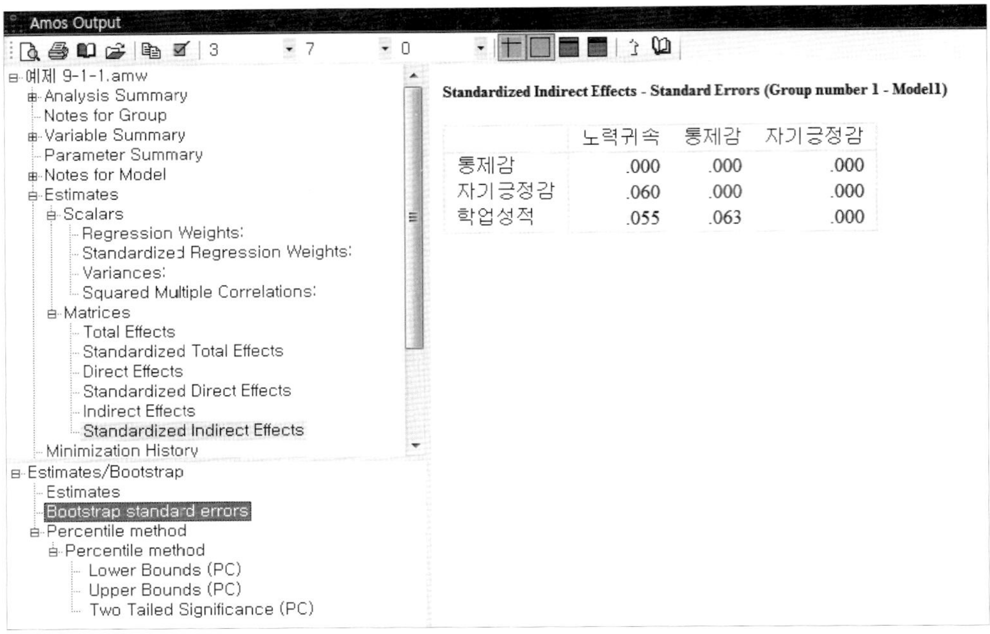

앞에서의 분석에서는 출력되지 않은 표준화 간접효과의 표준오차가 출력된다.

- [Percentile methods]를 클릭한다.

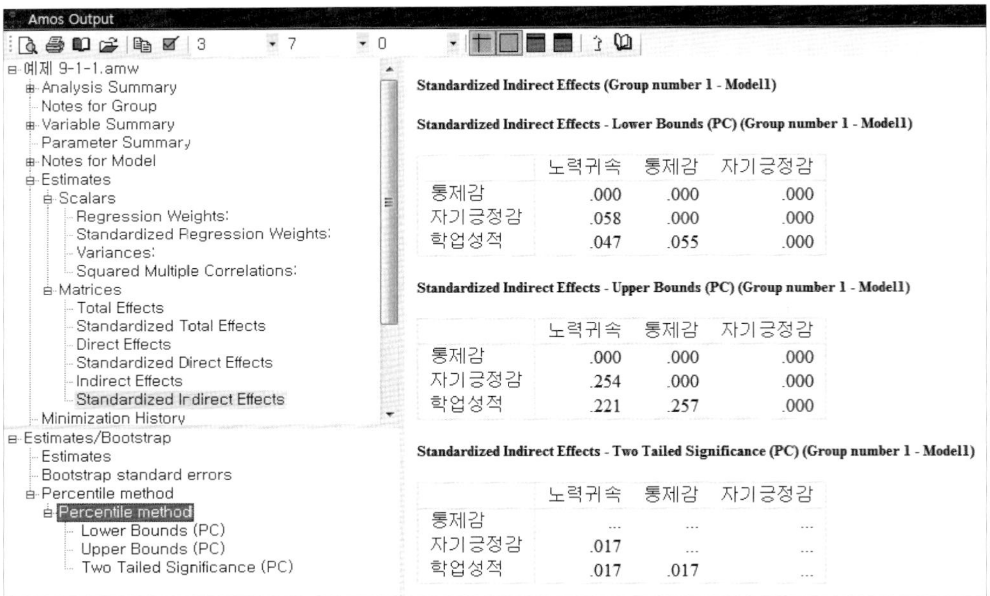

위에서부터 차례로

표준화 간접효과의 90% 신뢰구간의 하한

표준화 간접효과의 90% 신뢰구간의 상한

표준화 간접효과의 유의확률

을 나타낸다.

→ 모든 간접효과가 5% 수준에서 유의하다고 하는 것을 알 수 있다.

▶ 결과를 보고

"이것이 붓스트랩법입니까?"

감동한 듯이 보람이 중얼거렸다.

"앞의 분석에서는 유의확률이 계산되지 않았지만, 이렇게 하면 간접효과의 신뢰구간이나 유의확률이 계산되는 것이군요"

철수도 놀라고 있다.

"이 분석방법을 응용하면 어떤 변수가 다른 변수를 경유해서 정말로 간접적으로 영향을 미치고 있는지를 검정할 수가 있네"

"이번의 결과는 노력귀속에서 자기긍정감으로의 직접효과도 유의하고, 노력귀속에서 통제감을 경유하여 자기긍정감에 이르는 간접효과도 유의하다고 하는 것이네요"

"직접적인 효과나 간접적인 효과, 양쪽의 효과가 보이는 모형을 '부분매개모형'이라고 하네. 만일 이번에 가설대로 노력귀속에서 자기긍정감으로의 직접경로가 유의하지 않으면, '완전매개모형'이라고 부르는 모형이 되지"

"교수님, 그러면 통제감에서 학업성적으로의 연결은 자기긍정감을 경유하고 있으므로 완전매개모형이라고 할 수 있을까요. 통제감에서 자기긍정감을 경유한 학업성적에의 간접효과는 유의했기 때문에요" 보람이 말했다.

"단 본래의 매개모형 분석은 이러한 순서로 실시하는 것이야"

1. 이론적으로 모형을 상정한다.
2. 통제감에서 학업성적으로의 직접효과가 인정된다.
3. 자기긍정감에서 학업성적으로의 효과가 인정된다.
4. 통제감에서 자기긍정감을 경유한 학업성적으로의 간접효과를 검토하고, 직접효과와 간접효과가 유의한지 어떤지를 확인한다.

"다시 한 번 상관계수의 결과를 살펴볼까"

상관관계

		노력귀속	통제감	자기긍정감	학업성적
노력귀속	Pearson 상관	1	.306**	.445**	.106
	유의확률 (양측)		.002	.000	.294
	N	100	100	100	100
통제감	Pearson 상관	.306**	1	.614**	.191
	유의확률 (양측)	.002		.000	.057
	N	100	100	100	100
자기긍정감	Pearson 상관	.445**	.614**	1	.305**
	유의확률 (양측)	.000	.000		.002
	N	100	100	100	100
학업성적	Pearson 상관	.106	.191	.305**	1
	유의확률 (양측)	.294	.057	.002	
	N	100	100	100	100

**. 상관관계가 0.01 수준에서 유의합니다(양측).

"이번 데이터는 상관관계의 결과를 보는 한, 통제감과 학업성적의 상관이 별로 인정되지 않는 것 같아서, 매개모형이라고 하기에는 조금 전제가 애매할지도 모르네"

"그렇습니까 …"

두 사람 모두 맥이 풀린 듯한 얼굴을 하고 있다.

"뭐, 다만 이론이 우선이고, 매개변수를 경유한 경로가 연결되면 그것으로 좋다고 하는 연구분야도 있다고는 생각하므로, 무조건 이 방법 이외는 모두 안 된다고는 생각하지 않지만 말이야"

"어렵네요"

"정말로 …"

"원래 이러한 조사연구에서 인과관계를 확정시키는 것이 가능한지 어떤지, 라고 하는 것도 큰 문제이므로, 이 문제에 대해서는 여러 자기 책을 구해서 공부해 보기 바라네"

"네. 알겠습니다"

"그런데 …"

교수는 무언가 할 말이 남아 있는 듯하다.

"여기까지는 관측변수 간의 인과관계를 상정해 왔던 것이지만, 당연히 노력귀속이나 통제감 등을 잠재변수로 표현할 수도 있겠지"

"… ?"

보람과 철수는 "아직 계속되는 겁니까"라고 하는 표정을 하고 있다.

"여기까지의 복습도 겸해서 …"

그렇게 중얼거리면서 교수는 또 PC를 향해 섰다.

■ 잠재변수 간의 인과관계를 가정한 분석

[Amos의 처리 절차]

[순서 1] 분석 수법의 선택

SPSS에 <표 9-1>의 데이터를 입력한 상태에서, 메뉴에서 [분석]-[IBM SPSS Amos]를 선택한다.

[순서 2] 모형의 작성

(1) 다음과 같이 Amos의 화면이 나타난다.

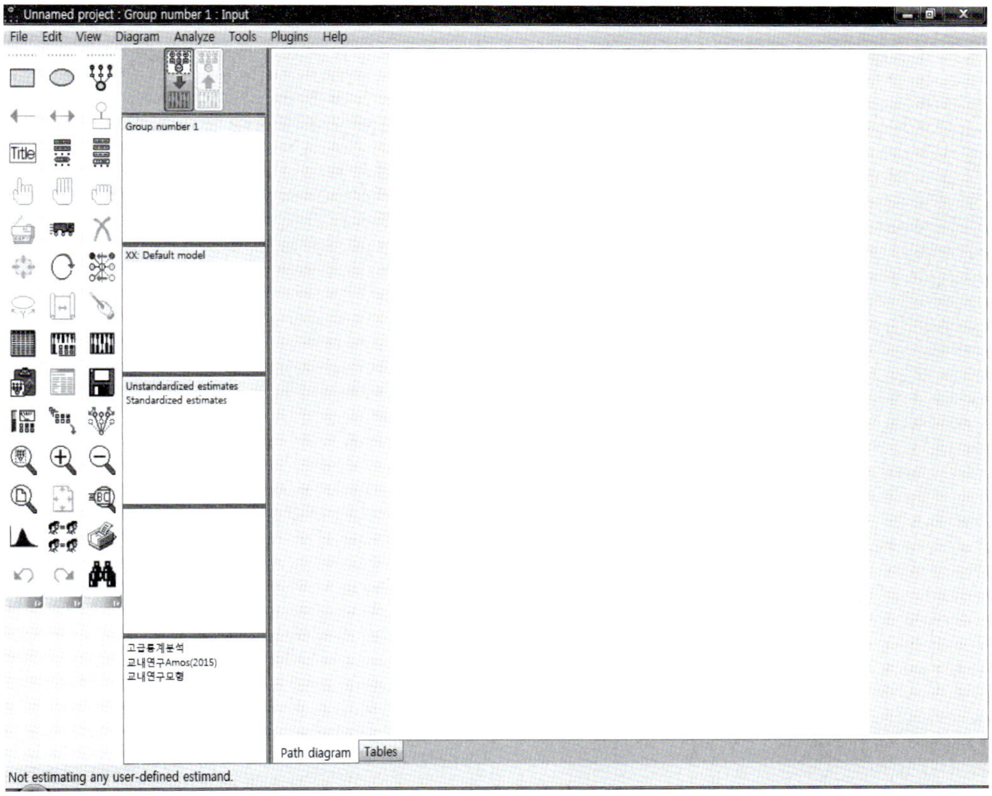

(2) 메뉴에서 [View]-[Interface Properties]를 선택한다.

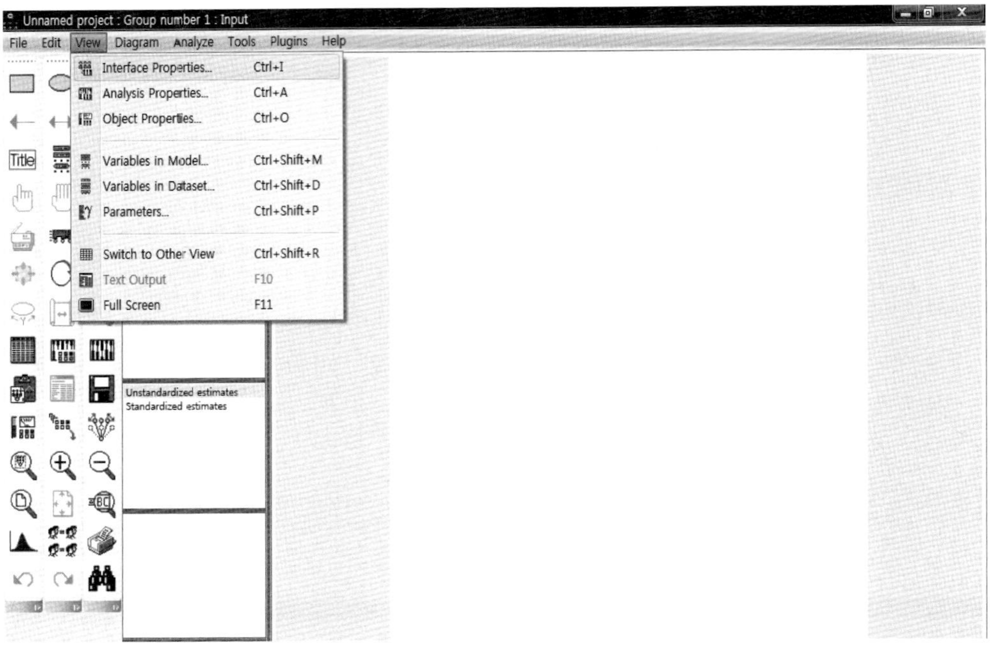

(3) 다음 화면에서 [Paper Size]의 [Landscape-Legal]을 선택하고 [Apply]를 클릭한다.

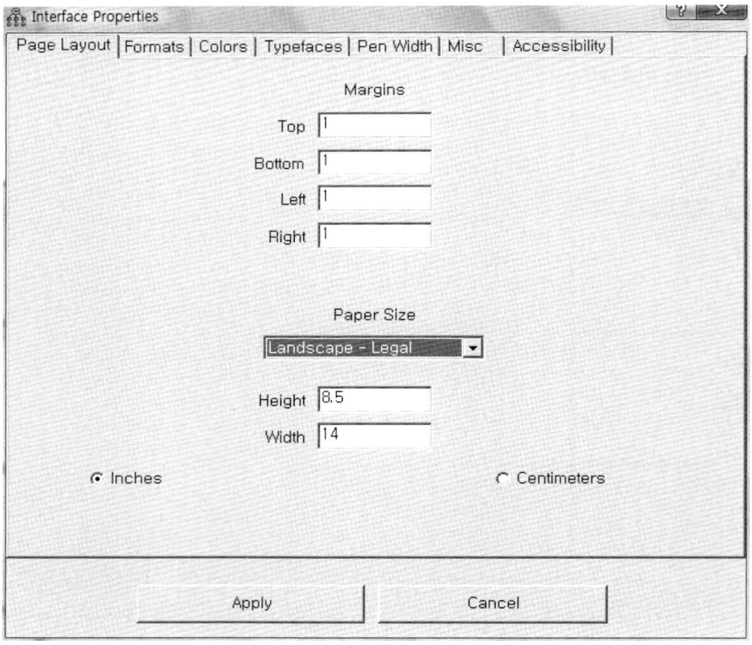

(4) 확대된 화면에 다음과 같이 도구상자를 이용하여 모형을 작성한다.

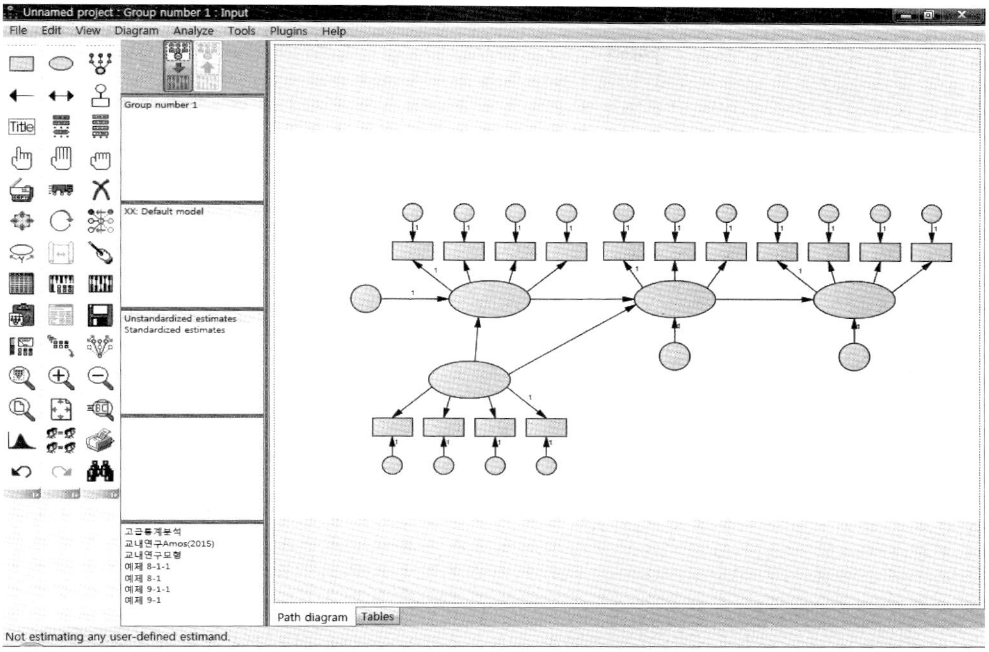

(5) 메뉴에서 [File]-[Data Files]를 선택한다.

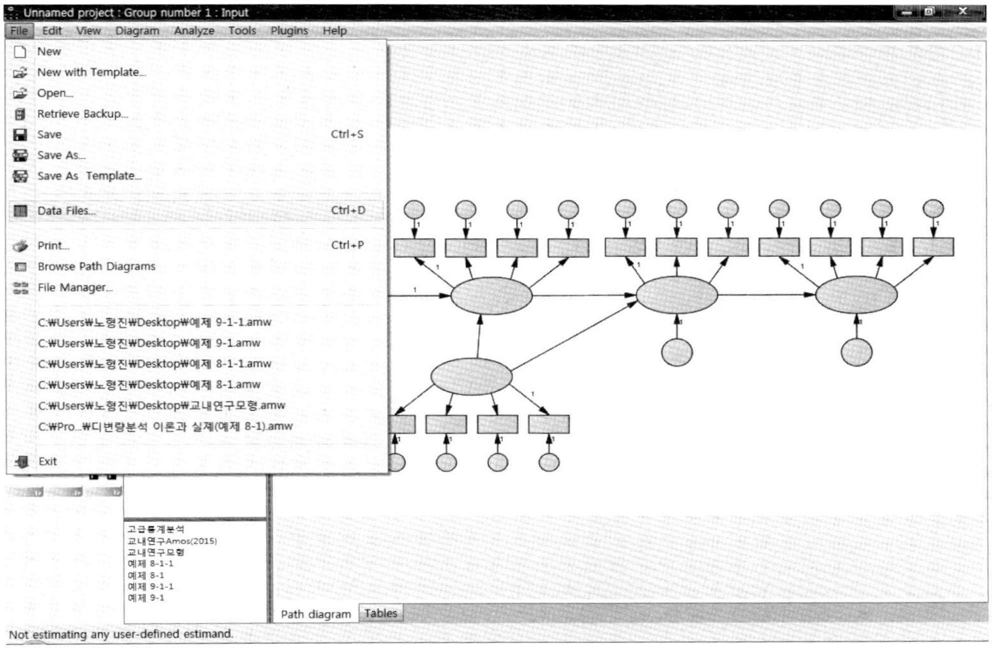

(6) 다음 화면에서 [File Name]을 클릭한다.

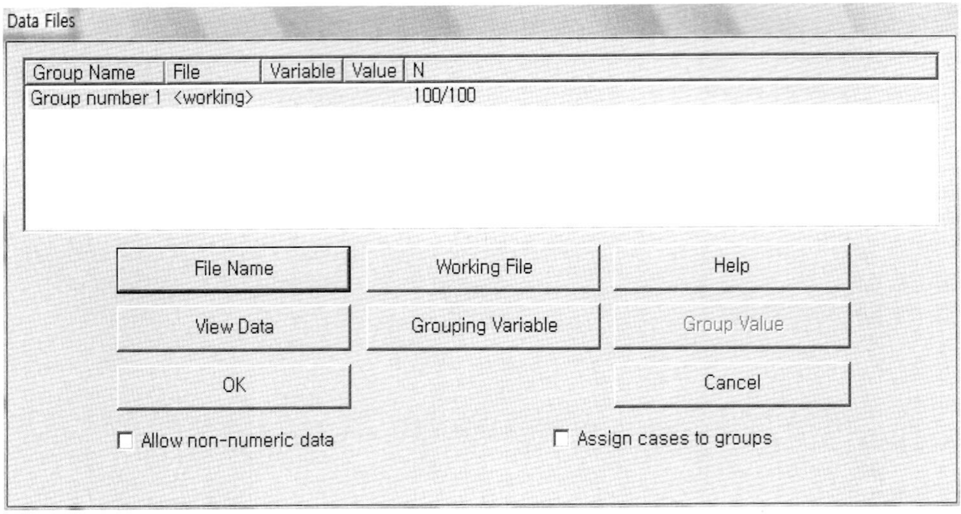

(7) 다음 화면에서 데이터 파일이 저장되어 있는 곳을 찾아 선택하고 [열기]를 클릭한다.

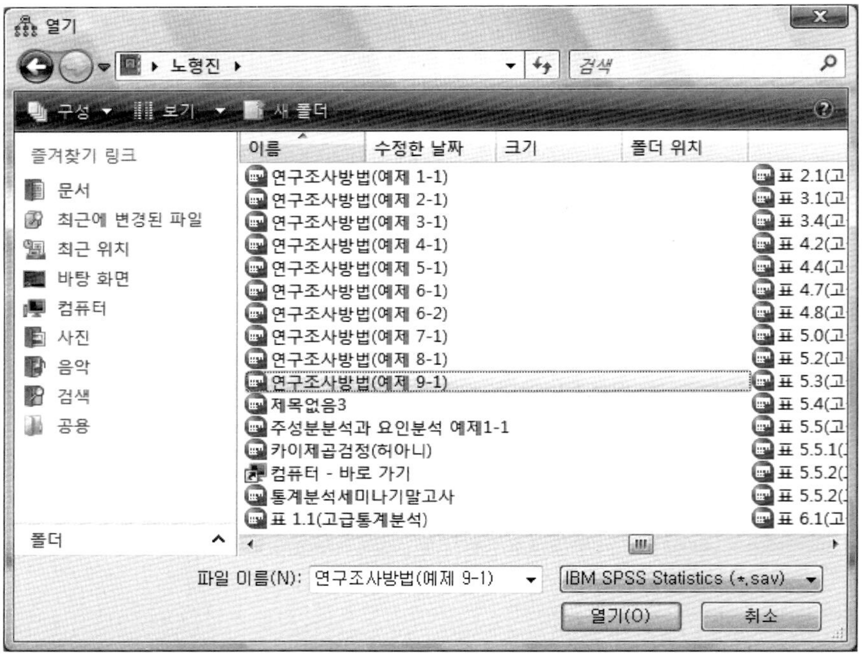

(8) 다음과 같이 되어 있는 것을 확인하고 [OK]를 클릭한다.

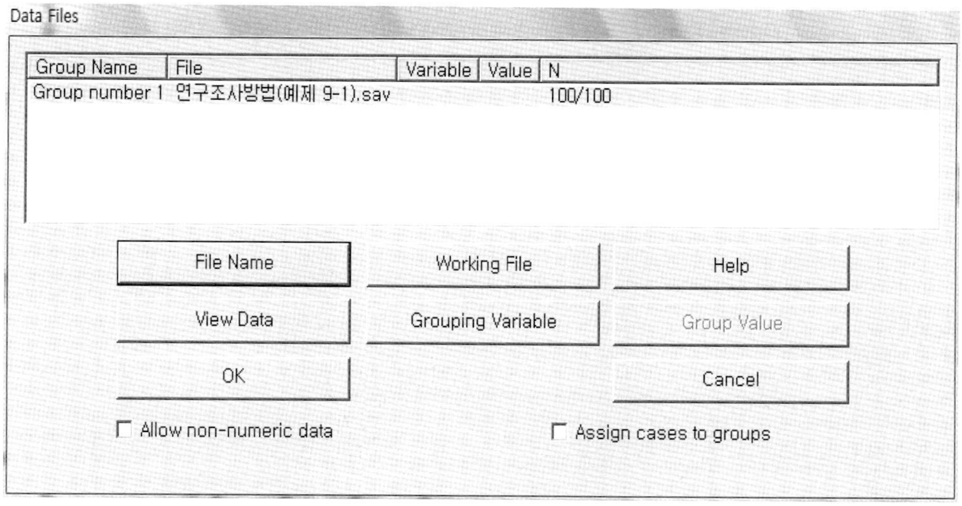

(9) 도구상자의 (List variables in data set) 아이콘을 클릭하면 다음과 같이 변수가 입력된 상자가 나타난다. 변수 입력상자에서 변수를 끌어다 경로도형에 입력한다.

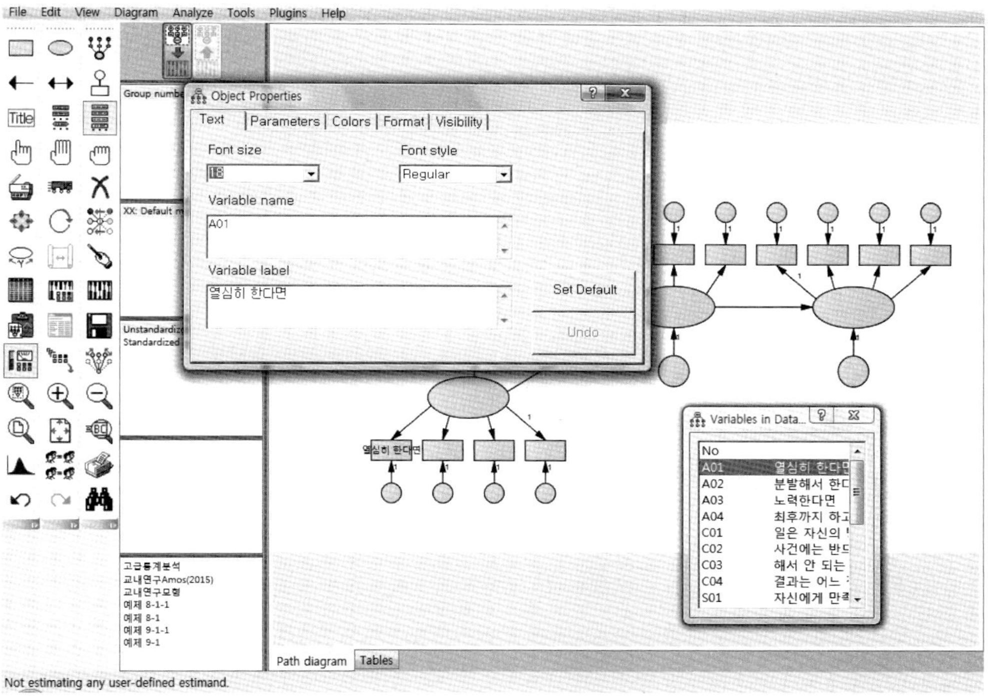

(10) [Variable label] 난에 입력되어 있는 문자열을 소거하면 [Variable name]에 입력되어 있는 문자가 경로도형에 입력된다.

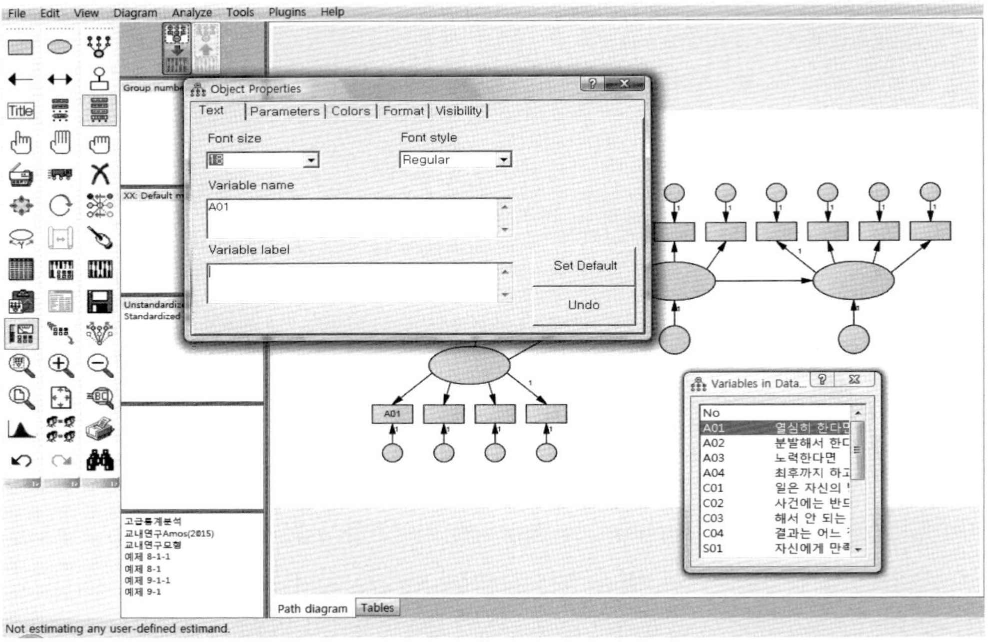

(11) 같은 방법으로 모든 변수명을 입력한다.

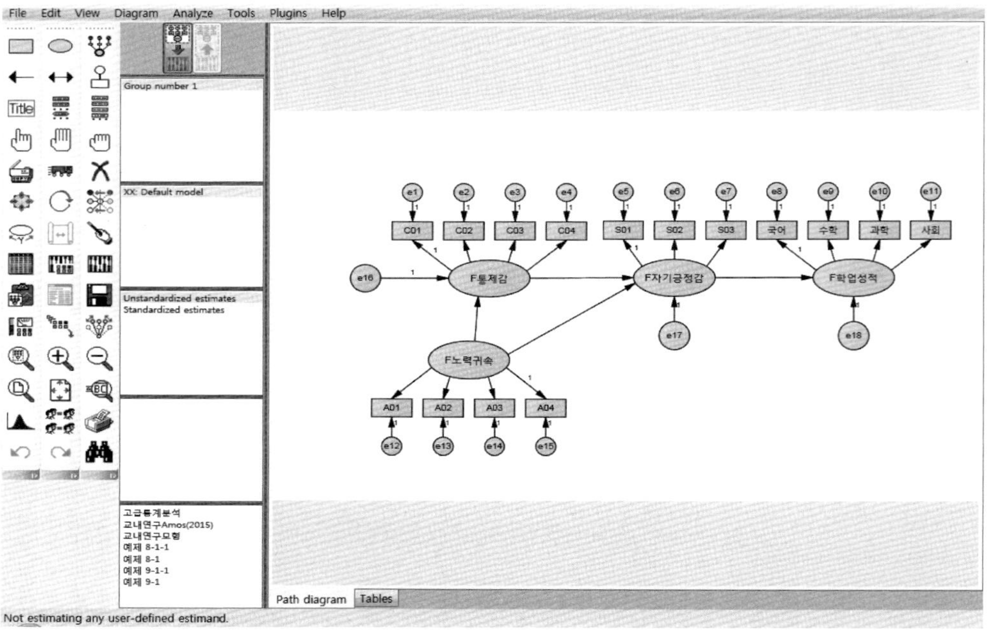

(12) 두 개의 모형을 설정한다. 노력귀속에서 자기긍정감으로의 경로에 'a'라고 입력한다.

- Model1 : 노력귀속에서 자기긍정감으로의 경로에 제약을 두지 않는다.
- Model2 : 노력귀속에서 자기긍정감으로의 경로를 0으로 제약

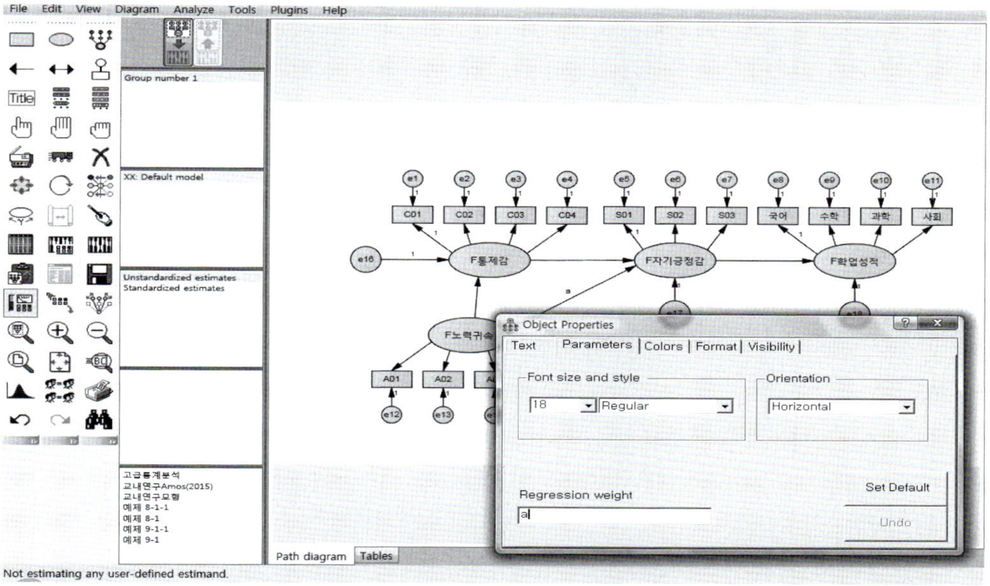

(13) 메뉴에서 [Analyze]-[Manage Models]를 선택한다.

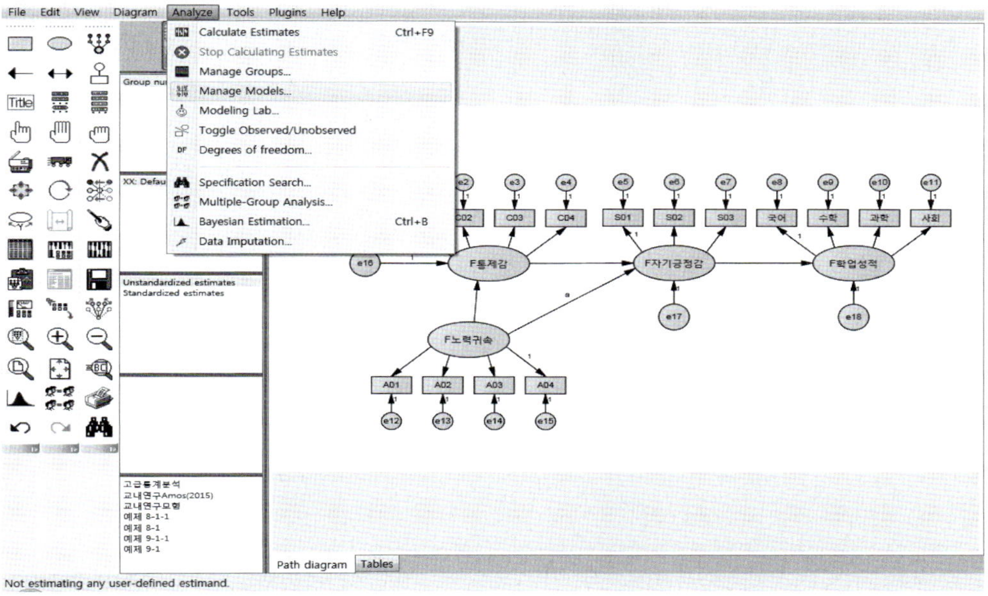

(14) [Model Name] 난에 'Model1'이라고 입력한다. [New]를 클릭한다.

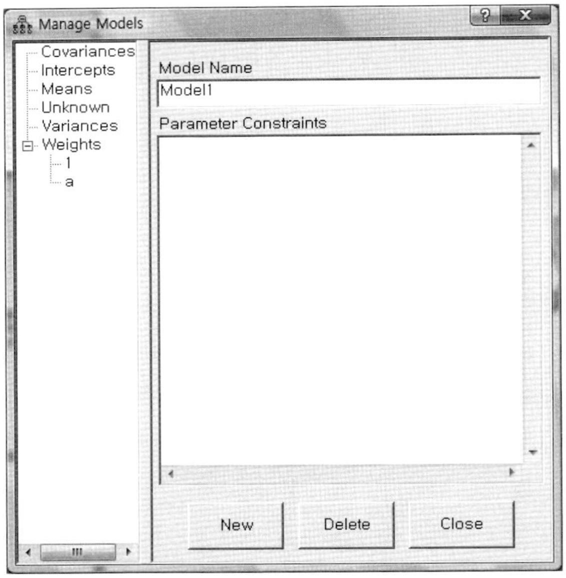

(15) [Model Name] 난에 'Model2'라고 입력한다. [Parameter Constraints] 난에 'a=0'라고 입력한다. [Close]를 클릭한다.

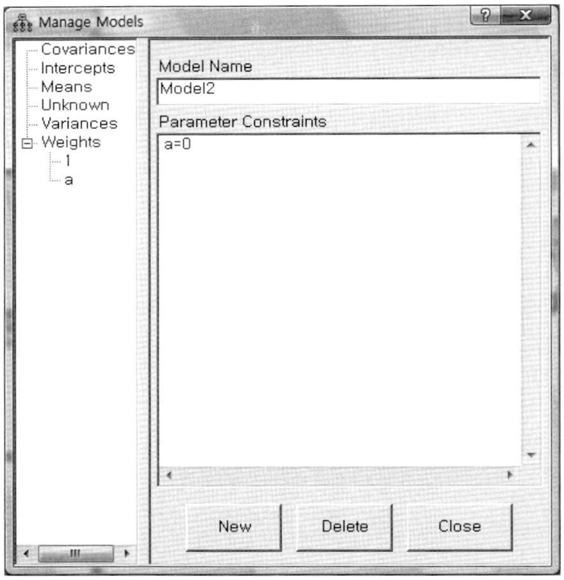

(16) 모형의 표시영역 내에 'Model1'과 'Model2'라고 하는 문자가 표시된다.

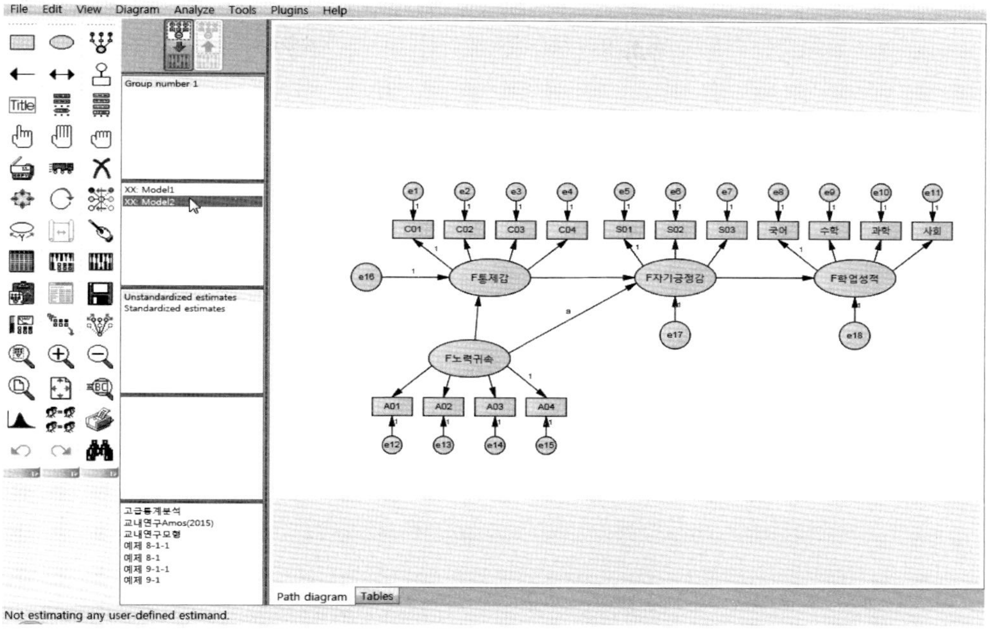

[순서 3] Amos의 실행

(1) 경로도형이 완성되면 메뉴에서 [View]-[Analysis Properties]를 클릭한다.

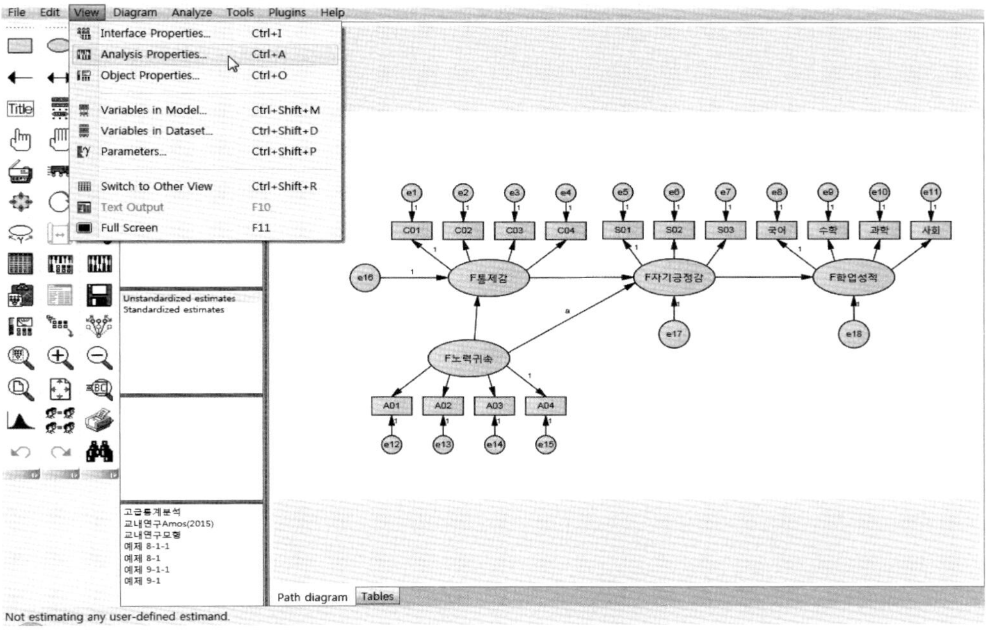

(2) [Output] 탭에서 다음과 같이 선택하고 화면을 닫는다.

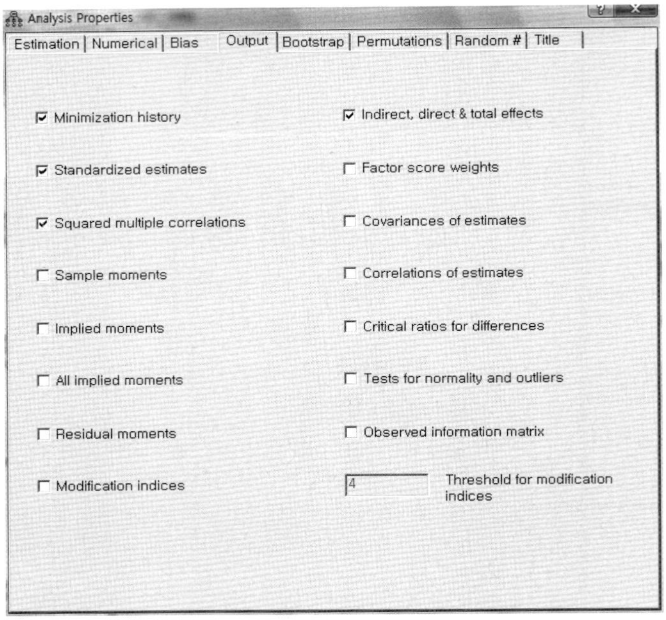

(3) [Bootstrap] 탭에서 다음과 같이 선택하고 화면을 닫는다.

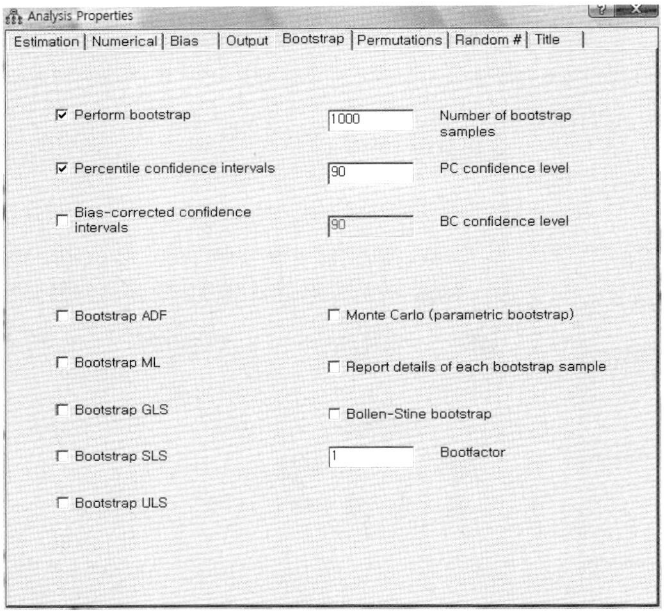

(4) 도구상자의 (Calculate estimates) 아이콘을 클릭한다.

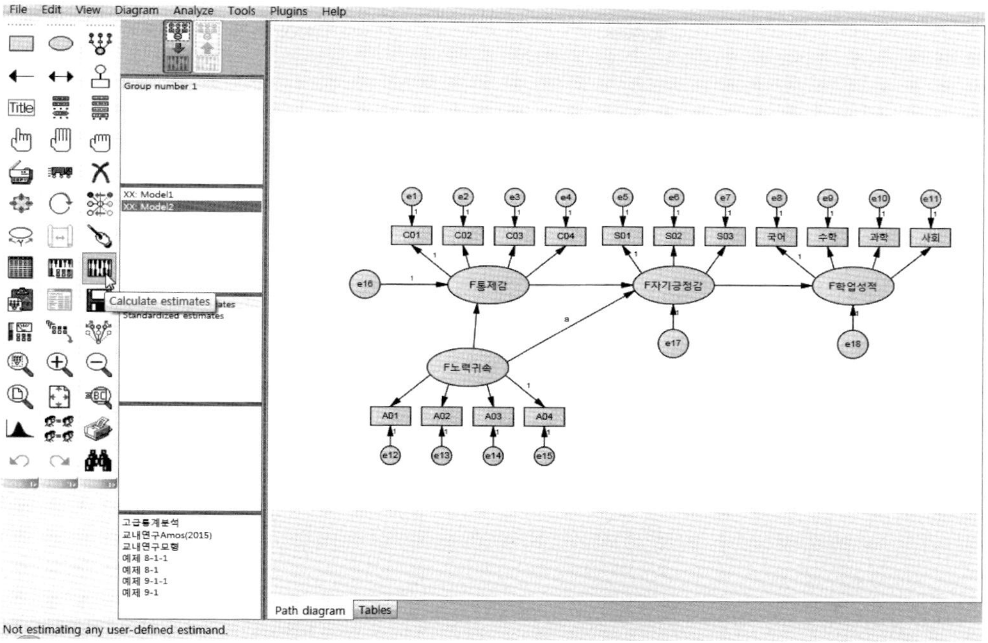

(5) [파일 이름]에 '예제 9-1-2'라고 입력하고 [저장]을 클릭한다.

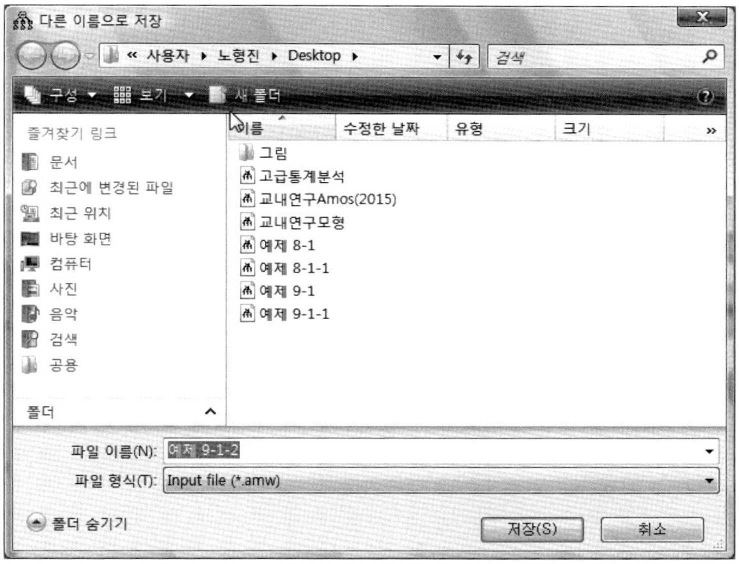

(6) 도구상자에서 (View the output path diagram) 아이콘의 오른쪽을 클릭한다. 다음과 같이 'Model1'의 표준화 추정치가 출력된다.

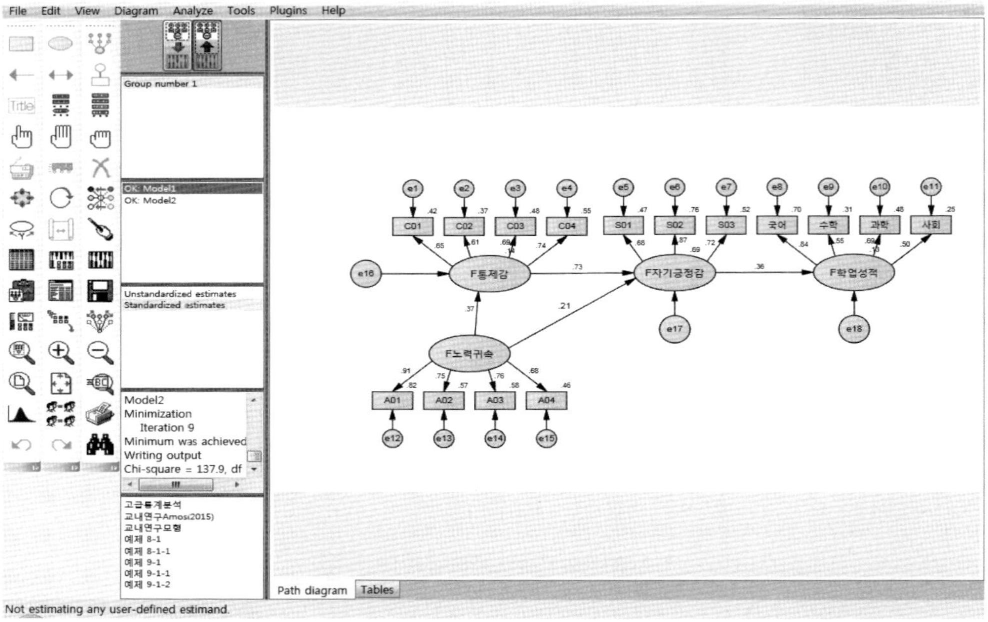

(7) Model2'의 비표준화 추정치(Unstandardized estimates)를 선택하면 다음과 같다.

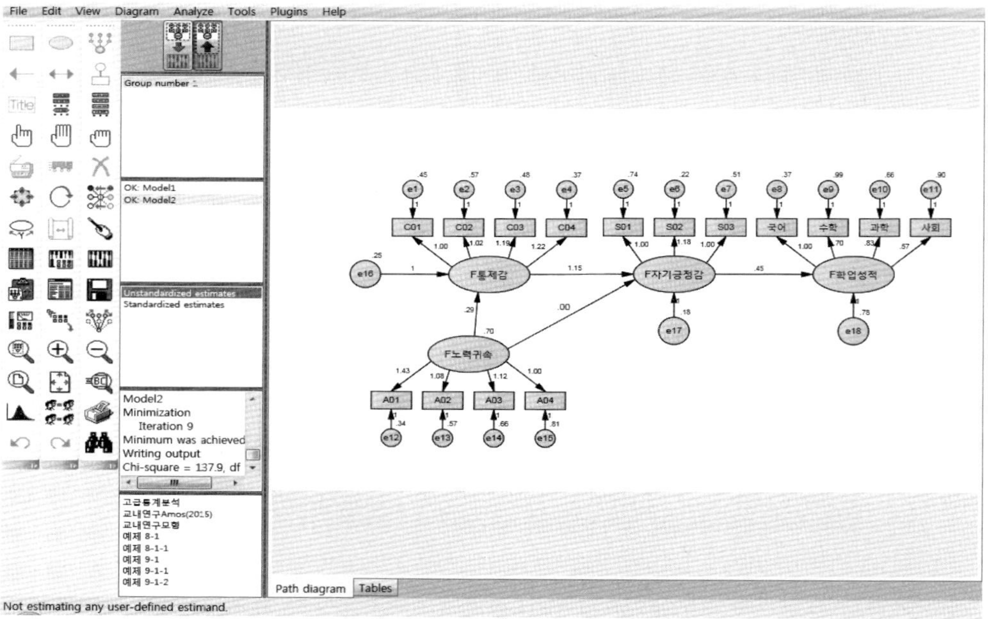

(8) 도구상자의 [View Text]를 클릭한다.

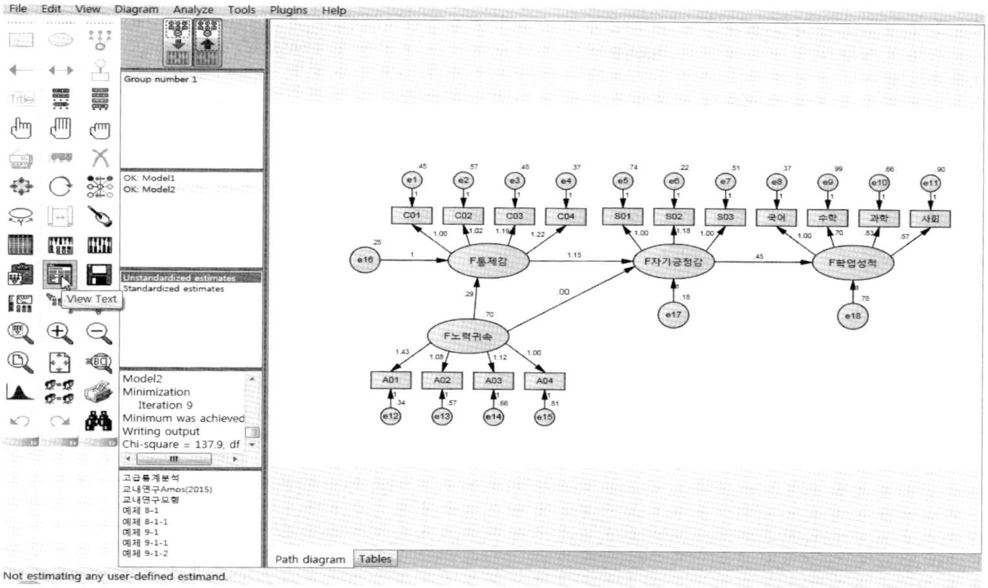

[분석결과]

- [Estimates]⇒[Scalars]⇒[Regression Weights:]

Regression Weights: (Group number 1 - Model2)

			Estimate	S.E.	C.R.	P	Label
F통제감	<---	F노력귀속	.288	.087	3.314	***	
F자기긍정감	<---	F노력귀속	.000				
F자기긍정감	<---	F통제감	1.146	.240	4.775	***	
F학업성적	<---	F자기긍정감	.453	.155	2.921	.003	
C01	<---	F통제감	1.000				
C02	<---	F통제감	1.016	.209	4.867	***	
C03	<---	F통제감	1.191	.219	5.425	***	
C04	<---	F통제감	1.216	.213	5.703	***	
S01	<---	F자기긍정감	1.000				
S02	<---	F자기긍정감	1.182	.172	6.866	***	
S03	<---	F자기긍정감	.999	.162	6.152	***	
국어	<---	F학업성적	1.000				
수학	<---	F학업성적	.699	.145	4.812	***	
과학	<---	F학업성적	.826	.145	5.681	***	
사회	<---	F학업성적	.573	.131	4.361	***	
A04	<---	F노력귀속	1.000				
A03	<---	F노력귀속	1.122	.168	6.663	***	
A02	<---	F노력귀속	1.082	.160	6.741	***	
A01	<---	F노력귀속	1.431	.192	7.438	***	

이것은 Model2의 결과이다.

F노력귀속에서 F자기긍정감으로의 계수가 0.000으로 되어 있다(0의 제약을 넣었기 때문).

Regression Weights: (Group number 1 - Model1)

			Estimate	S.E.	C.R.	P	Label
F통제감	<---	F노력귀속	.252	.088	2.850	.004	
F자기긍정감	<---	F노력귀속	.203	.096	2.111	.035	a
F자기긍정감	<---	F통제감	1.012	.221	4.573	***	
F학업성적	<---	F자기긍정감	.438	.149	2.940	.003	
C01	<---	F통제감	1.000				
C02	<---	F통제감	1.010	.202	4.990	***	
C03	<---	F통제감	1.169	.212	5.513	***	
C04	<---	F통제감	1.185	.205	5.768	***	
S01	<---	F자기긍정감	1.000				
S02	<---	F자기긍정감	1.125	.158	7.137	***	
S03	<---	F자기긍정감	.960	.152	6.316	***	
국어	<---	F학업성적	1.000				
수학	<---	F학업성적	.700	.145	4.815	***	
과학	<---	F학업성적	.827	.146	5.680	***	
사회	<---	F학업성적	.575	.132	4.366	***	
A04	<---	F노력귀속	1.000				
A03	<---	F노력귀속	1.133	.170	6.672	***	
A02	<---	F노력귀속	1.070	.161	6.637	***	
A01	<---	F노력귀속	1.454	.195	7.452	***	

이것은 Model1의 결과이다.

F노력귀속에서 F자기긍정감으로의 계수가 추정되어 있다(비표준화 추정치 0.203, $p < 0.05$)는 것을 알 수 있다.

- [Estimates]⇒[Scalars]⇒[Standardized Regression Weights:]

Model1과 Model2의 표준화 추정치를 비교해 보자.

Model1의 F노력귀속에서 F자기긍정감으로의 계수(a라고 이름 붙여져 있는)는 0.215이다.

Model2의 F노력귀속에서 F자기긍정감으로의 계수는 0.000으로 되어 있다.

Standardized Regression Weights: (Group number 1 - Model2)

			Estimate
F통제감	<---	F노력귀속	.438
F자기긍정감	<---	F노력귀속	.000
F자기긍정감	<---	F통제감	.832
F학업성적	<---	F자기긍정감	.364
C01	<---	F통제감	.633
C02	<---	F통제감	.597
C03	<---	F통제감	.688
C04	<---	F통제감	.741
S01	<---	F자기긍정감	.661
S02	<---	F자기긍정감	.886
S03	<---	F자기긍정감	.727
국어	<---	F학업성적	.840
수학	<---	F학업성적	.554
과학	<---	F학업성적	.694
사회	<---	F학업성적	.497
A04	<---	F노력귀속	.681
A03	<---	F노력귀속	.757
A02	<---	F노력귀속	.767
A01	<---	F노력귀속	.898

Standardized Regression Weights: (Group number 1 - Model1)

			Estimate
F통제감	<---	F노력귀속	.371
F자기긍정감	<---	F노력귀속	.215
F자기긍정감	<---	F통제감	.729
F학업성적	<---	F자기긍정감	.364
C01	<---	F통제감	.649
C02	<---	F통제감	.609
C03	<---	F통제감	.693
C04	<---	F통제감	.741
S01	<---	F자기긍정감	.684
S02	<---	F자기긍정감	.874
S03	<---	F자기긍정감	.724
국어	<---	F학업성적	.839
수학	<---	F학업성적	.554
과학	<---	F학업성적	.694
사회	<---	F학업성적	.498
A04	<---	F노력귀속	.677
A03	<---	F노력귀속	.760
A02	<---	F노력귀속	.755
A01	<---	F노력귀속	.907

- [Estimates]⇒[Matrices]⇒[Standardized Indirect Effects]를 얻다.
  Model1과 Model2의 표준화 간접효과

Standardized Indirect Effects (Group number 1 - Model1)

	F노력귀속	F통제감	F자기긍정감	F학업성적
F통제감	.000	.000	.000	.000
F자기긍정감	.270	.000	.000	.000
F학업성적	.177	.265	.000	.000
A01	.000	.000	.000	.000
A02	.000	.000	.000	.000
A03	.000	.000	.000	.000
A04	.000	.000	.000	.000
사회	.088	.132	.181	.000
과학	.123	.184	.253	.000
수학	.098	.147	.202	.000
국어	.148	.223	.306	.000
S03	.351	.527	.000	.000
S02	.424	.637	.000	.000
S01	.332	.499	.000	.000
C04	.275	.000	.000	.000
C03	.257	.000	.000	.000
C02	.226	.000	.000	.000
C01	.241	.000	.000	.000

Standardized Indirect Effects (Group number 1 - Model2)

	F노력귀속	F통제감	F자기긍정감	F학업성적
F통제감	.000	.000	.000	.000
F자기긍정감	.364	.000	.000	.000
F학업성적	.132	.303	.000	.000
A01	.000	.000	.000	.000
A02	.000	.000	.000	.000
A03	.000	.000	.000	.000
A04	.000	.000	.000	.000
사회	.066	.150	.181	.000
과학	.092	.210	.252	.000
수학	.073	.168	.201	.000
국어	.111	.254	.305	.000
S03	.265	.605	.000	.000
S02	.323	.738	.000	.000
S01	.241	.550	.000	.000
C04	.324	.000	.000	.000
C03	.301	.000	.000	.000
C02	.261	.000	.000	.000
C01	.277	.000	.000	.000

- [Model Fit](모형 적합)

CMIN

Model	NPAR	CMIN	DF	P	CMIN/DF
Model1	34	133.580	86	.001	1.553
Model2	33	137.919	87	.000	1.585
Saturated model	120	.000	0		
Independence model	15	681.259	105	.000	6.488

RMR, GFI

Model	RMR	GFI	AGFI	PGFI
Model1	.097	.855	.798	.613
Model2	.106	.853	.797	.619
Saturated model	.000	1.000		
Independence model	.369	.410	.326	.359

Baseline Comparisons

Model	NFI Delta1	RFI rho1	IFI Delta2	TLI rho2	CFI
Model1	.804	.761	.920	.899	.917
Model2	.798	.756	.914	.893	.912
Saturated model	1.000		1.000		1.000
Independence model	.000	.000	.000	.000	.000

CMIN(카이제곱 검정)

Model1 : $\chi^2 = 133.580, df = 86, p < 0.01$

Model2 : $\chi^2 = 137.919, df = 87, p < 0.001$

GFI와 AGFI

Model1 : GFI = 0.855, AGFI = 0.798

Model2 : GFI = 0.853, AGFI = 0.797

CFI

Model1 : CFI = 0.917

Model2 : CFI = 0.912

RMSEA

Model	RMSEA	LO 90	HI 90	PCLOSE
Model1	.075	.049	.099	.058
Model2	.077	.052	.100	.042
Independence model	.235	.219	.252	.000

RMSEA

Model1 : RMSEA = 0.075 90% CI[0.049 0.099]

Model2 : RMSEA = 0.077 90% CI[0.052 0.100]

AIC

Model	AIC	BCC	BIC	CAIC
Model1	201.580	214.689	290.156	324.156
Model2	203.919	216.642	289.890	322.890
Saturated model	240.000	286.265	552.620	672.620
Independence model	711.259	717.042	750.336	765.336

AIC, BCC

Model1 : AIC = 201.580, BCC = 214.689

Model2 : AIC = 203.919, BCC = 216.642

- [Model Comparison](모형의 비교)

Nested Model Comparisons

Assuming model Model1 to be correct:

Model	DF	CMIN	P	NFI Delta-1	IFI Delta-2	RFI rho-1	TLI rho2
Model2	1	4.339	.037	.006	.007	.005	.006

Model1과 Model2의 적합도 차의 검정.

$$\Delta\chi^2 = 4.339, df = 1, p = 0.037 < 0.05$$

→ 제약을 두지 않은 Model1 쪽이 조금 잘 데이터에 적합하고 있는 것으로 보인다.

▶ 결과를 보고

"많은 결과가 나와서 보기만 해도 질립니다"

"정말. 필요한 곳을 픽업하는 것만도 힘들어"

보람과 철수는 아연실색하였다.

"이 분석은 두 모형의 비교와 매개효과의 검정이라고 하는 두 개의 목적을, 잠재변수를 그리면서 한 번에 한 셈이지"

"네! 지금까지 해온 몇 가지 분석이 한 번에 할 수 있다고요 …"

"놀랐나?"

"이러한 분석을 할 수 있게 되면, 복잡한 모형도 검토할 수 있겠지요"

보람은 신바람이 났다.

"자신의 졸업논문에서는 꼭 이러한 모형으로 분석을 할 계획을 세워 보겠습니다" 상당히 자신감이 있다.

철수도 그것을 듣고 고개를 끄덕이고 있다.

"하지만, 가능할까?!"

"두 사람 모두 기대하고 있네. 꼭 재미있는 논문이 되도록 분발하게"

교수는 우아하게 웃는다.

참고문헌

[국내문헌]

1. 강병서. 「인과분석을 위한 연구방법론」. 무역경영사, 1999.
2. 강병서 · 김계수. 「사회과학 통계분석」. 고려정보산업, 1998.
3. 노형진. 「EXCEL을 활용한 유형별 데이터의 통계분석」. 학현사, 2010.
4. 노형진. 「SPSS를 활용한 정성적 데이터의 통계분석」. 학현사, 2010.
5. 노형진. 「SPSS를 활용한 조사방법 및 통계분석」(제2판). 학현사, 2014.
6. 노형진 외 2인. 「SPSS를 활용한 일반선형모형 및 일반화선형혼합모형」. 학현사, 2013.
7. 노형진. 「SPSS를 활용한 분할표의 분석 및 대응분석」. 학현사, 2011.
8. 노형진 · 정한열. 「SPSS에 의한 통계분석 입문」. 한올출판사, 2008.
9. 노형진. 「SPSS를 활용한 주성분분석과 요인분석」. 한올출판사, 2014.
10. 노형진. 「SPSS를 활용한 회귀분석과 일반선형모형」. 한올출판사, 2014.
11. 노형진. 「SPSS를 활용한 비모수통계분석 및 대응분석」. 지필미디어, 2015.
12. 노형진. 「SPSS를 활용한 통계분석 선택방법」. 지필미디어, 2015.
13. 송문섭 · 박창순. 「비모수통계학개론」. 자유아카데미, 1994.
14. 양병화. 「다변량 데이터 분석법의 이해」. 커뮤니케이션북스, 2006.
15. 허명회. 「SPSS Statistics 고급선형모형(증보판)」. 데이타솔루션, 2013.

[일본문헌]

1. 石村貞夫. 「SPSSによる統計處理の手順」. 東京圖書, 1995.
2. 石村貞夫. 「SPSSによる多變量データ解析の手順」. 東京圖書, 1998.
3. 石村貞夫. 「SPSSによる分散分析と多重比較の手順」. 東京圖書, 1997.

4. 石村貞夫.「SPSSによる時系列分析の手順」. 東京圖書, 1999.
5. 石村貞夫.「SPSSによるカテゴリカルデータ分析の手順」. 東京圖書, 2001.
6. 石村貞夫.「SPSSによる線型混合モデルとその手順」. 東京圖書, 2012.
7. 石村貞夫·謝承泰·久保田基夫·石村友二郎.「SPSSによる醫學·齒學·藥學のための統計解析」. 東京圖書, 2016.
8. 石村貞夫·加藤千惠子·石村友二郎.「SPSSによる臨床心理·精神醫學のための統計處理」. 東京圖書, 2015.
9. 內田治.「SPSSによるノンパラメトリック検定」. Ohmsha, 2014.
10. 內田治.「SPSSによる分散分析」. 東京圖書, 2007.
11. 內田治.「SPSSによる回歸分析」. Ohmsha, 2013.
12. 內田治.「SPSSによるロジスティック回歸分析」. Ohmsha, 2011.
13. 內田治.「SPSSによるロジスティック回歸分析 第2版」. Ohmsha, 2016.
14. 小塩眞司.「研究をブラッシュアップするSPSSとAmosによる心理・調査データ解析」. 東京圖書, 2015.
15. 小塩眞司.「實踐形式で學ぶSPSSとAmosによる心理・調査データ解析」. 東京圖書, 2007.
16. 小塩眞司.「研究事例で學ぶSPSSとAmosによる心理・調査データ解析」. 東京圖書, 2005.
17. 小塩眞司.「SPSSとAmosによる心理・調査データ解析 - 因子分析·共分散構造分析まで -」. 東京圖書, 2004.

[서양문헌]

1. Akaike, H. (1973). Information theory and an extension of the maximum likelihood principle. In Petrov, B. N. and Csaki, F.[Eds.], *Proceedings of the 2nd International Symposium Theory*. Budapest: Akademiai Kiado, 267~281.
2. Akaike, H. (1987). Factor analysis and AIC. *Psychometrika*, 52, 317~332.
3. Anderson, T. W. (1957). Maximun likelihood estimates for a multivariate normal distribution when some observations are missing. *Journal of the American Statistical Association*, 52. 200 ~203.
4. Anderson, T. W. (1984). *An introduction to multivariate statistical analysis*. New York: Wiley.
5. Beale, E. M. L. and Little, R. J. A. (1975). Missing values in multivariate analysis. *Journal of the Royal Statistical Society Series B*, 37, 129~145.
6. Bentler, P. M. (1980). Multivariate analysis with latent variables: Causal modeling.

Annual Review of Psychology, 31, 419~456.

7. Diaconis, P. and Efron, B. (1993). Computer-intensive methods in statistics. *Scientific American*, 248(5), 116~130.
8. Kendall, M. G. and Stuart, A. (1973). *The advanced theory of statistics*. (vol. 2nd, 3rd edition). New York: Hafner.
9. Little, R. J. A. and Rubin, D. B. (1987). *Statistical analysis with missing data*. New York: Wiley.
10. Little, R. J. A. and Rubin, D. B. (1989). The analysis of social science data with missing values. *Sociological Methods and Research*, 18, 292~326.
11. Little, R. J. A. and Schenker, N. (1995). Missing data. In G. Arminger, C.C. Clogg and M.E. Sobel 〔Eds.〕 *Handbook of statistical modeling for the social and behavioral sciences*. New York: Plenum.
12. Mardia, K. V. (1970). Measures of multivariate skewness and kurtosis with applications. *Biometrika*, 57, 519~530.
13. Mardia, K. V. (1974). Applications of some measures of multivariate skewness and kurtosis in testing normality and robustness studies. *Sankhya*, Series B, 36, 115~128.
14. McDonald, R. P. and Marsh, H. W. (1990). Choosing a multivariate model: Noncentrality and goodness of fit. *Psychological Bulletin*, 107, 247~255.
15. Rubin, D. E. (1976). Inference and missing data. *Biometrika*, 63, 581~592.
16. Rubin, D. E. (1987). *Multiple imputation for nonresponse in surveys*. New York: Wiley
17. Schafer, J. L. (1997). *Analysis of incomplete multivariate data*. London, UK: Chapman and Hall.
18. Wothke, W. (1993). Nonpositive definite matrices in structural modeling. In Bollen, K.A. and Long, J.S. [Eds.], *Testing structural equation models* (pp. 256~293). Newbury Park, California: Sage.
19. Wothke, W. (1999). Longitudinal and multi-group modeling with missing data. In T.D. Little, K.U. Schnabel and J. Baumert [Eds.] *Modeling longitudinal and multiple group data: Practical issues, applied approaches and specific examples*. Mahwah, New Jersey: Lawrence Erlbaum Associates.

찾아보기

▸ ㅇ

▸ ㅈ

▸ ㅊ

▸ ㅋ

▸ ㅍ

▸ ㅎ

▸ 기타

▸ A

▸ C

▸ D

▸ E

G

H

I

K

M

N

O

P

R

S

T

V

저/자/소/개

노형진

- 서울대학교 공과대학 졸업(공학사)
- 고려대학교 대학원 수료(경영학박사)
- 일본 쓰쿠바대학 대학원 수료(경영공학 박사과정)
- 일본 문부성 통계수리연구소 객원연구원
- 일본 동경대학 사회과학연구소 객원교수
- 러시아 극동대학교 한국학대학 교환교수
- 중국 중국해양대학 관리학원 객좌교수
- 국방과학연구소 연구원 역임
- 현재, 경기대학교 경상대학 경영학과 교수
  전공, 품질경영 · 기술경영 · 다변량분석(조사방법 및 통계분석)
- 중소기업청 Single-PPM 심의위원
- 대한상공회의소 심사위원 · 지도위원
- Single-PPM 품질경영연구회 회장
- 한국제안활동협회 회장
- 한중전략경영연구소 이사장

▸ 주요저서

- EXCEL을 활용한 앙케트 조사 및 분석(학현사)
- SPSS를 활용한 조사방법 및 통계분석(학현사)
- SPSS/Excel을 활용한 알기쉬운 시계열분석(학현사)
- SPSS를 활용한 일반선형모형 및 일반화선형혼합모형(학현사)
- SPSS 및 Amos를 활용한 구조방정식모형분석-원리편-(지필미디어)
- SPSS를 활용한 비모수통계분석 및 대응분석(지필미디어)
- SPSS를 활용한 분할표의 분석 및 분산분석(지필미디어)
- SPSS를 활용한 앙케트의 통계분석(지필미디어)
- EXCEL에 의한 경영과학(한올출판사)
- SPSS에 의한 다변량분석 기초에서 응용까지(한올출판사)
- Excel 및 SPSS를 활용한 다변량분석 원리와 실천(한올출판사)

e-mail: hjno@kyonggi.ac.kr

한 빙(韩 冰)

- 경기대학교 경영학과 졸업
- 경기대학교 대학원 석사과정 수료(경영학석사)
- 경기대학교 대학원 박사과정 재학
- 한중전략경영연구소 이사
- 현재, 경기대학교 강사

▸ 주요논문

- 한국과 중국 전자부품산업의 국가경쟁력에 대한 비교 연구, 경기대학교 석사학위논문

e-mail: hanbing19851114@hotmail.com

SPSS 및 AMOS를 활용한
연구조사방법

METHODOLOGY OF RESEARCH AND SURVEY
using SPSS & AMOS

발 행 일 2016년 5월 28일 초판 인쇄
저 자 노형진 · 한 빙
발 행 인 김성남
발 행 처 (주)지필미디어
주 소 경기도 파주시 문발로 132 조에아울렛 402호
전 화 031-957-4504
팩 스 031-957-4503
이 메 일 book@jiphil.co.kr
홈페이지 www.jiphil.co.kr
등록번호 제 312-1997-000043호 (1997년 07월 16일)
I S B N 979-11-86674-37-6 93310
편 집 디자인 콤마
가 격 28,000원